公司管人靠制度

王法制 ◇ 著

GONGSIGUANRENKAOZHIDU

中国华侨出版社

图书在版编目（CIP）数据

公司管人靠制度 / 王法制 著.—北京： 中国华侨出版社，2011.4

ISBN 978-7-5113-1279-2

Ⅰ.①公… Ⅱ.①王… Ⅲ.①公司－企业管理：人事管理 Ⅳ.①F276.6

中国版本图书馆 CIP 数据核字（2011）第 036169 号

●公司管人靠制度

著　　者 / 王法制

责任编辑 / 杨　君

版式设计 / 李艳春

经　　销 / 全国新华书店

开　　本 / 710×1000 毫米　　1/16　　印张 / 28.5　　字数 / 426 千字

印　　刷 / 北京晨旭印刷厂

版　　次 / 2011 年 5 月第 1 版　　2011 年 5 月第 1 次印刷

书　　号 / ISBN 978-7-5113-1279-2

定　　价 / 48.00 元

中国华侨出版社　　北京市朝阳区静安里 26 号通成达大厦 3 层　　邮编：100028

法律顾问：陈鹰律师事务所

编辑部：(010)64443056　64443979

发行部：(010)64443051　传真：(010)64439708

网　　址：www.oveaschin.com

e-mail：oveaschin@sina.com

前 言

人们常说："没有规矩，不成方圆。"现代国家，强调依法治国。一个企业，也应该依法管理，做到有法可依，有法必依。内部有一套行之有效的规章制度，是一个有生气的团队的基本特征。

严格的制度或许满足不了企业管理者挥洒自如的快意，却可以保证企业运转的稳定和效率。

企业的管理不可能靠领导每天去盯人、管人，要依靠合理的制度和运营机制来规范员工的行为，并确定明确的岗位管理条例，让大家知道要做什么、怎么去做、怎么能做好；哪些事能做、哪些事不能做。这是一个企业成熟的标志，也是企业平稳发展的保障。

卓越的管理必然是科学的管理，科学的管理就必然要用制度管人、按规章办事。

同时，还要释放员工的活力、智慧与创造精神。成功不仅依赖优秀的员工，更重要的是要有成熟而行之有效的激励机制。在深入了解员工需求的基础上，制定恰当的激励策略，激励每一个员工去实现企业的预定目标。

硅谷流行着这样一种工作意识："业绩是比出来的。"没有竞争永远出不了一流的成果。

与竞争机制相配套，实行合理的业绩考核和薪酬奖励制度，对于企业来说也是一件非常重要的事情，它涉及员工的切身利益，影响面广。

合理的薪酬能提供一种保障。

同时，一个结构合理、行之有效、管理良好的绩效考核激励制度，能够留住优秀的员工，淘汰表现较差的员工。无论是谁，只要业绩突出，对企业的贡献大，就能获得相应的待遇。

激励，始终与奖励和惩罚联系在一起。奖功罚罪，自古以来，概莫能变。身为公司老板，要严格执行公司的规章制度，奖惩分明，该奖就奖，该罚就罚，绝不能让偷懒耍滑的人享受同积极勤奋的人一样的待遇。

俗话说："千军易得，一将难求。"

企业界名人钱伯斯说："几个真正出色的工程师抵得上1000个普通的工程师。"能人往往有着超乎其他普通员工之上的能力，因而给企业带来的效益是巨大的，远非其他员工所能及。在现代职场，越来越多的能人游走其间，越来越显示出他们的巨大价值。

国际上有一条公认的企业管理定律，叫"二八定律"。它同样适用于企业人力资源结构。我们常常可以看到，一个企业，无论规模大小，往往是20%的人完成了80%的工作任务。这20%的人就是企业的骨干力量。而我们这里所说的能人是骨干中的骨干，相对来说他们的能力更出众，对企业的贡献也更大。他们或是掌握着企业的核心技术，或是承担着开拓市场的重任，或是企业经营项目的决策者。离开了他们，企业寸步难行。他们是决定企业前景的关键性人才。

企业中精英云集，能人辈出，不啻为企业之福，老板之幸。如何用好能人，管理好能人，让能人为企业创造高效益，就成为管理者迫切而亟待掌握的一门领导艺术。

"磨刀不误砍柴工"。在繁忙工作之余，抽出一点儿时间来读一读这本书，可以使你的办事效率更高、工作能力更强、管理更加得心应手。

目 录

第1章 有法可依：管人要用制度说话

国有国法，家有家规 / 2　　人情归人情，事情归事情 / 9
"人治"不如"法治" / 2　　管理要讲究层次分明 / 10
让制度去说话 / 3　　老板不要包办一切 / 11
做事要有法可依 / 4　　好制度会使"坏人"变好 / 12
没有规矩，不成方圆 / 5　　制定规章制度的两个原则 / 13
小老板管事，大老板管人 / 6　　制定规章制度要让员工参与 / 14
执行制度要严格 / 8　　建立和实施制度的几点讲究 / 15

第2章 公事公办：别让制度成摆设

有了制度不执行，比没有　　破坏制度者一定要受到惩罚 / 28
　　制度更糟糕 / 18　　公平公正，不一定就不近人情 / 29
不要把制度当"摆设" / 19　　抛弃私人感情 / 30
制度松弛，贻害无穷 / 20　　惩罚犯错者可以提高士气 / 30
保持制度的延续性 / 21　　处罚要用事实说话 / 31
就任新岗位先要"照老规矩办" / 22　　管理者正人先要正己 / 32
创造遵守制度的严肃环境 / 23　　贯彻制度从小处抓起 / 33
整肃纪律，迈出改革第一步 / 23　　搞懂"纪律"的真正含义 / 35
纪律是团队的生命 / 25　　严明纪律要用"热炉法则" / 36
到我这里来，就要遵守我的规矩 / 26　　解雇之前要给予警告 / 37
执行制度必须公事公办 / 27　　管人规矩不可随意更改 / 39

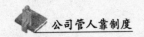

第3章 严明纪律:好行为来自好习惯

营造循规蹈矩的环境　　　　　/ 42　从改变人的习惯开始　　　　　/ 47
养成良好的习惯　　　　　　　/ 43　告诚员工要注重实效　　　　　/ 47
防微杜渐,把好"入口关"　　　/ 44　及时批评带有"普遍性"的错误　/ 49
规章制度是条"高压线"　　　　/ 45　维持团队高标准的纪律　　　　/ 50
进行有效的纪律培训　　　　　/ 46　不妨杀鸡给猴看　　　　　　　/ 51

第4章 合情合理:管得住还要放得开

让规章制度与时俱进　　　　　/ 54　点准"死穴",触动心灵　　　　/ 59
制定制度不可墨守成规　　　　/ 55　调动人的自觉性　　　　　　　/ 61
用新方法解决新问题　　　　　/ 55　拆掉上下级之间的"隔离墙"　　/ 62
企业无论大小,管理都要灵活　/ 56　管得过严会压抑积极性　　　　/ 63
制度是死的,人是活的　　　　/ 57　管理效率是最重要的　　　　　/ 64
制度和感情要兼顾　　　　　　/ 58

第5章 扶正祛邪:防人有术,管理有招

防人有术,惩欺为先　　　　　/ 68　要看清楚再盖章　　　　　　　/ 74
对惹是生非者绝不姑息　　　　/ 69　操练管理绝招　　　　　　　　/ 75
鉴别谁是制造麻烦的人　　　　/ 70　惩罚要合理合法　　　　　　　/ 76
防止员工投机取巧　　　　　　/ 71　尽量避免留下"后遗症"　　　　/ 77
无事就会生非　　　　　　　　/ 72　以厚道的方式对付谎言　　　　/ 78
不要被漂亮言辞迷惑　　　　　/ 73

第6章 治理内耗:营造良好合作关系

人际矛盾因何而起　　　　　　/ 80　处理矛盾的几个原则　　　　　/ 82

解决部门冲突分五步走 / 84
处理矛盾心眼要灵活 / 85
解决冲突有技巧 / 87
警惕公司中的各种传闻 / 88
反映问题要走正常渠道 / 89
处理刺头技巧一定要高明 / 90

有些矛盾冷处理更好 / 91
大事化小,小事化了 / 92
做一个公正的裁判 / 93
人事安排要合理 / 94
一加一可能等于零 / 95

第7章 消除抱怨:人事和谐,公平公正

学会听取反对意见 / 98
及时处理下属的抱怨 / 99
一切从倾听开始 / 101
人事管理需要一点耐性 / 102
解决问题要见实效 / 103
建立一套正式而完善的申诉机制 / 103
做出正面、清晰的回复 / 105
相信员工的忠诚 / 106

处理不满情绪的十个要点 / 107
时常做一下员工满意度调查 / 108
唯唯诺诺未必就好 / 109
诱发"积极的抱怨" / 110
提高下属忠诚心 / 110
危机事件"可防、可控、可治" / 112
善于对问题冷处理 / 113

第8章 正确沟通:让人口服心也服

以沟通创造和谐 / 116
让各种意见及时交流 / 116
卸掉员工的"思想包袱" / 117
处罚不忘教育感化 / 118
善于听取下属的汇报 / 119
晓之以理,还要动之以情 / 120
和风细雨不一定就能解决问题 / 121
"套"出下属的真心话 / 122

尽量让对方多说 / 123
威胁恐吓会起反作用 / 124
要改变习惯,先改变想法 / 125
强调"共同利益" / 126
敞开胸襟倾听下属的提议 / 127
把员工当成大人物一样看待 / 128
通过闲谈也能达到沟通 / 128
从感情交流入手 / 129

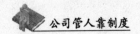

第9章 疏而不漏：处理问题手不软

妥善处理员工的私人问题　/ 132　辨别有情绪的员工　/ 141
消除迟到、旷工现象要找到根源　/ 133　不应受到重用的四种下属　/ 142
不能容许拉帮结派　/ 134　十种不成熟的下属　/ 143
发现"小圈子"要尽早铲除　/ 135　辞退员工时要婉转　/ 144
斩断员工的"第三只手"　/ 136　区别对待"表现较差的员工"　/ 146
看清扯皮现象的本质　/ 137　你是下属心中的依靠　/ 147
对有缺点的人要一分为二　/ 138　该批评时不拖延　/ 148
有时不妨听听"谣言"　/ 139　学会修"牢"补"牢"　/ 149
从容应对下属的顶撞　/ 140　以快刀斩乱麻　/ 150

第10章 以人为本：管理要讲人情味

别把员工当机器　/ 154　让罚款变捐款,将惩罚艺术化　/ 157
允许片刻聊天　/ 154　严重过失未受到惩罚的清洁工　/ 158
时间无情人有情　/ 155　世界杯时网开一面　/ 159
加班宜少不宜多　/ 156　尊重他人隐私　/ 160
女士一定要抹口红吗　/ 157　细枝末节体现人情味　/ 162

第11章 赏罚分明：把握尺度是关键

正确使用赏罚手段　/ 166　惩罚不是目的　/ 173
惩罚应注意的方面　/ 166　条条大道通罗马　/ 174
惩罚是一种教育手段　/ 167　不要为处罚而处罚　/ 175
凡事皆有度,批评有分寸　/ 169　处理好创新过程中的失误　/ 176
掌握好适度原则　/ 169　"改进单",员工乐于接受的惩罚　/ 177
恩威并举　/ 171　防微杜渐必须注意惩教结合　/ 178
"千里马"不能用重鞭　/ 171　惩罚非人性,员工"毁"老板　/ 179
冷落也要有个度　/ 172

第12章 走出误区：少犯低级错误

员工有失败的权利 / 182　　管理者要大事不糊涂 / 190

一对一地批评 / 183　　忽略鸡毛蒜皮的事 / 191

好话坏话都讲在当面 / 184　　权威不等于纪律 / 192

明白地说出你的期望 / 185　　领导不要成为"暴君" / 193

杜绝羞辱人 / 186　　不要设置更多的上司 / 194

有些事没必要刨根问底 / 187　　轻松管理的三个技巧 / 195

不要任意打断下属的工作 / 189

第13章 顺从人性：情、理、法要并用

人是管理之本 / 198　　领导与被领导的关系需不断磨合 / 207

懂得欣赏别人 / 199　　抛弃个人好恶 / 208

与员工建立朋友式的关系 / 200　　用人要出于公心 / 208

经常到群众中去 / 200　　对所有人一视同仁 / 210

关心下属的个人问题 / 201　　不能用感情代替原则 / 210

领导威信比权力更有效 / 202　　追求公平与公正 / 211

失人心者失天下 / 203　　惩罚也要体现公平公正原则 / 213

从员工身上学到东西 / 203　　宽容的做法更可取 / 214

对个性强的人因势利导 / 204　　违逆人性的东西不会长久 / 215

让个性创造出价值 / 205　　打开天窗说亮话 / 216

使员工知道你的期望 / 206

第14章 管人以威：恰如其分扮黑脸

管人就要一视同仁 / 220　　老板要给人以权威感 / 223

不要滥用人情 / 220　　谁也不能任性胡为 / 223

感情用事会误了大事 / 221　　一个唱黑脸，一个唱白脸 / 224

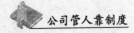

宽严得体,恰到好处 / 226　认清现代年轻员工的缺点 / 233
不要自甘当下属保姆 / 227　现代人多以自我为中心 / 234
员工为什么不听你的 / 228　性急吃不了热豆腐 / 235
管理的一半是培养人 / 230　对下属不能事事求完美 / 235
吸引人的永远是利益 / 231　管人要从基础开始 / 237
让下属喜爱原先他讨厌的东西 / 232

第15章 倾注信任:好员工不是管出来的

好员工不是管出来的 / 240　一点一滴传递信任 / 246
有效赏识的四个要素 / 241　利用榜样的力量 / 247
零成本的激励术 / 242　以己之心,换人之心 / 248
对下属倾注真情 / 242　对员工负起责任 / 249
善于挖掘下属的潜力 / 243　善于聆听员工的心声 / 250
用信任激发员工的自信与豪情 / 245　与员工保持情感联络 / 252

第16章 鼓励竞争:出人头地要靠真本事

竞争让企业充满活力 / 256　让单调的工作变得丰富多彩 / 264
竞争与和谐不是一对矛盾 / 256　每个人都有自己的目标 / 265
把收入和业绩挂钩 / 257　制造工作中的危机感 / 266
点滴功劳也要立刻奖励 / 258　彻底消除"无所谓"态度 / 267
人性的四种假设 / 259　人才是逼出来的 / 268
让下属尽情发挥 / 260　忙碌出人才 / 268
人的干劲和潜能是无限的 / 261　任何人都不能例外 / 269
让下属自己给自己打分 / 262　利润和收益是企业的命脉 / 270
开动脑筋提高士气 / 263　有竞争力的企业才赚钱 / 271

第17章 完善机制:创造良性的竞争环境

让竞争中的"公平"合理化 / 274　建立激励计划并执行下去 / 276
制度决定一切 / 274　激励计划要简单易行 / 277
给员工足够的机会 / 275　形成有效的激励系统 / 278

使员工保持最高的工作效率 / 279 别让激励效果打折扣 / 283
制订目标恰如其分 / 281 只奖不罚会让更多人不满 / 283
执行制度要看实效 / 282 "人性化"措施不可滥用 / 285

第18章 奖勤罚懒:给员工应有的待遇

对有成就者论功行赏 / 288 经理人应该避免的管理错误 / 296
让大家争当"有功之臣" / 289 给人才创造脱颖而出的机会 / 297
重奖业绩骄人的员工 / 289 重金之下必出人才 / 298
鼓励冒尖人才 / 290 努力使工资高于社会标准 / 299
奖励应针对实质 / 291 留住最佳业绩贡献者 / 300
让员工找到自己的目标 / 292 与员工分享利益 / 301
成就感激发员工创造力 / 293 让人才先富起来 / 302
释放人的潜力 / 294 利益捆绑共享是无形的财富 / 303
激励方式需因人而异 / 295 善待员工,绝处逢生 / 304

第19章 绩效考核:掌握必要的方法

考核究竟考什么 / 308 不能量化的工作就没有存在的价值 / 317
光有绩效考核还不够 / 308 确定考核期限 / 318
绩效管理要走出误区 / 309 完整的工作才能检验业绩水平 / 318
业绩的数量和质量要兼顾 / 310 正确选择考核时间 / 319
如何制定考核标准 / 312 找到绩效下降的真正原因 / 320
让员工掂出自身的分量 / 312 独特的岗位分析法 / 321
考核是为了发现人才 / 313 把责任落实到人头 / 322
考核要有下属的参与 / 314 保证考核的严肃性 / 323
以能力为主要考核指标 / 315 将工作态度纳入考核之中 / 325
通用的五个考核等级 / 316 以"工作实绩表"鼓舞干劲 / 326

第20章 业绩考评:让压力成为动力

考评不能跟着感觉走 / 328 掌握考评的几点技巧 / 329
制定切实可行的标准 / 328 兼备回顾性与展望性 / 331

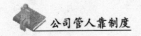
关注人的实际贡献	/ 332	掌握正确的评价方法	/ 334
给员工评价要客观公正	/ 332	及时发现员工认为不公平的地方	/ 336
平等不等于均等	/ 333	充分肯定优秀的工作	/ 337
祛除偏见去看人	/ 334	好评价不可过多过滥	/ 338

第21章 跨越误区:别让考核走过场

考核不要墨守成规	/ 340	不要趁机给人"穿小鞋"	/ 346
避免业绩考评中的误差	/ 340	给人以改正的机会	/ 347
走出业绩管理评估的泥淖	/ 342	及时解雇不称职的员工	/ 348
评估应尽可能公正	/ 344	薪水高不能成为辞退的理由	/ 350
归根到底在于用人制度	/ 345	用人不要光看考核表	/ 351
考核要公私分明	/ 346		

第22章 薪酬设计:恰到好处的金钱刺激

谨防低素质对高素质的"驱逐"	/ 354	人才价值是定薪标准	/ 361
员工的利益就是企业的利益	/ 355	增加满意度,关键在公平	/ 362
利益分配不是"零和游戏"	/ 355	高工资是一种好的激励方式	/ 363
工资水平影响绩效	/ 356	"望梅"止不了渴	/ 364
应用高明的薪酬设计	/ 357	年终奖不可缺	/ 365
量体裁衣为新员工定"身价"	/ 358	发年终奖是沟通的好机会	/ 365
中层领导要对下属薪酬心中有数	/ 359	"朝三暮四"的发薪技巧	/ 366
把握好加薪的幅度	/ 360	经营状况不佳时也可以加薪	/ 367

第23章 奖有其道:种瓜得瓜,种豆得豆

有效激励的六大原则	/ 370	重要的是让人享受工作上的满足感	/ 376
激励要有分寸有节制	/ 371	物质奖励的六种艺术	/ 376
激励不要偏离目标	/ 372	明奖暗奖各有利弊	/ 378
奖励的10种策略	/ 373	奖励适度效果好	/ 379
物质激励离不开情感因素	/ 375	实行个人奖励制度	/ 380

物质奖励不是万能的 / 381　　就是惩罚 / 385
不明确的奖励不如不奖励 / 381　　奖励导致的经验主义思维 / 385
奖励不当容易引起猜疑 / 382　　利益驱使会让个别人不择手段 / 386
发奖金要按计划来 / 383　　什么样的激励手段是失败的 / 386
对某人的奖励对他人而言可能

第24章 罚有章法：是非功过要分清

不要打错了板子 / 390　　用温情激励失败者 / 397
惩罚相对于奖励更能触动心灵 / 390　　对待错误要"萝卜加大棒" / 398
压力"压"出新举措 / 392　　如何扭转下属造成的不良局面 / 399
罚是手段而不是目的 / 392　　引导下属认识自己的错误 / 400
把下属的损失当成学费 / 393　　用行政和经济手段
不能"一竹竿打倒一船人" / 394　　　　限制员工是老板的无能 / 401
罚要罚得明白 / 396

第25章 煽情励志：让人时刻有奔头

用"精神薪资"管人 / 404　　给员工以方便 / 418
挖掘员工的闪光点 / 405　　叫出员工的名字 / 419
三句好话可抵半年口粮 / 405　　出手相助就是激励 / 420
说恭维话也要有技巧 / 406　　"立言"的激励 / 421
发现小事背后的重大意义 / 407　　吃的激励 / 421
让员工劳逸结合 / 408　　立即回复下属也是一种激励 / 422
根据情境变换激励方式 / 410　　利用人类不服输的天性来激励员工 / 423
别出心裁的表彰方式 / 411　　满足员工心愿的激励 / 424
为你的下属喝彩 / 412　　"听"也是一种激励 / 424
对员工尊重的三个层次 / 413　　小动作大激励 / 425
不可忽视感情的力量 / 414　　责备也是一种激励 / 426
打个电话就能激励 / 415　　创新的激励 / 426
士为知己者死 / 416　　给新进员工留下一个好印象 / 427
生日聚会的激励 / 416　　激励看得到 / 428
间接人员的激励 / 417

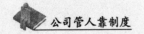

第26章 能人大用：走精兵强将之路

10/60：不可不察的能人定律　　/ 430　　两种人才缺一不可　　/ 436

能人虽少，威力巨大　　/ 430　　人才是制胜之本　　/ 437

能人的"英雄本色"　　/ 432　　不惜血本挖能人　　/ 439

不能因为有风险而不使用能人　　/ 433　　家有能人不嫌多　　/ 439

放开手脚用能人　　/ 435　　实施真正的英才管理　　/ 440

企业的发展离不开人才　　/ 436　　寻求既懂技术又善经营的精明之士　 / 441

第1章

有法可依:管人要用制度说话

也许管人这个概念在今天这个鼓励沟通的社会会让人觉得刺耳,或者多少让人觉得观念落后,但在企业管理中,它依然是个不可回避的问题。任何一家企业总要有管理制度和岗位纪律,这是一个企业保持其组织活动正常进行的最基本的东西。那么,作为一个企业领导者,最重要的就是要把这些制度与纪律建立起来,并使它成为企业员工的行动准则。很多企业在规模小的时候,企业领导者习惯通过师傅带徒弟的方法言传身教,告诉每一位员工什么事情能干、什么事情不能干等,但是,当企业达到一定规模的时候,这种方法就行不通了。所以,用标准来管人、约束人便成为企业负责人一项很重要的工作。

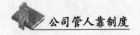

国有国法，家有家规

俗话说"国有国法，家有家规"，也就是说任何一种组织形式，无论国家、机关、企事业、社团甚至家庭都要有自己的一套规矩，而这一套规矩——各种组织管理中的规章制度，就是本书所要阐述的管理中的"法"。

需要说明的是，国家意义上的法律制度并不属于本书范畴，因为这是基于国家强制力来实施的，我们所要讨论的是在国家法律规定的活动空间里如何创立我们自己的管理之"法"，即为使组织合理、高效运作而制定的一系列严格、科学、有效的管理制度。这里就出现了"管理制度"这一概念。

管理制度是对组织机构正常运行的基本方面规定活动框架，调节集体协作行为的制度。管理制度是组织实行制度化管理的基础。国家实行法治才能进步，各种组织也要实行"法治"才能持续发展，这个"法治"就是制度化管理。

《红楼梦》中写道，宁国府贾蓉的媳妇秦可卿死了，宁国府内大办丧事，每天吊唁的人鱼贯而来，里里外外事情极多，急需一位有管理才能的人帮忙料理。于是贾蓉的父亲贾珍请来了荣国府的王熙凤来料理宁国府。

王熙凤到宁国府的第一件事就是先建立了人事管理制度。每个人都有事做，各负其责，互不推诿，谁干什么，谁有什么责任，谁去检查，干得不好怎么处理，清清楚楚，有条不紊。这一二百人的工作群体，若没有明确的规章制度，非乱套不可。接着，凤姐又建立了考勤制度和物品管理制度。规定了什么时候点名，什么时候吃早饭，什么时候领发物品，什么时候请示，某人管某处，某人领某物，弄得十分清楚。由于建立了人事、考勤、物资的管理制度，就避免了原来宁国府中管理的无头绪、忙乱、推诿、偷闲等弊端。

"人治"不如"法治"

一个组织要实现组织目标，形成组织管理制度是有力的措施和手段之一。企业制度作为员工的行为规范，可以使企业有序地组织各种活动。战场上，军纪严明之师众志成城，纪律涣散之旅乃乌合之众。同样，有些企业常常绝招频出，点子不断，但缺少了严格的管理制度，再高明的绝招、点子也只是昙花一现。要实行制度管理的"法治"，就要打破"人治"观念。"人治"管理有诸多缺陷：

第一、由于个人的智慧、水平有限，"人治"的过程中会出现这样那样的毛病。"人治"带有明显的随意性，缺乏科学性，使员工难以适应。

第二、"人治"带有专制性，缺乏民主性，决策极易失误，人际关系也极易紧张。"人治"以人为主，难免出现"一朝天子一朝臣"的现象，这就会使员工产生不公平感，不利于"人和"。

第三、"人治"常常过不了人情关，奖亲罚疏、任人唯亲的事情一发生，领导者就会逐渐失去威信和凝聚力。

第四、"人治"只能治标而不能治本。由于"人治"而无法形成有章可循的规章制度，不利于企业风尚、企业文化和企业道德的形成。

有人认为教育可以代替制度，其实二者是相辅相成的关系。对职工进行教育和培训是必要的，但不是万能的，教育代替不了制度。

制度就是规矩。一些国内外著名的企业，几乎都高度重视"法治"，有健全合理的规章制度和执法机制。例如，日本东芝公司的电子产品之所以"容光焕发、姣美可爱"，备受世界欢迎，一个重要的原因就是对超净工作间有苛刻的净化要求：女工严禁搽粉，男工必须刮净胡子，操作时绝对禁止说话、咳嗽、打喷嚏，以防空气振动，扬起尘埃。美国格利森齿轮机床厂有十分严格的安全制度，只要进入车间，不论是去干活还是路过，都必须佩戴安全眼镜，穿硬底皮鞋，并把领带掖在衬衫里面，如果不遵守安全制度，就要受到很严厉的处罚。

让制度去说话

有一个关于"一条鞭子"的故事。故事的大意是说英国古老的剑桥大学有一位著名的校长，治校有方，培养出了很多名满天下的学生，有人问他为何能把学校经营得这样好，这位著名的校长说，那是因为他用"一条鞭子"来惩治那些不听话、不上进的学生，并且奖罚严明，又说，如果给他一把手

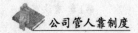

枪，他会把学校管理得更好，培养出更多的好学生。故事的深刻寓意是不用怀疑的。关于"一条鞭子"的故事在其他许多地方也出现过，可能主角不是剑桥的校长，换成了别人，大抵意思也还是说只要有了严格科学的制度并严格执行，就一定能把学校管理好，培养出好学生。这里的"一条鞭子"就成了能够严格执行的合理制度的代名词了。其实，不单管理学校如此，从某种程度上讲，经营企业也需要这样的"一条鞭子"。

制度或企业制度是什么？一般地说，它是企业一系列成文或不成文的规则，或者说它是企业贴上个性标签的关于经营管理的不同"打法"。制度不仅规范企业中人的行为，为人的行为划出一个合理的受约束的圈，同时，也保障和鼓励人在这个圈子里自由地活动；或者更通俗地说，制度是一种标签或符号，它将企业中人的行为区分为"符合企业利益的行为"和"不符合企业利益的行为"。企业的领导者和决策者可以据此采取奖勤罚懒的措施，褒奖"合乎企业利益的行为"，惩罚"不合乎企业利益的行为"，从而有效地刺激企业中的人约束自己，提高组织管理的效率。而在这样的奖罚中，企业的各项规章制度也得以推行和巩固。

做事要有法可依

企业界流行一个很时髦的说法叫"箱式管理"。什么是箱式管理呢？想一想箱子的结构是什么样的：四面都有隔板，中间是存放空间。这样的结构一方面可以防止箱内的东西突破上、下限越过四周跑到箱子外面去；另一方面箱子里面有一定的空间，是箱内东西的活动范围。箱式管理就如同将公司置于一个箱子中，公司的经理和他的高级管理人员制定一套公司的规章制度、程序、组织结构和价值观，并且把它们用作衡量员工表现的准则。

事实上，每家公司都可以拥有自己的箱子，这种箱子的周围是各项制度，建造箱子可以选用不同的材料，这就是各种制度的严格程度。留出的空间也因此不同，但员工发挥作用的空间一定要充分。

中国的公司、企业一向习惯于"人治"不崇尚"法治"，也就是说大小事情都由领导说了算，没有太多的规章可以遵循。而"法治"就是公司制定出一套完整的规章制度，任何事情都有条款可依。规章制度制定出来以后，更重要的环节在于"执法必严"。孙子兵法中指出：要规定明确的法律条文，用严格的训练严整军队，对士兵过于宽松，过于爱怜，结果会导致士兵不能严格执行命令，部队陷入混乱而不能加以约束。现在公司面临的竞争，其残酷程度不亚于战场拼杀，如果不做到纪律严明，令行禁止，是无法获胜的。

古时候，商鞅变法贴出告示：能将这根木头搬到城南门的人可以获得50两黄金。当时人们都很怀疑，私下里议论纷纷。这时，人群中站出来一名壮士，扛起木头，运到了南门，商鞅立即将奖赏送给了他，这时人们才意识到商鞅立法的严肃性。从此，人们对法律严厉性的认知也达到了一定的水平。

公司、企业的规章制度同样也应体现它的公平和严格。为了提高营业额，北京市某购物中心曾经出台政策重奖销售业绩非常好的职员，当时该中心的员工没有明确地意识到规章的严肃性，当某位员工的业绩远远超出一般职员，而因此获得了2万元重奖时，员工才从心里掂量起规章制度的一贯性，从而公司的各项规章成了员工们关注的焦点。员工严格执行规章制度的意识显著增强，整个中心的效益也由此提升。规章的条文不是通过员工的耳朵来听的，而是通过员工用心去体会，去牢记，去执行的。通过一个典型的例子，来向员工灌输公司的规章制度，使他们明辨是非曲直，知道什么可为，什么不可为，这比滔滔不绝地说教更让人信服。

没有规矩，不成方圆

"没有规矩，不成方圆"，这句古语很好地说明了秩序的重要性。我们都知道，缺乏明确的规章、制度、流程，工作中就非常容易产生混乱，如果有令不行、有章不循，按个人意愿行事造成无序浪费，更是非常糟糕的事。下面是企业中经常碰到的几种无序、混乱的情况：

1.职责不清造成的无序

在很多企业中，经常会遇到由于制度、管理安排不合理等方面的原因，使得某项工作好像两个部门都管，其实谁都没有真正负责。两个部门对工作纠缠不休，整天扯皮，使原来的有序反而变成无序，造成极大浪费。

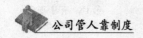

2.业务能力低下造成的无序

素质低下、能力不能满足工作需要，也会造成工作上的无序。一种情况是应该承担某项工作的部门和人员，因能力不够而导致工作混乱无序；另一种情况是当部门和人员出现变更时，工作交接不力，协作不到位，原来形成的工作流程经常被推翻，人为地增加了从"无序"恢复到"有序"的时间。

3.业务流程的无序

由于大多数企业采用较多的是直线职能制的纵向部门设置，会对横向的业务流程严重割裂，各部门大多考虑一项工作在本部门能否得到认真贯彻，而很少考虑如何协助相关部门顺利实施。考虑通常以本部门为中心，而较少以工作为中心，不是部门支持流程，而是要求流程围绕部门转，从而导致流程的混乱，工作无法顺利完成，需要反复协调，加大管理成本。

4.协调不力造成的无序

某些工作应由哪个部门负责没有明确界定，处于部门间的断层，相互间的工作缺乏协作精神和交流意识，彼此都在观望，认为应该由对方部门负责，结果工作没人管，原来的小问题也被拖成了大问题。

协调不力是管理工作最大的浪费之一，它使整个组织不能形成凝聚力，缺乏团队意识、协调精神，导致工作效率的低下。

5.有章不循造成的无序

随心所欲，把公司的规章制度当成他人的守则，没有自律，不以身作则，不按制度进行管理考核，造成无章无序的管理，影响了其他员工的积极性和创造性，影响了部门的整体工作效率和质量。

这五种情况的无序出现的频次多了，就会造成企业的管理混乱。一个有效的管理者应该分析造成无序的原因，努力抓住主要矛盾，思考在这种无序状态中，如何通过有效的方法，使无序变为相对有序，从而整合资源，发挥出最大的效率。

小老板管事，大老板管人

任何一个企业都必然经历由小到大、由大到强这样一个持久发展的过程。那么，在这个过程中，企业领导者的行为会发生哪些变化呢？通常情况下，在初创业的小企业里，总经理都是事必躬亲、亲力亲为的。谈客户、去贷款，什么钱该花什么钱不该花，等等，都一一过问，认真打点。可以说，在这个阶段，总经理既是老板又是伙计。从员工的角度而言，这个阶段的总经理和自己更像是伙伴关系、兄弟关系。当然，在创业阶段，总经理的这种行为无疑是正确的，也是正常的。

问题在于，企业总要一天天成长，在这个过程中，总经理的行为就一定要发生变化。最为明显的一点就是由管事逐步过渡到管人。一个企业的成长就像一个人的成长一样。但是企业家的成长不单纯体现在思想意识、心胸境界上，还切切实实地体现在自身的行为当中。

松下幸之助先生在其事业初创阶段，日常行为最多的内容一定是与客户洽谈、关心产品技术和质量这样一些工作。而到了企业规模扩大之后，松下先生在其真正退出企业舞台之前做的最后一件事情，就是制定了一个松下企业50年的发展规划。

从松下先生行为内容的变化和其间松下企业的成长，我们不难发现这二者之间其实有着一种很密切的联系。

其实，具有一定规模的企业总裁和较小规模的企业总经理相比，他们之间的行为区别就是小老板管事，大老板管人。而企业总经理（或总裁）的行为修炼就是如何从管事转变到管人，更重要的则是怎么去管人。

总裁管人管什么？怎么管？一般情况下应从3个方面入手：一是管人，二是育人，三是用人。

也许管人这个概念在今天这个鼓励沟通的社会会让人觉得刺耳，或者多少让人觉得观念落后，但在企业管理中，它依然是个不可回避的问题。任何一家企业总要有一些管理制度和岗位纪律，这是一个企业保持其组织活动正常进行的最基本的东西。那么，作为一个企业领导者，最重要的就是要把这些制度与纪律建立起来，并使它成为企业员工的行动准则。很多企业在规模小的时候，企业领导者习惯通过师傅带徒弟的方法言传身教，告诉每一位员工什么事情能干、什么事情不能干等，但是，当企业达到一定规模的时候，

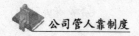

这种方法就行不通了。所以，用标准来管人、约束人便成为企业负责人一项很重要的工作。但是，经常有一些企业领导者做不到这一点。他们从企业很小的时候一路摸爬滚打走过来，习惯了依靠经验去管人，而不习惯建立共同的标准，或者即便建立了标准也难以持之以恒地去实行，令制度与纪律形同虚设，导致团队精神最终树立不起来。

执行制度要严格

马克西姆餐厅从卫生到服务，甚至到回答客人的各种问题，都有严格的规定。内容具体细致，任何人都不得违反。比如总则中有这样一条醒目的规定：对顾客提出的任何问题，永远不能回答说："不知道。"如果遇到自己不清楚的问题，应向客人说明，马上去问，给顾客一个满意的答复。毋需考证，这绝不是马克西姆餐厅的新发明，大多数高级饭店和餐厅早已有此先例。但马克西姆餐厅执行得十分出色，服务人员们已经养成一种习惯，即必须尽力给顾客以满意的回答。

规章制度的建立并不困难，难的是能长期执行。马克西姆餐厅在这一点上，有它自己的独到之处。虽然它也像其他企业一样有着严格的惩罚条例，但餐厅似乎更注重调动工作人员的积极性，使他们能够比较自觉地遵守各项制度。这主要是靠企业工作人员的荣誉感。

做到长期执行、自觉遵守制度这一点，主要是靠两方面的因素，一是对企业工作人员的福利保证；二是珍惜企业的信誉名声。马克西姆餐厅在这两方面都做得很出色。

首先，这家餐厅的工作人员的福利要比同类餐厅高10%~20%，服务人员可以免费在餐厅吃午、晚两餐，每年有假期去旅游。在维护企业名声方面，他们可以说是下了很大的工夫。餐厅的所有条例无不是以这一点为宗旨的。他们十分强调服务中的举手投足都要想到餐厅的名声，反复地强调服务人员是餐厅的"主人"。久而久之，服务人员从心里产生了"自豪感"。所以绝大多数服务人员都能够全心全意地为餐厅工作。据法国巴黎马克西姆餐厅的服务人员讲，这家餐厅解雇服务人员的情况比较少。

但这绝不意味着对服务人员任何行为的姑息迁就。他们认为严厉处罚严重失职的工作人员同样是一种维护企业声誉的有效手段。北京马克西姆餐厅开业时，从法国前来工作的服务人员中有一位年轻的组长。虽然他年纪不大，但工作经验却很丰富。面对还不十分熟悉餐厅服务工作的中国伙伴们，他不免有些骄傲，工作中指手划脚，很难配合大家工作，大家对他意见比较大。一次在营业前做准备工作时，铺台布的台面比较大，一个人铺有困难，他便找在一旁同经理商量工作的领班帮助。结果被经理当场叫住质问，一个组长如何能去指挥他的上级工作呢？晚上马克西姆的老板卡丹先生知道了这件事，当场决定请他立即停止工作，回法国去。后经中方多次出面说情，这位服务人员才保住了职位。但还是受到了严重警告，以致他三番五次地找这位领班赔礼道歉。

事后卡丹曾开玩笑地对人说："中国怎么会能容忍'事不过三'的规定？如果我允许我的工作人员都犯上三次错误，我的公司早就关门了。"他的话虽说是开玩笑，但却说明了一个问题：在竞争中求生存是不允许失误的，哪怕只有一次，也很可能会断送了前程。卡丹在经营马克西姆餐厅时采用的"自觉为主，处理从严"方针是很有效的。全体工作人员都能够认真主动地工作，从而给企业经营带来竞争利润。

人情归人情，事情归事情

与传统的管理相比，在现代的管理中，人情是一个极大的困扰因素。在传统的管理中，总是先讲究人情，把自己的亲戚放在最显赫的地位，这样的管理，可以说只有情没有理。

现代的企业，要想求发展，必须创造出公平合理的竞争环境，因此绝对不能再把传统的"人情"放在第一位。然而，任何事情都要一分为二地看待。人毕竟是感情动物，完全不讲究人情是不行的，这也是现代管理者所追求的以情管理的真谛。

但过分地讲究"人情"，不分原则，容易造成赏罚不分。该处罚的，狠不下心来；该淘汰的，又拉不下脸来，这实际上是一种极为有害的"好人之

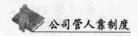

仁"。事实上，要拿出决断，快刀斩乱麻。该淘汰的淘汰，淘汰对双方都有好处：对被淘汰者自身，有一个反省的机会，知道在哪儿摔倒了，再从哪儿爬起来；对于企业，可以把更有才干、更有责任心的新人补充进来，使人员得到更新，为企业增添新的活力。

"人情"听起来是个温情脉脉的名词，但如果运用不当，则会把企业送上"断头台"。管理者如果不分场合，随意地施舍自己的人情，即使是出于一种好意（尽管这种好意是无知的和盲目的），也会带来不良的后果。

"人情"只有运用得恰到好处，才能发挥其效用。人情用在工作努力、有贡献的人身上是一种爱护和精神鼓励，会产生出巨大的精神动力。经验已经证明，用微笑去鼓励远比严厉说教对一个人的影响更大。在这种情况下，经营者运用"人情"，换句话说是感情投资，可以唤起更大的精神动力，从而创造出更多的财富。

但是，如果"人情"用在不用功、不努力、作风懒散、吊儿郎当的人身上，则不但是浪费，还会带来更严重的后果，使他更加没有责任感，更容易偷懒。对于这样的人，只有不客气地提出警告，施加压力或者干脆淘汰，才不会失策。这样做，并不是让企业家做冷酷无情的人，人可以有情，而市场无情，只有用市场的标准来要求员工，才是用人的上上之策。

管理要讲究层次分明

公如果想做到司管理有条不紊就要有层次。现代管理有着明显的层次分别，一个公司中有决策层、管理层、执行层。各层次都有与之相对应的职责和权利：决策层负责企业的经营战略、规划和生产任务的布置；管理层负责计划管理和组织生产；执行层负责具体的执行操作。如果企业老板不能正确对待管理中存在的这一客观事实，便会在管理中不可避免地出现这样或那样的问题。

有一位厂长见到工人迟到就训斥一番，看到服务员的态度不好也要批评一顿。表面上看他是一位挺负责的领导，而实际上他却违背了"无论对哪一件工作来说，一个员工应该接受一个老板的命令"这样一个指挥原则，犯了越权指挥错误。员工的出勤本来是车间主任的管理范围，服务员的态度好坏是公司办公室主任的管理范围，厂长的任务则是制定企业的经营战略和生产规划，他管理的人员应是各车间及职能科室的负责人。

作为老板，管得过多过细往往会打破正常的管理秩序，使管理处于紊乱状态，影响公司的效益。对于员工来说，一会儿老板说个东，一会儿主任道个西，前后指令不统一，令出多门，交叉重复，会令他们无所适从。管理应有层次，而企业领导在管理中应体现出这种层次，避免"越俎代庖"的现象发生。

聪明人喜欢自己思考，独立行事，只有懒虫、笨蛋才会事无巨细地完全受命于人。如果企业的老板越权指挥，包办一切，什么都不放心，从企业的经营策略到车间的生产计划，再到窗户擦得是否干净，他全管，这就恰好适应了那些懒虫的心理习惯：他们不愿动脑，不愿思考，只需伸手，便可完成工作了，出了问题也不承担责任。而此时正好有老板事事都包揽，谁不喜欢这样的"好"老板？

老板不要包办一切

美国有个叫汉斯的人在企业发展到几家大百货商场后，依旧采用小店铺的老板作风，对公司的上上下下关切个透：哪个管理者做什么，该怎么做；哪个员工做什么，该怎么做，他都布置得精微妥帖。而当他出外度假时，才出门一周，反映公司问题的信件和电话就源源不断，而且尽是些公司内部的琐碎小事。这使得汉斯不得不提前结束原准备休一个月的假期，回公司处理那些琐碎的问题。

假如汉斯在企业管理中做到层次分明、职责清晰，怎么会度不成一个安稳的假期呢？究其原因，在于他的管理有问题，滋长了部下和员工们的惰性，造成事无大小全找老板的缺乏思考和创造性的局面，以至于离了他，公司便无法正常运转。就管理成效而言，这是一种十分糟糕的情况。

企业老板全面管理、包办一切的另外一个害处，是不利于调动部下和员工的积极性与创造性，不能尽人才之用。创造性只有在不断的实践中才能体

11

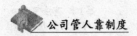

现出来，而越权指挥的领导恰好就截断了通向创造性的通道，使员工和部下的行为完全听从于个人的命令和指挥。长此下来，会使他们认为想也是白想，老板一切都安排好了，即使有再新再好的创意也难见天日。个人的创造性不能在公司创业的过程中得以体现，人也就无积极性可言，慢慢地人就变成机器一样，出了问题，出了毛病，便停止工作，只有等老板赶来修好，才能继续运转，没有一点能动性。对于那些有才华、有能力的部下或员工，他们会比普通人更加迫切地希望体现自己的价值，而工作中却处处得不到体现，在这种情况下，难免会有一种压抑感，积得久了，就会递个辞呈走人，这是可以预料的事。

好制度会使"坏人"变好

18世纪末期，英国政府实行移民政策，决定把犯了罪的英国人发配到澳洲去，开发澳洲。这是英国发展的长远大计。可是，一开始由于制度有缺陷，能够平安到达澳洲的犯人并不多。一些私人船主承包从英国往澳洲大规模地运送犯人的工作，为了一己之利，从中钻了制度的空子。

英国政府实行的办法是以上船的犯人数支付船主费用。当时那些运送犯人的船只大多是一些很破旧的货船改装的，船上设备简陋，没有什么医疗药品，更没有医生，犯人的生存条件十分恶劣。船主为了牟取暴利，尽可能地多装人。一旦船只离了岸，船主按人数拿到了政府的钱，对于这些人是否能远涉重洋活着到达澳洲就不管不问了。有些船主为了降低费用，甚至故意断水断食。

三年以后，英国政府发现：运往澳洲的犯人在船上的死亡率高达12%，其中最严重的一艘船上424个犯人就死了158个，死亡率高达37%。英国政府花费了大笔资金，却没能达到大批移民的目的。

于是，英国政府想了很多办法：每一艘船上都派一名政府官员监督，再派一名医生负责犯人的医疗卫生，同时对犯人在船上的生活标准做了硬性的规定。但是，政府支出了监督费用，却照常死人。犯人的死亡率不仅没有降下来，有的船上的监督官员和医生竟然也不明不白地死了。原来，一些船主为了贪图暴利贿赂官员，如果官员不同流合污就会被扔到大海里喂鱼。

后来，英国政府又采取新办法，把船主都召集起来进行"珍惜生命，关爱生命"的教育培训，教育他们要珍惜生命，要理解去澳洲开发是为了英国的长远大计，不要把金钱看得比生命还重要。但是情况依然没有好转，死亡率一直居高不下。

一位英国议员终于发现，是那些私人船主钻了制度的空子，而制度的缺陷在于政府给予船主报酬是以上船人数来计算的。他提出从改变制度开始：政府以到澳洲上岸的人数为准计算报酬，不论你在英国上船装多少人，到了澳洲上岸的时候再清点人数支付报酬。

制度改变了，问题也就迎刃而解。不用政府再派官员监督，也不用政府派随船医生，船主就会主动请医生跟船，在船上准备大量药品，犯人的生活也大大改善了。船主都明白这样一个道理：尽可能地让每一个上船的人都健康地到达澳洲，因为多一个人到达澳洲，就意味着船主多一份收入。自从实行上岸计数的办法以后，船上的死亡率降到了1%以下。有些运载几百人的船只经过几个月的航行竟然没有一个人死亡。

所以说，好的制度，"坏人"也会变好。

制定规章制度的两个原则

一般情况下，企业领导者为企业制定完善的规章制度要遵循以下两个基本原则。

1.确保规章制度的合理性和规范性

任何一家企业要想实施有效的纪律约束，就必须确保企业规章制度的合理性和规范性。因为企业制订规章制度的目的是要员工遵守，若空有形式，则毫无意义可言。

例如，有家玩具公司有这样一条规定，员工凡延迟交货，不管在什么情况下，企业都要收违约金。但实际上，在一般情况下，延迟交货多半事出有因，比如不可抗拒的天灾人祸或厂方耽误造成的延迟交货。故此规定无法执行，应立刻改正，拟定一个折中的办法，以期符合现实情况。

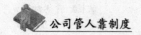

企业在制定这些用以规范员工行为的制度时，要经过详细的调查，认真细致的分析研究，并结合企业的生产经营状况和员工的实际情况，在征求员工意见的基础上拟定出较为合情合理的规章制度，这样规章制度才能够行得通、推得开，否则，那些脱离实际的条文无疑等于一纸空文。

2.与时俱进的原则

企业制定管理规章制度的时候一定要灵活，要随着时间、环境的变化而有所变化，绝不能一成不变。

有些规章制度早已过时了，把这些过时的规章制度原封不动地拿过来让员工遵守是不合适的。因为，任何规章制度都是时代的产物，也是为适应时代、环境而制定出来的。社会在发展，时代在前进，环境也在发生变化，这些旧的规章制度也必然会失去其合理性。

管理者若发现有的规章制度不够合理，必须尽快废止或进行合理补充，千万不可墨守成规。否则，这些过时的规章制度就会随着时日的变迁而更加脱离现实，最终只会成为束缚员工积极性的僵硬条文。

企业管理者的一项重要工作，就是要随时检查自己所订立的各项规章制度，看其是否存在不完善、不合理的地方，一旦发现存在某些问题，就应该及时地、大胆地、实事求是地进行改革，因为与时俱进是每位优秀管理者必备的素质。

制定规章制度要员工参与

在许多企业里，规章制度绝大多数都是由几个领导来制定的，甚至具体到某一业务标准也是企业领导来制定。这种现象似乎已成为一种习惯，但这种做法存在着几个问题：第一，领导者可能对现场作业流程并不了解；第二，领导者很难制定出系统的管理能人的规范，如部门间的衔接和权责具体该怎么处理，这是部门与部门之间互相踢皮球的关键原因；第三，有些领导对"现在是什么"可能比较了解，但对于"应该是什么"，也就是如何改变才更富有效率比较模糊。

鉴于以上这些方面的原因，企业领导者要从企业中抽调一些不同部门、不同层次的人来制定这些规章制度，并确定一个将来执行规章制度操作管理的人，来共同参与其中，这样制定的规章制度就比较规范且容易进行具体的操作实施。

从根本上说，有效的规章制度的制定是个不断摸索的过程，同时也是总结经验、发现问题并及时补救的不断完善的研究过程。因此，管理规范设计首先要考虑各种影响和制约的因素，包括组织目标、竞争环境、法律政策约束、内部经营条件、内部传统经验、业务流程、生产类型、产品和市场、人力资源情况、技术系统条件等。管理规范设计就是要在这种令人眼花缭乱的内外环境中进行。

基于以上各方面因素的综合考虑，在制定规章制度的人员安排方面，企业领导者应该与一些管理咨询专家共同对企业进行一次深入的了解，在进行管理诊断后，再由这些管理咨询专家和企业同仁共同设计管理能人的规范。

为什么要请管理咨询专家来设计能人管理规范呢？第一，能保持管理规范制定过程中的独立性，容易突破组织中的既得利益，不计情面地推动管理规范的制定；第二，作为专业的管理顾问，他们更清楚应该如何做才能更好；第三，他们看到的是整个经营系统，而不囿于单个环节或部门。

但是，管理咨询专家有不太了解企业情况的缺点，所以，管理咨询专家成功的服务有赖于其深入地了解企业，和企业员工共同工作。

建立和实施制度的几点讲究

企业在规章制度的建立和实施中必须注意以下几点。

1.明晰制度的设计思路

按职能、企业结构、管理标准进行明晰的管理方案的设计。这样就能按做什么、谁来做、怎样做、做的标准、做错做对谁来管这一顺序进行管理，把责任具体安排到了每一位能人的头上。

2.制定管理标准

制定标准的重点是在流程设计和接口分析的基础上制定各类管理标准。毫无疑问，职能的承担者是组织机构，而组织的正常运转要靠一系列的运行

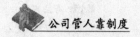

机制加以保证。管理标准是运行机制的主要内容。

3.将经常性的工作标准化

将经常性的工作进行管理规划，制定一个系统的管理标准，这样有利于处理领导与下属、企业与能人、能人与客户之间的关系。一般而言，管理标准主要包括业务标准、工作标准和作业标准。其主要内容是：职能（工作）范围、职责权限、业务流程和业务接口、工作承担者、工作完成好坏的标准与考核条件、业务进行的条件，以及业务中发生纠纷的仲裁等。

4.保证规章制度的实际意义和全面性

制定管理能人的规范是为了更有效地理顺企业内部关系，促进企业的长远发展。因此，标准制定是否合格，要看：是否所有的接口（业务衔接点）都反映在标准中了；是否将以往工作中出现的矛盾、扯皮等问题解决的办法纳入了标准；每个部门和岗位做什么和怎样做的问题是否都在标准中明确了。

第2章
公事公办：别让制度成摆设

有法不用，要法何用？执法要令行禁止，社会才能和谐稳定；管理要令行禁止，企业才有生存的希望。令行禁止，法律才有尊严，制度才有效力，管理者才有权威，队伍才有战斗力，才会战无不胜，否则充其量只是一群乌合之众，稍有挫折就会作鸟兽散。南宋初年的岳家军之所以能成为抗金主力，与其一直执行严明的军纪密不可分，以至于在金军中流传着这样一句话："撼山易，撼岳家军难。"另外一个典型的例子就是三国时期的诸葛亮挥泪斩马谡的故事。马谡对诸葛亮于公于私关系都很好，但马谡丢失了战略要地街亭，诸葛亮最后还是按军法将其斩首，维护了军心的稳定。

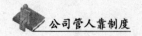

有了制度不执行,比没有制度更糟糕

建立一套科学的规章制度是搞好企业生产经营活动的前提,但是有了制度,更重要的是要严格执行这些制度,按章办事。有制度容易,按制度办事难,让每个能人都按制度办事就更难。因此,企业领导者对这些问题要常抓不懈,做到有章可循,违章必究。能不能按章办事决定了领导有没有威信,决定了领导者能否把队伍带好。就每个人而言,要自觉按规章制度来办事。特别要强调的是,领导要带头执行这些规定,率先垂范,以身作则。

在执行规章制度时存在的一个不可忽视的问题是:执行者必须严肃认真。这种态度本身也应当成为一条纪律,一项制度。同时,对制度的执行情况还要定期检查。要使组织的规章制度更好地发挥其管理功效,在执行规章制度时还必须遵循正确的步骤。概括起来,规章制度的执行步骤包括以下几个方面:

1.提前做好准备工作

准备工作是执行规章制度的前奏,只有做好了准备工作,执行的过程才能顺利且达到预期效果。一般情况下,准备工作包括思想动员和落实要求两个方面。思想动员,主要应该强调执行制度的重要性、必要性,以及执行后所产生的效果。落实要求,主要是落实范围(在什么区域执行)、期限(执行时间)、负责者(谁来执行)。

2.付诸实施

一般而言,实施前要正确理解制度的内容,然后制定措施,认真贯彻。同时也要注意观察实施过程中的情况,并做好记录和数据收集与管理。

3.检查执行情况

在实施过程中,要检查各项工作是否按制度要求执行,并找出异常情况及其原因。同时还要检查实施效果,看最终目的是否达到了,要用事实说话,不凭印象办事。

4.抓好信息反馈

信息反馈是一切经济系统正常运作的一个重要环节。通过信息反馈可以了解规章制度的执行情况，并从信息整理中找出规律，再做出新的规定，这样才能使制度不断完善。

5.综合考核

一般而言，考核是强化规章制度的一种重要手段。考核的内容包括工作态度、工作能力、技术业务水平和工作业绩等。通过对能人的技术和业务的考核，可以确切地掌握每一位能人的工作状况和业务能力，作为能人定级、降级、提升和授予职称的重要依据。

6.总结经验

根据检查考核的结果，企业领导者可以把成功的经验和失败的教训加以总结使其标准化（制度化、规范化）。这样，下一次进行相同工作时就不必再重新讨论、研究和请示了，可直接按标准进行，并防止问题再次发生。对于没解决的问题，找出原因后放到下阶段的修订工作中去。

不要把制度当"摆设"

在现代社会，许多企业都制定了成套的管理制度、规章标准，大到厂规厂纪，小到领物规定、作息规定，不可谓不完善。如果这些制度都能真正地执行和贯彻下去，这对企业绝对有着莫大的助益。

但是，我们也应该看到这样一种现实：有些企业，规章制度倒是不少，然而只是一些摆设，是一种形式，是给人看的，是为了得到上级的一句表扬，为了得到参观者的一句美言，只挂在墙上，只装订成册，却不准备实施。

毫无疑问，即便规章制度制定得再多、再全、再完善，如果仅仅是摆设，反而会产生负面作用。而且，许多企业在经营管理中造成失误或失败的事实，也说明了规章制度形同虚设是一个十分重要的原因。

某家公司财务处发现财务室被撬开，墙边的保险柜张着巨口，而柜内的20万元现金被席卷一空，这笔钱是公司第二天急需的购料款。然而令人不解的是，该保险柜是国内最先进的保险柜之一，柜子上面配有报警、电击和密码装置，并且密码系统由电脑控制，还能产生电击。试问：这样的保险柜盗

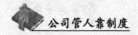

窃分子是如何打开的呢？

原来，使用保险柜的出纳是个"马虎精"。虽然公司对于财务室的保卫有一整套的规章和制度，但是这位出纳却视而不见。在他看来，那保险柜确实不错，然而有一点就是它使用起来过于麻烦，于是便将它长期弃置了。直到不久前，他不小心将旧保险柜钥匙弄丢了，才想起来把这闲置的先进"家伙"从角落里请了出来；但他又怕遭电击，便不接电源；又怕忘记了密码，就按数字的大小顺序编了1~6的号码；再怕丢了钥匙，索性把钥匙扔在办公室的抽屉里。结果作案时，窃贼从他的抽屉里取出保险柜钥匙和使用说明书，随便研究了一下，便轻易地打开了保险柜，抱走了柜中的20万元现金。

失窃后，公司第一时间就报了案。经过公安部门的火速行动，五天之后便将犯罪嫌疑人抓获归案，然而该公司在短时间之内却没法筹集到购料所需资金，只能眼看着公司被迫停产，最后因不能按时交付订单的定货而坐失了商机，一个巨大的客户被附近的同行夺去了。

制度松弛，贻害无穷

显而易见，上家公司的败局是由于公司的员工没有很好地贯彻规章制度而造成的，不过归根结底，还是公司的管理者没有严格地执行管理制度造成的。我们不妨作这样一番设想，如果该公司认真落实有关管理制度，不断地对财务室进行监督和定期检查，可能也不会发生这样的失窃事件了。

有法不用，要法何用？执法要令行禁止，社会才能和谐稳定；管理要令行禁止，企业才有生存的希望。令行禁止，法律才有尊严，制度才有效力，老板才有权威，队伍才有战斗力，才会战无不胜，否则充其量只是一群乌合之众，稍有挫折就会作鸟兽散。南宋初年的岳家军之所以能成为抗金主力，与其一直执行严明的军纪密不可分，以至于在金军中流传着这样一句话："撼山易，撼岳家军难。"另外一个典型的例子就是三国时期的诸葛亮挥泪斩马谡的故事。马谡对诸葛亮于公于私关系都很好，但马谡丢失了战略要地街亭，诸葛亮最后还是按律将其斩首，维护了军心的稳定。

严明的制度和纪律不仅是维护团队整体利益的需要，在保护团队成员的根本利益方面也有着积极的意义。比如说,某个成员没能按期保质地完成某项工作或者是违反了某项具体的规定,但他并没有受到相应的处罚,或是处罚根本无关痛痒。从表面上看,这个团队非常具有亲和力,而事实上,对问题的纵容或施之以宽会使这个成员产生一种"其实也没有什么大不了"的错觉,久而久之,贻害无穷。如果他从一开始就受到规章制度和严明纪律的约束,及时纠正错误的认识,那么对团队对他个人都是有益的。

所以说,将制度真正地贯彻和执行下去,这对企业以及员工都是一件大好事。

保持制度的延续性

当一个企业具备了比较完整的规章制度之后,除了需要严格地执行之外,还要时刻注意保护有益的制度的延续性,不能朝令夕改,"一朝天子一朝臣"。如果制度随着人员的更替而随意改变的话,企业的规章制度还是形同虚设,不能起到应有的作用。

我们来看一个明朝的例子:

当年清军在辽东和明军对垒之时,明朝守将熊廷弼待军甚严,但由于受到了奸臣诬陷,被迫辞职。新任守将袁应泰文官出身,对武事不很明了,到任之后更改了好多熊廷弼制定的严格军令,开城放入饥民,加以抚慰,让他们在沈阳和辽阳的明军内当兵。正是由于他的这种随意更改制度的做法,酿成了大祸。混在饥民内的奸细和努尔哈赤里应外合,一举攻破沈阳、辽阳,袁应泰被迫自缢身亡。正是这一次失败,使努尔哈赤奠定了在辽东的根基,不久之后正式定都沈阳,拥有了和明朝分庭抗礼的实力。

袁应泰就是典型的未经考察就随意更改制度,而最终为此丧失性命。当然,不同的团队有不同的制度要求,我们不是说所有的组织都要有非常严格的规章,但是只要你的组织或者团队经过缜密的考虑和商定,制定了相应的规章制度,就一定不能随意更改——不管因为什么原因。而现实工作中出现更多的就是为了人情而破坏制度,一旦制度被破坏一次之后,就会出现第二次、第三次……最终,制度被现实改变,规章亦不再为规章了。

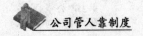

就任新岗位先要"照老规矩办"

邓先生是某跨国公司员工，被派到青岛任分公司经理。刚刚走马上任，就有几个员工迟到，按照规定是要罚款。邓先生觉得有些为难，因为自己刚到分公司任职，如果不加考虑按规章罚款，必然效果不好。

于是邓先生和几个迟到的员工谈话，得知他们每天早晨都去冬泳，今天由于游的时间没有把握好，所以迟到。这显然不能成为不接受罚款的理由。邓先生就想了一个办法，对公司职员公开宣布说春节前举行游泳比赛，如果他们能够取得好成绩，就将罚款作为奖励返还他们，另外还有奖金。果然，游泳比赛他们都取得了很好的成绩，皆大欢喜。

我们看一下上文所说的邓先生，他的处理得到了一个良好的结局。如果他不这样做呢？只是简单地罚款了事，那么员工肯定会对他有意见，中国人常说"新官上任三把火"，会把他这一很简单的处理看作是烧"三把火"，就会为以后的工作埋下隐患。

如果邓先生考虑到以后的工作，也为了树立自己的良好形象，动用手中的权力，破坏了制度，免除了他们的罚款，以后会怎么样呢？

"对不起，邓总，今天堵车，我又碰上车子抛锚，所以迟到了……"

"实在对不起，我女儿她今天怎么也不肯去幼儿园，我就只好把她送到姥姥家，所以迟到了……"

当制度被随意破坏之后，慢慢也就等于不存在了。当"赦免"了一次之后，就会出现上面的情况，罚，还是不罚？

罚，有意见的人更多了，"只是刚来的时候装一下对下属好，久了就露出真面目了……"

不罚，大家对迟到就会"免疫"了，因为这一行为没有什么成本，但是能够获得一定的收益，最后就会出现每天都有人迟到，而"迟到者罚款"这一制度就很难再重新建立起来了。

创造遵守制度的严肃环境

为了让企业里的能人更好地了解、接受并身体力行地遵守规章制度，企业领导者首先要创造一个严肃的纪律环境，并确保这种纪律意识能够渗入能人们的潜意识中，这对督导和促进能人们的工作是相当重要的。要想创造这样一个环境，就要从以下几点做起。

1.企业领导者要乐于自律

中国有句话说："善为人者能自为，善治人者能自治。"要想在激烈的竞争中得到发展，领导者必须要有自律意识，身体力行，以身作则，这样才能调动企业里其他人的工作积极性。

2.实行纪律约束要一碗水端平

企业领导者根据每一位能人的个性、特点制定出一个标准，找出个别差异，实行管理，并且在管理中一碗水端平，不偏袒任何一方。

许多企业领导人总是愿意接触与自己爱好相似、脾气相近的能人，有时还会把同能人建立亲密无间的感情和迁就其错误混淆起来。这样以感情代替原则，容易把一些能人的工作思维引向歧途和误区，最后受伤害的往往是企业领导者自己和企业本身。

3.拿正反典型教育能人

利用报告会、演讲会、座谈会等形式，有针对性地对能人进行正反典型教育。这样可以更好地教育能人，防患于未然。

总之，要对能人进行有效的纪律约束，就必须不断增强管理者的自律意识，努力培养能人遵守纪律的自觉性，只要企业内部上上下下团结一致，人人都养成遵章守纪的良好习惯，企业就会形成一股强大的合力，就能够在市场经济的大潮中立于不败之地。

整肃纪律，迈出改革第一步

不管你要做什么改革，一旦开始，就要从整肃纪律入手。当汤姆斯·惠曼接管绿色世人公司时，发现公司纪律太散漫，如何去整顿公司纪律呢？惠

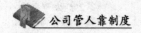

曼说："事情并不太复杂，假若你在下午4点召开一两个会议，这样就是开始向他们传达信息；或者是5点钟时留张便条在某个人的桌上，告诉他没见到他感到很遗憾……"

当亚柯卡·李在接手克莱斯勒公司时，他也面临着这种问题。这个全美第三的汽车公司濒临破产，内部管理相当混乱，根本就没有什么完整的规范，经过一系列整顿，方使克莱斯勒起死回生。

任何公司或组织都需要一套完整的纪律规范。要建立良好的规范，你必须找出某个范围，先集中精力整顿。例如，每天午餐时间规定是一个小时，但大家全是拖拖拉拉的，有的人不但超过一个小时，甚至两个小时还未回到办公室。针对这个问题，你可以同时作许多新的改革，但首先必须解决一个问题：将为什么这种现状无法接受的理由都列出来。譬如说：这是不敬业，客户商谈业务会找不到人，团队的整体形象遭到破坏，为按钟点计酬人员及年轻人做不良示范，等等。

之后你要做的便是下决心惩罚那些不遵守公司规定的人。这可以用罚薪或是加班等方式，到必要时你应不惜开除人，只要你能保证绝对公平合理。

同时你也应仔细研究一下，大家都将午餐时间拖长，是否有其他的原因？要如何来处理？你考虑事情是否完全周到？

等到这一切都准备好之后，你就要召集全体人员，当面告诉他们这个问题以及解决的方案。假若你明白你自己要讲的是什么问题，员工才会明了你是对的，然后他们才会支持你。事实上，你会发现，看到你这样做，那些平日守规矩的人一定很高兴。因为他们觉得多年来有很多人都拖延午餐时间，这等于是掠夺了守规矩的人的时间，加重了他们的工作负担。

等到你解决掉这个问题，接下去再解决另外一个，这样做事情会顺利得多。当然，你会希望尽快使整个环境改观，这是应有的想法。但反过来说，在纪律松弛已久的情况下，操之过急会引起太多的怨恨，这种怨恨反而会影响你的改革，引发其他许多问题。

纪律是团队的生命

领导一个团队，最重要的就是纪律。与纪律相比，其他的一切都是第二位的。

20世纪70年代，日本伊藤洋货行的董事长伊藤雅俊突然解雇了业绩卓著的岸信一雄。这在日本商界引起了一次震动，就连舆论都用轻蔑尖刻的口吻批评伊藤。

人们都为岸信一雄打抱不平，指责伊藤过河拆桥，将三顾茅庐请来的一雄给解雇，是因为他的东西全部榨光了，已没有利用价值。在舆论的猛烈攻击下，伊藤雅俊理直气壮地反驳道："纪律和秩序是我的企业的生命，不守纪律的人一定要处以重罚，即使会因此减低战斗力也在所不惜。"

事件的真相到底是怎样的呢？

岸信一雄是由东食公司跳槽到伊藤洋货行的。而伊藤洋货行是从事衣料买卖起家，所以食品部门比较弱，因此伊藤才会从东食公司挖来一雄。"东食"是三井企业的食品公司，对食品业的经营有比较丰富的经验。于是有能力、有干劲的一雄来到伊藤洋货行，宛如是为伊藤洋货行注入一剂强心针。

一雄的表现相当好，贡献很大，十年间将业绩提升数十倍，使得伊藤洋货行的食品部门呈现一片蓬勃的景象。

但从一开始，一雄和伊藤间的工作态度和对经营销售方面的观念即呈现极大的不同，随着岁月的流逝裂痕愈来愈深。一雄属于海派型，非常重视对外开拓，常支用交际费，对员工也放任自流，这和伊藤的管理方式迥然不同。伊藤走的是传统、保守的路线，一切以顾客为先，不太与批发商、零售商们交际、应酬，对员工的要求十分严格，要他们彻底发挥他们的能力，以严密的组织作为经营的基础。这种类型的伊藤当然无法接受一雄豪迈粗犷的做法，伊藤因此曾要求一雄改善工作态度，按照伊藤洋货行的经营方法去做。但是一雄根本不加以理会，依然按照自己的做法去做，而且业绩依然达到水准以上，甚至有飞跃性的成长，充满自信的一雄，就更不肯修正自己的作法了。他说："一切都这么好，证明这路线没错，为什么要改？"

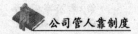

如此，双方意见的分歧愈来愈严重，终于到了不可收拾的地步，伊藤只好下定决心将一雄解雇。

这件事情不是简单的人情问题，也不尽如舆论所说的，而是关系着整个企业的存亡问题。对于最重视秩序、纪律的伊藤而言，食品部门的业绩固然持续上升，但是他却无法容许"治外法权"如此持续下去，否则会毁掉过去辛苦建立的企业体制和组织基础。从这一角度来看待事件，伊藤的做法是正确的，纪律的确是不容忽视的。

到我这里来，就要遵守我的规矩

古代统帅带兵打仗，从来都以军纪为约束军队、提高战斗力的关键。统帅向来以严明的军纪来约束士兵，主张军队之中爱兵之道以严厉为主，如果过于宽厚，军心就会松弛而浮躁，因此绝不可因人才难得而迁就他们。舍军令而迁就人才，好像舍本逐末，最终也将得不到人才。

过去有许多著名将领十分看重军队的士气，清代曾国藩就是其中之一，他最不喜欢那些仗剑走江湖的侠士，而更看重军队中铁的纪律。在祁门时，曾有一人前来投奔，自称皖省名侠许荫秋。他武艺一流，但曾国藩考虑到军中纪律如铁，侠士则以散漫、游走为习，故不收留。幕僚问他原因何在。他说这种剑侠大多是不受约束之辈，邪多正少，不知遵守国家法度，虽武功高超，但留下来会破坏军纪且会影响军中风气。曾国藩始终没有破坏自己的规矩，即使对爱将也是如此。

曾国藩初带兵时，李鸿章投到他门下做幕僚，李鸿章认为自己是进士身份，可以不参加早练，总是日上三竿才大梦方醒。一连三天曾国藩看在眼里，碍于情面暂不作声。第四天天还没亮，曾国藩就派人告诉李鸿章：曾大人说，每日晨练是统一军令，即使有病也得起来，大家等你去了以后再用餐。李鸿章这才感到紧张，赶紧披衣下床，跟跟跄跄地直奔餐厅，心中忐忑不安。曾国藩瞪了李鸿章一眼，端起碗吃饭，幕僚们才开始端起碗来，一言不发。吃完饭后，曾国藩放下碗筷，面对所有人一字一句地说："到我这里来，就要遵守我的规矩。此处所崇尚的，是统一的军令，任何人也不得例外。"

说完甩手走出餐厅，这一句好像当头一棒，李鸿章半天没转过弯来。

从那天起，李鸿章果然十分遵守军令，虚心学习周围的一切，改掉了骄横清高的文人习气。而良好的纪律和风气也使得湘军成为能征善战的劲旅，在国内影响越来越大。

可见，规章制度无论对企业对军队或其他组织，都是十分重要的，没有规矩，不成方圆。如果没有严格的规章制度约束，员工我行我素，那企业便犹如一盘散沙，毫无竞争力，也不会创造出很大的价值。

执行制度必须公事公办

现在办事总有各种各样的难处，有些人做事公事公办，而有些人有时公事私办，有时私事公办。随着管理制度的健全，公事私办和私事公办都难以再存在了，而公事公办则成为企业员工所应遵守的普遍原则。

身为企业领导，要想建立正常的工作秩序，就必须坚持公事公办的原则。原则上讲，企业的一切资源，只能在公事范围内利用。同样地，利用属于企业的上班时间办私事，也属禁止之列。

领导必须告诉员工，若是利用工作时间做私事，是不大妥当的。很多员工不大注意这些小节，容易犯一些毛病，诸如看报、打私人电话、聊天等，这些都应加以禁止。如果万不得已必须因私外出时，应向领导报告，并在获得准许后才可离开。

某些企业有工作中禁止会客的严格规定。如果真有紧迫的事必须和来访的客人当面处理时，一定要办理正式请假手续才能去会客。得到批准后，会谈时间也应尽早结束。如果超过预先批准的时间，必须再度给领导打招呼，征得同意后方可继续下去。

古兵法云，用人不疑，疑人不用。话虽如此说，但作为领导应该保持清醒的头脑，以避免使自己在不知不觉中陷入被动不利的境地。领导对员工的怀疑会引起敌对情绪，弄不好会使员工寒心失望，也使自己陷入孤立状态，就得不偿失了。这就需要领导善于不动声色地掌握员工的品性等各方面的情

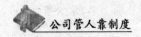

况，要明察秋毫。

作为领导难免遇到个别捣蛋鬼，而最难管、最棘手的又是那种以软对硬的捣蛋鬼。对付这种软钉子，千万不能姑息，当硬则硬。

破坏制度者一定要受到惩罚

有了刚性的制度，也就意味着制度是做事的依据。财务制度是财会人员做好财务工作的基础，必须要严格按照制度行事；营销政策是市场部的员工必须要遵守的法则，活动策划的预算、客户的招待等，都要按制度行事；人力资源部按照薪酬制度来发放奖金和薪水……

如果一切都能按照既定的规则进行，那么经理人肯定是很轻松的。但是，规则总会有人违背，如果有人违反了制度要怎么办？破坏制度一定要受到追究，每个人有每个人的岗位，每个人有每个人的职责，没能完成任务，或者没能达到岗位职责要求，要追究原因，是能力不足？还是岗位不合适？需要有一个妥善处理结果。

对于因工作玩忽职守、人为因素造成的履行责任不力的责任人，或虽由其他因素造成重大损失的责任人，应在公开场合大张旗鼓地"清算"其失职的责任，宣布惩处的决定。此举的目的与其说是在惩处责任人，倒不如说是在告诫所有部属。你在大是大非面前有着原则性，这对每一个部属来说都是一种激励。当然，开诚布公地惩处，必须有理有据，要让失责者和所有的部属都口服心服，只有这样，才能收到警示下属的效果。

对于那些故意破坏制度的行为，更要严惩不贷。例如，规定收到客户货款必须在某个时间转到公司账户，但是晚了一天，为什么？拨款20 000元，购买10个2 000元每套的工具，结果他花了1 6000元，却开了20 000元的发票，这是怎么回事？

对于这种违反制度的行为，如果不能及时、严格地进行处理，必然使日后公司的运营出现若干漏洞。

公平公正，不一定就不近人情

在处罚违反规定的下属时，做到公平、公正是很重要的。如果你不处理其中的某人，那就所有的员工都不处理，千万不要在员工中造成一种心理，认为你对待不同人犯错有着不同的态度。

现在说起GE公司，大家都会想起杰克·韦尔奇，不过我们要说的是20世纪70年代的一位很有名的人物——雷杰·H.琼斯，他1972~1981年任GE的董事长兼CEO。当年他曾经在GE的一个下属企业做主管，他发现一个叫彼得的员工最近经常精神不集中，生产的零件许多不合格。彼得向来表现很好，一直是企业中的骨干，琼斯调查之后发现，原来是彼得的妻子出了车祸，他在家里要照顾妻子，还要照顾孩子，因此工作经常出差错。

按常理说，他应该努力关怀他的员工，为彼得做点什么，让彼得能够安心工作。但是琼斯还是按照规定解雇了彼得，他没有把同情和工作规章制度搅到一起。但是琼斯通过自己的个人关系为彼得介绍了一份新的工作，地点离他的家比较近，可以方便他照顾家里人，同时这份工作的时间也比较灵活。

琼斯这么做，不仅没有让人感到他不近人情，反而更加得到员工的赞赏，因为他很好地维护了公司的制度。大家也都觉得他们拥有一个好主管，因而更加努力地工作。

琼斯的做法是一举数得，既帮助了彼得，又感动了员工，还维护了公司秩序。

要做到公事公办的确很难，但是作为领导者一定要做好表率。如果你公私不分，甚至自己带头违反制度，那么员工也一定会养成这种习惯，这样就会导致公司秩序混乱。不仅如此，员工也会对上司产生不信任感。那么情况将会变得很糟。

因而，作为主管，在做管理的时候，一定要做到一碗水端平，不能对制度的公平性有任何破坏。当然，一般人都是害怕惩罚喜欢奖赏，但是只要赏罚分明就可以使士气大增，所向无敌。韩非子曾经说过："凡治天下者，必

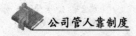

因人情。人情者有好恶，故赏罚可用。"这样一种思想被中国历代的管理者所深谙。

抛弃私人感情

领导在管理下属的时候，一定要做到赏罚分明，不要掺杂任何私人感情。当然，从赏罚的角度来说，人们都有趋利避害的心理。古人曾说过："夫人情好爵禄而恶刑罚，人君设二者，以御民之志而立所欲焉。夫民力尽而爵随之，功立而赏随之。"意思是说一般人都喜欢奖赏而害怕惩罚，统治者设立了奖励和刑罚这两种方法，用奖赏让百姓知道该做什么，用惩罚使百姓知道不该做什么。

赏罚分明，在管理过程中不夹带任何私人感情，也是树立领导权威的一种好方法。中国历史上广为流传的"孙武吴宫教战"、"孔明挥泪斩马谡"都是抛开私人感情，赏罚分明的好例子。

一个成功的领导者，在处理公事时绝不能夹带私人感情，尤其是在决定员工去留的问题上，更要一碗水端平。即使你与这位员工的私人感情再好，也不能因此网开一面。你可以像琼斯那样采用其他方法帮助他，这样才能树立起自身的威信，也才能更好地使下属信服。

惩罚犯错者可以提高士气

在经济发达的美国，也讲究对员工实施惩罚。据调查，在美国的国家机构中，有25%的员工认为，同事的工作表现没有达到制度规定的要求；在私营公司中，表现达不到规定要求的员工有11%~16%，虽然没有国家机构多，但也是不小的数字，也不容忽视。更为严重的是，这些表现不佳的员工不仅没有做好分内的工作，还会降低团队的生产力与士气，并且增加离职率，影响到表现达到规定要求的员工的工作情绪。

把表现达不到规定要求的员工比作害群之马一点也不过分，比作老鼠屎也不冤枉他们。

防患于未然，面对这些害群之马和"老鼠屎"，在他们坏一锅粥之前，企业主管就应该也必须坚决处理，毫不留情。正如一家顾问公司的总裁所说的，如果表现差的员工没有受到任何惩罚，会促使表现好的员工离开公司，因为他们不会愿意待在不在乎员工表现的公司，相反的，表现平平的员工则会留下来，因为他们知道，自己躲在公司不做事也很安全，如此一来，整个公司会逐渐向下沉沦，这是十分可怕的事情。

然而，讲究惩罚，处理起来也有一定困难，主要是主管睁一只眼闭一只眼，客观上迁就和容忍了表现不佳的员工。问主管为什么选择睁一只眼闭一只眼，主管的回答令人啼笑皆非：我不知道应该如何做。不知道应该如何做显然是借口。有规章制度，严格按规章制度办事就行了。

处罚要用事实说话

其实，主管没有严肃处理表现不佳的员工，主要有三种情况。

第一种情况是，主管不想处理问题，他们把表现差的员工的工作，交给表现好的员工去完成，希望表现好的员工帮助、带动表现差的员工，或者希望表现差的员工自动离职，或者转调到其他部门，问题就能够自然而然消失。

第二种情况是，主管害怕直接找员工单独谈话，对其进行批评教育，担心表现不好的员工产生抵触情绪，因此采用对整个工作团队训话的方式，泛泛而谈，要求大家能够提高工作表现。这样做的结果，虽然给表现不好的员工敲了警钟，但也有负面影响：表现好的员工跟表现不好的员工一起，通通都挨了骂，心理不平衡，反而产生反效果。

第三种情况是，主管虽然与表现不佳的员工个别谈话，指出其错误，但不痛不痒，或隔靴搔痒，因此，表现不好的员工通常在被批评指责之后，工作更加消极。

除了避免掉入这三种情况的陷阱，有关专家建议，主管可以采取开门见山的方式。首先，找表现差的员工谈话时，开宗明义指出："你的表现有问题。"然后，按照公司的规章制度，逐条指出他的现时表现与公司要求间的差距，比如，"按公司规定，每周一早上，你应该准时交上周生产报告的，但是过去一个月，你只准时交了一次，还有三次没交"。当然，在此前，主管在意识到员工存在不佳的表现时，就应该开始进行记录，某天某时，某某员工存在什么违反规定的事实，有了充分的证据，才能说服表现不好的员工，使他心服口服。最后，主管还要认真听取犯错员工的解释和对处分的意见。犯错员工解释有道理的，暂时停止对他的处分，报上一级决定；如果犯错员工解释没有道理，又不接受处分的，可告诉他有申诉的权利。

事实上，与犯错员工谈话，也可以帮助主管找出员工表现差的原因，是因为缺乏工作技能，还是职业道德方面存在缺陷，还是与工作无关的其他原因，例如生病、家里出了意外，等等。这样，主管心中有数，就会针对每名员工的个别问题，拟出可行的改进计划。如果犯错员工有进步的要求，仅仅是因为工作技能的问题，公司可以让他去接受业务培训，这么做的代价，可能比重新雇用一名新员工的费用低得多，再说，随便开除一个员工，也不是解决问题的好办法。

管理者正人先要正己

惩罚员工，是一件慎重的事，如果惩罚错了，不仅要向被惩罚者赔礼道歉，还要主动惩罚自己。这样，才能赢得员工的谅解，树立自己良好的形象。

春秋晋国有一名叫李离的狱官，他在审理一件案子时，由于听从了下属的一面之词，致使一个人冤死。真相大白后，李离准备以死赎罪，晋文公说：官有贵贱，罚有轻重，况且这件案子主要错在下面的办事人员，又不是你的罪过。李离说："我平常没有跟下面的人说我们一起来当这个官，拿的俸禄也没有与下面的人一起分享。现在犯了错误，如果将责任推到下面的办事人员身上，我又怎么做得出来？"他拒绝听从晋文公的劝说，伏剑而死。

"不要拿自己的错误惩罚别人"，这样浅显的道理谁都明了，但知易行难。并不是每一个人都能很容易达到这样的境界，它需要"胸藏万汇凭吞吐"的大器量。在企业管理中，老板都会为自己的过错而痛悔，但不少人痛悔归痛悔，受伤的虚荣心却还要疯狂地寻找能够掩饰伤口的更大虚荣，于是，情不自禁地要去惩罚别人；而那些无辜受到惩罚的"替罪羊"，或迟或早势必都要奋起自卫。这样"拿自己的错误惩罚别人"，最终受到惩罚的还是自己，搬起石头砸自己的脚，一点也不假。

正人先正己，做事先做人。管理者要想管好下属必须以身作则，该惩罚自己的时候就要惩罚自己。而惩罚自己，还有比伏剑而死更难的吗？榜样的力量是无穷的，示范的力量是惊人的。不但要像李离那样勇于承担责任，而且要事事为先、严格要求自己，做到"己所不欲，勿施于人"。一旦通过表率作用提高了在员工中的威望，将会上下同心，大大提高团队的整体战斗力。得人心者得天下，做下属敬佩的领导，将使管理事半功倍。

贯彻制度从小处抓起

身为管理者一定会有这样的体会：企业里制定的不少条条框框，在很多时候根本不管用。刚给员工发了一本关于守纪律的小册子，如果第二天再收上来，可能连一半都收不上来了，因为员工也许已随手把它扔掉，或者放在了他自己都忘记的地方。有些企业为此也使用了一些强制性措施，比如随机抽查来强制员工背纪律手册，一条一条地背，如果不幸被抽查到有某条或某几条答不上来，企业就实行扣分或罚款。有些企业还开展员工规章制度方面的知识竞赛，通过奖励的办法来调动员工们对规章制度的重视。

不管奖也好，罚也罢，活动开展得轰轰烈烈，可在实际工作中却收不到效果。不少管理者只能不住地叹息："哎，现在的年轻人太缺乏素质了。"

面对这种局面管理者该怎么办呢？从实际着手、从小处着手就是解决这个问题的最好的办法。

首先，从员工的生活抓起，发现小错误就说服他们、及时纠正他们，让员工从小事养成自觉遵守规章制度的习惯。例如，在员工的宿舍里，时时要求他们保持整洁，制定的标准要具体一些，检查时要严格一些。这些

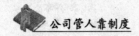

都是小事，员工都能很轻松地做到，如因违纪批评他们，他们自己也会无话可说。

从小事上着手规范管理，就是要培养员工服从管理的意识，养成遵守规章制度的习惯。

如果在员工中进行突然抽查时发现，能把工作制度说上三五条的人寥寥无几。看着员工工作起来敷衍搪塞的样子，管理者一遍一遍地给他们纠正，也不见有什么起色，没有大的进展。面对这种混乱的局面，管理者又该怎么办呢？

仍然是上面的办法，从小处入手培养他们好的意识。

木匠师傅总是不厌其烦地交待学徒要保养好刨子、斧子、磨刀石等这一套工具，为什么呢？磨刀石的功用不只是能磨出锋利的刀刃，更重要的是它能磨炼出学徒的耐力和毅力。做事马虎的人，其磨刀石必然长满了红色的铁锈，反之，一位名匠的磨刀石，应该是光泽明亮的。

在企业里，员工对自己用具的整理工作又做到了多少呢？如果突然去采访一个大企业的工作场所，管理者就不难发现：

椅子或桌子上，文件放得乱七八糟，有些文件上面还带着模糊的脚印；

桌子、椅子、电脑上，净是灰尘；

椅套很久没洗了，不过比工作服还是干净一点；

下班后电灯一直开着，没有人动手关掉；

尚可利用的铅笔，过早地扔进了废纸篓里。

员工的这些表现，不仅体现了他们对企业办公设备的不珍惜，同时也间接说明了他们工作态度的不认真。从这些小地方可以直接看出一个人的内心与修养。作为管理者只要懂得从小地方入手，就可以很好地培养员工的修养。

从细小之处重视员工良好工作习惯的培养，这是贯彻规章制度的必经之路，也是更进一步管理好员工的关键。

搞懂"纪律"的真正含义

纪律的英文单词是discipline，它还有一个意思是训练。可以这么说，好的纪律可以训练员工们良好的工作习惯和个人修养，而当一名员工已经具有了过人的自制力和明辨是非的判断能力的时候，纪律对于他个人来说，可以被视为是不存在的，纪律的真正目的正在于此——鼓励员工达到工作既定的标准。领导应该把纪律视为一种培养形式。那些遵守纪律的员工们理应受到表扬、提升，而那些违反了纪律或达不到工作表现标准的人理应受到惩罚，让他们清楚自己的行为是错误的，并且认识到正确的表现和行为应该是什么。对于大部分员工来说，自我约束是最好的纪律，他们清楚理解了纪律本身的意义——即保护他们自己的切身利益，所以领导不必亲自出面严明纪律。当需要强制实施惩罚时，既是领导的错误，也是员工的错误共同造成的后果。正是因为这个原因，一名领导应该在其他的努力不能奏效的情况下才借助于纪律惩罚，尤其应该澄清的是，纪律不是领导显示权威和权力的工具。

员工们许多不良表现都会成为领导们进行纪律惩罚的原因。对于一般的违纪行为，它们的形式和性质都不会有太多的不同，不同的只是它们的程度。人们常常会忍受一些轻微违反标准或规定的行为，但当犯了大错误或屡教不改时就需要立刻采取明确的纪律惩戒。人们违反纪律会有很多原因，他们大多数是因为不能很好地调整适应。导致这些后果的个性因素包括马虎大意、缺乏合作的精神、懒惰、不诚实、灰心丧气等，所以领导的工作是帮助员工们作好自我调整。当领导是个明辨事理的人时，他会真诚地关心员工，使员工们在工作的同时享受到更多的乐趣，逐渐减少自己的违纪行为；如果一名员工面对的是一位一天到晚拉长着脸，讲话怪声怪气，动辄以惩罚别人为乐趣的无聊的领导的时候，找一些迟到早退的借口，逃离虎口，还会是出人意料的吗？

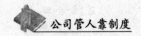

严明纪律要用"热炉法则"

在许多情况下，你不得不出面向周围的人作出解释，对破坏纪律的行为进行惩罚。当你不得不惩罚某人时，纪律作用的发挥是十分消极的，但是如果你能通过建设性的批评或讨论来让员工们按你希望的那样去做，这就是积极的。主管们在执行权力的同时，要以发挥的积极作用为指导，尽量让员工们有一个自我改正的过程。

循序渐进地处理违纪问题是达到以上目的最有效的手段之一。渐进式纪律由此而得名。其含义为随着情况的持续发展，或违纪事件的屡次发生，对不达标的工作或违纪行为的惩罚会越来越严厉。一般说来，第一次违纪可以宽恕——只要后果还不算太严重，可以以口头警告的方式予以批评；对第二次违纪行为应该毫不犹豫地发出书面警告；对第三次违纪可以处以临时解雇或停职，这将是员工最后一次挽救自己的机会；对第四次违纪（或极其严重违纪）者，领导们也只有在万般无奈的情况下，将他们予以开除。纪律惩罚无论对员工还是对于领导来说同样是不愉快的经历。但主管们不该出于面子上的考虑而对违纪行为视而不见，否则会激起所有员工的反感。因为没有惩戒的纪律是不足以称之为纪律的，当违规者由于违反原则而获得更多的个人补偿的时候，你如何去说服一个本本分分遵规守矩的员工坦然接受自己的损失？所以，纪律的游戏规则就是公正。

另外一个良好的纪律准则可以用"热炉法则"来形容。换言之，是用与热炉有关的4个名词来形容纪律准则：

（1）预先警告原则。如果炉火是滚烫的，任何人都会清醒地看到并认识到碰一下就会被烫着。

（2）即时原则。即如果你敢以身试法，将手放在火红的烫炉上，你立即就会被烫——即被惩罚。

（3）一致性原则。简单地说，就是保证你每次傻乎乎地用手触摸烫炉肯定都会被烫着，不可能会有一次例外。这样的纪律准则应该是很严格的。

（4）公正原则。即任何人，不论男女老少，不论你的地位有多高，名声有多么显赫，只要你用手触摸烫炉，保证会被烫着——烫炉可不会见风使舵，因人而异。

以上4个原则实际上是对领导提出的4条执行违纪惩罚的准则。但是真正实施起来，还要落实在行动中。具体行动的核心是与违纪员工进行面对面的交谈，下面是几条必备步骤：

（1）陈清事实。明确地告诉员工，他们的违纪行为造成了什么样的后果，让他们认识到其严重性。

（2）要求员工对违纪作出解释。大部分人不会痛快地承认自己的过失，让员工作出解释可以有助于你进一步了解情况。

（3）要求员工提出解决方案。你可以让他站在领导的角度上向他提出解决意见，这会让他更理解你。

（4）确定解决计划。你可做一些有效的商讨——不是争吵，而是确定出一个切实可行的补救计划方案。

（5）进行惩罚。口头警告，书面警告，或是别的什么方式随你的便，但不要忽略这一环节。

（6）要求再次检查。确定的补救计划不能就这么石沉大海，你需要知道它到底执行得如何。

解雇之前要给予警告

在准备解雇惩罚员工前，明确地告诉他这种行为是不合乎公司的政策法规的，同时告诉他正确的方式应该是什么，等待他改正的行动；如果接下来的情况并不是天遂人愿——你的警告似乎不起作用，那么只有继续执行你的解雇计划，寻找一个合适的时机，最好是在没有第三者出现的情况下，明确地告诉他，他的行为可能会导致他失去现在的工作。如果他对自己的工作还有所留恋，那么尽快使自己恢复到最佳状态中来，是他的唯一选择，这也是你挽救他的最后机会，一般在这个时候会出现以下四种情况：

1.他意识到了失业的威胁，开始认真对待工作，工作业绩已经开始回升

对于这种人不要轻易放松对他的解雇威胁。除非他的工作已经达到正常

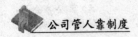

水平，并且能够以此为鉴，吸取教训不会再轻易地把自己往这条危险之路上推，否则，解雇信号的消失，会使他重新放纵自己。

2.无所谓者

对于他来说要么是准备跳槽，要么就是对一切事物都极不负责任。对于前者，愿去勿留，就不必再多费心了，关键是和他挑明了进行谈判，看看他以一个什么样的方式离开最完美：是辞职还是解雇，让他掂量一下两者的分量孰轻孰重，想必他就不会在最后几天再做出些损人不利己的事情。对于后者，留下他来，即使具备一定的业务能力，可是连最基本的责任心都没有，又会为公司作出什么贡献呢？

3.令人同情者

也许他已经十分努力地工作，但仍达不到最基本的业绩要求。也许他为公司工作了一辈子，如今却不得不面临着年轻人的竞争而力不从心，你对于他的离开更多的是同情，那么表达你的同情心的最好方式，不是挽留而是尽你所能帮助他找到一份新的工作，或是多补偿一些他经济上的损失。此外精神上的鼓励也是十分必要的。

4.危害公司利益者

如果解雇的是一个存在一天，对公司就为害无穷的"捣乱分子"，则没有一点值得留恋的。某公司曾经遇到过这样一位公司的背叛者。这位先生在业务额不能完成、资金无法收回的情况下，想离开公司一走了之。临走之前，公司得到情报说他准备将公司的客户和业务，以及有关公司的其他商业秘密的档案资料一并带走。为了不打草惊蛇，公司营销部特地在他离开之前安排他出差，为洽谈一笔新业务拜访客户。当他离开办公室后，公司派人查封了他的办公室，取走了属于公司的一切档案资料，当他回到公司时，交给他的是一张解聘书。

这种做法并没有一点算计员工或不讲情面，对于这种人只能当机立断，否则他阴谋得逞，公司将损失惨重。一旦真正解雇，他会有许多的牢骚、怨恨、困难要向你说，你不要给予任何回答或承诺，你只能对他说：我只能，而且必须这么做。劝告他，要吸取教训以免再经历一次这样的痛苦。

管人规矩不可随意更改

自从有了世界便有了规矩。就像游戏一样，没有规则就不好玩也不能玩。用老百姓的话来说，自从有了规矩，凡事都有人管了。即使是强盗，也应该讲究规矩。

古时候，门徒问盗跖："强盗也有道吗？"盗跖说："当然有啊！天下什么事能离得了道呢？当强盗的学问大着呢！首先估计某处有多少财宝，值不值得动手，要计算得准确周到，就叫'圣'；动手的时候，别人在后面，自己先进去，这是要有勇于牺牲的精神，就叫'勇'；得手之后，别人先撤退，自己最后走，有危险自己承担，就叫'义'；判断某处可不可以去抢劫、偷盗，什么时候去才能成功，这是需要智慧的，就叫'智'；东西抢到以后，大块分金，大块吃肉，平均分配，就叫'仁'。仁义智勇圣，这五条标准不具备而能成大盗的，天下没有听说过。"

由此看来，管人的法则无外乎仁义礼智信这些原则，好人要想成功，需要用这些来作依据；坏人要想"成功"，也不能违反这些原则。可是天下到底好人多，坏人少，所以好人用这些原则做好事，给天下众生带来的利益多。

《孟子》这部书里讲过这样一个故事：晋国的大臣赵简子有一次让他手下一位很有名气的驾车能手王良给他自己最宠信的家童驾车去打猎。王良完全按照过去的规矩去赶车，结果整整一天这位家童连一只禽兽也没打到。于是这位家童回来就向赵简子报告说："谁说王良是最优秀的驭手呢？照今天的情况看，他实在是一个顶蹩脚的车夫。"

后来有人把这话偷偷地告诉了王良，王良便去找这位家童，说是希望再为他驾一次车。这位家童开始不肯，经王良再三请求，最后才勉强答应。谁想结果这一次与上次大不相同，仅仅一个早晨就打到了好多猎物，家童很高兴，赶紧又跑去向赵简子汇报，说："这回我明白了，王良确实是天下最好的车把式。"

后来赵简子又让王良替这个家童赶车，王良却拒绝了，他对赵简子说：

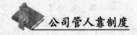

"我替他按规矩驾驶车辆，这个人却射不到猎物，我不按规矩办，他却能打到禽兽，这说明他是个破坏规矩的小人，我不习惯给这种人赶车，请允许我辞去这个差事。"

其实王良是一个好驭手。他既能按规矩赶车，也能不按规矩赶车，但按照规矩驾车符合制度和利益，所以王良守规矩而不计小利，是值得提倡的。

第3章

严明纪律:好行为来自好习惯

　　做什么事情都要有良好的习惯,做人如此,管理企业也是如此。我们时常听到有些家长说,　这样的孩子就应该送到军队去锻炼锻炼,为什么不听话的孩子要送到军队去呢?因为军队严明的纪律能改掉孩子身上许多不好的习惯,使孩子具备军人的素质、军人的作风。

　　军人良好的素质来自于平时训练,操练的目的不外乎有三点,一是增强团队意识;二是学习战斗中的攻守技能;三是培养良好的行为习惯。

　　企业的管理仅凭"温和的刺激"还不行,还需要"强化",通过"强化"来规范人的行为,形成自觉意识,循环往复,良好的习惯会逐渐形成。

　　亚里士多德有一句名言:人反复做什么事,他就是什么人。当管理者要求员工形成良好的习惯时,他们自己也就形成了良好的习惯,而当良好的习惯在企业的上上下下形成后,管理者所希望的轻松高效的管理也就不远了。

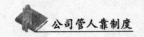

营造循规蹈矩的环境

国有国法，家有家规。公司制订出来的各种规章制度不能成为摆设。作为领导，你应当以有效的手段保证这些规章制度得以贯彻落实，一旦发现有人违规，便加以惩治，绝不手软。

为了促成遵守纪律的好氛围，你应该采取以下几个明确的措施：

1.广泛宣传

许多领导都想当然地认为，"这些规定谁都知道"。但是，新来的员工，甚至有时有些老员工，直到他们违反了某条规定时才听说有这么个规定。

国外的一些企业会给每个员工发一份公司规定，并让他们签署一份声明，表示已经收到、阅读并理解了公司的规章。这种做法很值得效仿。

2.保持镇定

无论违规行为多么严重，你都应该保持镇定，不能失控。如果你觉得自己正在失去冷静，那你就应该等一等，直到你恢复了镇定时再去采取行动。

怎样才能恢复镇定呢？闭上嘴巴，待会儿再开口，做些拖延时间的事情。告诉员工半个小时之后再到你的办公室来见你，或者请这位员工与你一起去你的办公室或休息场所。

切记千万千万不要对员工大发雷霆。

3.调查了解

你不应无视违反公司规定的行为。如果你这样做，那你就是在向其他员工表明你不打算执行公司的规章条例。你也不应该走向另一个极端，草率地惩罚或处分员工。在你行动之前，在你做任何事情之前，你必须搞清楚发生了什么问题，以及员工为什么这样做。

4.私下处分

如果公开进行惩治，那么受处分的员工会因当众受批评而产生怨恨，形势就可能恶化而起破坏作用。

关于私下处理的规则仅有一个例外，那就是员工在其他人面前公开与你作对。在这种情况下，你必须当众迅速果断地采取行动，否则就有失去控制的风险。如果你不能果断地行动，你会失去员工对你的尊重，失去控制，大大损伤士气。

5.一视同仁

制定出的规章是让大家遵守的。当然，并非每个违规行为都受到同样的处罚。一视同仁不是说对待所有的人要完全一个样。一视同仁的原则是指在同样条件和同样的情形下，应该采用同一种的处罚。

6.坚决公正

坚决不是粗暴或仗势欺人，不是滥施压力而保住自己的地位。对员工要公道是指有充分的根据。它包括解释清楚公司为什么要制定这条规章，为什么要采取这样一个纪律处分，以及你希望这个处分产生什么效果。

7.消除怨恨

记住，处分的目的在于教育，而不是惩罚。因此，你应该向你的员工表示你相信他会改正错误。在执行纪律处分后以这样积极的态度跟员工谈话，将有助于消除员工的苦恼和怨恨的情感。

养成良好的习惯

做什么事情都要有良好的习惯，做人如此，管理企业也是如此。我们时常听到有些家长说，这样的孩子就应该送到军队去锻炼锻炼，为什么不听话的孩子到了军队就能变好呢？因为军队严明的纪律能改掉孩子身上许多不好的习惯，使孩子具备军人的素质、军人的作风。

军人良好的素质来自于平时训练，操练的目的不外乎有三点，一是增强团队意识；二是学习战斗中的攻守技能；三是培养良好的行为习惯。

企业的管理仅凭"温和的刺激"还不行，还需要"强化"，通过"强化"来规范人的行为，形成自觉意识，循环往复，良好的习惯就能慢慢形成。

亚里士多德有一句名言：人反复做什么事，他就是什么人。当管理者要求员工形成良好的习惯时，他们自己也就形成了良好的习惯，而当良好的习惯在企业的上上下下形成后，管理者所希望的轻松高效的管理也就不远了。

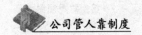

防微杜渐，把好"入口关"

惩罚的关键是防微杜渐，但怎样才能做到防微杜渐呢？

首先要把好"入口关"，尽可能雇用最好的员工。员工的综合素质考察是第一位的，不能片面强调学历而忽视实践能力。

"我们寻找那些有潜力的人才，因此在面试过程中我们将应聘人员置于一种真实的工作情景中。"微软公司项目主管莎依·彼得斯如是说。借助于模拟真实的工作情景，评估小组可以挑选出最佳的应聘人员。

培训是必要的一个环节，培训的内容根据公司的要求而定，公司的规章制度是第一课。要告诉这些员工，今后一定要照章办事，凡是违反规章制度的，公司绝不心慈手软，"勿谓言之不预也"。到处罚的时候，不要说"不知者无罪"的话，听不听是他们的事，执行不执行也是他们的事，但是否聘用则是公司的事，公司有这个权力。

对试用期内的员工，要进行认真的观察考核。不否认员工有伪装的可能，但隐瞒是不能持久的，包括学历证明，包括工作能力。

试用期满，正式成为你的雇员后，从开始工作的那一天起，你就应与他们商定工作责任、目标、重点和标准。将这些用文字写下来，并制订日程表定期总结进度、查找问题。要确保你的员工能毫无疑问地完成任务，并达到你预期的效果。

向员工提要求必须具体明确，不要模棱两可，不要说"尽快"、"尽量"一类的话，一定要说出准确的日期，并交代具体的方法。

同时，还可以通过与员工边喝咖啡边聊天等简单的手段进行检查和总结，使你有机会用一种随意、温和的方式查找任何问题，并定期评估所有员工的工作表现。这对于员工和管理者都是同样珍贵的，不仅你自己可以发现工作中的强项和弱项，你的员工也可以更加清楚地认识他们的工作表现是否符合你的期望。

与工作有关的一切，都要用文字记录下来，作为奖励和惩罚的依据。"这对于你以后不得不解雇某员工也很有帮助，"微软公司项目主管莎依·彼得斯说，"关于有谁参与、发生了什么、何时发生等情况要记录下来，到时候你就有案可查。"

文字依据还包括会议记录和员工的临时请假条等，好记性不如烂笔头。只凭记忆往往容易出差错，到时说不清。

总而言之，防患于未然，这样，才能做到防微杜渐。

规章制度是条"高压线"

路边有条高压线，旁边高挂的警示牌警示路人：不得上前触摸。如果有人"明知山有虎，偏向虎山行"，不听劝告，非要上去摸一下不可，结果被电击中。对这种人，我们除了心生同情之外，多少觉得他有点"活该"。

每个单位都有自己的"天条"及规章制度，单位中的任何人触犯了都要受到惩罚。制度明明规定了员工该做什么，不该做什么，好像是标明了在那里有"高压线"，令行禁止，制度无情。如果偏偏还有不信邪的家伙要去碰碰，结果即使被碰得"头破血流"，又岂能怨得别人？只能是咎由自取了。

企业的规章制度包括《员工手册》、《员工行为规范》、《纪律处罚条例》等成文的制度。

对新员工进行培训，第一课就是向员工说明规章制度，对老员工也要不断地提醒，让所有员工都了解企业为什么要建立这样的规章制度，让员工认同这些规章制度，如果员工提出了新建议，只要是对企业有利的，不仅要采纳，还要奖励。只有不断地告知新老员工规章制度的具体内容和要求，公司才可以用这些制度去奖惩员工。

向员工说明了规章制度以后，公司还要不断观察员工的表现，并且经常给予反馈。经理要告知员工"你这么做是不对的，那么做是对的；这么做可能违反了哪一条规定"，只有在经理不断提醒、不断反馈的情况下，如果员工依然犯错误，才可能对其实施惩罚；这种提醒过程非常重要，因为中层经理的执行权益中包含这样一条规定——你指导员工不断地反馈，如果员工依然做不到你才能惩罚他或辞退他。

在实施惩罚前，还要将犯错员工的表现和成文的规章制度作对比，比较

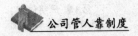

二者是否相差很多，差距表现在什么地方，这样可以为下一步的实施提供有力的依据。如果员工的行为背离规章制度很远，就要遵照规章制度对其实施恰当的处分。

处罚结束并不意味着结束，员工受到教育，以此为戒，才是真正的结束。

进行有效的纪律培训

春秋时燕国出兵攻打齐国。齐国军队一开始打了一个大败仗，齐景公非常担心。晏子推荐了司马穰苴。齐景公经过考察之后很满意，就任命司马穰苴为将军，统军迎敌。司马穰苴担心自己出身不高，震服不住军队，请求景公派一位有威望的大臣去帮助自己。齐景公派宠臣庄贾去协助他。

司马穰苴与庄贾约定第二天午时在军中见面，准时出兵。第二天，穰苴早早到军中等待庄贾。庄贾仗着自己是景公的宠臣，与亲朋好友在家中饮宴，直到太阳落山时才姗姗而来。这时候穰苴早已申明军法，巡视军队了。一见庄贾，穰苴便责问他，庄贾却满不在乎。穰苴严厉斥责说："将军一受命，就要舍家忘死，为国捐躯。如今国家不安，大夫做监军居然视出兵如儿戏，于法当斩！"于是命人捆上庄贾准备斩首。齐景公听了这个消息，急忙派使者飞车入军营营救，穰苴不为所动。又用军中不可擅闯的条例杀了使者驾车的一匹马，然后处决了庄贾。这一下全军纪律肃然，令出必行，穰苴打了个大胜仗，安定了齐国的局面。

纪律在军队中有着至高无上的地位，企业中也是这样子，单靠礼和情并不能完全领导好员工，只有纪律才能把一支各自为政的队伍约束起来。有了纪律的保证，公司的业务才能正常开展起来。那么，对新员工进行纪律培训就是理所当然的事情了。

不少经理只能不住地叹息："哎，现在的年轻人太缺乏教养。"而这句话是大错特错了，不是年轻人缺乏教养，而是没有对其进行有效的纪律培训，没有使员工认识到纪律的重要性。

从改变人的习惯开始

那么应该如何对员工进行培训呢？

首先要严明纪律向员工讲清楚公司的各项规章制度。同时还要说明遵守规章制度的必要性。如果员工因为不明白条例犯了错误，应该讲明白纪律后再给他一次机会，不能一下子就打死。我国的"兵圣"孙武为吴王训练女兵，吴王选了150名宫女让孙武教习。孙武挑出吴王最宠爱的两个妃子做队长，让宫女们都穿上铠甲，自己申明了军令之后问宫女们听懂没有。宫女们都说听懂了。孙武发令"向左转"，宫女们都哈哈大笑。孙武说："令出不明是我的责任。"于是对命令三令五申，又发令："向右转。"宫女们又哈哈大笑起来。孙武这次毫不客气，斩了作为队长的两个妃子，别的宫女都吓得发抖。孙武重新选了两个宫女做队长，这次令行禁止，女兵们都很听话了。

另一种方法就是不断地督导员工，从他们的生活抓起。在他们用餐时，你就可以组织一个检查班子，看他们是否讲究卫生，如打饭前碗冲洗了没有，如果没有，就当场纠正过来。再如看他们吃饭的坐姿正不正确，看他们拿筷子的方法正不正确。吃完饭后，看他们每个人的盘子里还剩多少菜，发现小错误就说服他们、纠正他们，让他们养成服从纪律的习惯。再例如：在员工的宿舍里，就要要求随时保持整洁，制定的标准要具体一些，检查时要严格一些。这些都是小事情，谁都能很轻松地做到，如因违例批评他们，他们也会感到无话可说。

制定了如此一系列条例后，还需定期进行检查，评出优、良、差，或者用打分的形式，以保证条例得以贯彻。

如果单位条件许可，也可以每年对员工搞一次军训或者每天都抽出一点时间来对这种纪律进行强化，这样就可以强化纪律，达到培训的目的。

告诫员工要注重实效

告诫是管理工作中一个不可缺少的方面。告诫的目的是使员工改变自己的不良行为，比如旷工、迟到、工作不负责任，等等。但是，管理者如何告

诚员工才能收到预期的效果，使员工容易接受和乐于改变呢？下面的建议可供借鉴：

1.事先要让员工知道组织的行为规范

作为管理者，在对员工的违规行为进行告诫之前，应当让员工对组织的行为准则有充分的了解。如果员工不知道何种行为会招致惩罚，他们会认为告诫是不公平的，是管理者在有意找茬儿。为组织制定一个行为规范并公之于众是至关重要的。

2.告诫要讲求时效性

如果违规行为与告诫之间的时间间隔很长，告诫对员工产生的效果就会削弱。在员工违规之后迅速地进行告诫，员工会更倾向于承认自己的错误，而不是替自己狡辩。因此，一旦发现违规，要及时地进行告诫。当然，注意及时性的同时也不应该过于急迫，一定要查清事实，公平处理。

3.告诫时应当明确提出具体的理由

对员工进行告诫时首先应当清楚地向员工讲明在什么时间，什么地点，什么人，实施了什么行为，违反了什么规则。如果管理者自身掌握的事实与员工讲述的事实差距很大，应当重新进行调查。同时，仅仅引证公司的规章制度还不足以作为谴责员工的理由，因为这样他们往往认识不到自己的错误，而应该向其阐明他的违规行为给组织带来的损失，比如，迟到会增加别的员工的工作负担，影响整个组织的士气，导致组织的任务不能及时完成等。

4.告诫要讲求一致性

一致性要求对员工进行告诫要公平。如果以不一致的方式来处理违规行为，规章制度就会丧失公信力，打击员工的士气。同时，员工也会对管理者执行规章的能力表示怀疑。当然，一致性的要求并不是说对待每个人都完全相同。在告诫员工的时候，应该在坚持原则的前提下，具体问题具体分析。当对不同的员工进行不同的告诫时，应当使人相信这样的处理是有充分根据的。

5.告诫必须对事不对人

对员工的行为进行告诫是因为员工的行为违反了规则，因此告诫应当与员工的行为紧密联系在一起。要时刻记住,你告诫的是违规的行为,而不是违规的人。告诫之后,管理者就当什么都没发生一样,公平地对待员工。

6.以平静、客观、严肃的方式对待员工

告诫是基于权力之下的一种活动。管理者在告诫时,必须平静、客观、严肃地实行,以保证告诫活动的权威性。告诫不宜用开玩笑或者聊天的方式来实行,同时,也不能在告诫时采取发怒、怒斥等情绪化行为,这同样是不严肃的。告诫是为了让员工改变行为,而不是吵架。

及时批评带有"普遍性"的错误

批评的目的是为了纠正和制止某些不正确的行为,以防这种不正确的行为给企业或部门带来负面影响,甚至造成损害。尽管它的意义是积极的,但是,受到批评毕竟不像受表扬那样让人愿意接受。因此,作为领导者绝不可以轻易地使用批评方法来对下属做警示和告诫。只有遇到一些带有"普遍性"的错误和倾向的时候,才可运用批评的手段。比如,遇到有个别员工迟到一次,或说了几句牢骚话,做领导的,就对这件事来进行批评是不合适的。这不但是小题大作,更会让属下觉得你缺少大气度,不是个干大事业的人。批评要针对那些具有"普遍性"错误倾向,且影响极坏的来进行。因为,对于个别小错误,作为领导者找个适当的机会,做个适当的提醒就可以解决了。由此,你还有可能得到犯小错误的员工的理解和尊敬。而对于具有"普遍性"错误倾向和行为的事件,就不可不批评,因为如果对此不批评及进行纠正就很可能给企业和事业带来巨大的损害和不良影响。

什么样的错误具有普遍性呢?有这样一个例子:有一个有两千多名职工的国有工厂,经济效益十分不好,厂长整天在为如何改善企业经营窘境而与领导班子研究方略,每天下班回家很晚,当他走出办公室的时候,厂里除了保卫人员外,已见不到其他员工。这一天,上级单位开会宣布了有关企业改制的一些政策,他急着向厂里其他领导传达落实,因此会一散,他就急着叫司机快点开车回厂,赶在厂里下班之前,召开领导班子会议。可当车到厂门前时,一个场景让他惊呆了:离下班时间还有十多分钟,可厂大门口、过道

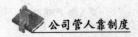

上，都站满了推自行车的、拎着饭盒的职工。他们都是早已换下了工作服，就等下班铃声一响，冲出厂大门回家的。看到这"惊心"的一幕，厂长感触颇深，企业不景气，不就是由这些普遍存在的散漫、消极、不思进取等行为造成的吗？

对于普遍性的错误，绝不能手软，一发现苗头，就应给予严厉的批评。这也是领导批评的重点之一，只有这样，才能及时避免普遍性坏习气的蔓延，才有利于企业的健康发展。

维持团队高标准的纪律

有时候，下属犯的错误非常严重，领导必须执行某种形式的惩罚。当必须用到惩罚时，不要犹豫。拖得越久，对你和应该受惩罚的人来说，日子就越难过，也越容易使别人误认为你奖罚不分明。

惩罚时，通常要附带某种形式的纠正行为，假若惩罚的目的只为防止未来再犯，那你谨记主要的防范因素，而不必太过严厉。

17世纪的英国，对拦路打劫的惩罚是处死，到了今日，同样的罪只不过是几年徒刑而已。不过，按照比例来算，拦路打劫的事反而更少了，原因是今天此类犯罪被抓到的几率要高得多。

惩罚的一个重要含义不是为惩罚而惩罚，而是要达到惩罚的目的。

在拉丁文里，"惩罚"的意义就是"教导"。惩罚的轻重全视领导想"教导"对方的程度。假若你要团队成员尊重他们的领导并尊重自己，要求他们做事达到最高标准，这要靠慢慢教导，不是一蹴而就的。你不能平日放松，突然就要求严格。

华盛顿曾说过："使人达到适当的服从，并不是一朝一夕可以成功的，甚至也不是一月一年之功。"华盛顿明白，要培养一个团队的高标准纪律，是件极其艰苦的工作，需要花费很长的时间才能完成。

但他还未说另一个方面，那就是如果一个团队的纪律已经败坏，要想重整比新建还要难上几十倍。这就是为什么有些军事将领和职场主管被调职的原因。因为旧主管不能维持团队高标准的纪律，只有换新主管来扭转乾坤，新主管也许有希望建立严格的纪律，重建这个团队。

不妨"杀鸡给猴看"

某公司为整肃纪律，对公司里的不良现象进行整顿，规定凡工作时间打牌者予以开除。一天中午，离下班还差十分钟，经理刘某路过食堂附近，忽然听见里面有几个工人在吆五喝六。他猜想：这准是有人违反制度，躲到食堂打牌来了。他立刻上前撩开门帘走了进去。谁知道那几个打牌的青年工人动作十分敏捷，没等刘经理看清是谁，撒腿就从另一个小门跑了出去。身材矮胖的刘经理在后面紧追不舍，一口气从食堂追到车间，又从楼下追到楼上。等他上楼，那几个违纪的工人早已隐入人群里。刘经理自有办法对付。他立即叫来车间主任，宣布全车间停工开会，整顿纪律。几乎没费多少工夫，就查出了那几个工人的名字。在会上，他语重心长地教育全体职工，应该严格要求自己，自觉遵守公司纪律，通过从严治理来推动企业的两个文明建设。接着，他当众宣布：对那几个被当场查出来的违纪工人，立刻予以开除。就这样，刘经理通过抓住这个典型事例，惩一儆百，很快就扭转了该公司纪律松散的局面。从那以后，该企业员工再没发生过类似事件，生产任务月月超额完成。

当一个组织陷于无序状态，主管的命令无法产生效果时，不妨针对整个组织进行"苏醒疗法"。方法之一便是痛斥一个特定的违纪人员。因为，如果责备整个部门，将会使大家产生每个人都有错误之感而分散责任；同样地，大家也有可能认为每个人都没有错。所以，只惩戒有严重过失者，可使其他人员心想："幸亏我没有做错"，进而约束自己尽量不犯错误。如此一来，部属们各自遵章守纪，并且一定会加倍努力工作，组织则自动回到有序的状态。

公司管人靠制度
GONGSIGUANRENKAOZHIDU

第4章
合情合理:管得住还要放得开

　　人的思想总是有惰性的,人们习惯于从同一个角度出发去思考问题,总是喜欢用现成的、熟悉的方法去解答形形色色、层出不穷的问题,这样一来就很容易形成思维定式,禁锢人的思想。但在实际生活当中,情况瞬息万变,新问题不断出现,我们不可能用一个固定的模式去应付所有的问题。

　　如果我们的思维已经形成了定式,坚持用同一个方法来解决不同的问题,那我们就无法把握住问题的症结,也就无法从根本上解决这些问题。

　　管理也是一样,不同时期的人,特性和心态是不一样的,由于客观的社会环境处于不断的变化之中,而不同的个体更是在性格和行事方法上千差万别,这就必然要求管理者根据不同的情况,研究解决新的问题,做出管理方法上的调整。

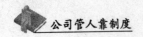

让规章制度与时俱进

各行各业制定各种规章制度，其目的就是要人遵守，若只是徒具形式，则毫无意义可言。因此，在规则之外，还要另定一项处罚违规者的条文，以约束他人务必遵守。

然而，不少行业，其规定都有需要改进完善之处。

某家大电器制造厂有一则规定：员工如果延迟交货，其单位一律征收违约金。然而延迟交货，多半事出有因，比如：生产过程中遭遇不可抗拒的天灾、人祸，或厂方本身的耽误，等等。故此项规定有名无实，应马上改正，如果是碍于面子，觉得刚制定的规则马上又要推翻，怕被员工笑话，那么将来吃亏的仍是自己。

在修订此项规则之前，一是要首先考虑到交货日期的决定是否过于草率，是否经过周密的思考，主管者的工程管理妥善与否，各部门联络工作是否及时、准确等实际情况。待一切皆臻完备，才能对员工提出如是要求，否则，难免落得"不尽情理"的埋怨，更收不到具体的效果。

无论制定什么样的规章制度，事前都要详细了解实际形态、整理分析各类问题，而后制定规则，这样才有意义。若徒具冠冕堂皇的条文，而与现实情形背道而驰，则无异于一纸空文。

总而言之，规章制度的建立、制定是随着生产的发展，企业的进步不断改变的，而不应该是一成不变的。在过去的生产规模、生产条件下，某项规章制度可能是很完善的，但由于要适应新的形势及新的生产经营方式，许多旧的规则可能会因此而出现各种各样的漏洞，变得不合时宜，这时就要求领导者要及早废止，另谋改善，加以合理性的补充或是重新建立新的符合时宜的规章制度。千万不要固步自封，否则此项规章将会随着时日的变迁而脱离现实，最终影响事业的发展。

制定制度不可墨守成规

大多数员工往往会忽略所在企业的各项规章制度。

因此，管理者要经常询问员工："目前企业有哪些条文规定？请你作详细的说明。"

若不这样，员工根本不会关心到这个问题，更别提以这些规章制度为基准来从事他的工作。假使是这样，有些员工也只是在做表面工作，而忽略了制度真正的内涵。

另一个问题则是关于规章制度本身。规章制度的制定，目的是使一些不够明晰的事项，经过明确判断，定出一个共同的标准。所以，规章制度是具有时间性的，同时，它也是适应时代、环境而定出来的，因此它绝非千古不变的定律。当社会发展变化、环境变迁以后，以往的规章制度必然也会失去其合理性。因此，如何使企业的规定切合实际的需要，这是管理者最重要的一项工作。

制定规章制度一定要灵活，随时间、环境的变化而变化，不可一成不变，如果用几百年前的方法去管理现在的企业，那企业只会走向灭亡。

总之，管理者必须时时检查企业订立的各项规章制度，是否有不合情理或不切实际之处，一旦发现问题，就应拿出魄力来加以改革，这一点是千万不可忽略的。但是也要注意一点，规章制度不可改得太勤，切忌朝令夕改，这样只会让员工对企业的管理失去信心，从而影响员工积极性的发挥。

用新方法解决新问题

经营一个企业，实际上是组织原理的有效运用的过程。

一个企业要取得成功，不但要有优秀的员工，更重要的是要拥有一些优秀的管理人员，他们不但要具备优秀的素养，还要懂得各项基本的管理原则。

人的思想总是有惰性的，人们习惯于从同一个角度出发去思考问题，总是喜欢用现成的、熟悉的方式去解答形形色色、层出不穷的问题，这样一来

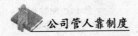

就很容易形成思维定式，禁锢人的思想。

但在实际生活当中，情况瞬息万变，新问题不断出现，我们不可能用一个固定的模式去应付所有的问题。

如果我们的思维已经形成了定式，坚持用同一个方法来解决不同的问题，那我们就无法把握住问题的症结，也就无法从根本上解决这些问题。

管理也是一样，不同时期的人，特性和心态是不一样的，由于客观的社会环境处于不断的变化之中，而不同的个体更是在性格和行事方法上千差万别，这就必然要求管理者根据不同的情况，研究解决新的问题，做出管理方法上的调整。

如果一个主管人员看见自己的某一套管理方法在一段时间内对某一群员工行之有效，就死守着那一套方法，不愿有丝毫的改进，那他的那套"宝典"很快就会有不灵光的时候。

做管理就像开汽车一样：司机在开车时必须小心地看着路面，路面有新变化，他就得转动方向盘，这是每个司机都熟悉的规则——反馈动作。

主管在实行管理时也应如此，要让员工在指定的轨道上忠实地前进，并仔细观察，不断调整，以防其行为不轨。

企业无论大小，管理都要灵活

在稳定的大企业中，管理者的主要工作是作为限制下属的守门人。他们必须保证企业的正常秩序，以便生产顺利进行。

这种类型的工作要求管理者多注意员工的变化，在基本的管理框架内灵活地运用各种技巧管理下属。

而对于活跃发展的中小企业的管理者而言，他们的责任更加繁重。他们非但不能墨守成规地管理部下，也不能用固定的模式去设计公司的蓝图。

这些管理者要想开拓前途，必须具有重新设定轨道的意念和能力。它所要求的不是体力上所付出的劳动，而是脑力上的劳动。他们必须有极强的创新意识。

美国著名的管理专家艾柯卡在福特公司任总经理时，积极要求创新，大刀阔斧地进行改革，结果与墨守成规的公司总裁小福特发生了矛盾。

争执的结果是艾柯卡挂冠而去，小福特的思想统治了福特公司。在20世纪70年代末80年代初，由于福特公司经营思想日渐保守，公司业绩步步下滑，最后滑落到了亏损经营的边缘。

艾柯卡后来到了克莱斯勒公司任总裁。当时的克莱斯勒由于惰性气氛浓厚，不思改革，已经恶债缠身，濒临破产了。艾柯卡到任后积极激发员工的干劲，领导大家不断地改革以往的旧制度，积极创新公司新产品。不到两年，克莱斯勒奇迹般地起死回生了，业绩一路飚升，大有赶超福特之势。

面对激烈的竞争环境，福特公司痛定思痛，奋起革新，创出一套灵活的经营管理机制，尽显昔日的雄风，保住了自己的市场份额。

这两家公司的转变表明，即便是大公司的管理者，也不能墨守成规，必须在管理制度和生产技术上不断创新，这样才能为公司架设成功的阶梯！

制度是死的，人是活的

很多时候，过于苛刻的制度会令下属感到不安。有时，领导也一时无法改变现有的制度，但至少可以在你权限许可的范围内让制度活起来，以消除下属的不安。

严格地说，"安人"是管理的最终目的。

制度虽然很重要，但是制度以外的事项，影响也相当重大。例如制度不可能规定领导必须关怀下属、给予及时的辅导、认可并赞扬下属良好的绩效，等等，但是这些制度没有规定的事项，对下属往往具有很大的激励作用。

希望下属把工作做好，首先就要解决他的实际问题。下属的问题，来自他的欲望，而人的欲望是不断升级的，因此领导替下属解决问题，也是水涨船高，好像永远没有终了。"安人"是普遍性的，"安人"之外的具体要求，则属于特殊性的，可个别解决，这样才会产生不同的激励效果。

领导站在下属的立场来了解他的感受、要求以及苦恼，下属才能够接受领导的关心，并且给予相当的回馈。有些人一想到"将心比心"便认为"要

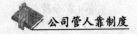

求对方的想法和我一致",或者"放弃我的观点以便接受对方的想法"。这两种观点都是不正确的。真正的"将心比心"是"和而不同",了解他的感受,却未必要接受他的感受。同情不一定同意,在双方达到认识上的一致后,再着手影响他。

领导认同并赞扬下属良好的业绩,下属开始信赖领导,领导再给予适当的启发或指点,下属就会更进一步贡献出自己的智慧。赞扬下属的业绩,不仅仅是赞扬他本人,这件好事值得赞扬,他就会继续去做,别人也会跟着做好事。

公正的晋升或调迁,是有效的激励措施。关键在大家的认知,领导的决定,是众人信服与否的焦点。大家认为公正,就会产生很大的激励作用,如果认为不公正,再怎么宣传和说明,也无济于事。

制度是死的,人是活的——记住这一点,对于你的领导工作很有帮助。

制度和感情要兼顾

美国国际农机商公司创始人,世界第一部收割机的发明者西洛斯·梅考克,人称"企业界的全才",在他几十年的企业生涯中,历经起落沧桑,但是他以超人的素质,屡屡赢得成功。

作为公司的大老板,梅考克虽然掌握着公司的所有大权,有权左右员工的命运,但他从不滥用职权。他能经常为员工设身处地地着想,在实际工作中,既坚持制度的严肃性,又不伤害员工的感情。

例如,有一次,一个老员工违反了工作制度,酗酒闹事,迟到早退。按照公司管理制度的相关条款,他应当受到开除的处分。管理人员作了这一决定,梅考克表示赞同。

决定一公布,这个老员工立刻火冒三丈,他委屈地对梅考克说:"当年公司债务累累时,我与您共患难3个月,不拿工资也毫无怨言,而今犯这点错误就把我开除,真是一点情分也不讲!"听完老员工的叙说,梅考克平静地说:"你知道不知道这是公司?是个有规矩的地方……这不是你我两个人的私事,我只能按规定办事,不能有一点例外。"

梅考克事后了解到，这个老员工的妻子刚刚去世了，留下了两个孩子，一个跌断了一条腿，一个因吃不到妈妈的奶水而啼号，老员工处在极度痛苦中，借酒消愁，结果误了上班。他安慰老员工说："现在你什么都不要想，赶紧回家去，办好你老婆的后事，照顾好孩子们，从感情上我们仍是朋友。"

说完，梅考克从包里掏出一沓钞票塞到老员工手里，老员工对老板的慷慨感动得流下了热泪，哽咽着说："想不到你对我会这样好。"梅考克却认为，比起当年风雨同舟时员工们对自己的帮助，这事儿不值一提，他嘱咐老员工："回去安心照顾家里，不必担心自己的工作。"

听了老板的话，老员工转悲为喜地说："你是想撤销开除我的命令吗？"

"你希望我这样做吗？"梅考克亲切地问。

"不，我不希望你为我破坏了公司的规矩。"

"对，这才是我的好朋友，你放心地回去吧，我会安排好的。"

事后梅考克安排这个老员工到他的一家牧场当管家。

西洛斯·梅考克处理工作从不感情用事。例如，有几个与他一起工作多年的员工，曾在公司遇到困难的时候背离了他，几年后，公司状况得到好转，这几个人又找上门来了。

对于这样的人任何人都是难以容忍的，即使在当时，梅考克也为此深感痛心，并气愤地说："我希望永远不再见到你们！"后来，公司兴旺发达，事业大振，梅考克早已把自己的誓言放在脑后，他欣然接受了这几名员工。这件事使这几名员工深受教育，从此以后，他们同西洛斯·梅考克同心协力，为国际农机商用公司的繁荣而尽心尽力。

点准"死穴"，触动心灵

有一位进入公司不久的员工上班迟到了，按照公司奖惩规定，该员工要受到处分。管理者没有采取简单的处罚，而是抓住该员工的"死穴"——员工在工作上最关心的地方，在惩罚前"点"他的"死穴"。该员工最关心的是自己在公司中的晋升机会。于是管理者告诉该员工"如果不能在限期内改善纪律将面临××后果"。针对该员工最关心的晋升机会，管理者告诉他"如不能改善的话，你两年之后晋升可能会有很大障碍"。这样做，目的是激励该员工努力做出改进，不再迟到。同时，管理者还对该员工说："请在一星期内，安排下一次同我会面的时间。如果你还存在迟到的现象，我就不是这样同你说话了。如果你没有再迟到，我也记录在册。这是你今后晋升的最好依据。"

这样的惩罚，就是我们常说的"跟进工作"。员工上班迟到是经常发生的现象，一次迟到不要紧，怕的是经常迟到；管理者在员工第一次迟到时，点其"死穴"，激发上进心，以后就不会再迟到了。如果管理者不重视艺术地"跟进工作"，员工迟到现象可能很难杜绝。

"放弃是失败的表现。如果你不能令员工改进，变得更有生产力的话，你注定是一个失败者。"艺术地惩罚，就能达到令员工改进，变得更有生产力的目的。

日本松下电器一位在企业中很有地位的人犯了错误，松下决定发给他"处罚单"来警告他，但考虑到他多年来对松下的贡献，于是处罚前把他请来，语重心长地说："对于你犯的错误，我想发给你'处罚单'，如果你觉得对你处罚不满，委屈了你，那我就不必说了，我也不必浪费这份'处罚单'。但如果你认为因为你的错误被处罚是应该的，今后不断反省自己的过错，将会使你成为一个有作为的人，今天的处罚也就有了价值，你觉得如何？"

那位有地位的人说："松下先生，我了解你的苦心，你是为了整个松下公司，不是为了惩罚我。"

松下说："如果你真的了解，我很乐意将这份'处罚单'给你。"

松下这种将处罚与尊重集为一体的做法，激发了员工发自内心的自省和反思，从而激起了更强烈的工作热情和事业心。惩罚产生的压力与尊重关心产生的引力同时作用于某一管理对象，就能使他既能自我约束，又有强大的向心力。

让人心服口服的惩罚，才真正体现了惩罚的艺术。

调动人的自觉性

人是有血有肉有感情的"社会人"，而不是冷冰冰的机器。机器一开动就能工作了，而人工作时需要热情甚至激情来支持。

美国皇冠牌瓶盖公司是国际性大公司，这家国际性大公司在多年惨淡经营后终于被约翰·柯纳利收购。

柯纳利自任总经理后以其简单化的经营理念使这家"老态龙钟"的大公司重现生机。柯纳利的绝活是：不多花钱就让员工干劲十足。

实际上，在不少企业都存在一些意志消沉、懒散无比的员工，那些亏损企业更是如此。像皇冠牌瓶盖公司这种多年一直亏损的企业中消极散漫现象可想而知。在柯纳利上班的第一天就看到，在公司的守卫室内，一群守卫人员正在玩扑克。在公司的其他部门，甚至生产部门中，消极散漫、不尽职责的现象也大量存在。

柯纳利决心要将迷漫于公司每一角落的散漫风气彻底清除，激起员工的工作热情，推行其简单化的经营理念。

柯纳利认为，这些员工未必是真正懒惰，而是找不到继续干的理由，他们看不到自己的工作有何意义，并且感到自己的能力被埋没，没能发挥出来。更重要的是他们看不到自己的工作会产生什么好的效果。如果一项工作不能产生好的效果，是没有任何办法能让人鼓足干劲的，更不用说有责任感。因为不赚钱的工作谁会喜欢呢？

不仅如此，柯纳利还认为，"想干"的精神状态是可以培养出来的。如果有恰当的方法，是能让员工"想干"的。为了鼓起员工的工作热情，让他们具有责任感，首先要整顿工作环境和条件。因为有什么样的环境，就会熏陶出什么样的员工。而要整顿环境，就要改变员工的工作态度，为他们安排一个"想干"的位置。

柯纳利感到整顿工作环境和条件是不能迟缓的。他毅然决定重新编制，实行新的人事制度，为员工调换工作岗位，让他们意识到是在为自己的"利益"而工作，人人有专责。例如，柯纳利为塑料容器部门的技术人员调换了工作岗位。这个部门的产品毫无销路，是滞销货，这些技术人员个个消沉到了极点。但是自从调换工作后，这些技术人员重新鼓起了干劲，工作热情随之高涨。没有任何人愿意一直消沉下去，这个部门的技术人员认为工作岗位的调换意味着他们有了新的起点、新的环境、新的待开发的领域，他们也可以重新开创一番事业，赢得自尊，实现自我。他们也厌恶原来的自己，只是没有摆脱的办法，而现在，他们可以在新的环境中、在新的起点上、在新的领域内，拼搏前进，开创美好的未来，以一种蓬勃的朝气取代消沉散漫的旧恶习，焕发工作热情。

在新的人事政策推行后不久，皇冠牌瓶盖公司就出现了一种崭新的面貌。玩扑克的现象不见了，不良品锐减，到处都是一片生机勃勃的新景象。

拆掉上下级之间的"隔离墙"

"人心隔肚皮"是描述世风日下，人心不古的俗语。一般来讲，领导者和下属之间很容易产生隔阂，原因是距离。这个"距离"有身份之间的距离，能力之间的距离，还有领导者故意留下的空隙。前两种距离是客观存在的，不可改变的，但是第三种距离完全可以通过领导者自身的努力缩短它，甚至让它完全消失。

公司领导者的办公室和下属的工作室之间，大都隔着一堵墙，领导者和下属隔墙对话，隔阂就这样产生了。

高明的领导人会拆掉这堵墙，主动走出办公室和下属面对面谈话，拆掉实际上横在他和下属心灵之间的那堵"墙"。

一个领导人或主管，切记不要和下属隔墙对话，从而产生隔阂，而要和下属多谈心多沟通！

领导人每天都必须和下属、上司以及同一单位的人相处。为什么有些人显得魅力十足，受到大家的欢迎和敬重，而有些人却令人生厌，大家避之唯恐不及？成功和失败的分水岭在哪里？为什么有些领导人能与伙伴们同心协力、共同奋斗，成绩总是令人钦慕，而有些领导人却常常为表现平平而忧心丧志？

对深入研究组织领导的人来说，成功的领导人都有一个显而易见的共同特色——卓越的沟通能力。

所谓成功的企业领袖，他们除了拥有丰富的专业知识、无限的潜力、愿意冒险、勇于负责等特质外，他们的所作所为，源于他们自身所拥有的一套愿意与所有的员工不断"沟通"的管理哲学。他们十分了解沟通的重要性，无论在社交活动里，在家庭中或在工作岗位上，他们尽情地发挥本身特有的与人沟通的艺术和能力，赢得别人对他们的喜爱、尊重、信任和共同的合作，从而开创人生的丰功伟业。

身为经理人是很难靠一己之力恪尽职责的。他必须经常依赖他人的大力支持和合作，才能完成使命。因此，他本身成功与否，完全取决于其与团队成员、上司、下属，乃至与顾客"沟通顺畅"的能耐和功夫。

只有多和下属沟通才能打破隔阂，拉近领导和下属间的距离！

管得过严会压抑积极性

一位非常认真负责的上司，每次分派工作，从开始到结束，事无巨细，指示得非常具体详细。如布置会议室，放多少把椅子，买多少茶叶、水果，会标写多大的字，找谁写，用什么纸，等等。开始部下尚能接受，时间一长，大家就不太情愿了，感到他跟个喋喋不休的老太太一样，管得太细、太严了，别人一点权力都没有，挺"没劲"，有时他的主意并不高明，但他是领导也得照办。

其实，有很多事只要告诉员工期望得到的结果就可以了，不必告诉全过程。如让员工推销一批商品，主管只要告诉他销售定额和经济合同法的一些相关知识就可以了，没必要告诉他到哪家商店去，进门怎么说，出门怎么道别。叫部下编制一套管理软件，只提要求就可以了，没必要告诉他使用哪种语言、怎么编。管理到一定程度就可以了，过度的管理反而弄巧成拙。

首先，过度管理妨碍部属积极性的发挥。本来解决问题的途径有100种，主管的方法不见得是最好的，员工有一套好主意、好办法，但主管早安排好了一切，也只有照办。员工失去了参与和发挥潜能的机会，势必挫伤积极性。时间一长，就会养成不动脑子、一切依赖领导的"阿斗"作风。只有没有进取心的员工才欢迎这种领导。一位心理学家说过："对创造者来说，唯一最好的刺激是自由——有权决定做什么和怎么做。"主管越俎代庖无异于用一把心锁锁住了员工的想象力、创造力，锁住了积极性。

其次，过度管理不利于锻炼员工的实际工作能力。许多主管不信任部属的能力，怕员工把事办糟了，像溺爱子女的父母，左叮咛，右嘱咐，连出门带卫生纸的小事都要吩咐。这不利于部属成长，不利于提高部属工作能力。因为人不在大风大浪中摔打一番，是不会成熟提高的。一般来说，主管的水平、工作能力要比部属高，指令也科学、合理。你过细的指令会使部属少走许多弯路，可部属绝对感受不到主管为开辟捷径付出的代价，或者说，员工感受不到通向捷径的荆棘坎坷。没有这些感受，员工就是没见过世面的"弱智儿"。

一位年轻人学做西服，师傅只简单地告诉他一遍怎么做，遇到困难问师傅时，师傅轻易不告诉。师傅说："你自己想一天半天的，实在没法了我才告诉你，这样印象深。我马上告诉你，你明天就忘了。"这位师傅就很懂培养部属独立思考工作的能力。

管理效率是最重要的

一位效率专家这样告诉人们节省时间的方法，他认为要提高管理效率，一定要时间观念强。说短话，开短会，办事效率高。他们非常注意节约时间，连电话簿上也写着："讲话不要超过三分钟"，"少说废话"。

要计划强，一切活动按正点运行；要注意机构精干，"人多是灾害"，一个人能办的事绝对不要两个人去办。现有的许多企业常有三分之一的人由于工作能力差、效率低而被停止工作。在优秀的企业中，办事人员精干、情报快、消息灵、效率高的程度是惊人的。

要纪律性强，规章制度严密。上班不迟到，下班不早退。有些企业负责人因交通拥挤怕迟到，宁可不开自己的小车，而选择买地铁月票或者坐公汽上班。

要责任心强，"拼命地工作"。现代企业的办公室都是大屋，几十甚至上百人都在一个屋里办公，厂长也在这个屋子里办公，外来办事的另有会客室。办公室的电话很多，一二人一台，但讲话声音很轻，办公室里相当安静。没有闲聊天的，工作紧张，效率很高，查询资料总是很快就拿了出来。

当然在公司中好多事情是需要雷厉风行、迅速处置的，这是一般的常理；也有一些事情千万不能着急，延期反倒更好。有位资深企业家说："开始做一项工作时，想掌握适当的时机，殊非易事。匆匆忙忙开始做，常遭败绩，当然有时也会意外成功。公司的工作也常有职员要求我快一点着手，否则会落后。碰到这种情形，不要慌。并非起步晚的人就不能成功。"

公司管人靠制度
GONGSIGUANRENKAOZHIDU

第5章

扶正祛邪：防人有术，管理有招

人即使小至一支铅笔，只要不属于自己的东西，擅自带离办公室使用，都属于不当的行为。类似这种公私不分的行为，对公司的风气和个人的品行将会产生极大的影响。

对公司来讲，在这方面也应严加管理，即便每个员工拿走一张信纸，日积月累下来也是一笔不小的数字。此种行为轻者会影响某些人的个人名誉，重者将影响一个公司的风气，甚至导致企业倒闭。因此，切不可对公司中某些员工的好占小便宜的习气不管不问，任其自然。

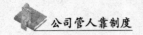

防人有术，惩欺为先

从几千年的封建历史中我们看到，历代皇帝为了维护自己至高无上的权力，最深恶痛绝的就是大臣们的欺瞒行为，如若有人欺君，动辄就会砍头，轻些也会革职查办。

当代企业的领导者们，为了维护自己决策的严肃性和正确性，也必须首先杜绝下级对自己的欺骗。

识别欺骗，然后才可能惩治欺骗，先识后惩，是连环措施。

先说识别欺骗。本是白，报是黑，是瞒；本是鹿，说是马，是欺，凡是已经做了的事，将要去做的事，如若谎报，即是欺骗，欺以骗为先。

识别欺骗的方法之一，是佯装对表面问题听后入耳，随后，或以直接方式，或从别处了解问题的各个侧面，进行总体分析，综合之后可知欺与未欺。

识别欺骗的第二个方法，是运用监视手段暗中察访，运用突然变换法，使欲欺骗自己的人手足无措。

识别欺骗的方法之三是察颜观色，察微杜渐，运用头脑预感欺骗。

再说防止欺骗。防止欺骗的原则是，有欺必惩，使欺者自食恶果，或让他自落陷阱惩之。知欺然后惩欺，始能防欺。

要求别人讲信义，自己先讲信义；要求别人不欺自己，自己先不欺人，防止欺骗除了要有有效的惩罚措施外，还必须有完整的组织措施。如三权分立法、多人监督法，等等。

防止欺骗的办法在于按欺骗之内容或轻重，处以不同等的处罚手段，或罚或贬，以达到惩戒他自己以及更多人的效果。有时候，杀一儆百是绝对必要的。惩戒要公开处罚，才能有效用。欲骗人入陷阱者，必让他自落圈套；常发欺语，必有欺行，可旁敲侧击使其明白后打击压制不予重用。明明确确可认定的欺骗必当众揭穿重治。尚不明见的欺罔之行，也要保持怀疑态度。

此外，可对一些人平时的言行做仔细察访分类，在心中列顺、疑、信名册，平常不说谎，不欺瞒的人，特殊时刻未必还会保持真实；平常就老爱欺上瞒下的人，关键时候必定变本加厉。

对惹是生非者绝不姑息

管理是调和、解决复杂人事关系的烦琐工作，因为人各有志，那些常常爱挑拨离间、惹是生非的下属自然令人头痛，难以管理。但是要使员工形成良好和谐的人际关系和工作环境，必须要解决这个问题，否则公司就是个制造是非的地方，致使员工人心涣散，工作杂乱。要做到这一点，切忌让这种爱拨弄是非的人随心所欲，理当调教。

而要成为一个合格的领导，面对爱捣乱的下属你绝对不能畏惧、退缩！

对于爱捣乱的人，需要特殊的方法对待，而且还得予以格外的注意，因为他们具有潜在的或者实际的破坏能力。他们能破坏人与人之间的友好关系，他们能在任何团体中制造混乱。

任何部门团体和组织都有一定比例的爱捣乱的人。如果允许他们为所欲为，就会对别人甚至整个团体或组织造成极大的损害。

有人统计过，每100个人当中各种类型的人的百分比约为：

自我鼓励型的约占5%。

接受挑战发挥自己全部能力的约占5%。

被有领导能力的人督促才能把工作做好的人约占80%。

难于管理并且经常给上司出难题的人约占5%，对这种人需格外地下工夫。

完全不可救药的人约占5%。

那部分爱捣乱的下属的数目虽然不多，但为害却很大，一个企业里面如果有这么几个人，而领导又不懂得驾驭他们的办法，将会鸡犬不宁，严重影响企业的工作秩序和工作效率。

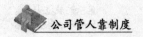

鉴别谁是制造麻烦的人

在你准备管教爱捣乱的下属之前，先要把他们和其他安分守己的下属区别开来，鉴别谁才是给你制造麻烦的人，然后才能考虑去对付他们。

首先，也是最重要的一点，你应该知道怎样确定一个人是否是一个可能造成麻烦的人。有些人不同意这种基本看法。他们认为不能墨守成规、不能按照大多数人的样子去说话、思维或者做事的人，都应该属于难对付的人之列，还有的人认为留长头发、蓄长胡须的人就是难对付的人。

其实，一个人的习惯、信仰，或者有什么怪癖，与会不会给你带来管理上的麻烦是没有关系的。正像美国管理大师梭罗所说："如果一个人的舞步没有与他的同伴们保持一致，恐怕他是根据一个不同的鼓手的鼓点在跳，那就让他伴着他听到的音乐节奏跳吧，是不会太出格的。"

不管别人对一个人有什么说法，为了确定一个人是不是难以管理的人，你只需回答一个问题：这个人能不能给你造成某种麻烦或者损害？如果能，他就是一个成问题的人，你就应该想办法改变这种潜在的威胁。如果他不能造成任何损害或带来任何麻烦，不管他的外观是什么样，也不管他的穿戴是什么样，更不用管他有什么个人习惯，对你来说他绝对不会是一个成问题的人，对于这种人你也用不着操太多的心。

不能因为一个人染红头发、穿短裙子、吸烟斗、蓄长胡须，就对他/她抱有成见，也就是说不能用自己的好恶判断一个人，那样会误导你，更不能拿你自己的对与错的标准去判断所有的人。

当你理解了什么是成问题的人这个简单的概念以后，实际上你也就掌握了对付成问题的人的具体办法，甚至你在处理这方面的事情时要比在各个企业中专门从事管理工作的人还要高明得多。

爱捣乱的下属并不都是吊儿郎当，不修边幅，对此你一定要留意。

防止员工投机取巧

作为企业领导，经常会发现员工在工作中有投机取巧行为，归纳起来，通常有三种表现类型。

一是领受任务不坚决、不干脆，或者找一些理由推诿，或者提一些你意想不到的附加条件，或者嘴上嘟囔、心里嘀咕。这是投机取巧的先兆，如果不及时制止或思想工作跟不上，他们就很难圆满完成领导分配的任务，甚至会捅娄子，把事情办砸。

二是交代任务时，员工虽然承诺了，也没有提什么条件，但他们却在工作中丢三落四、支吾应付，完成任务的质量很差。使上级不满意，群众有怨言，友邻单位有责难。

三是在工作后总结经验教训时，强词夺理，把名利往自己身上拉，把问题往别人身上推，表现得很不虚心。

为防止这些投机取巧的行为，企业领导应在全盘掌握员工情况的基础上，着力做好以下工作。

1.布置任务要选准人、交代清

这是企业领导组织指导能力的重要标志。无论安排布置任何一项工作，都应对所属人员的情况了如指掌，采取因人而异、择优使用的原则。向员工布置任务，尤其是事关全局或意义重大的工作任务，一定要选派思想好、作风硬、技术精、办事干练的员工去承担，这是完成任务的关键因素。同时，在向员工交代任务时，不管时间多紧，都应力求把任务的性质、数量、指标、时限、条件、要求和注意事项等交代清楚，一定要使他们明白，必须高标准地完成任务，而不可随意降低标准或耍滑取巧。

2.对员工要坚持高标准、严要求

企业领导布置任务时，必须严肃认真，一就是一，二就是二，来不得半点马虎。一是在布置任务时，所说的每个字、每句话，对员工来讲都是命令与指示，尽量不要出现类似"可能"、"大概"、"估计"等词语，力求语气肯定、数字准确、标准清楚、规定明了。向那些干事不认真、有投机嫌疑的

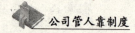

人交代任务时，必须倍加留心，除了让他复述交给任务的标准、要求外，还要让他立下"军令状"，必要时还需"敲打两下"予以警示。在员工执行任务的过程中，领导还要经常督促检查，发现问题及时纠正，对表现好的给予奖励，差的给予批评或处理，该追究责任的要坚决追究责任，坚持赏罚分明。

3.领导必须自身素质好、作风硬

俗话说："强将手下无弱兵。"作为领导，自身素质好、作风过硬，就能带动一大批员工。当员工让你做个示范时，你能干脆利索地来它几下子；当员工作风松懈拖沓时，你能够使他们振作起来。如果领导有股要干就干好、干不好誓不罢休的劲头，久而久之，就会形成一种权威，那些善于投机取巧、敷衍了事的员工就会望而生畏，主动克服自身的缺点，不用多说、多交代就能够认真而高标准地去完成任务。

无事就会生非

企业在扩大规模后，往往会效率降低，人浮于事的现象随之出现。这是管理水平跟不上企业发展所致。

规模扩大，就需要更多的人。但人多并不一定好干事，人员的增长和效率的增长往往并不成正比。

这就像三个和尚的故事。一个和尚为什么有水吃呢？因为他所承担的是全职全责，做得好，是该他做的，他也享有全部的好处；做得不好，所有的后果也要他自己承担。只有一个和尚，就没有推诿的余地，他只能尽全力去做。一件事情由一个人全职全责去做，执行力是最强的。

一个人能做的事情，绝不要第二个人插手。公司的规模并不体现在人员数量上，让每个人的工作量都达到饱和，让每个人都为自己的工作负责，减少人浮于事，不仅节省人力成本，更重要的是，能让公司处于一种紧张兴奋的状态之中。

事实证明，闲散不仅不会使人轻松，反而更累，主要是心累。一个企业如果很多人开始闲着了，那就等于开始慢性"自杀"。

人都是靠希望活着，而希望总是由许多具体的事情积累而成，只要有目标，在努力，每天在不停地干，人就会感到充实，生活中许多困难也就可以忍受。闲着的危险性还不在于它暂时不能创造价值，而是会使人斗志涣散，甚至对企业的前途产生怀疑、对工作失去兴趣，进而闲得无聊，将能量转移到争权夺利、惹是生非上，这时的管理就将面临更多的麻烦。

所以老板的第一要务，就是保证每个人有事可做，决策层的最大任务就是设计好项目，尽快实施，让上上下下都尽快地动起来。

其实，有人闲着，就是企业陷入危机的标志。作为员工就该警惕了，下一步必然就是裁员。

裁员，是企业自救的开始，把有限的工作投入到有限的工作人员中，既是提高效率，节约成本的必然选择，也是消除闲毒，鼓舞士气的必要措施。

如果裁员有难度，那就培训，把多余的时间用于学习，一方面可以提高素质，一方面可以将剩余的时间填满，这对个人和企业都有好处。不过，如果经营状况没有根本好转，这恐怕也只是个权宜之计。

不要被漂亮言辞迷惑

企业主管说："做主管真不容易！整天忙得团团转，而且还得严防下属的舞弊行为。"

实际上，做主管是一桩最容易的事情，你只要学到一两个能使部下努力的方法，就可以舒舒服服地带队伍了，而且还能有效地防止下属的欺骗。那么，这个秘诀是什么呢？

说起来很简单，就是要下属拿出"原始凭证"。例如，当下属呈报书面请示时，其中谈到许多问题，你若是逐字逐句地看，必定会被搞得糊里糊涂、精疲力竭。告诉你，不要被那些美丽的词句所迷惑，所谓的书面请示，不过是下属罗列的各项解释的报告文书，这些东西很难使你真正了解到什么。如果你真想对事情有所了解，就必须要求下属附上"原始凭证"。

你可以问他："有什么凭证？有什么具体数据吗？有没有记录表？有多少预算？"或者你可以说："先给我看看实物。"

假使他能拿出原始资料或实物，那就再好不过了，但也不能就此满足，

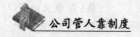

你还须进一步追问下去，一探究竟。

"这个数字是怎么算出来的？"

"为什么？"

"你这样说有什么根据？"

"这样做会产生什么结果？"

对这些问题，假使下属能说得有条有理，那他一定是相当优秀的，这时，你不妨夸奖他几句，使他对自己的工作更有信心和热情。但大多数下属准备得不会特别充分，对这些质问，自然也无法给予圆满的答复，他们会以"等我调查后，再来报告"、"我不知道这是怎么一回事"或"这事还得问老王，他可能清楚"，等等话语来作为搪塞之辞。

作为领导，这时千万不可放松，而要进一步命令他限期作出汇报，并趁机教导他作这项调查的要诀，如何搜集及分析参考资料等。待期限一到，就要详细听取下属的说明，有不清楚的地方，再详加责问，而后将其答复和以前的谈话内容相互比较一番。你可以问他："上一次你是这么说的，这次怎么又不一样了？"

上级领导如果严肃认真，具有追根究底的精神，那么下属工作懈怠、欺瞒上级的现象就可大大减少了。

要看清楚再盖章

一个公司一旦注册以后，就有无法杜绝的公文往来。既然是公文，就少不了要公司主管批示，这样，签名盖章也就成了公文往来中的必要程序。

凡属此类需要批阅的公文，在盖印时应特别小心谨慎。因为就是这类细节，可能正好是你与上司直接接触的机会，他可能仅仅通过你的这类行为来观察了解你，并对你作出相应的评价，因此，你必须备加谨慎。诸如上下倒错、超出栏位、印迹模糊等情形，最好少出现甚至杜绝，因为这些行为很难让别人相信你是一个细心的、对公司负责的人。

因此，通过一个人的盖章方式，也可以察觉出他的工作态度。一个草率行事的人，将会给人留下一种行迹不良的印象，这势必会影响公司对你的考核评定结果。

在处理这类事情时，切不可带着过强的个人好恶感去行事。比如，有的人因为对手上的公文行文不满，有的人是因为与公司的某位领导有矛盾，等等。这样，他们在行事时，就将这种过强的好恶感也带了进去。

操练管理绝招

当你知道了根据什么去鉴别一个人是否是个成问题的人的时候，你就很容易确定谁是个成问题的人。问自己三个简单的问题，如果你对其中的一个问题给予肯定的回答，那他就是一个成问题的人：

1.他做的工作是否低于你所要求的标准？

这个人的工作在质量上和在数量上是否低于你所能接受的标准？他的工作数量是否低于他每天应该完成的数量？他的质量不合格的产品是否比别人的多？他每周的销售量是否比别的推销员的销售量少得多？这个人有没有按照你为他建立的规章制度工作？如若答案是肯定的，那他对你来说肯定是一个成问题的人。

2.他是否妨碍别人工作？

这个人是否是恼怒或者干扰的祸源？你是否经常发现他在雇员之中制造混乱？他是否干扰别人工作？他的质量和数量是否日渐下降？他是否影响其他部门的工作进展？他是否由于自己马马虎虎的工作影响同事们的上进心？如果答案是肯定的，那这个人就确定无疑是一个成问题的人，他不仅会妨碍你的工作，也会妨碍别人的工作。

3.他是否会对整个团体造成损害？

任何一个团体的声誉都会因为它的成员的不体面的行为受到损害，他可以通过自己的言行在这个团体的其他成员之中制造永无休止的混乱或者把他们推到混乱的边缘。例如，一个体操队在表演的时候，如果有一个队员出了边界，他就会给整个体操队造成损失。一个爱惹麻烦的推销代表能给整个公司带来不好的名声。如果你手下的人对工作无所用心，没有任何责任感，经常使你叫苦不迭，有时还不得不取消命令，甚至失去老主顾，你能对这样的

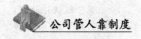

人掉以轻心吗？

惩罚要合理合法

华志是某单位的调度员，同单位签订了无固定期限的劳动合同。2004年，单位受托承运货物到某省时，货物在途中被车匪路霸抢劫。经过公安机关的侦察破案，原来是作为调度员的华志泄露了货物运输的信息。本来对华志要做除名处理的，经有关部门多次做工作，他泄露单位货物运输信息，不是出于故意，而且从中也没有得到好处，不属于抢劫的同案犯。为了挽救他，仅仅调换了他的工作，让他到单位大院去做门卫。

可是对于单位的宽大处理，华志不仅不领情，反而怀恨在心，不久又利用守大门的职务之便，为亲友提供信息，致使单位蒙受了巨大的经济损失。

这次单位不再心慈手软了，而是按照公司的规章制度，以华志违反劳动纪律、违反岗位职责为由华志与解除了劳动合同。

华志不服单位对他解除劳动合同的惩罚，向法院提起诉讼，状告原单位的"违法行为"。

法院经审理后认为，单位解除原告华志的劳动合同有事实和法律的依据，故对华志的诉请不予支持。华志不服，上诉到中级人民法院。经审理，中级人民法院二审维持了一审的判决，驳回了华志的上诉理由。

主审法官解释说：根据《中华人民共和国劳动法》第25条第2项的规定，用人单位享有法定的单方解除劳动合同权。该案的审理判决，依法维护了企业的合法权益。个人有个人的隐私，单位有单位的秘密，如果胳膊肘向外拐"出卖"了单位的商业信息，单位就有权"开"了你。

泄露单位商业秘密，单位有权除名处理。该单位依法办事，维护了单位的合法权益。

在法治国家，依法办事已成为全民的共识，惩罚员工，首先要合法，要符合国家颁布的法律法规。对于违反国家法律法规的"惩罚"，员工有向有关部门反映的权利；而作为企业或公司的老板，要让你对员工的惩罚不留下后遗症，就要记住两个字：合法。

尽量避免留下"后遗症"

员工以谎言对待作为领导的你的时候，如果他的谎言将危及你的根本利益，你自然可以采取强硬措施，毫不留情。

但事实上，我们在现实生活中面临的大部分谎言并没有达到生死攸关的地步，过于强硬的方式于事情的解决并没有明显的好处，很可能会出现"两虎相斗，必有一伤"或"两败俱伤"的结局。

所以，面对谎言，我们可以用一种高明的办法来处理它，这种方式不仅不会使自我的品行和灵性受到损伤，而且可能唤醒另一个人的良知与觉悟，这种方式就是对人宽厚、对己严格、以诚对谎的方式。

用这种方式对待下属，将使下属对你产生崇敬的心情，进而更加忠实于你。有这样一位企业领导，他让手下工作时，把完成的时间、完成的情况、报酬都规定得一清二楚。但由于不可抗拒的原因，时间到了，该完成的工作都没有能完成。他手下的人听说他为人严厉，觉得如果如实汇报完成情况，很可能受到他的严厉责备，于是大家合伙对他说谎，虚报了一个数字。

这位领导在那件不可抗拒的意外事故发生的时候，就已料定大家不能在规定时间内完成任务，但大家汇报上来的结果却又分明完成了，他心里颇有些怀疑，便私下做了调查，发现大家串通起来说谎骗他。他当时很生气，但过一阵子他冷静下来想了一下，就不再生气了。因为摆在他面前的有两种处理方法，一种是按原则办事，毫不留情地揭穿谎言，对大家进行一定的处罚和教育，固然可以让大家知道一下他的厉害：他明察秋毫，不好糊弄不好欺负。但如此一来，他的人缘可也就成了大问题了，让大家下不了台，他一个人成了众矢之的，大家会记住这一次羞辱，而在以后寻机报复。最可怕的是将使一群人抱成一团同自己作对，这样的局面无论对一个公司还是一个领导者来说，都是应该竭力避免的。

经过再三的掂量，他决定用一种比较宽厚的方式处理这个问题，在月末总结会上，他对大家说："我看了大家报上来的工作总结，那些数字让我感

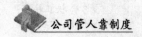

到吃惊，由于这个月出现意外的市场波动，在我的预料中，大家是根本无法完成任务的。不料大家还是按时完成任务，我为大家感到高兴，也感谢大家的精诚合作。我已与其中的一些合作单位联系过，对他们给予我们大家的支持表示了感谢，他们也表示愿意继续同我们合作。"然后，他按当时协议规定的标准付了报酬。

于是，这位领导深得大家的拥戴和尊崇，在以后的几年间，他同手下的一批人合作得非常好。

用厚道的方式对付谎言

以上事例中的这位领导采取了一个非常明智而巧妙的以诚对谎之法。

(1)他以一种宽厚与大度的方式对待大家的谎言，使人保留了面子、自尊心和自信心，并以此换来了大家对他的尊重。

(2)他用巧妙的方法暗示自己知道真相，只是不说出来罢了，当他告诉大家他"已同有关合作单位联系过"时，大家心里肯定一惊，以为弄虚作假必定露馅，但谁料他却虚晃一枪，马上拉回话题，不就细节再作纠缠。此时大家已清楚，作为领导的他对真相已了如指掌，只不过不说罢了。

(3)他不但保留大家的情面，而且还给予鼓励，并且完全按当初的协议付给大家报酬，以此唤起大家的良心与义务，面对这样的上司，谁还好意思不努力工作，再次糊弄他呢?

以诚恳、厚道的态度对待别人的谎言，可以避免你陷入以恶抗恶的心态之中，也可以使你赢得他人的尊敬和感激，从而使你拥有良好的人际关系，便于你与他人的合作，最终有利于自己的事业。

当我们以谎言对付别人的谎言时，我们就不得不苦心孤诣、绞尽脑汁地去制造谎言；当我们以谎言取得成功的时候，我们在心灵和人格上也受到玷污；而谎言一旦失败，则是信誉扫地，众叛亲离，实在得不偿失。

我们不能阻止别人"两面三刀"，但我们应克制自己不"两面三刀"，并尽可能对他人的"两面三刀"保持一种理解与宽容，用自己的真诚唤起他人诚实做人的信心和愿望!

第6章

治理内耗：营造良好合作关系

　　领导也是凡人，会像所有正常人一样有自己的喜恶和偏爱。有时候明明知道是员工在拐弯抹角地拍马屁，说一些赞美恭维的话，却禁不住对他露出亲切的微笑；有时候明明知道他指出的是自己一贯的缺点，并且早晚会给公司带来很坏的影响，但仍以冷面相对，心里还不住地咒骂这个不识趣的小子。其实这些行为任何人都可以理解，只要一个人还基本上被理智所控制，一点点的感情用事应该不算什么。但是一旦以仲裁人的身份出现在办公室、谈判桌前，就必须蒙住双眼，用心灵去观察整个事件。如果仍然没把握做到公正，那么就请教一些局外人的意见吧！

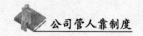

人际矛盾因何而起

矛盾冲突一般是由什么引起呢?员工之间产生矛盾如何处置,是摆在企业领导面前的一个棘手的问题,搞不好会影响全局工作。在处理这种矛盾之前弄清矛盾产生的原因十分重要。

1.处事策略不同产生矛盾冲突

个性和认识决定了一个人的处事策略,而每个人的个性和认识往往是不一致的,这就导致了人与人之间在处事策略方面的差异,这些差异如果没有得到有效调和,就会产生矛盾冲突。换句话说,人们由于处理事情的方式、方法以及对问题所持有的态度与重视程度不尽相同,在很大程度上会导致人与人之间的矛盾。

在一般情况下,处于矛盾中的当事人不会轻易放弃自己多年的办事作风,除非真正让当事人双方认清他们各自的方法对工作问题的解决是有利还是有弊,并且用实际行动告诉他们正确的处事方法将会带来的巨大收益,这样才有可能化解矛盾,消除摩擦。

处于"情绪激动"状态的人,对于对方的任何辩解是无法听进去的,这时第三者的介入会把双方的注意力引向一个共同的方向,为最终的谅解提供了可能。

作为领导,你不能武断地说某某的说法可行,而将另一方贬得一无是处。最好的办法就是用事实说话,这样做的目的不仅会让当事人双方亲眼看见彼此的优劣,而且也会为他们提供更好的思想方法去有效地解决问题。

你当然也可以让他们各自试着去做一下,或者来个竞赛,将任务分成若干部分,让他们分头处理,用最后的成效让当事人心悦诚服。

2.责任归属不清产生矛盾冲突

部门的职责不明,或每一个职务的职责不清,这样也会造成冲突。职责不清主要体现在两个方面:一是某些工作没有人做,二是某些工作出现了内容交叉的现象。

许多人际关系方面的矛盾与责任常常是混淆不清掺杂在一起的。也许矛盾的双方对问题都负有责任，然而，主要责任还是应该由一个人来承担。这也正是处理双方矛盾的关键：明确责任的归属。

第一步就是要查明问题的真相，注意搜集有关这方面的信息资料，好在当事人有"矢口否认"的行动之前，就用它们为当事人提个醒，以免他们以后尴尬。

在有了足量的信息，明确了责任的归属之后，第二步就是让双方都承认自己的责任所在，而后再将责任的所有权移交给那个应当负主要责任的人。最好把责任转化为新的工作任务或问题布置下去，这对问题的最终圆满解决，双方握手言和至关重要。

3.个人情绪产生的矛盾冲突

由于个人情绪因素产生的矛盾冲突相对而言是较难处理的。情绪矛盾有它的短暂性，正如情绪变化一样，但若不认真对待，也会在组织人际关系的和谐上留下深深的划痕。

人的情绪无法预测，很难控制。在处理情绪冲突时，最好的方法是设身处地地替员工着想。如一位员工在一大早儿赶来上班时，由于急着赶车忘记拿伞，在路上被淋得浑身湿透了，更糟糕的是这位员工在挤车时又不慎丢失了钱包，虽然没有什么特别贵重的东西，但还是将半个月的工资搭了进去。当他气冲冲跑进公司时，已经迟到10分钟了，显然，这个月的奖金又悬了。这一切遭遇对一个性子暴烈的人来说，是很难容忍的，他要发泄，最终与同事发生了口角，矛盾产生了。解决这类情绪所造成的矛盾，你最好用爱心与同情来处理。

记住，这里要赢得那位无缘无故惹了一身气的员工的支持。要与他一起展开工作，当他设身处地地将他人的遭遇在脑子里经历一番时，同情会化解怨恨的。

4.对有限资源的争夺

有限资源具有稀缺性，这种稀缺性导致人们展开了各种形式的争夺。这种争夺在一定程度上会导致冲突。对一个组织来说，其财力、物力和人力资源等都是有限的，不同部门对这些资源的争夺势必会导致部门之间的冲突。

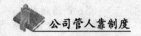

5.价值观和利益不一致

价值观和利益的不一致是冲突的一个主要成因。价值观是一个人在长期的生活实践中形成的，在短时期内是很难改变的，因此，价值观的冲突也是长期存在的。利益的冲突体现在两方面，一是直接利益冲突；二是间接利益冲突。比如待遇不公平就是直接利益冲突；而培训机会、发展机会等问题引起的冲突，则体现为间接利益的冲突。

6.角色冲突

由于企业的角色定位不明确或员工本人没有认清自己的角色定位，也会引起冲突。例如，某部门经理未经授权干涉其他部门的正常工作，两个部门之间肯定会发生冲突。在企业中，角色冲突的根源在于企业角色定位不明确，由于管理者没有进行有效的工作分析，有关企业的岗位职责等文件照抄照搬其他企业的模式，没有认真考虑是否符合自己企业的实际情况，这样做肯定会导致企业的角色定位不明确。

处理矛盾的几个原则

处理员工之间矛盾的原则是领导能正确处理矛盾的依据和准绳。因此领导要能把握其处理原则，具体说来，主要有以下几点：

1.要施加压力，限期改正

既然调解矛盾的根本目的就是为了使员工能解开心结，积极一致地为公司的发展而奋斗。因此当处在矛盾此起彼伏，长期纠缠不清，已经给工作造成较大损失的情况下，在多次启发诱导、耐心教育的基础上，你可以适当地采取一定的行政手段和组织措施，对员工施加一定的压力、让他们在一定的期限内，改正各自的缺点、毛病和错误做法，进而解决他们之间的纠纷。施加压力，限期改正的具体途径主要有三点：第一，集体帮助；第二，责令检查；第三，公开批评。

2.要单刀直入，当场解决

如果不把矛盾当时解决，只能是越积越深，给最后解决问题增加许多不必要的困难。因此当面对不太复杂的矛盾时，在深入细致的调查研究的基础上，调解纠纷的领导最好把矛盾的双方召集在一起，把矛盾揭开，把事实真相公开，当场把处理意见拿出来，让矛盾的双方遵照执行。单刀直入，当场解决纠纷，要特别注意三个问题：第一，事实真相必须准确无误，使矛盾双方心服口服。第二，事先要做好矛盾双方的思想工作，使他们都抱着解决纠纷、增强团结、多做自我批评、主动承担责任的态度来参加调解。第三，领导的处理意见要入情入理，客观公正。

3.要及时修订规章制度，灵活处理

规则是死的，而人是活的。因此当员工之间因为规则的不完善而引发矛盾时，要认真总结，及时地对规则进行修订，而且在处理矛盾时不可太墨守成规，死搬教条。

如果墨守成规、不加改善，表面上看起来尽管妥善完备，但实行起来，往往会引起料想不到的纠纷。本来，规则是为了减少纠纷才制定的一种判断事情的标准，可是到后来却因为规则的实行而引起员工间的纠纷，这就有点太滑稽了。所以，领导要时时注意自己所订的规则，在实行的过程中是否有不合情理或不切合实际需要之处。如果有，就应当进行修订，千万不可久拖，以免引起员工间的纠纷。

4.要有限度地鼓励竞争，增强活力

只一味死气沉沉地去工作，丝毫不管身边"闲事"的表现，在表面上看起来是好的，员工之间不会产生矛盾纠纷，可是长此下去，企业就会失去活力，就会失去发展的动力，而成为"一潭死水"，波澜不惊。因此，作为领导可以适度地鼓励员工之间开展竞争，因为竞争是促进进步的原动力。

当然，有限度地鼓励竞争，不一定要做出非常明白的表示，以暗示或默认的态度，即会让竞争的双方获得鼓励。不过这种获得领导鼓励的竞争，如果双方不知自制的话，后果也是相当严重的。

5.要兼听而不可偏信

俗话说："兼听则明，偏信则暗。"是说只有在同时听取两方面的不同意见的基础上，才有可能避免片面性，得出比较正确的结论。因此领导在处理员工之间矛盾时要"兼听"而不可"偏信"，虽然他们有可能"公说公有

83

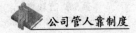

理，婆说婆有理"，但从总体上你经过分析比较，总能得到比较接近事实的真相。

尤其是当企业制定的一项新规章制度将要出台时，通过他们的争论和各抒己见，你可以找出其中的缺点和瑕疵，加以完善弥补。在对立的冲突中，方案得到不断地修改、更新、完善，真正成为经得起推敲的最佳方案。

所以，没有反面意见时不宜草率做出决策。

解决部门冲突分五步走

问题一旦出现就需要立即解决。许许多多的问题需要领导设计出至少同等数目的方案去解决。不过这些形形色色的方案也并不是无一共同之处，大量的实践证明，有一些步骤是解决部门冲突的必由之路，不妨把它们运用到工作中：

1.确定目标

这个目标是最终决定解决问题的根本出发点。这个目标的确可以帮助领导下决心不姑息一方面的利益而做出果断决定。常常在取舍之间徘徊不定的时候，以目标为尺度衡量得失、权衡利弊之后，就会得出令人满意的结论。另外，确定目标是解决意见不同这类矛盾的必要方法。当几种意见蜂拥而至时，只需要向员工们明确部门的工作目标，这是实现"求同存异"的一个很好的方法。往往当员工们发现正在与自己争吵的对方原来也是为了同一个目的的时候，他的怒气就会消去很多，也更乐于接受和听取其他人的意见。

2.召集最能解决问题的人

这些人应该是问题中的权威。他们可以是"各派"的首领，可以是某一类问题的专家，甚至可以是自己的上司和与这类争端有联系的其他部门领导，当然也包括自己。当把这些权威召集起来的时候，尽量让他们陈述出自己完整的观点，开诚布公地讨论问题，以最直接的方法解决矛盾，尽力促成他们的互相理解并达成一致。这样一来，矛盾就可以说是基本解决了。因为下级员工一般都是支持己方的权威，一旦他们的领袖做出决定，他们自然也会跟着做出让步。正所谓"领头羊"的效应。一群羊中往往有一只强壮的领头羊，无论它去哪儿，其他的羊就都会跟着它去，赶羊人就是利用这一点，只要控制头羊的方向，就可以毫不费力地指挥整个羊群。

3.以讨价还价的态度对待矛盾

解决矛盾尤其是当矛盾特别尖锐的时候，应该遵守循序渐进的原则。一旦不耐烦于无休无止的调解，以领导的身份去下达命令，其结果反而会使情况更糟。也许员工们也在气头上，当强迫他们去做本认为是错误的事情的时候，往往会激起他们的反抗之火，而后果就是领导得不偿失，既激化矛盾又失去了人心。所以时刻保持冷静的态度看待问题，做好一个长期的准备，以商人的耐心慢慢地进行讨价还价，以商量的口吻与他人交流，以宽容的心灵同别人对话，相信一定会征服他们。

4.保持客观公正

领导也是一个凡人，会像所有正常人一样有自己的喜恶和偏爱。有时候明明知道是员工在拐弯抹角地拍马屁，说一些赞美恭维的话，却禁不住对他露出亲切的微笑；有时候明明知道他指出的是自己一贯的缺点，并且早晚会给公司带来很坏的影响，但仍以冷面相对，心里还不住地咒骂这个不识趣的小子。其实这些行为任何人都可以理解，只要一个人还基本上被理智所控制，一点点的感情用事应该不算什么。但是一旦以仲裁人的身份出现在办公室、谈判桌前，就必须蒙住双眼，用心灵去观察整个事件。如果仍然没把握做到公正，那么就请教一些局外人的意见吧！

5.采取对双方都有益的措施

首先，不要把两个人的工作表现和工作成绩进行对比，这只能增加竞争和压力，使矛盾更加突出。其次，要以整个部门的集体利益作为标准，保证双方都获得利益，这是促使他们各自做出让步的好方法，站在别人的角度上去思考问题，可以使自己在做决定的时候顾全到所有人的利益。仔细分析一下，这同第一点是否有些相似之处呢？

处理矛盾心眼要灵活

有人很害怕出现矛盾，因而出现了矛盾时便不惜一切代价来消除它；而

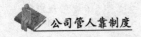

有的人只对争论和冲突情有独钟。你是属于哪一种呢?

并非所有的冲突都是不利的。有时,一些意见上的分歧是十分必要的。如果人们认为持异议或不赞同是一种很自然的事情并且不是把争论看作一种威胁而是看作一种健康的行为,那么你的企业会因此受益匪浅。因为,如果我们对什么都保持一致,就不会有挑战,不会有创造性,也不会有相互的学习和提高。例如,如果你的两名员工就某一问题的最佳解决方案争得面红耳赤,这时候你要表现出对他们这种认真态度和敬业精神的赞许,你可以得出一个实际可行的折衷办法或者从一个特殊的角度来发现解决的妙方。

如果遇到个人之间的冲突,你最好是单独私下里听听双方的陈词,但不要急于表态肯定谁或否定谁。当人在气极时可能会说出诸如"我再也不会跟你反映任何事情了"的话。当然,他不可能做得到。你要避免火上浇油的正面冲突。因为下属向你谈及他的感觉能够消除他的怒气,待双方冷静下来后,你再做出决定,看如何使他们更好地相处来实现公司的目标。

你不要指望分歧的双方能够和好如初。但你要告诫他们必须相互尊重,不论感觉如何都应当充满理智地以礼相待。这时候,你便有权威来订出一些条例。比如说:不准直呼其名,不得故意破坏或扰乱他人工作,不得对同事持不合作态度,不准因任何理由动用暴力等。

在这种情况下你可能遇到的问题是你的其他员工会对此表明他们的态度,因此你可能会看到一半的人与另一半的人形成对峙。这时,除非你有绝对的把握了解谁是谁非,否则不要表态。你首先要强调的是:工作第一。只有当你对自己的调查能力、分辨能力以及自己的公正无私有绝对的信心和把握时,你才能让当事人双方对质。而且对质的场合最好选在你的私人办公室或其他工作地点之外的地方。

在解决这类问题时,有一个行之有效的方法,那就是让当事人双方能够调换角色,设身处地为他人想一想。

通常,人们看起来是在为一些鸡毛蒜皮的小事而闹矛盾,但你切切不可对这种小矛盾等闲视之。这种事情可能涉及到自我领域、自尊以及地位的争斗,这时候就没有哪一个是无足轻重的了。尽管口角会经常存在,但你要把握好解决的尺寸，要适度才行。

解决冲突有技巧

员工间发生冲突在公司是不可避免的现象。冲突有为公的，有为私的，无论是哪种类型的冲突，都是主管所不愿看到的，也是必须解决的问题。处理冲突不能简单地打压和放任，这里介绍一些处理冲突的技巧。

1.处理冲突要慎重

调解部属之间的纷争往往十分棘手。对于一般分歧及个人纷争，经理还是不亲自出面为好，让他们自己解决。如果纷争涉及较重大的业务问题，这时，你出面调解，要抓住两个关键问题：一是谁是谁非；二是职务高低。在同等级职员之间发生争执时，支持有理的一方，并解释理由，表明公正的态度；而在不同等级职员之间发生争论时，调解时就要费些脑筋了。处理这样的局面要显示相当的灵活性，不能教条地对待。比如：有时应支持有理的职务较低的一方；有时为了维护公司的安定团结和大局，尽管职务较高的一方理亏，也应给他足够的面子。

2.处理冲突要中立

无论处理什么样的冲突，这条原则都是办事的准绳。处理冲突时领导一定要保持中立状态，不能有偏袒。偏袒只会使冲突激化，而且还可能产生冲突移位，冲突的一方很可能会把矛头移向你，使人际矛盾扩大，冲突趋于复杂。

有些公司的业务比较广泛、分散，老板往往成为公司里唯一知道其他人都在干什么的人。当两个业务部门同时开发同一项业务导致撞车时，就难以处理得使两方都满意，很可能是支持一方，伤害另一方。作为领导，要尽量避免这种现象，努力使双方都不受到伤害。这就要求你在处理问题时，表现得像一个外交家，而不是滥用你的权威。

3.职务对调是绝招

下属双方的纷争，有时很可能是由于本位主义在作祟，以致攻击对方所属的部门或所掌的职权，尽力维护自身的立场。本位主义的产生，一方面固

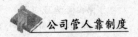

然是人的本能；另一方面也可能由于沟通还不够。如果可能的话，将双方对调职务，也许纷争的情形即可消解。不过，这也要看工作的性质及双方的特长而定，不可盲目调整，以致局面愈搞愈糟。

4.不能盲目上纲上线

处理人际冲突最忌讳的就是拿出本本、条例大声诵读一遍，以显示你的公正性与合理性。其实你此时的样子是可笑的，你在把别人当孩子的同时，自己也成了孩子。员工只会嘲笑你的无能，问题还是没有得以解决。

5.选择不同策略

对于管理者来说，冲突是多样的，对冲突的处理也不可采用单一策略。要针对不同的冲突内容与程序选择相应的解决冲突策略：

（1）合作策略。鼓励冲突双方把他们的利害关系结合起来，使对方要求得到满足。

（2）分享策略。让冲突双方都能得到部分满足，即在双方要求之间寻求一个折衷的解决方案，互相作出让步。

（3）回避策略。估计双方冲突可以通过他们自身调解加以解决，就可以回避冲突，或用暗示的方法，鼓励冲突双方自己解决分歧。

（4）竞争策略。允许冲突双方以竞争取胜对方，赢得别人的同情与支持。

（5）第三者策略。当存在冲突双方皆可接受的另一位有权威且易于解决冲突的第三者时，可以通过他来解决冲突。

（6）调和策略。在解决冲突过程中，运用情感与安抚的方法，使一方作出某些让步，满足另一方的要求。

警惕公司中的各种传闻

通常，传闻的可靠性较小，因为在传递过程中，人们常常根据自己的好恶添枝加叶，越传越神，以致出现添油加醋、张冠李戴或黑白颠倒的现象。

《战国策》里有个曾参杀人的故事。曾子即曾参，是孔子的著名门徒。恰巧在他住的地方也有一名叫曾参的人。有一天，那个曾参杀了人，有人告诉曾子的母亲："曾参杀人了！"曾母不信，说："我儿子是不会杀人的。"说完依旧织她的锦绸。过了不久，又有人来说："曾参杀人了！"她仍然不信，继续安心在织机上工作。又过了一段时间，还是有人来说："曾参杀人了！"这次曾母终于动摇了对儿子原有的信心，害怕株连的她竟丢下手中的梭子，越墙逃跑了。

一种有趣的现象是：当某员工没有被重用时会平安无事，一旦准备提拔使用被考察时，有些员工就叽叽喳喳，说三道四，议论不停。应该说，能够引起别人议论的员工，一般都是有一定才能的，正因为他某一方面表现突出，才引起别人七嘴八舌。有一幅漫画表现的是唐僧、沙僧、猪八戒考察孙悟空的情况，看了后使人感触颇深。师徒三人对悟空的评价不一，唐僧：目无尊长！八戒：骄傲自大！沙僧：经常惹事！这幅漫画表明，像孙悟空那样本事大，但不拘小节的人才是极易受攻击的。特别是一旦要得到提拔重用时，甚至连同悟空感情极好，素来敬重大师哥的沙僧，也可能有意无意地说上几句否定的话。

所以，作为领导者，就应该从众多的议论中"过滤"出正确的结论，如果大家议论得对，就应当改正，如果议论得不对，就要排除干扰，大胆启用优秀的员工。随着现代企业管理制度的不断落实，民主选举、民主推荐领导者的方法越来越普遍，议论被荐员工的形式将越来越广泛，不被别人议论的员工是没有的。应该提倡在议论中识别和选拔好员工，在议论后使用优秀员工。

反映问题要走正常渠道

反映问题是领导者与员工之间非正式渠道沟通信息的一种行为。它具体分为两种形式：一种是语言反映，一种是书面反映。

语言反映，就是面对面地谈问题。这种形式多用于优秀员工与领导之间。通常，若语言反映的情况正确而客观，对领导者的用人决策可起到促进作用；否则，就会干扰决策的实施。

书面反映，就是通过文字形式向领导谈问题。这种形式多用于领导与全体员工之间。书面反映也包括匿名信和小报告等。书面反映的行使人基于自我的目的和愿望，在不便公开反映情况的特定环境下，会出现两种情形：一是客观提供有价值的信息，促使领导者及时做出正确的决策；二是提供道听途说的信息。可见，书面反映作为一种信息沟通方式，其利弊、好恶不在信息的本身，而在于领导者能否鉴别和正确"过滤"这些信息。

作为领导者，应把书面反映作为一种沟通渠道，进一步明确其程序以及事后处理的方式等，并避免书面反映成为诬陷、中伤的工具。

处理刺头技巧一定要高明

领导要区分不同的情况来对待"刺头"员工，千万不能采取贸然措施将这类员工全部炒掉以保持组织的纯洁度。因为这样的结果肯定使你得到的是一个非常听话然而却平庸无比的团队——根本无从创造更高的管理绩效。

对那些有背景的员工来说，在工作能力上，这些人不一定比其他同事强，但是，他们的心理状况一般好于他人，做人做事方面更自信，加上背景方面的优势，更能发挥出水平。对待这种人，最好的办法是若即若离，保持一定的距离。如果在工作中有上佳表现，可以适当地进行褒奖，但一定要注意尺度，否则，这些人很容易恃宠而骄，变得越来越骄横。

对于那些有优势的员工来说，他们并不畏惧更高的目标、更大的工作范畴、更有难度的任务，他们往往希望通过挑战这些来显示自己超人一等的能力以及在公司里无可替代的地位，以便为自己赢得更多的尊重。因此领导如果善于辞令、善于捕捉人的心理，就可以试着找他们谈谈心、做做思想工作。如果领导并不善于辞令，那么就要注意行动。行动永远比语言更有说服力，在巧妙运用你的权力资本时，为这些高傲的家伙树立一个典范，让他们看看一个有权威的人是怎样处理问题、实现团队目标的。

对于那些想跳槽的员工，机会、权力与金钱是他们工作的主要动因。因此领导在对这些员工进行管理的过程中，要注意以下一些原则：一是不要为了留住某些人轻易做出很难实现的承诺，如果有承诺，一定要兑现，如果无法兑现，一定要给他们正面的说法。千万不要在员工面前言而无信，那样只会为将来的动荡埋下隐患；二是及时发现员工的情绪波动，特别是那些业务骨干，一定要将安抚民心的工作做在前头。

有些矛盾冷处理更好

在矛盾发生时，往往当事人双方情绪都非常得激动，有可能马上找到你，希望你能够立即判断出一个谁对谁错，解决这个矛盾。这时你千万不要火上浇油，立即处理矛盾，因为此时的双方情绪激动，往往你无论怎么处理，双方都不会满意，还会误认为你偏袒对方。所以最好的方法是，表示你已经受理了这个矛盾，请双方先回去，先冷静自己的头脑，平稳自己的情绪，你稍后会去亲自找他们谈话，了解问题的真相。

有很多的时候，双方都是由于一时的冲动、不理智造成的矛盾，在你的降温处理以后，他们或多或少会有所悔悟，这时，你再采取安抚的方法，听他们各自的委屈，细细地了解他们的苦恼，做各自的思想工作，矛盾也就会迎刃而解了。甚至有些冲突根本不需要解决，睡过一觉后，什么问题都没有了。这种方法尤其适用于脾气暴躁的人。

还有一种常见的现象就是在你的说服教育下，一方已经知道他的错误了，他可以给你认错，但就是不愿意给对方认错，心里认为面子上过不去，以后不好工作，等等。遇到这种人，你尽量不要勉强他一定要亲自去认错，你可以为双方制造一个私下里的缓和气氛的机会，比如约他们双方吃饭，在饭桌上，借用一杯酒、一支烟表明他认错的诚意，此时双方的距离会拉近，你就能顺水推舟地缓和他们的矛盾。

还有一种情况是，双方均有各自的道理，很难正确地评判谁对谁错，因为各自都有一定的正确性，这时，领导的作用就是折衷协调，息事宁人了。在充分肯定双方都对的基础上，融汇自己的观点，加以完善，就是最好的解决问题的方法了。这样谁都不会感觉到面子上过不去，反而以后更可以提出新的不同见解了。

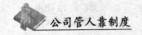

大事化小，小事化了

那么解决员工矛盾有何技巧呢?

第一，一般要暗中解决矛盾。因为人们都有爱面子的心理，私下解决就是给矛盾的双方保留了面子。因此矛盾尽量暗中解决，不要张扬出来。但对那些不伤面子，同时又有普遍教育意义的可以公开出来，起到教育其他员工的作用。

第二，做到原则性和灵活性相结合。原则就是不能侵害组织利益。灵活就是解决矛盾的方法不要千篇一律，不要教条地解决问题。有些矛盾要防患于未然，有些矛盾可以在过程中控制解决，而有些矛盾可以让它量变到一定程度发生质变时再解决。

第三，有些矛盾不解决比解决好。有一个广为流传的历史故事：一位国王举行晚宴招待群臣时，在突然灯灭的情况下，国王的爱妃被人非礼! 面对此种情况，怎么办?这位聪明的国王采取了不解决矛盾的办法，最后的结果大家都是知道的，那位非礼王妃的将军为国家立下了赫赫战功。这一故事之所以广为流传，就是因为国王采取了不解决矛盾的措施从而产生了积极的效果。其实从某一方面来讲，不解决也是一种解决方法。

第四，防止矛盾扩大。领导解决矛盾最糟糕的结果是把自己卷入矛盾的旋涡之中，这样自己不仅不能公正有效地解决矛盾，还会把员工之间的矛盾转移为上下级矛盾，使矛盾的性质发生变化。

第五，不是工作矛盾，不要轻易介入。现实中员工之间的一些矛盾不是工作矛盾，如恋人之间的矛盾、夫妻之间的矛盾、亲戚之间的矛盾，对这类矛盾不要介入。一旦介入，很有可能把自己套住甚至套牢，因为清官难断家务事。当然，员工之间的这些非工作矛盾有时确实也会对工作产生不良影响，那么作为领导应该从影响工作的角度来做其思想工作，必要时做善意的提醒。

第六，对恶意制造矛盾者绝不能手软。俗话说"不怕没好事就怕没好人"，恶意传闲话者，故意制造事端者，生怕天下太平者，甚至与外部勾结、找内部员工的麻烦者，要果断解决，坚决辞退，不要留恋，无论他有多高的才能都不能用。

工作当中，领导还经常会遇见下属与其下属之间的矛盾，表现形式一种是下属把矛盾提交上来让领导评断；另一种情况是下属的下属到领导那里反映情况，其实是告状。像这种情况一般都有特殊原因，面对此种情况，作为领导应分清矛盾的性质。只要是非原则性的矛盾，一般情况下应支持你直接下属的工作，因为你可能不完全了解你的下属整个部门的全部情况。一般不要鼓励下属的下属来告状，对爱告状者一般情况下要持不欢迎态度，以此来支持下属的工作。

当然，若下属的下属反映的确实是原则性的重大问题，也应予以重视，但要充分调查核实，不要轻易下结论，而且即便如此也不能鼓励下属越级告状。作为一个组织，应有正常的信息反馈机制和通道，不应当建立在员工告状的基础上。如果下级告上级形成风气，本身就不是一个健康的文化氛围。

做一个公正的裁判

身为领导，要常常在工作中调解下属之间的纠纷和矛盾。这时，你切不可倾向于一边，强行改变另一边服从你判决的结果。这种做法，是极不明智的。

那么，当下属因为工作而引起激烈的言语冲突时，你应该采取何种应对措施呢？

遇到此种情况时，佯装毫不知情的上司似乎为数不少。下属双方互不相让，几乎演变成扭打的局面，然而就会有假装不知情的上司，让人误以为他耳聋了。

这样的上司，在此时会专注于不太重要的文件上，企图以不注意的姿态蒙混过去，或者他会假装在打电话，使人误以为他的注意力正集中在别处。这类型的上司未曾扮演过争吵的仲裁者，因此才会害怕被卷入争吵的旋涡中。

也很少会有争吵的当事者请上司过来评理，因为他们认为这么做就表示自己理亏，会被对方轻视。而这正符合了胆怯的上司的心意。因此上司才故

93

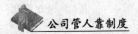

意表现得很忙碌，并且视而不见、充耳不闻企图欺蒙众人。

究竟你应该如何处理呢？此时最好暂时让双方继续争执。当你感到这个争论似乎无法停止时，即使没有人要求，你也必须亲自前往了解情形。

首先，你必须耐心听完双方的发言；之后，再陈述自己的意见并下结论。按理说，你应当采取叱责双方的方式。假设张某与陈某这两位下属在争吵，张某较强而陈某较弱，此时你应告诫张某而劝诫陈某。实际上并非皆能如此容易地解决，整件事情除了经过的原委之外，亦涉及公司内其他员工的关系。

例如，虽然张某较有理，但是他太骄傲，树敌太多，你经常关注陈某，然而陈某却不长进。诸如此类复杂的因素常纠结在一起。

如果你的态度暧昧，则会使张某与陈某的争论永无休止。因此，即使为难也必须先申饬下属："我听了你们的意见，但是你们也不应该如此大声地叫嚷。"然后表明自己的心意："我尽量想办法解决。"

如果你能够以下面的形式做结论，就大功告成了。"有关此项计划的对外战略让张某做，而公司内的成员意见的统合则由陈某负责。希望你们尽快完成自己的任务。"

然而实际情况并非都能如此顺利。或许会有一方觉得不满，甚至在双方的内心皆会留下疙瘩。

即使想为顾全双方的颜面，也必须有限度。明知下属内心不满，你也要闭起眼睛下结论。

人事安排要合理

某个企业集团之下有一个装配厂，是由三位能力、智慧都很高强的企业家合资创办的。这三个人分别担任这个厂的厂长、经理和常务董事的职位。人们心想，有一个智能如此高的领导集团，这个工厂一定会欣欣向荣地发展起来。然而事实却出人意料，这家工厂并不景气，反而亏损严重，叫人无法理解。

企业集团总部知道这家工厂严重亏损的情况后，总部领导马上召开紧急会议，检讨并研究对策。最后作出决定：敦请这家工厂的经理在这个厂退股，到别的公司去投资，撤消了他的经理职务。

有人推测，这家严重亏损的工厂，再经过经理变动的打击，很可能会垮台。可是，事实却再一次出乎人们的意料：工厂在留下来的厂长和常务董事两人的齐心协力下，竟然发挥出了最大的能力，在短短的几个月内，使生产和销售总额都达到了原来的两倍，不但弥补了几年来的亏损，而且还创造出相当高额的利润。

而那位经理被派到别家企业担任厂长后，也同样充分发挥了他自己的长处，表现出了经营管理方面的才能，创造出了很好的业绩。

这些情况传到总部后，领导们觉得这个有趣的例子值得研究。三个人都属于第一流的经营管理人才，为什么搭配在一起，就会惨遭失败？而把其中一个人调开，分成了两部分后，为什么又都能获得成功？其奥妙在何处呢？

"依我看，关键在于人事协调上，"总部的负责人说，"换句话说，过去之所以失败，是由于三个人的个性和作风无法配合得很默契。人们总是习惯地说'集思广益'和'三个臭皮匠，胜过一个诸葛亮'，以为只要人多就好办事。以为一个人的智慧总不如综合多数人的智慧。当然，一般来说是如此，但在某些特殊的环境下，也并非如此。每个人都有他独特的智慧才能、方法和个性，如果各自特点不一致，个性合不来就往往会产生冲突和才能的互相抵消。这样一来，几个人的智力合到一起，因为互相分散和抵消，力量不是大了，而是更小了。"他说："在有些情况下，人多反而会误事，倒不如让一个人埋头苦干来得踏实，成绩显著。"

在许多企业的管理实践中，确实印证了负责人所说的这些话很有道理。正如上面所说的例子，把经理调出大装配厂之后，思想能够获得统一，行动也能够协调一致，就充分发挥了其他两位管理人才的才智，创造出优良的成绩来。经理调到别的工厂后，亦可获较佳效果。

一加一可能等于零

一个企业内部，无论哪个部门，如果也出现了这种人事安排不当，多头

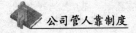

马乱拉车，使员工们无所适从的情况，员工们的情绪就会低落，无法发挥自己的效率。如果人事安排得很得当，管理者之间很团结，能够取长补短，员工就能够以愉快的心情工作，就能创造出惊人的成绩来。

所以，在用人的问题上，不可不慎。一个企业应该尽量把各层次的管理安排得更协调、更得当一些，使大家都能够步调一致，聚精会神地工作。

当然，人事调配问题并不简单。由于每个人囿于己见，固执自己所坚持的意见和观点，互相发生排斥、对立的现象时时都会发生。一旦这种现象产生之后，人际关系就无法协调，政策就难以贯彻执行。这时候就应该适当地进行人事调整，避免发生摩擦，以达到相互协调。

怎样才能做到一个班子的人事互相协调呢？人事部门在调配干部时，除了考虑到每个人的个性、特点之外，还应该允许每个人在才能上有差异，分层次。担任每个职位的人，不一定都要选择同样精明能干的人。可以推想，如果我们安排的一个班子有10个人，10个人都自认为自己是一流的优秀人才，每个人都有自己的一套坚定的主张，那么，10种主张加在一起，互不让步，就无法协调一致了，最后就无法做出正确的决断，工作也就无法顺利开展，企业怎么能办好呢？如果10个人中，只有一两个特别杰出的人才，其余的才识平凡一点，就会心悦诚服地服从那一两位杰出者的领导，事情反而好办得多。

一加一等于二，这是尽人皆知的简单数理逻辑。可是用在人与人的组合、调配上，如果组织得当，一加一不但等于二，很可能等于三，等于四，甚至等于五，等于十。可是，如果调配不当，一加一不但可能等于零，还可能得出负数来。所以，对于管理人才，不但要考虑到他们的才智和能力怎么样，还要特别重视调配得合理和协调才行。

第**7**章

消除抱怨：人事和谐，公平公正

　　"人生之不如意事十有八九"，在职场也是如此。员工发发牢骚、吐吐苦水并没什么大不了。但是对于员工的抱怨，管理者如果无法提供一个适当的渠道供其宣泄，久而久之，将成为影响员工士气的一大隐忧，影响企业运作与绩效。

　　管理者要找到员工抱怨的原因，最好听一听他的意见。倾听不但表示对投诉者的尊重，也是发现抱怨原因的最佳方法。对于员工抱怨应当做出正面、清晰的回复，切不可拐弯抹角，含含糊糊。

　　对于员工的抱怨，在处理时，应当形成一个正式的决议，向员工公布，在公布时要注意认真详细，合情合理地解释这样做的理由，而且应当有安抚员工的相应措施，做出改善。应尽快行动，不要拖延，不要让员工的抱怨越积越深。

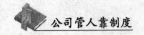

学会听取反对意见

员工寄希望于领导的，不只是对个人生活的关心，还希望领导能广开言路，倾听和接纳自己的意见与建议。

如果一个单位职工反映，"领导从不让我们讲话"，"我们只有干活的义务，没有说话的权利"，那就糟了。所以应当注意，在制订计划、布置工作时，不要只是领导单方面发号施令，而应当让大家充分讨论，发表意见。在平时，要创造一些条件，开辟一些渠道，让大家把要说的话说出来。如果不给员工发表意见的机会，久而久之，他们就会感到不被重视，郁郁寡欢，工作也感到索然无味，丧失主观能动性。

有些人把"人和"定义为不吵不闹，没有反对意见，开会一致通过等表面现象。他们一般不愿看到员工之间发生任何争端，同样，这种领导也不喜欢员工反对他的意见。如果有四五种意见提出来的话，他们便感到不知所措。最镇静的办法也不过是说："今天有很多很好的意见被提出来了，因为时间关系，会议暂时到此结束，以后有机会再慢慢讨论。"想尽办法去追求"人和"，这里的领导恰恰忘了很重要的一件事：一致通过的意见不见得是最好的。

假如员工对方案没有异议，并不等于此项方案就是完美无缺的，很有可能是员工碍于情面，不好意思当面指出。因此，这时领导者切不可沾沾自喜，应该尽量鼓励员工发表不同的意见。鼓励的方法主要有两种：

首先你必须放弃自信的语气和神态，多用疑问句，少用肯定句。不要让员工觉得你已成竹在胸，说出来只不过是形式而已，真主意其实早就定了。

其次是挑选一些薄弱环节暴露给员工看，把自己设想过程中所遇到的难点告诉员工，引导别人提出不同意见。只有集合多方面的意见，不断改进自己，才能更上一层楼。良好的相处往往不是相互忍耐而得到的，有很多时候，反倒是争吵的结果，俗话讲"不打不相识"，其实就是这个道理。

当然，当你决定选择员工提出的意见中的某一种时，必须注意切不要伤害其他意见提出者的自尊心。首先，必须肯定他们的意见是有价值的；其次，用最委婉的方式说明公司不采纳该意见的原因。不要让持不同意见的员工有胜利者与失败者的感觉，不要让他们之间产生隔阂和敌意。若能妥善处理好这些问题，反对之声不仅不是领导者的祸水，或许还是领导者的福音。

及时处理下属的抱怨

作为主管，你应该创造一种积极的谈话氛围。只要有可能，尽量将谈话安排在私人场合，这种场合你们的谈话不会被别人听到。如果你们是在一种开放的空间内，你最好建议到附近一个更适合的地方去。你要确保这个地点很安静，这样你们两个人都可以以正常的语调说话。要有技巧地倾听，同时注意下属的身体语言，这样才能找出真正的原因，不要让周围的东西（例如噪声）分散你的精力，要努力建立双向的信息沟通渠道。尽量不要让对话受到电话等干扰。要让下属感觉到你认为这种投诉对下属很重要，对你自己也很重要。

如果下属在一个尴尬的时间和地点找到了你，你无法保持一种适当的语调，应尽快重新安排一个合适的时间，要向下属说明这种投诉对你十分重要，你希望能给予他足够的重视。

有时抱怨的职工天天带着新的投诉到你的办公室里来，这种下属可以耗尽你的耐心，让你无法认真倾听。有时这些下属只是想引起你的注意。在这种情况下，如果得到了足够的重视，他们就会停止投诉。如果这种投诉还在继续，下属这种持续很久的投诉确实需要倾听且认真解决。你可以采取下列方法加以处理：

其一，专心倾听。这通常是一个由下属发起的谈话。给予下属足够的重视，将会谈安排得尽量像私人对话一样。下属可能会立即向你提出许多问题。专心倾听，用你其他的感官去捕捉下属的身体语言，一定要了解下属的感觉和这种感觉的后果。一定要小心，不要生气或有敌意的反应。通过专心倾听和反应，你可以和下属很好地沟通。当下属感觉你在注意听，他就会感到放松，而且会表述得更清楚些。

其二，了解投诉的所有细节，做笔记。询问投诉的每一个细节：时间、

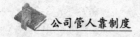

地点、环境、其他在场的人，等等。一定要保证你获得了解决这一情况所需的全部信息。

但要注意，不要在这一步骤中评价下属的投诉。通过专心倾听，你可以获得所有的细节。一定要做详细记录以备以后参考。这些记录对解决问题非常有好处。

其三，做出反应，说明你已了解了问题。做总结以说明你已了解了问题和下属为什么被困扰住了。重复每一个细节，在谈论问题的其他方面以前保证每一个细节都已掌握了。注意当下属不同意你的表述时所做的语言或非语言的表示。如果你发现下属根本不同意你的表述，要立即澄清事实。努力倾听下属的话可以维持或强化他们的自尊心。

其四，坦诚表明你的立场，记住，该说的都说了，该做的都做了，解决问题的责任都落在了你的身上。你专心倾听使你易于理解下属在事件中的立场。但是，如你所知，每一个事件都有两个立场。只有你考虑到事件对整个组织的影响后，才能够处理这种投诉。要很诚恳地说明你的立场。说明你是就事论事。要针对投诉本身和他的影响，不要针对下属的个性发表意见。这样，你可以做出一种客观的反应。你有技巧的反应会维护下属的自尊心。

其五，要询问下属如何处理投诉。一定要让下属参与解决，你会获得他的承诺。如果问题很复杂的话，要和下属一起工作，以确定要采取的第一步，同时说明你解决问题的意图。

确定下次会议的时间，看看解决的效果。如果第一次会议上拿不出解决的方案，明确下次会议的具体步骤。可能的话，在下次会议上让下属搜集更多的信息，对其他人的影响，以及可选择的解决方案，等等。

其六，下属的投诉将会提醒你注意，对此应表示谢意。通过对下属表示谢意，说明下属对问题的看法向你提供了有价值的建议。下属知道你高度评价了他在解决问题时所付出的努力时，会在出现别的问题时更努力。通过强调小组工作的重要性进一步增强下属的自信心。当下属发现问题要求你参与时，会有助于使下属运转顺畅。

一切从倾听开始

人人都需要别人了解，特别是在一家公司，因共同的命运把老板和下属连在一起工作时，就显得尤为重要。当一个下属有了新鲜的工作经验，特别是在他心烦意乱想要表达自己的情感和想法时，他会希望别人能够耐心地倾听他的诉说。因此，一个精明的老板在尝试让人倾听和了解之前，会把倾听别人和了解别人列为第一目标，一切从倾听开始！

尽管听或许在所有交流技巧中常常被忽视，但出色的老板往往更多的时候在听，这或许正是人长有两只耳朵却只有一张嘴的原因吧。

梅琳是美国纽约一家代理销售的大公司的总经理。她说她的公司得以健康发展，在于领导以"倾听"为工作主旨。为了倾听，梅琳做了许多准备工作，以便和诉说的对象建立良好的信任沟通渠道。

她会主动在新来的员工面前作自我介绍，在不侵犯私生活的领域内畅谈，积极加深彼此的印象；她还和下属谈身世、爱好和特长，努力寻找出双方共同的话题，尽管她被有些下属认为有拉拢下属、套取情报的嫌疑。

但实际上，梅琳的做法已取得了信任的效果。有一位地区销售的女主管最近接连犯低级错误，一副魂不守舍的样子。梅琳开始并不知道详情，等她知道时，女主管已把写好的辞呈放在了她的手上。

梅琳并没有接受她的辞呈，而是约她第二天在咖啡厅详谈。她隐约觉得这位下属好像另有隐情，更可能是一些私人问题导致了她工作的滑坡。尽管公司一向以工作成绩为重，不管出于什么原因，没有成绩就得走人，但梅琳还是认为有了解的必要。

第二天，那位女主管向梅琳谈起了她的困惑——她的婚姻问题。她问梅琳是否应该和她的丈夫离婚。因为梅琳并不认识这位下属的丈夫，对这位下属本身也不是太了解，所以梅琳根本无从谈起她的建议。她所做的唯一一件事情就是听下属说、点头和问她："你想怎么做最好呢？"

在听她诉苦的过程中，梅琳好几次问了她这个问题，而每次她都告诉梅琳她的想法。

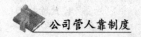

第二天，梅琳收到一束漂亮的鲜花和热情洋溢的字条，她首先感谢了梅琳了不起的忠告，接着说她希望收回辞呈，用一个月的时间来改变现状。

年终总结时，这位女主管满面春风地告诉梅琳，她现在的婚姻非常完美，自己也能以饱满的热情投入到工作中去了。现在，她所主管的部门已一跃成为全公司业绩最好的部门！

人事管理需要一点耐性

许多时候，管理者在冲突中，怒气冲冲，甩手而去。这种情况的出现说明管理已经在走向不正常的轨道。管理者必须有耐心，这是管理者的基本素养。

一位领导者应避免口出不礼貌或负气的话，尤其是在受到刺激或疲惫不堪时。这时，能避免话中带刺，是自我控制的一种表现。发挥这项特质需要巨大的勇气，若无法控制自己可能会将我们的沮丧传递到他人身上。我们需要找寻楷模般的事例，以学习如何赢得内心的胜利，培养前瞻性和控制力，克制突发厥词的冲动。

一位领导者应培养对他人的耐性。饱受压力时，耐性就会受到考验。我们会言不由衷，完全与事实脱节。我们可能会变得闷闷不乐，沟通时过度情绪化，而不是以冷静言语去批评、判断和拒绝。

领导缺乏耐心常表现在与下属相处的情况下，他们的第一个错误是急于提出命令。在告诉别人该如何做之前，应先建立相互理解的关系。你影响他们的关键，在于了解他人。除非了解一个人及他的特点状况与感受，否则势必无法给予适当的命令。因为他会想："除非你也接受我的影响力，否则我将不会接受你的命令。"解决的处方是：认同他人的感情。试着去了解他人，再试着让人了解。

第二个错误是管理者在未改变观念和意识之前，指挥他人去从事新的目标，这样自己心口不一，再多的管理技巧也派不上用场。

第三个错误是管理者认为与下属相处只需有良好的身教和人际关系就足够了，不再需要公开教导他们。这将导致没有方向的爱心，缺少目标、守则、标准和提携的力量。处方是教导并谈论方向、任务、角色、目标、守则和标准。

解决问题要见实效

"我几次在午餐时还留在办公室里赶写报表，几乎所有的时间都要被接别人的电话所占去……"一家运输公司的统计人员向他的经理抱怨说，"我自己的时间白白地贡献掉了并不可惜，可是报表赶不出来会影响总公司的统计业务啊！"

于是这位经理采取了相应的措施，安排了一个午休时轮流值班表。这种解决办法，看来貌似及时，而其实这位经理并没摸透这位员工抱怨的实质性问题。因为这位经理没能耐心地进一步与这个部下聊一聊——关心他的工作，他为什么老是加班？连吃午饭的时间还要留下来加班赶报表。或许他的抱怨表面上是说接电话，影响了他中午休息，而经理该不该进一步设想，他的话中是否还有话呢？也许是借此机会让主管者知道自己工作很辛苦，不计较休息时间仍继续工作；或者在工作中有困难，自己一个人负担不起这样繁重的工作，以致在做报表的日子里不得不加班加点；或许同事们闲着，不帮助他，而他一个人多干活……等等。

管理学的内容在不断地改变。今天成功的管理者必须拥有宽容与沉着的内涵，对自己的部属多加了解，多加体谅，不意气用事，要有高度耐性与超常的坚忍等美德。

人们总是喜欢找能让他信任的人谈心思。当人们遇到问题时，他们所寻求的协助者，是知己。这个知己不一定是有能力或高层人士。所以管理者要对需要你帮助的部属伸出诚挚的援助之手。你必须在意识方面有所改变，你要摒弃传统的"问题与解答"的方式，因为这种方式只求"实效"，而不能达到良好的效果——它缺少感情。

建立一套正式而完善的申诉机制

"人生之不如意事十有八九"，在职场也是如此。员工发发牢骚、吐吐苦水并没什么大不了。但是对于员工的抱怨，管理者如果无法提供一个适当的渠道供其宣泄，久而久之，将成为影响员工士气的一大隐患，影响企业运作与绩效。

尤其是与客户面对面接触的服务业，员工对外必须面对顾客的各种要求，对内又必须面对复杂的职场体制与人事，难免衍生许多抱怨，这时组织的情绪管理更显重要。为处理员工的抱怨，企业平时应该强调"开放门户政策"，从企业文化做起，养成公司上下面对面沟通的风气。如果管理者碍于阶级观念，使员工纵使有再多的抱怨也无处宣泄，最后将积压成为许多不愉快的事件。

空有满腹的牢骚无法解决任何事情，就员工而言，宣泄抱怨应依循着正确的做法。首先员工应该试着将抱怨反映给主管，谋求解决。若主管不接受、不理会，再慎选第三者传达或调停。

处理员工的抱怨，主管不要流于口舌之争，应寻求解决方法；要有接受员工抱怨的胸襟。企业内部在处理员工抱怨的过程当中，管理者扮演了两个角色：协调者与咨询者。处理员工抱怨的步骤是，先求证员工的抱怨事实，再担任双方面的咨询者，提供解决的方式。

麦当劳为提供员工意见及抱怨宣泄的正当渠道，采取了几种做法。首先，麦当劳每年举行一次不记名的"员工满意度调查"，让各分店、各门市的员工，对店务及主管发表自己的看法与意见。同时，麦当劳各分店都设有"同仁意见箱"，员工对于公司政策、营运程序有正面或负面的意见，或是想申诉、提出新点子，都可以投递已付邮资意见卡给管理者。但是，不定期的绩效考核，才是麦当劳解决员工抱怨的秘密武器。不定期考核的方式，即请员工与部门的主管一同参与，为员工评定绩效。首先，由员工衡量个人表现，自评绩效，给自己打分数，同时请直属主管也为员工评定分数。然后借这个机会，请员工个别与其主管讨论，员工能听听主管对自己的表现有何看法，若有什么意见，也能提出来与主管沟通讨论，一切开诚布公。此外，若员工有严重的抱怨，麦当劳会针对事件中的特定对象或目的，举办"临时座谈会"，跨越该员工的直属主管，而由第三者来主持座谈会，收集员工与主管双方的不满意见，予以调停，谋求在座谈会中当场解决。

给员工提供一套正式而完善的抱怨申诉渠道，是管理者的责任，除了协助企业正视许多员工所发现的管理问题外，还可以平复员工的情绪，提升组织运作绩效，所以企业不应一味地压抑员工的牢骚，轻忽员工的意见。

做出正面、清晰的回复

员工对公司有抱怨、不满，有利益摩擦，管理者应当充分重视。首先你要查明原因。如果员工对薪资制度有抱怨，可能是因为公司薪资在同行业中整体水平偏低或某些职位薪资不尽合理。管理者要找到员工抱怨的原因，最好听一听他的意见。倾听不但表示对投诉者的尊重，也是发现抱怨原因的最佳方法。对于员工抱怨应当做出正面、清晰的回复，切不可拐弯抹角，含含糊糊。

对于员工的抱怨，在处理时，应当形成一个正式的决议，向员工公布，在公布时要注意认真详细，合情合理地解释这样做的理由，而且应当有安抚员工的相应措施，做出改善。应尽快行动，不要拖延，不要让员工的抱怨越积越深。如果最终裁决是最高主管做出的，那么你当然应当全力支持，无论裁决是否能圆满解决问题。

在解决员工抱怨的问题时，高层管理人员有一种"门户开放式政策"，即宣称他们的门户随时敞开，欢迎有各种抱怨的员工直接向他们投诉，他们将全力解决。有人认为这并起不到任何作用。然而这种方式可以使员工随时随地意识到自己利益不受侵犯，能使员工更加努力。

管理者绝对不可对员工的不满和抱怨掉以轻心，漠然视之。员工虽然不会因为心存抱怨而愤然辞职，但是他们会在其抱怨无人听取又没人考虑的情况下辞职。因为他们感到自己的人格受到了污辱，感到无法接受。如果你希望员工愉快、满怀热情地干工作，你就应当花点时间倾听他们的诉说。多花点时间听听员工的心声，对你是有益无害的。

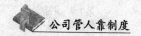

相信员工的忠诚

如果认为对某一事情表示不满就表明此人对公司和管理部门甚至对你个人极为怨恨，那就大错特错了。抱怨是在老板对待员工的方式不当时发出的怨言。不满并不意味着不想。实际上，正是抱怨和不满，才使你意识到公司里可能还有其他人也在默默忍受着、抱怨着同样的问题。这种情况下，生产效率会受到严重影响。你的员工常会对工资、工作条件、同事关系以及同其他部门的关系发出怨言。面对员工抱怨，你必须谨慎地处理，不可置之不理，轻率应付。

你要设身处地、变换角色地想想事情为什么会发生，尽量考虑问题发生的原因，避免因操之过急而引起矛盾激化，你应当做出一种姿态：向员工的抱怨敞开大门。即使一时没空，也要约定一个时间让他来说。不要当即反驳下属的怨言，让他们先诉为快。如果抱怨的对象中有其他的员工，你必须同时听取另一方的意见，以便公正地解决问题。如果你打算解决问题，请立即采取行动。如果你不准备采取什么行动，也应告诉抱怨者其中的原因。

在面对员工的抱怨时，你需要有耐心和自我控制力。尤其是员工的抱怨牵涉到你，使你感到很尴尬时，更需要极大的耐心和自我控制能力。并非员工的所有抱怨都能得到圆满的解决，因为有些可能违背了公司的政策，甚至是一些错误的、不合情理的抱怨。但是，对于这些抱怨，你也不能漠然视之，你要认真地倾听他们的抱怨，然后再作表示。发泄怨言似乎希望你采取什么行动，而实际上只要你给他们一双理解的耳朵，他们就会感到心满意足。而且，你也应当解释清楚为什么那个抱怨不能被彻底解决。

你应允许下属越级向更高领导层诉说。因为有些抱怨可能涉及更高的管理部门。当然，你也可以向上级汇报，由你做下属向上司提出抱怨的桥梁。在你的下属向更高领导层诉说前，你也应向上司说明情况，简明扼要地说明内容然后由上司去处理，你不必再插手。

在处理员工的抱怨时，要具体情况具体分析对待，而且你还要相信员工的忠心。

处理不满情绪的十个要点

很多时候，单方面的理智不能解决问题，除了个人的修养之外，处理员工不满应注意以下数点：

(1) 有些员工总是喜欢利用上司巡视时，拦途向你告一状。这时候，千万别被他的行径吓倒，也不必不耐烦或感到受侮辱，停下来，礼貌地邀请他某个时间到你的办公室面谈，理由是避免噪音干扰。

因为有第三者在场时，本来是一件很简单的事，可能为了一句敏感的措词，其中一方觉得难下台，而把气氛弄僵；你也可能因为被拦途截问而感觉有损尊严。

(2) 先使员工的情绪平静下来，既然员工有勇气找你面谈，一定是对工作岗位或某方面感到烦恼。如果一下子走进正题的话，他的组织能力和情绪未能很好地配合，很容易说出对你不敬的话。首先让他舒适地坐下，欢迎他把困难说出来，表示你有耐性听他的意见，然后再慢慢转入正题。

(3) 你的声调、表情、身体语言均影响员工的情绪，轻松诚恳的语调，凡事用询问方式和友善的身体语言表达，对员工有一种安抚作用。

(4) 将问题定在一个范围内，避免东拉西扯出更多的问题来。例如，他对取用文具规定太严格而抱怨，你莫将问题扯到经济上，再转到加薪幅度，那样会把问题越弄越大。

(5) 不是每个人的表达能力都很好，有些人情绪激动时，说话便失去连贯性。一时间，你只觉千头万绪，不知道他投诉什么。别心急，耐心地聆听整件事，暗中记下你的疑问，再加以询问。

如果你不了解他的投诉，别一再询问，建议另寻一个再讨论的时间，然后搜集资料，再跟他讨论。千万别忘记约会的时间，否则他会对你产生更大的成见。

(6) 员工向你抱怨，最希望先得到你的共鸣，再获得解决方法。尝试站在员工的立场想想，重复他所提过的问题，并让他知道，你了解他的心情。

(7) 说出你替他们解决问题的方法，不要说："你等着瞧吧！我会给你

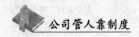

想办法的。"神秘兮兮的方式已不合时宜，他会以为你只不过是敷衍而已。

(8) 有可能的话，在你的职权范围内，先给下属一个承诺，没有人喜欢经过一番交谈后，毫无结论，依然满肚子怨气。

(9) 你跟抱怨的员工面谈后，彼此都作出安排，大约一星期左右，你要再次坐到那位员工的座位上，询问近况如何，让他知道你一直关注他曾提出的问题。

(10) 不是每个员工提出的问题都能轻易得到解决，遇到棘手的问题，看看应否召开员工大会，以投票方式决定某些事项。当然，作出的决定不能影响公司的运作。

时常做一下员工满意度调查

领导必须经常进行员工满意度调查。员工满意度调查是一种科学的管理工具，它通常以调查问卷等形式，收集员工对企业各个方面的满意程度。一个成功的员工满意度调查通常有如下几个功能：

一是通过"员工满意度调查"这个行为，企业表示对员工的重视；

二是搭建一个新的沟通平台，为更多真实的信息铺设一条反馈的渠道；

三是系统、有重点地了解员工对企业各个方面的满意程度和意见；

四是明确企业最需要解决的相关问题，即管理的重点。

企业在知道员工满意度调查的诸多功能后，常常抱着非常高的期望在企业中开展"员工满意度"调查，然而结果却常常事与愿违，出现了很多难以预料的情况。

那么到底出现了什么问题呢？又是什么原因造成了这种问题呢？

首先是面对大量的数据不知所措。企业常常收上来反映员工满意度的厚厚一摞问卷，但领导面对这些繁多的数据时陷入了尴尬。如果对这些数据不处理或是简单处理，就失去了员工满意度调查的真实作用，不如找几个员工推心置腹地谈谈话；但是如果处理，光录入就可能让领导忙得焦头烂额，录入后将如何进行统计和分析又给领导出了个难题。

其次是看着失真的信息百思不解。当问卷收上来后，人力资源部门的人员常常会惊奇地发现，收上来的员工满意度调查的数据和现实状况差距很大，比如说一个员工明明常常抱怨企业的加班制度，但是在问卷中他却填写非常满意。企业进行员工满意度调查的初衷就是想通过这种方法，弥补日常沟通时的不足，得到更多员工没有说出但最想说的话，但是看着很多失真的信息，常常让企业领导和人力资源部门工作人员很泄气。

因此对于领导来说，进行员工满意度调查首先就应该确定调查的可行性。

唯唯诺诺未必就好

抱怨虽然与矛盾脱不了干系，但也不总是消极的。对企业来说，一团和气往往不是一件好事，它意味着公司缺乏活力，并极有可能掩盖了一些棘手的矛盾，这样反而是一件坏事。因此，可以说，员工的抱怨，有利于企业找出分歧，能通过讨论分析、沟通协调来消除误会，使员工之间或者组织与成员之间在感情上更加接近，进一步增强公司向心力，培养员工的献身精神。有时，员工的抱怨暴露出企业在管理上的漏洞，这样一来，处理抱怨就可以引导组织加强制度建设，提高管理水平，使公司的资源配置更加合理。有时，抱怨能够使人警醒，正视面临的问题，激发企业与员工的潜能。抱怨还可能引发管理者新的思想火花，获得意想不到的创新点子。

因此，当公司处在不正常情况时，就应当激发抱怨。例如：管理者总是被唯唯诺诺、永远只回答"是的，是的"的人所包围；人才不敢向管理者发表他的疑问；在决策时总喜欢双方不得罪，只取中庸；管理者的意图就是维持组织内的一团和气；部门死水一潭，连玩笑都没有人开；管理者过于注重不伤害别人的感情；对人才的奖励总是注重民主测试的结果，而不是某人是否有能力、有绩效；手下的人对变革异乎寻常地抵制……

抱怨管理的核心是将抱怨控制在一定的水平与范围内，而不是要彻底地消灭它。如果你的公司里连一点儿抱怨也没有，这样的一团和气就等于一潭死水。

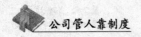

诱发"积极的抱怨"

韦尔奇说过："每个人都希望被人喜欢，但我讨厌被人称作'好好先生'。"作为一个组织，没有抱怨，会显得毫无生气，但是抱怨太多，就显得乱糟糟的。出于留住人才的需要，应运用一定的方法，诱导、引发积极的抱怨。

1.鼓励有想法的人

"有想法的人总比没有想法的人强"，这是个颠扑不破的真理。

对于抱怨，千万不要轻易地挖苦、指责、嘲笑，甚至责怪。应该以冷静的态度进行分析，对引起抱怨的原因进行深入的思考，不要马上就下结论。特别要避免"别人都没意见，就你多事"的思维模式。对于抱怨中提出的新思想、新观点，要给予鼓励和支持，对带来效益的应给予物质奖励与精神奖励。

2.吸收新鲜血液

一个公司长期被几个人管理着，许多问题都是被掩盖的，不易发现。可以适当调进一些吹毛求疵者，任命一些批评家，他们总是有意和公司中大多数人观点不一致。要记住："团结是好事，但完全一致就是坏事。"

3.欢迎外来者

在公司外面引入一些在背景价值观、态度和管理风格方面均与当前群体成员不同的个体人才。

4.重新调整企业结构

调整工作群体，改变工作职能，更改规章制度，改善权力运行机制。

总之，引发"积极的抱怨"，一定要让公司的人才都活跃起来，关心企业的发展，寻找存在的问题并极力找到解决的对策，这是人才抱怨的积极性作用。

提高下属忠诚心

一个测试内部关系强弱的最简单的方法是注意你的员工们如何描绘你的

公司。如果员工们在思想上感到与公司具有合伙人的关系，则他们在提到公司内工作时会经常用"我的""我们的"和"我们"等字句，他们会说"我们公司""我们的产品"以及"是我们大家齐心协力干的"等。反过来，如果他们感到自己是一个雇员，就会说"这个""他们""他们的"等，你会听到他们说"这个公司""公司""这是他们的问题"等。

当有些公司的经理要求部下称呼他们为"先生"时，那些明显的而又毫无意义的职位隔阂就产生了。有些经理开始时是被逼这样做的，但后来他们就忘记了自己当时的反感，也忽略了这样做会产生不良反应。这种硬性规定的、非自愿的称呼并不是对上级的尊敬，也不能促进伙伴关系的发展，更不利于"合作家庭"的建立。你可以想象一下，让你的家属和亲戚称呼你为"先生"能加强家庭亲密关系吗？要使员工们增强对公司的信任，必须消除那些把人们分开的职位隔阂。

应采取以下措施：

(1) 员工之间相互称呼时尽量不要头衔或尊称。

(2) 请伙伴们把公司内一些敏感的职位隔阂找出来并排列成表，依主次逐一解决直到减少到最低限度。

(3) 开展每月一小时"啃数字"活动，让每个员工学会怎样阅读和理解公司的财务和业务报表。邀请其他部门或业务伙伴们讨论他们的地区情况以及你的部门对他们的影响。

(4) 举办每季度一次的"填空竞赛"，收入报表内有一些漏写数字需要几个组一起填写。允许各组使用财务比例的辅助清单和计算器。当他们填写完毕再决定哪一两个项目在下季度必须高度重视，然后委派一个检查小组每周一次去检验和汇报进行情况。

(5) 召集公司各部门代表举行一次脱产半日的诸葛亮会议，讨论题目是："我们对最优秀的工作者应如何付给报酬？"

(6) 建立一支由经理组成的"合装快餐"流动小组，将苹果和饼干等送往各工作场所。在发给职工食物的同时和他们讨论公司当前有关的重大问题。要求每一送餐人员在巡回归来时必须带回至少三项应予特别注意的问题。

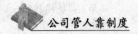

（7）设立一个每月一次的"电话访问小组"。组内每一成员打电话给另一公司的业务组（另一公司可以近在对门，也可以远在天边），要求提供两件自己可帮助的事。把所有要求写成一张清单，观察其趋势，并选择其中最符合伙伴们需要的先执行。

（8）给所有第一线员工分发每季度一次的考察单。单上只提一个问题：管理部门怎样才能更好地为你服务？

有些领导在表达相互关系时更换了一些词汇，以建立较强的内部伙伴关系。如他们彼此间不称"员工"，而称做"朋友""同事"甚至称"合伙人"。仅仅更换一些称呼，就使得员工对公司有了进一步的认同感和亲近感，这绝不是形成伙伴关系的表面现象，而是在逐步培养员工的忠诚度。

危机事件"可防、可控、可治"

随着现代经济社会的发展和企业经营环境的变化，企业无法避免随时都可能发生的危机。但是很多企业往往缺乏危机意识，总要到危机发生后，才寻求解决之道，抱着兵来将挡、水来土掩的心态来面对危机。领导在进行企业管理的时候，必须认真学习如何进行危机管理。

一般来说，危机管理分为三个层次：

第一个层次是事前预防。危机管理成功与否在于事前准备功夫是否完善。面对危机，不能坐以待毙，应该在危机发生之前做好充分的准备工作，对各种可能发生的危机做到通盘考虑，才能从容不迫地应变。企业应该一年至少有一次仿真训练。例如设计一个突发状况来测试危机处理小组的应变能力，事前完全采取保密措施，让公司花半天到一天的时间来练习，之后再检讨过程中有无疏失。仿真演练可以让员工在面对危机时，有经验可循，才能临危不乱、从容应变。

第二个层次是危机控制。在危机降临时，要在第一时间查出原因，找准危机的根源，并尽快将真相公之于众。同时要及时转变战略，展示拯救危机的决心。在危机处理时，要立即调查情况、制订计划以控制事态的发展，启动危机处理小组对危机的状况做一个全面的分析。一旦找出危机产生的原因，就必须立刻制定相应的对策。

第三个层次是善后处理。危机是每个企业都不愿面对的事，但是在发生后，如果刻意隐瞒或消极对待，危机对企业的发展将是致命的。因此当危机不幸来临时，千万不要只是怨天尤人，而应诚意面对问题，找寻适当解决方案，才能借此将危机化为转机。

善于对问题冷处理

抱怨不是一种健康的行为表达方式，也不值得提倡，但它可以从侧面反映出一个企业或部门的某些不足，因此听取员工的抱怨是作为管理人员或者执行人员的一份责任。

一家电子公司的营销主任就具有这方面工作的技能和技巧。先听听他是怎么说的：

"每当有一个怒气冲冲的雇员来到我这里告状的时候，我就会像接待一个重要人物那样对待他。我会把他当做公司的董事长或者一个大股东来看待，我先请他坐下，使他感到很惬意，然后给他端上一杯咖啡。我尽量使他心平气和下来。

"等他平静下来之后，我再让他述说他的不平。我告诉他我一定会从头到尾听下去。我认真地听他讲话，从不打断他的话。重要人物肯听他说话，能以同情的心情听他诉苦，这马上使他感到莫大的安慰。当他讲完之后，我就告诉他我完全理解他的心情，我说如果我是在他的那个位置，如果情况反转过来，恐怕我也会有他那样的感觉。

"现在，我只通过认真听他讲话，通过告诉他我完全理解他的心情这么简单的做法，就使他消了一大半气。这是他原来没有想到的，也没有做过这种打算。他的心情平静多了。他原本以为我不会站在他的立场上说话，肯定会形成对立的局面，可现在我竟然替他说话了。他本来打算同我吵一架，现在他发现吵不起来了。

"接着，我问他在这件事上他需要我做什么，这完全出乎他的预料，因为几乎从来没有一个管理人员问一个雇员能为他做点什么，而总是告诉他去

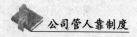

做什么。我们不告诉一个来告状的雇员我们打算为他做些什么，但我们都问他需要我们为他做什么。听我这么一说，他反倒大吃一惊，连忙说：'哟，主任，我真的不知道该怎么说，我并没有那个意思，我只是想来诉诉我的难处，讨个说法，并没有想让别人怎么样。你既然已经听完了我的话，这也就足够了，我已经满意了。'

"有时候也会有人告诉我他希望我们做什么，但我发现100次中有95次都是他们的要求比我们能够提供给他们的低得多。当我给他们的多于他们的要求时，他们真的是感动得不得了，他们会真正感觉到公司或者管理部门的慷慨和善意。无论是哪种情形，他们都会十分满意地离开我的办公室。你看，他们自己就把问题解决了。这样，他们势必会对最后的结果感到完全满意。说实在的，我的工作极其容易，所有需要我做的只是竖起两只耳朵听，听完之后我就问他需要我做什么，他告诉我之后，我就帮助他得到他所需要的。"

这位主任的这番话，对每一个领导都是真正的金玉良言。

第8章

正确沟通：让人口服心也服

　　教育说服员工，空泛的大道理只能引来一片哄笑，最有效的办法就是把追求的目的同被说服对象个人的愿望、利益结合起来，即设身处地，从员工个人的利益、愿望出发，教育说服员工。

　　要公平对待员工，赏罚有据，多劳多得，有能力、有上进心的员工能得到提升，违反规定的都受到应有的惩罚，有突出贡献的员工能得到重奖，不称职的员工无论是谁均应遭到淘汰，让员工有看得见的希望和实惠，这样自然就能形成一种良性的工作气氛及各尽所能、互相尊重、齐心合力的工作局面，达到一种"桃李不言，下自成蹊"的境界。

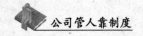

以沟通创造和谐

对于管理者来说，有效地与下属进行沟通是非常关键的工作，甚至在某种程度上它直接关系到企业生死。

沟通的好与坏，直接影响着员工的使命感和积极性，同样也直接影响着企业的经济效益。只有保持沟通的顺畅，企业的管理者才能及时听取员工的意见，并及时解决上下级之间的矛盾，增强企业的凝聚力。

麦当劳公司是享誉全球的知名大企业，它的经营理念在企业管理学界是很有案例价值的。它的领导层很重视上下沟通，他们认为好的沟通决定公司的经济利益。虽然麦当劳的"利益驱动"起了很大的刺激作用，但麦当劳内部最大的团结力不在于以金钱为后盾，而在于所有员工对麦当劳的忠诚度和对快餐事业的使命感。

麦当劳公司注重公司上下沟通的最大成果就是，它赢得了公司员工对公司的忠诚和对快餐事业的使命感。他们通过频繁的走动管理，既获得了丰富的管理资料，又可通过与数百人以私人朋友的身份交际，达到很好的沟通效果。

麦当劳公司在上下沟通管理的探索中也曾处于尴尬境地。在克罗克退休以后，由于麦当劳的事业迅速壮大，属下员工也越来越多，企业高层忙于决策管理，一定程度上忽视了上下级沟通，致使美国麦当劳公司内部的劳资关系越来越紧张，以致爆发了劳工游行示威，抗议工资太低。示威活动对麦当劳公司的高级经理们构成了巨大的冲击，令他们重新认识到加强上下沟通，提高员工使命感和积极性的重要性。

让各种意见及时交流

针对员工中不断增长的不满情绪，麦当劳公司经过研讨形成了一整套缓解压力和鼓舞士气的制度。麦当劳公司认为与服务员的沟通是极其重要的，它可以缓和管理者与被管理者之间的冲突，提高工作人员的积极性。而如果忽视了与员工的沟通，会阻碍企业命脉的畅通，使企业不知不觉陷入麻痹而失去许多机能。

开展临时座谈会是实施上下级沟通的最常用的方式，也起到了增强与员工感情联络的纽带作用。会议不拘形式，以自由讨论为主要形式，虽以业务项目为主要讨论内容，但也鼓励员工畅所欲言甚至倾吐心中不快。计时工作人员可以利用这个机会指责他们的任何上司，把心中的不满、意见和希望表达出来。所有服务员都抱着很高的积极性参加座谈会。实践证明，这种沟通方法比一对一的交流更加有效。

为了加强员工之间的交流，麦当劳公司还推行一种"传字条"的方法。麦当劳餐馆备有各式各样的联络簿，如服务员联络簿、接待员联络簿、训练员联络簿等，让员工随时在上面记载重要的事情，以便相互提醒注意。

麦当劳公司的做法成功地缓和了劳资冲突和对立。他们从中悟出了一个道理，动用法律不是解决劳资冲突的好办法，这不但会损害麦当劳的形象，而且会使矛盾愈加激化，甚至动摇麦当劳快餐事业的根基。

卸掉员工的"思想包袱"

一个刚参加工作不久的女工，在值夜班时，忘了关发酵缸的排废阀门，结果把整整一炉料都作为废料排到地沟里去了，给工厂造成的直接经济损失上万元。

当时她吓坏了，她的班长说，她当时话都说不成"个"了。看她那个样子，班长也没深说她。但在那以后的几天里，她的话少了，神情也痴了，看来思想包袱很沉重。在这种情况下，怎么处理这样一次生产事故，成了难题。

车间主任尽快找她谈了一次话，看她对这次事故如何认识。她当时的思想包袱是担心被开除，他们一家人就靠她的工资收入维持生活，如果她没有了工作，一家人怎么生活？车间主任帮她卸下了思想包袱，说不是一犯错误就开除，要看错误的严重程度和自己的态度认识。车间主任说话比较柔和，但问题也指出来了。最后说明这属于大事故，要按规定扣发她半年的奖金。她情绪不错，说："只要不开除我，今后不给奖金我都没有意见。"她原来

117

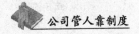

以为车间主任找她谈话，肯定要狠狠地批评她。

谈话过后，她的话多一些了，也有了笑脸。不过，她对车间主任还是有点躲着，像是害怕什么。车间主任知道，她还有一个包袱没放下，就是怕最后的公开处理。她是担心在全厂大会上让她站在台上，把她当做靶子一样批斗。实际上，车间领导已经同工厂领导通了气，最后只发了一个事故通报。车间大会上，车间主任讲了事故的过程，说这个女工上岗时间不长，因为对操作不熟悉，造成了偶然的事故，并对她做出了扣发半年奖金的处罚。最后说厂里发了一个事故通报，明明白白地指出：出事故是工作不负责任的表现，今后大家一定要认真负责，严格按照操作规程工作，杜绝这一类事故再发生。

这个女工后来表现一直不错，很快就掌握了基本技能，工作中再也没有出现过大的差错。

处罚不忘教育感化

某厂动力车间的一个司炉工，晚上在朋友家里喝多了酒，值夜班的时候睡着了。结果炉壁被烧塌，造成一次几个车间同时停气停暖的事故。

根据工厂的规章制度，因个人原因发生事故给工厂造成损失的，要给予行政警告和扣发一年奖金的处分。这是个青年工人，人很勤恳，也踏实，工作一贯不错。但他造成这样严重的生产事故，又不能不进行必要的处分，如果这么大的事故都不处分，不给工厂员工敲警钟，今后可能还会发生这样的事故。但也要估量好对方的心态，才能达到处分的效果。

据同车间的人讲，那个青年工人，本质是不错的，但过于老实，心眼不宽。他家庭对他要求也很严格，出了事故，他爸已经臭骂了他一通，他思想压力很大，那些天连话都没有一句。

车间主任先是找他谈话，对他进行必要的纪律教育，说明要处分的理由，然后听取他的解释和意见。他没有作任何解释，对自己所犯的过失表示深深的忏悔，给什么处分他都能接受，毕竟事故是他自己造成的，怪不得别人。

有了这样的认识，车间主任心里就踏实多了。在具体怎样处分的事情上，他找厂领导说明了情况，要求尽量减轻处分。

在全车间大会上，车间主任对那位青年工人进行了严肃的批评，并宣布了工厂的处分意见：行政警告，并扣发一年奖金。在班长会上，车间主任把处分通知念了一遍，再也没有在车间会上说起。

一个同车间的工人在回忆这件事情的时候说："幸亏车间主任会做工作，要不不知道会出什么事呢。"

善于听取下属的汇报

工作中，有些下级常提出有针对性的问题。出于礼貌和习惯心理，一般在提出问题后，下级就不再说别的了。领导也习惯于听完下级的问题后，把问题看做自己的事情，从而忽视了提问的职工与事情本身的关系。

提问题的人，肯定动过一番心思，能提出问题的也会有办法。领导如果问，他会乐意回答，并以领导的重视而感到满足。可大多数领导往往忽略这类事情，总认为职工提问题就是为了让领导解决的。其实，企业是大家的，企业里的问题自然每个人都有责任关心。领导只有最大限度地调动职工的积极性，企业才会越办越活，领导的责任就在于发挥这种积极性，而不仅仅是单枪匹马地解决难题。

在一些单位和企业里，尤其是业务较多的部门，常会出现这种情况，只有领导一人或他欣赏的个别人忙里忙外，出差、开会、考察、东走西串，其余的人则无事可做。这样，一个单位就形成两种人：一种是能力越来越强，工作也出色；另一种无事可干，埋怨领导不给机会，对干工作多的人有意见。干得多的人感觉自己辛苦，还有人说三道四，久而久之，单位会出现不团结的局面，谁也不满意。

作为领导，也许认为自己能力强，别人干还怕出差错，不放心。而对其他人来讲，如果有机会，也不见得干不好，人的潜力是无穷的。再说，闲生是非，只有大家都只顾忙工作了，才无心搞别的小动作和闹不团结。

另外，领导在与下属谈话时要有时间观念，不能拖拖拉拉的。有的领导与下属谈话时，开始是有目的地谈，兴致高了就随心所欲地谈，时间不知不觉地溜过去了。别人急着干自己的事，但碍着面子又不好意思说什么，只好

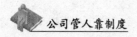

耐着性子听，结果耽误了宝贵时间。讲究效率的领导对自己的每一次谈话都用心准备，并时刻注意时间，不谈及外话，即使谈话时间稍长一点，别人也会谅解的。

汇报是单位里一项很重要的工作，有的单位，汇报工作十分频繁，凡事汇报，但收效甚微。原因之一是这些单位的汇报都是口头汇报，汇报人嘴唇上下一碰，三言两语便把事情说完了。听的人未必认真，一个耳朵进去，另一个耳朵出来。如果改为书面汇报就不同了。下级需动一番脑筋，认真构思，写出的材料就详细而周全，又有条理，领导一看就明白。这样做对培养下级的工作能力和写作能力很有益处。一个单位形成了书面汇报的风气，职工的认真精神也就培养起来了。

写书面汇报，要让下级写得短点儿，把事情写明白即可，不要动辄洋洋数千言。写短文章不但省时而且省力，看起来也一目了然。

晓之以理，还要动之以情

如果你的下属对你的主动沟通有所疑虑，因而毫无反应，这时，你就必须努力去说服，使他打消疑虑。毕竟，领导和下属之间的坚冰并不是那么容易融化的。

说服是人与人沟通技巧中一种相当不可思议的工具，如果你希望能和下属相处融洽，并让他们为你效力尽忠，你除了要了解如何下达命令、陈述传达你的理念、目标和计划之外，还应该学会说服他人的基本策略和一些实用的技巧。

懂得如何说服下属，可以使彼此互相了解、亲近，也可以使彼此互助合作，凝聚出风雨同舟、众志成城的巨大力量，你如果能善加运用的话，一定会借此得到更意味深长的团队伙伴关系。

以下是供你运用的说服策略。

引出对方的兴趣是成功说服的第一个步骤。"真心诚意对对方和他们所讨论的主题有兴趣的人，才有资格称为优秀的领袖。"比尔·伯恩在其著作《富贵成习》一书中指出了上述的见解。

在谈话之前，你必须通过调查来掌握对方的兴趣所在。每个人都有自己的兴趣、嗜好，若你起头的重点和对方的趣味相合，一定会越谈越投机，一拍即合。因为你的目的是要说服别人，用对方最感兴趣的措辞，提出自己的构想、建议，就比较有机会达到目的。

要成为有技巧的沟通者，还要做一件事，即运用你的肢体语言，让对方知道你对他和他所表达的事物兴趣十足。譬如：点头、向前倾身、面带微笑……都是很不错的方法。

情绪可左右人类的行为。在一本名为《如何鼓动人们为你效力》的书中，作者罗勃·康克林说得好：如果你希望某人为你做某些事，你就必须用感情，而不是智慧。谈智慧可以刺激一个人的思想，而谈感情却能刺激对方的行为。如果你想发挥自己的说服力，就必须好好处理个人的感情问题。康克林提出了"动之以情"的方法，他说："要温和，要有耐心，要有说服力，要有体贴的心。意思就是说，你必须设身处地为人着想，揣测别人的感觉。"

请铭记在心：不要老是想到我的见解或观点有多么重要，要先设身处地想一想，如果别人要说服你时，你会重视他给你讲的什么内容；如果你知道了这些内容，你就知道如何着手对别人动之以情了。

和风细雨不一定就不能解决问题

某公司的女经理精明能干，手下一班干将更是智勇双全。可是不久前，她的一名助手调离到别处，接任的是一名刚毕业的女大学生。这位新来的女大学生做事马马虎虎，随随便便，一些资料总是不加整理便递交上去，办公桌上的文件乱七八糟的，为此女经理批评了她多次，她仍然我行我素，一切如故。女经理决定改变一下策略。以后，她就细心地去找女大学生的优点，并且发现后立即给予称赞。

这个办法果然灵验，那个女孩慢慢变得做事有条不紊，也不再那么马虎。一个月之后，她的工作基本上能让经理满意了。

对待长发男员工，也应该和风细雨。

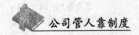

男人短发，女人长发，似乎是约定俗成，习惯成自然。辨别性别，从头发的长短，一目了然。然而也有例外，有的为了追求时髦，有的为了标新立异，反其道而行之：男士长发飘逸，女士短发直立。从后面分辨男女，往往容易出错。

某公司的年轻人很多，年轻男士们皆留着很长的头发，有些披头散发，有的虽然经过梳理，但却易被误认为是女子。总之，从外人的眼光看来，都是非常古怪而不舒服的。

公司领导看不过去了，将这些长发男人叫来，讽刺他们说："你们这样从后面看像个女人，有的像乞丐一样。"

这一天以后，这些"长发"男只要从远处见到该领导过来，就回避，也丝毫不理会他的挖苦讽刺，长发还是长发。你说你的，我就当耳边风。

另一个领导就不是这样，他把"长发"男们都叫过来，轻言细语地说："你们留这么长的头发，我看了都不舒服，不知别人会怎么看，反正我觉得影响到了公司的整体形象。请你们考虑一下，我的意见是希望你们尽快到理发店去剪短；如果不愿意剪的人也可以保留，但必须到我这儿来，我们摆事实讲道理，只要能够说服我，我就让你们继续长发下去。"

这位领导语重心长，这几个"长发"男都觉得很不好意思。他们想，如果不到理发店剪成短发，就要到领导那里解释原因，那样反而不好，不如剪短还清爽些。

后面这位领导没有挖苦讽刺，而是善意批评，估量好对方的心态，同他们讲道理，以理服人。

改变一个事物的方法有多种，角度也不同，当一个角度不能奏效时，就应该考虑改变角度，寻找一个合适的方式。前后两位领导的批评教育，效果大相径庭，可见，批评的方式不同，收到的结果也不一样。

"套"出下属的真心话

一般地，下属对上司总有一层顾虑，这层顾虑往往使上司向他了解他的需要的时候，不敢说出真话。而作为领导，如果不能了解下属真正的需要，即使他为此做了不少事，也仍然达不到最好的效果。因此，作为领导一定要善于发现下属心中真正的想法。如何才能了解下属的真正心思，消除下属的一些顾虑呢？我们在与下属交谈和沟通时应从以下几点加以注意。

首先，和下属的谈话不宜直截了当地去提问，特别是一些敏感的问题，你得委婉而巧妙地去问，这其中也有相当的技巧。你可以采取把他请到你的办公室进行正式谈话的方式询问，也可以采取闲聊方式询问，也可以在进行日常工作检查时顺便和某个人交谈，你会发现与你的雇员的非正式会晤，对于掌握一些比较有价值的情况是非常有用的。在办公室进行正式谈话，容易引起下属的警惕和戒备心，说话不可能很坦率，他完全可能对你的提问给予一些他认为你想听到的回答。这样就与你的用心背道而驰，达到了相反的效果。相反，在工作之余不期而遇的谈话，人的心情平静自然，这时候，下属的谈话就会坦率真实得多。

其次，你应该尽量做一个合格的倾听者。下属说话的时候你仔细地听，他不说话的时候你仔细地想。你会发现，要想成为一个合格的倾听者，耐心始终是必要的。在耐心细致地倾听下属的谈话的时候，你已经打开了他的心扉，突破了他的心理防线，这是对员工的尊重。

再次，你要鼓励他谈自己，并问他一些问题以便启发他开始谈话，努力从别人的利益角度谈话，这样你就容易发现他需要什么。

尽量让对方多说

要尽量使别人感觉到自己重要，应鼓励下属追求自我利益，并且真心实意予以帮助。询问对方情况时，可以实行"五问"方案，这种方案能使你准确地掌握那个人的情况。

所谓"五问"是：谁？什么？什么时候？什么地方？为什么？有的时候再加一个"如何？"通过问一个人这样一些问题，你能得到下面五种好处：

(1) 这些问题能帮助被提问者把自己的思想具体化，并把注意力集中到你需要的地方去。

(2) 这些问题能使一个人感觉到自己很重要。当你就某件事征求一个人

123

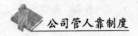

的意见时，你也是在肯定他的自我价值，给他一种梦寐以求的被人看得很重要的感觉。

(3) 当你提问的时候，尽量少谈你自己，好让你的听者有机会告诉你他在想什么，他需要什么。你的目的是多了解情况，而不是聊天。

(4) 问只管问，但要避免争论。你问问题的目的是想了解他的想法，而不是为了别的，所以，即使他的说法你不能赞同，也不必说什么，你绝不能让他知道你是怎么想的。

(5) 问完了这些问题，你就能够准确地知道一个人的愿望是什么。提问是了解一个人的真实需要的最为快捷的方式。

威胁恐吓会起反作用

经常有从事管理工作的人，他们明知道说服是让下属们做好工作的最好方法，也明知道说服要比强迫、威胁、恐吓更有效，可总免不了用降级、解雇、调动边远地区、暂时停职或者免去特权等方法威胁下属的情形，其原因多半是除了这样以外再也想不出什么别的办法了。

正像一位总经理说的那样："我知道我不应该用威胁或者让人不安的方法去对待一个工人，但有的时候，我简直要气疯了。我已无法控制自己的感情，只好对人咆哮发泄一通，我知道那很不好，但我所承受的压力实在是令我忍无可忍，除了发火以外，不知道还有什么办法解我一时的恼怒。"

为什么像这样一位很有工作经验的总经理会用威胁的方法督促人们做好工作呢？这是由于沮丧、恼怒、忧虑、没有耐性、缺少时间等各种压力促成的，此外，他也是一个人，他也有许多难处和恐惧，但恐吓、强迫和威胁，不管你使用其中的哪种方法，都不能使你得到你所希望得到的结果，不仅如此，这其中的任何方法都不能给你带来卓越的驾驭人的能力。

就拿那个企图用解雇、降级、罚款停职、调转或免去特权等方法来威胁工人服从他指挥的厂长为例吧，其结果会怎样呢？他会发现不仅没有把别人吓住，反而使自己陷入被动的境地。因为他将面临士气低落、不服从、旷工、质量下降、产量降低、废品增加、盗窃等各种各样的问题，严重的还会出现怠工现象。

正是由于这种原因，领导不宜采取威胁、恐吓或者强迫的方法，否则只会使问题越来越多，而不是越来越少，而且采用这种方法所引发的问题一般都比原有的问题更难以解决。最值得注意的是，采用威胁、恐吓或强迫的方法只能导致仇恨和对抗情绪。惧怕领导的人很快就会变成痛恨领导的人，然后就会处心积虑地诋毁他或破坏他。

要改变习惯，先改变想法

身为领导请不要再犯使用恐吓和强迫以求获得驾驭下属的卓越的能力的错误，那样做迟早会失败的。若是你引导下属，他们会高高兴兴地跟着你走。只有对奴隶或者犯人才可以使用恐吓或者暴力的方法，但是一有机会，他们也会奋力反抗的。

那么，如何才能让你的下属改变想法呢？

当你想改变一个人的思想方法和工作方法的时候，你需要记住的第一件事便是，每个人都是一种习惯的创造者。他不愿意改变自己的习惯，原来是什么样，他就想保持什么样。他总是那样想问题和那样行动，这使他感到又自然又舒适。任何一个人都不希望自己的生活习惯被别人打乱。任何新思想、新方法，甚至是做事的不同方式，都会遇到一定的阻力，为了减少这种阻力，你就得首先改变他的想法。

为什么人做事总有自己的一套办法，或者总是按照自己的习惯去做呢？原因有二：首先，那是一种习惯。其次，是因为他们觉得那样做对他们自己有好处。不管这种好处是他们想象之中的，还是真实的，都没什么关系，都没什么区别。只要一个人认为那样做会得到好处，他就会那样做。假如一个人相信生白菜汁能治他的胃溃疡，他就会喝生白菜汁，不管其有多么难喝。

如果你想让他改变工作习惯，你就必须给他提供一种新的工作方法，这种方法能使他获得比他原来使用的方法更大的好处，只有这样，他才有可能接受你的新方法。让他知道，当他按照你的要求做了之后，他会得到什么具体的好处。例如，告诉他这种改变会怎样增加他的生产量，增加产量就意味

125

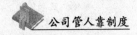

着多挣钱。让他明白，这种增加产量将会给他带来一种成功的感觉，向他指明这种成功是他的一种骄傲，会使人们感到他更重要，只需采用一个微小的变化就能使他获得这三种巨大的好处。

这是说服一个人改变自己的想法或做法的最快捷、最可靠的方法。向他显示如果他按照你的要求做了，他将会得到什么好处。如果你一时还想不出能为他带来什么好处，你就要不断地想，直到你能想出为止，否则不要要求他去改变什么。

强调"共同利益"

经理人都希望员工自觉认同公司目标、遵守公司规章制度并和公司同舟共济共同发展，但在具体工作中却遇到这样的难题：传统的思想教育模式受到挑战，单纯的金钱奖励、物质刺激又像一个无底的黑洞，让企业不堪重负。要采取符合企业实际、员工乐于接受且效果较好的说服技巧。

当今教育说服员工，空泛的大道理只能引来一片哄笑，最有效的办法就是把追求的目的同被说服对象个人的愿望、利益结合起来，即设身处地，从员工个人的利益、愿望出发，教育说服员工。

强调员工利益和企业利益一致能产生好的效果。每个企业都有员工违反公司制度、纪律的情况，让管理者头疼，不知如何消除员工违反规则的现象。这就首先要让员工明白"员工个人利益和企业整体利益是一致的，破坏公司制度也是间接损害个人利益"的道理；其次是制度约束。

比如迟到这一现象，根源在于部分员工存在"早去几分钟迟去几分钟是一样的"这一思想误区，有领导在针对这一情况作教育说服时进行了如下演绎：一个人迟到5分钟→整组人耽搁5分钟→后道工序推迟5分钟完成……→生产计划未能兑现→出货推迟→客户拒收或需要降价收货→企业利益严重受损→无法改善福利、增加工资→员工个人利益严重受损。所以员工如果违反厂纪厂规，除了受到直接惩罚（如享受不到全勤奖、被警告或记过处分、罚款等），还要承受因自己违反厂纪厂规而导致企业整体利益受损的间接损失，这自然非员工所愿。员工明白了这个道理，违纪率自然大幅度降低。现实生活中员工和企业不可避免地存在一些直接的、小的冲突，但员工的利益和企业利益根本上是一致的，因为企业兴旺，老板员工都受惠；效益不好，大家都不好过。世界电脑软件巨头微软公司员工齐心合力，除了老板比尔·盖茨成为世界排名前列的富豪外，企业内部百万富翁比比皆是，成为老板和员工齐心合力、共创辉煌、共同受益的典型。

敞开胸襟倾听下属的提议

你的一名下属在会议中提出一个意见，否定了你多年来坚持的做法，这人的意见似乎有点道理，但其他人并不太接受。你会是什么态度呢？

不少经理人都有一意孤行的癖好，除了自己的意见外，根本就听不进别人任何有益的进言。而当别人有意见的时候，他们也常常命令别人保持沉默。当组织的环境里发生质疑的时候，出面发出质疑的人就很有可能被贴上"不忠"的标签，甚至被视为是制造麻烦的人。到底什么才是评断反对和不同意见的最佳方式？应当鼓励勇于发表不同意见甚至是反对意见的人，并注意倾听。

作为经理人，你必须拥有成熟、包容的胸襟，才能接受不同的意见，同时广纳不同的观点。

桑顿是为福特汽车提出"神童"计划的策划人，后来他又创建了桑顿企业，并使之发展成为一家大型企业。他坚决拥护诚实率真的思考，也鼓励下属持有不同的意见。

桑顿不允许"集体的思考"，他命令每个人都要提出自己的意见。他曾经说过这样一句发人深省的话："我曾经有过一位总经理，做了一个错误的决策，我决定告诉他，他却对我说，他评断员工是否忠心的标准就是看他们是否明知错误仍去执行他的决定。而我的评估标准是他能否指出我的错误。"

前IBM总裁沃森对听取别人意见和建议的重要性也有非常深刻的理解："我从不会犹豫提升一个我不喜欢的人当官。体贴入微的助理或你喜欢带着一起去钓鱼的人对你可能是个大陷阱。我反而会去找那种尖锐、挑剔、严厉、几乎令人讨厌的人，他们才看得见，也才会告诉你事情的真相。如果你身边

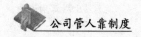

都是这样的人，如果你有足够的耐心倾听他们的忠告，你的成就是无可限量的。"

把员工当成大人物一样看待

有一位非常成功的企业家，他不仅没有让自我意识阻挡有用的建议，反而因为倾听员工的进言，结果获益良多。

当你位高权重时，自然会想继续保有权势，但这样做会引起冲突。争取完全的掌控将用尽你所有的力气，而这些精力其实可以花费在更有效的地方。那位成功的企业家认为，他经营的是一家不分等级的公司。

事实上，公司的问题是在于高层主管过度专权。虽然那位企业家不太能察觉这点，但他一直在发号施令。但接着便发生了意想不到的状况，那些再也受不了他的专权跋扈、渴望自由的十来名员工，一起来到他的办公室，下了最后通牒：要不就放松统治，要不他们就集体辞职。这是一个突然的觉醒，很难让人承受，但是那位企业家还是耐心倾听。

后来他说，当时改变管理方式所带来的益处，远超过了他稍微受伤的自尊。因为接下来的几个月，公司的员工聚在一起讨论了目前的有效管理模式：在维持过去管理架构不变的情况下，不让等级和权威扼杀创意和原动力。结果他发现，并不是每样决定都需要经过他的同意，可以由员工集体负责大部分的运营。改变方式一年后，利润增加了100万元。

所以，作为管理阶层应该敞开胸襟，倾听下属的提议。一方面应该积极培养出一种和谐的气氛，不但接受，还要广纳多元化的观点。一方面又要坚持把关，切勿随波逐流，真心诚意达成内部的决议。

如果你把员工当成大人物一样去看待，那么总有一天你也将会成为大人物，很可能你又将会是一位跨越平庸、迈向卓越的总经理。

通过闲谈也能达到沟通

国外一些企业为了促进非正式的信息交流采用了很多办法，如创造出合适的气氛，以便于随便交谈或形成制度等。美国华特·迪斯尼制片公司，从董事长到一般职员都只佩戴没有职称的标记，为的是大家交谈时可直呼其名，以减少心理压力，更随便一些。另一家公司的总裁自称批准了一项重要活动：把公司餐厅里的只能坐4个人的小圆桌搬走，换上一种矩形长条桌。目的是让素不相识的人增加接触的机会，而小圆桌总是几个熟人在一起。这是利用概率的方法，使用小小的措施来提供更多的非正式的信息交流机会。

从人际关系的角度看，闲谈对于领导者也是不可少的。闲谈多在8小时工作之外进行。领导者的工作特点决定他的工作要超出8小时。是否善于利用闲谈的方式，常常影响众人对他的看法。

从社会心理的角度看，人们对领导者人格的评判，似乎更重视8小时以外的表现。人们常常通过他是否喜欢闲谈，或怎样与人谈话来判断他的性情是亲切随和还是孤傲清高等等。

一般来说，人们总是喜欢通过闲谈来反映某种情绪要求，不善闲谈的人常常对周围的人事变化、生活琐事一无所知，一旦得知时，某事已到难以控制的地步。不屑于闲谈的领导者，常被冠以"清高"之名，使人感到难以接近。这是感情沟通的障碍，因为人们对于严肃的人总是敬而远之的。如果你在吃午饭时与别人谈谈食品营养、卫生，谈谈环境、服装、桥牌、围棋，别人在感情上与你的呼应是很明显的。社会心理的调查证明，对于强人、能人所表现出的亲切、随和，人们是格外感兴趣的。因为他们出色的工作已经产生了与众不同的影响，所以人们希望他们能在感情上与自己沟通，否则对他们就会有相距甚远、不可企及的想法，自己失去努力的信心，或者与他们产生隔阂。

从感情交流入手

人是有感情的动物，极力赢得下属的忠心是靠领导与下属的直接交流，而在科技高度发达的情况下，做到这一点实在是太难了。没有感情的交流，谁还敢奢谈忠心？

当今最新的科技手段如电子通讯，是员工和他所服务的公司进行交流的工具。全球性的高科技通讯网络使世界上的任何人，只要你有一部电话，一部传真机，就能连在一起。有了这些现代化的工具，当今人们之间的交往似乎不应再有什么阻碍，但是空白点仍然存在，而这一空白点也是正在吞噬公司的幽

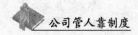

灵。也许在这些现代通讯工具中还是缺少了一条连接线——情感联络。

在舞厅、饭店、医院里，或在工厂的修理车间里，你可以看到人与人之间的直接的亲切的交往。这是这些现代化的电子通讯系统永远也无法代替的人际间的感情交往。

当电子通讯系统遍布全球时，即便把我们自己关在屋子里，想和外界联系也还是很容易的。但仅仅靠几份电子邮件或一些传真是不足以建立人与人之间的交往。在节奏越来越快的今天，在采用高科技通讯手段的同时还必须加强感情上的交往。

许多公司花了大量的时间和精力以便更好地了解顾客的设想、评价和行为模式。一般大公司都固定投入大量的资金进行观察研究、成立专家小组、分发征询问卷，甚至设立信息交流平台，以便深入了解顾客。一些最关心顾客的公司总是尽量了解柜台外顾客的要求，其实这些做法可以用来更多地了解自己的员工。员工直接接触顾客，能听到顾客的意见，你和他们最接近，是很容易和他们交流的。所有一切用现代化手段对顾客的调查研究所得的资料，都无法与一位第一线员工的未被重视的看法相比拟。

有些领导也听取员工们的意见，但除了偶尔召开一次员工会议或进行一次调查外，却忽略了向第一线员工学习和听取他们的意见的良好机会，其实正是这些一线员工做了大量实际工作。回想一下你在第一线工作的时候，你的经理、主管或高级行政人员是怎样经常地征求和听取你的意见？

有一位超市连锁店的经理，他在深入一线过程中，员工们建议超市门口设一个迎宾员，这样做有两个好处：一是能让进店的人感到温暖；二是可以知道是否有人没付钱就拿了东西出去。他立刻开始在所有超市门口安排一个迎宾员。说实在的，这并不容易。在经过他一年半不懈努力后，才让他的所有超市安排了一位迎宾员。后来他经常说："我们99%的好主意都来自我们的员工。"

聆听内部意见能使领导和第一线员工建立直接联系。当那些直接和顾客接触的员工知道他们的意见和顾客的意见同样受到重视时，他们的积极性提高了。而这些，仅靠打电话是做不到的。

第9章

疏而不漏:处理问题手不软

　　对犯错误的人应该区别对待。有些人犯了错误是可以容忍的,可以忽略或宽恕的,有些则是不能容忍的。必须让员工们相信,如果在做一件事之前经过了理性的思考,并且能对他的所做所为说出一定的道理,就不在意他们偶尔犯错,他们也不必因为怕犯错而恐慌。

　　对下属的缺点错误,发现了苗头就应及时提醒,不要态度暧昧,姑息迁就。可以经常"吹吹风",甚至下点"毛毛雨",防患于未然。对于已经出现的错误,要给予适当的批评,帮助下属找出原因,认识错误,并以此教育他人。遇事有分析,因人而异,是应当永记的。对于有药可救的下属,不能"一棒子打死",因为走极端的做法也极易引起下属的反感。而对故意犯错的,无论他们改正错误的态度是多么诚恳,必须以快刀斩乱麻的方式,果断处理,绝不手软。

妥善处理员工的私人问题

私人问题是指发生在工作环境以外的造成员工工作失败的私人生活中的一些事情。这些问题可能是家庭纠纷、离婚、病重的孩子、损坏的汽车、家里有人亡故、欠债、法律诉讼，等等。

如果员工的工作受到影响，不难判定可能是由于私人问题造成的，受私人问题影响的员工在工作中可能有以下表现：

(1) 员工花很多时间用电话处理私人问题。

(2) 工作量减少或总犯错误。

(3) 责难周围一切人和事，摔电话或者对客户不礼貌，脾气突然变得暴躁，表现出不耐烦和攻击性。

(4) 工作中经常走神、发呆，反应迟钝。

有研究表明：容易引起情绪紧张、低落、气愤的私人问题会影响员工与客户、同事，甚至领导之间的关系。有些人经历过一些别人认为十分糟糕的事情，但是你从来不会从他们平静的外表看出来；也有些人会因为经历我们认为很有影响的私人问题而变得时而情绪高昂，时而情绪低落。

私人问题是领导感觉最困惑的问题之一。绝大多数领导甚至不知道怎样谈论私人问题，更不知如何处理。这里提供以下做法仅供参考：

(1) 要意识到家庭生活对人们来说正在变得更为重要，尤其是在单亲家庭里，这种渴望的提高正在改变人们长久以来对长时间的工作、商务旅行和工作变迁的优先选择权。

(2) 辨别你的公司将遭遇哪些造成员工工作非正常行为的私人问题，这样公司上下所有的领导都会在正常的工作计划中预见这些问题，以帮助人们处理和回应。制定一个手册引导你的经理们如何处理私人问题，包括专业人员的名单和电话号码，必要时可以建议员工向他们寻求帮助。

(3) 允许员工放假处理个人事务，如：去学校参加家长会，看律师或者看牙医，这是没什么问题的。允许员工在某些时间晚上班或者早下班来处理员工个人事务。你可以让员工以后弥补失去的时间，这样对公司和个人都方便。但是，个人事务休假应提前通知并做安排，尽量放在不需工作的时间或者不是工作高峰的时间。

(4) 直接调用其他人帮助员工解决私人问题。

(5) 如果员工的私人问题不能解决，那么公司就面临着两个问题，一个是员工的私人问题；一个是员工不能工作的问题。私人问题不能很快解决是可以理解的，但是不能工作的问题必须马上解决。

消除迟到、旷工现象要找到根源

过去检查员工是否迟到、早退、旷工，通常都是由专门的人员在考勤册上进行记录。现在，已经有相当多的公司都采用了打卡的办法，而对于员工迟到、早退和旷工行为的惩罚办法也大多是扣除部分工资。可是这种办法是否确实有效呢？恐怕很少有人注意到这个问题。

记考勤也好，打卡也好，看上去起到了管理员工工作态度的作用，其实是治标不治本。因为这些机械性的措施，只是限制了员工的外在行动，却不能了解员工内心究竟对工作抱着一种什么样的态度。建立员工上下班制度与仓库管理员的做法是截然不同的。仓库管理员只需记清物品进出库的数目即可，而要改变员工的工作态度，则不是简单地靠记迟到、早退的次数所能做到的。还是要从员工本人的实际情况以及领导自身的工作办法上找原因，以便对症下药。

1.员工是否对领导及工作环境不满

也就是说管理者要先检查一下自己的行为。假若领导本人就经常不遵守工作秩序，必然会给公司造成一种不守时的风气，如此员工怎么能不受影响呢？或者某一部门中有极少数的员工经常迟到、早退，时间一长，他们的行为也一定会影响到本部门的其他员工。

2.在人员的使用上是否不得法

比如，某年轻职员在产品推销方面独具特长，而领导却安排他到资料室去管理资料。每天面对着一大堆自己毫无兴趣的报纸、杂志和工作汇报，而又必须把它们整理、分类并妥善保管，这位年轻人心情之坏自不必说了。

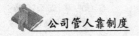

如果领导能了解到这一原因，并及时地把这个年轻人调到能够发挥其特长的销售部门，迟到、早退之类的现象恐怕就会自然消失了。

3.对员工所担负的工作，领导是否给予了足够的重视

或许该员工以往工作一直很好，也取得过出色的成绩，但在工作总结会上，领导只是轻描淡写地一笔带过，并没有给予应有的表扬。这自然会使这位员工产生一种干多干少、干好干坏一个样的感觉，因此就消极怠工。这一点应引起领导的足够重视。有的员工表现欲极强，他们一在工作中有所建树，就非常希望能得到领导的赞扬；如果希望落空，立即就会垂头丧气，信心全无。作为领导，如果能根据他们的这一特点而采取相应的办法，激发其工作热情是件轻而易举的事。

4.是否因为家庭困难而影响到工作

虽然员工们白天在一起工作，但由于居住比较分散，下班后联系较少，因此对于彼此的家庭情况不很了解。或许有的员工家里有长期卧床需要照顾的老人，或许有的员工小孩经常生病，离不开大人。

这些原因都可能影响到他们按时上班，这绝非是员工自己故意如此，实在是无可奈何之举。这就需要领导能够给予足够的关心和热诚的帮助，以设法解除他们的后顾之忧。员工在感激之余一定会加倍努力地工作。

当然，这并不是建议一概取消现有的惩罚制度，但是只有从根本上找原因才能彻底解决问题。

不能容许拉帮结派

在工作中，我们经常可以发现，许多来自同一地区、同一所学校、同一时期进入公司，或具有其他共同点的下属均倾向于在公司内形成小圈子。他们中午共进午餐，假日共游，平常更是有事儿没事儿便聚在一起。

下属为什么要拉帮结派，搞小圈子呢？其目的无外乎两个：一是形成自己的派系打击其他的同事，积累更大的力量为自己谋利益；二是经营自己的势力，培植自己的死党对抗领导，伺机取而代之。不论哪一种都会危害整个组织的团结，会威胁领导的权威。经营自己的小圈子，对于领导的权威是一

种公然的挑衅，对于组织的团结是一种严重的破坏。

对待小圈子，领导者如果听之任之，一旦他们的势力发展得相当大的时候，就会对你构成极大的威胁，甚至可以整垮你。因此，对于结党营私的属下，你绝对不能姑息手软。否则，后果将不堪设想。这方面的教训是深刻的。

深圳某家星级酒店为了提高公司的管理水平，特意高薪聘请了一位资深管理专家做大酒店的总经理，并且应这位总经理的要求任命了他推荐的4名副手。酒店的本意是给这位总经理提供一个宽松而有效的环境，事实上这位总经理做得也确实不错，酒店的业绩有了明显的提升。但是酒店股东们不久就发现，这位总经理和下属的4个部门经理上下通气，5个人形成了一个利益小圈子，牢牢把持了酒店大权，对于股东和董事会的决议有时都敢阳奉阴违，酒店职员们对此颇有些意见。然而，由于这位总经理协同4位部门经理做得还相当不错，所以酒店的股东们也就暂时没将此事太放在心上，但是这位总经理以及4位部门经理却越来越过分，甚至已经闹到酒店人心惶惶、议论纷纷的地步，而且，这还直接影响到了酒店的声誉。无奈之下，酒店的股东只好把这5名经理都解雇了，然而公司的损失却是在所难免的。

发现"小圈子"要尽早铲除

鲁迅先生曾经指出：中国人没有"个人的自大"，只有"合群的自大"，这"合群的自大"指的就是拉帮结派，搞利益小圈子，以致党同伐异。如果任凭这种"小圈子"发展下去的话，其结果就会很麻烦。就像上面的深圳的那家酒店，虽然股东刚开始也意识到了那位总经理在搞利益小圈子，但是鉴于他们确实给酒店带来了效益，所以也就暂且对他们听之任之了，但是最终结果呢？他们几个在一起越搞越严重，最终股东也不得不将他们铲除掉，然而损失还是发生了。

很显然，对于"小圈子"是绝对不能听之任之的，不过在很多时候，这却引不起广大领导者的高度重视。这其中当然有领导者片面地认为"小圈子"毕竟是少数，终究掀不起大风大浪的缘故。实际上，"小圈子"中的

"小"不是指其能量小，人数少，而是针对它只为少数人谋私利，在组织上排斥大部分人，只注重自己内部的利益，不管全局的利益而言的。有时候，"小圈子"实际上人数众多，其成员大多占据要位，活动能量颇大。领导者对这样的"小圈子"一旦听之任之，任其势力膨胀而不加干预的话，那它就会持续扩张，或割据一方，搞独立王国；或藐视领导，公然向最高领导者挑战，这种尾大不掉之势一旦形成的话，就很难处理"小圈子"和整个组织之间的从属关系了。"小圈子"于组织就好像肿瘤和人体，一旦肿瘤恶性膨胀，就有吞噬整个机体的危险，就会威胁人的生命，所以作为领导者，你千万不要容忍和忽视"小圈子"的存在和扩张。

当然，领导者在打破"小圈子"，消灭内部团伙势力时，肯定会遇到来自外部和团体自身的抵制和压力，这时你绝对不能手软，要一打到底，不给其留有生存机会，否则复苏后的小圈子势力将更加膨胀。

斩断员工的"第三只手"

某厂有个工人盗窃了厂里的木材，数量虽然不很大，但性质肯定是偷盗。因为这人是木工，平时上上下下找他干点零活的人很多，都与他有点交情，于是都出来求情，只有厂长坚持要依法处理。

有人就说："少数服从多数嘛。"厂长理直气壮地说："厂规是厂里最大多数的人通过的，要服从，就服从这个多数。再说盗窃是不可饶恕的行为。"

一时间，厂长似乎有点孤立，但时间一长，理解和赞同他的人便越来越多，而偷盗厂内财物的情况从此大为减少了。

盗用公物的毛病，是可大可小的。不论职员所窃取的只是一些文具，还是公司的客户资料，从法律的观点来说，都是一种盗窃行为，侵犯了公司的利益，主管人员是不可坐视不理的。但是，主管人员经常心慈手软。如果下属偷取公司的圆珠笔、记事簿，主管经常会想：这是一件小事，又没偷多少东西，干嘛那么认真呢？干脆睁一只眼闭一只眼算了。再说了，为这么点儿东西就和员工翻脸，显得我太没有大将风度了。结果，偷窃的员工没有得到惩罚，一切看上去风平浪静了。然而过了一段时间，主管就会发现更多的员工参与到了私拿公司财物的队伍中。这下主管不能再犹豫了，可是怎么惩罚呢？主管可能已经记不起来最先偷东西的员工了，处罚这些新犯的员工也不是那么理直气壮，员工们反而在底下嘲笑主管是一个无能的领导者。

盗窃公物看上去是小事，却反映了一个人最基本的品德修养。领导者要防止盗用公物的情况，最重要是制定有效而合理的制度。例如：设有登记制度，让使用复印机的次数留有记录，避免职员印私人文件，或私自取用公司的文件复印作私人用途。对于较贵重的物件或较机密的公司资料，就需要更安全的措施。当然，领导者也要注意，对于一些小的东西，比如日常使用的文具，如圆珠笔、记事簿等，就不宜作过分的管制。最好使每个部门均有适度的分配，只要情况不太过分，便不宜在一些小事情上花太多时间。领导者也不用小题大做，只有确实发现下属在不断地占公家便宜时才考虑痛下杀手。

如果你要求下属公私分明，主管必须以身作则，即使一般人认为是微不足道的事情，主管自己也最好依循规矩做事，别给人留有话柄，也别给下属留下不良印象。

如果下属盗用公司的名誉，或盗用商业资料，你为了维护公司的利益，可立刻解雇该名职员；如果情况严重的话，你甚至可以考虑采取法律行动。

看清扯皮现象的本质

在你的部门中，难免会碰上一些爱在琐碎小事上扯皮的员工。他们为了一丁点儿事情也会斤斤计较，或者互相推诿，不能正常工作。

这类人看起来也挺忙，而且可能还会忙得焦头烂额。如果这种忙全由他们自己处理倒也勉强可以接受，可恶的是，他们可能为了一件小事而在公司内上下乱窜，弄得鸡犬不宁、人心不稳。而爱扯皮的员工也可能把一些扯皮事儿扯到你面前，但这些事情本该他们解决，他们也有能力、有权利解决的事情。

对付这类扯皮员工还得视情况而定，在这群人中，其扯皮程度终究是不

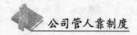

同的，你所采取的策略也应该有所区别。对犯错误程度较轻的人，还是坚持以批评教育为主。通过面对面的谈话，来解决他的问题。

必须让员工了解你处理问题的原则是对事不对人。这是老板在实际工作中最难掌握的。有许多员工不能分清对事和对人之间的区别，他们认为批评他们的工作就是对他们的侮辱。你要尽量让他们理解这是为了他们自己好。你还要让他们知道使工作符合标准，并达到满意的水平是你和他们共同的愿望所在。

对于这类琐屑扯皮的员工，你应培养其大局观念，千万别总是往死胡同里钻。而对于那些爱扯皮的主儿，老板应该给他以被信任感，同时适当放权给他，让他敢做，别为了避免承担责任而互相推诿。一旦他出现错误，也别兴师动众去讨伐，应该给他机会，不断自我改正，这才是良策。一般来说，这类员工还是能够接受的。

对有缺点的人要一分为二

老板不妨在爱扯皮的人身上挖掘一下优点。琐屑扯皮当然是他们的缺点，可也不能由此一点就说他们一无是处。其实，一个员工的潜能发掘得多少，是与老板有很大关系的。

比如，对于一些"琐屑"的员工来说，他可能做起工作来极为仔细、周到。这样，你可以把他调动到诸如统计类的部门中去，让他充分发挥自己的优点。他的优点得到了最大程度的使用，他本人会更积极地工作，你也可以少操点心，并有助于把某一部门的工作搞得更出色，其他职员也会更佩服你知人善任的本领。此可谓一举数得，何乐而不为？

又如，对一些爱扯皮的员工，你调查一番，也许就会发现他有善交际的特点，那么你就调他到公关部门去。当然，这些人调动之后同样需要继续帮助他们克服自己的缺点，最大程度地发挥自身能量。

对于严重的扯皮者，由于这类人的毛病多属痼疾，由来已久，极难改掉，甚至连改善的希望都是很小的。所以，靠批评教育是起不到丝毫作用的，对待他们，一个有力的武器就是"纪律"。对付那些因为琐屑扯皮而造成不应有损失的，绝对不能手软，该降职的降职，该扣奖金的扣奖金。如果他自己想做好，以后还有机会，你并没有因此一脚把他踢出门外。同时，这种做法也有利于教育其他员工，给大家起个告诫作用。而且，由此也会树立老板赏罚分明的形象，有助于你赢得大多数员工的信任。

当然，在以后的工作中，他们如果做出了成绩，也照奖不误，不能因有些"前科"就把后来的成绩也否定了。这样，方显出你这个老板的风度。

有时不妨听听"谣言"

在一个组织中，除了表面的各种沟通渠道外，还有一种影响力很大的隐性渠道，这就是谣言。

谣言这种隐性的消息渠道，几乎存在于任何一个组织中。无论是大是小，对员工来说都是个很大的干扰因素，虽然许多人相信谣言不攻自破的说法，但要等到它"自破"的时候可能许多人的心早已散了，组织的效率也会大打折扣。虽然许多领导者都害怕谣言，但要看你以怎样的角度来看待问题。有了谣言，并不意味着领导者应该彻底消除谣言，它也有着一定的积极作用。

例如，谣言可以暴露员工关心的问题。如果谣言传说有大规模的裁员，并且如果你知道这是彻头彻尾的谣言，这个消息仍然有其意义。它反映了员工的恐惧和担心，因此不应被忽略。重要的是，领导者可以通过传播想让员工了解的消息来支配谣言。

领导者应该把握监控谣言的方式，关注员工关心哪些问题，以及谁有可能积极传播谣言。另外，领导者需要减轻谣言造成的负面后果。如果你偶然听到某个谣言，认为它有潜在的破坏性，就要考虑怎样才能通过改善组织的沟通来减弱谣言的影响。方法包括宣布做出重要决定的时间表，对看起来不一致或秘密的决定和行为给予解释；重视当前决定和未来计划的缺点，而不仅仅是优点；公开讨论最坏情况的可能性，等等。

破解恶意谣言最简单的方法就是增加透明度，如果员工不是对你的行为匪夷所思，就不会有那么多谣言滋生。作为领导的你，更重要的是如何让谣

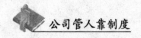

言为自己所掌控，而不是让谣言控制你。

从容应对下属的顶撞

遭遇下属的顶撞是多数领导常会遇到的难题，处理不好会给本人和下属带来深深的伤害。

如果顶撞者的意见有可取之处，被顶撞后领导应当以宽广的胸怀和诚恳的态度，主动接受其意见，切不可明知自己不对，还装出一贯正确的样子，盛气凌人，根本不把下属的意见当做一回事。如果顶撞者的意见是错误的，被顶撞的领导也不能因为自己的意见正确就任意地训斥人，而是要针对顶撞者错误的地方，晓之以理，动之以情，耐心地说服和解释，让他心悦诚服。

有的下属顶撞领导时，往往"心情激动"，精神紧张，有的甚至失去理智，不能自制，因而声音较大，言辞过激。有的领导不是克制自己的情绪，保持冷静的态度，而是针锋相对，毫不相让，最后是一浪高过一浪，造成恶劣的影响。

有的下属生来脾气暴，性情急，对某些自己看不惯或不合口味的事情常常发牢骚。对这种人的顶撞不要以硬对硬，而应采取委婉的态度，先表面上接受他的顶撞意见，然后再把他往正确的方向引导，待他火气渐息，再言轻意重地指出他的不足之处。这些人心直口快，一旦明了事情，也就不会固执己见了。

在下属的顶撞中，有的人是别有用心，存心要找碴儿，刁难领导，明知自己不对，还要强词夺理，无理取闹。当然，对这种人绝不能让步，而应该义正辞严，对他进行严厉的批评，坚决去掉其阴暗的心理。

有的下属依仗自己有后台，有靠山，不把顶头上司放在眼里，这些人遇到领导批评时少不了要发生顶撞现象，以为领导奈何他不得。对这种情况，可以坚决不让步，但方法上要注意一些。领导不用去针锋相对地反顶撞，可以从侧面指出他的不对之处。言在此而意在彼，表面上我不气恼，但言语中却是非分明。这样做，既不伤害他的自尊心，照顾了他的面子，又使他明白道理。

顶撞是领导在管理中难免会遇到的，关键是对此要心胸开阔，要有一定的高姿态，有些下属"吃软不吃硬"，你以高姿态对待他，也许很快就会化干戈为玉帛。

许多善于缓解和正确处理顶撞现象的领导，还与以前顶撞过自己的下属结成了知心朋友，甚至"不顶不相识"，从而发现了下属的某些长处。

辨别有情绪的员工

在这个问题上需要备加谨慎。很多员工的问题是微不足道或者是临时性的，耐心和帮助是可以使他们恢复常态的。但也有极少数人的情绪困扰是根深蒂固的，不是管理者能够缓解的。一般来说，有情绪问题的员工们的症状是相类似的。他们想逃避现实；他们经常请病假或看医生；他们可能认为老板在刁难他们或者把自己的过错归罪于他人或同事而不是接受批评。

许多有问题的员工属于这一范围：他们永远不满意，无端地烦恼，易疲倦、多疑，认为上司阻挠其晋升或者认为同事们怀有恶意地说他们的闲话。一些人酗酒、吸毒，具有反抗性或不服管的脾气。

以下是这类人常有的几个迹象：

（1）行为异常。小王上班时总是爱吹口哨，他最近不吹了，他没有迟到，这是怎么回事？

（2）心不在焉。张丽没有听见你在对她说话，她看上去像在云山雾罩之中。当你引起她的注意时，她说她刚才在做白日梦。有什么事严重地影响了她？

（3）喜怒无常。老李这几天像头熊一样焦躁，甚至连他的老搭档都避着他。他以前可不是这样。

（4）事故增加。小吴今天上班时又挤了手指关节，这是不同往常的。直到上个月，他在5年内甚至都没擦伤过。

（5）缺勤增多。马娜真令人头痛，她今天早上缺勤已不是初犯了。过去她从来不是太大的包袱，但现在你不得不为使她像以前一样出勤而费神了。

（6）越来越疲劳。小白似乎生活朴实、准时，但她总抱怨很累，是身体原因还是心有所虑？

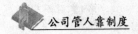

（7）酗酒。耿华今天下午在机器上工作时非常紧张，你都替他不安起来。他终于松了一口气，也让你虚惊一场，他平时不是个爱喝酒的人，今天为什么喝这么多酒呢？

（8）产量减少。小李的工作进度莫名其妙地慢了下来。

（9）浪费。小张的工作经常返工。

（10）不乐意接受培训。小范似乎难以适应新的工作。

以上现象，老板要及时发现，并找当事人交谈，了解事情的真相，使事情得到解决。

不应受到重用的四种下属

不称职的下属有许多表现，但除了业务上的能力之外，最主要的表现在有些下属缺乏为人处世的能力，老板及上级虽然应该有宽大为怀的肚量，但这种宽容必须是有度的。

作为主管，谁都希望在公司里取得一种和谐的人际关系，创造出一种高效率的工作氛围，但许多下属却具备了下列令人难以容忍的缺点：以为自己了不起，没大没小；给他表现机会就以为上司不行；不尊敬，专谈上司的"笑料"；在外人面前不顾及上司；不体谅上司因私人问题而引起的失态……对这样的下属，你一定要给点颜色让他瞧瞧。下列四种人是你不能重用的人，他们的害处想必你已经有所了解：

第一种，不会做也不说。

小王是公司人事部新招聘进来的员工，进来一星期，老总给小王安排了一份试用期的的工作任务，小王爽快应允。试用期快满，老总让小王写一份有关试用期的工作报告，报告交到老总手上，里面除了讲小王给员工评级、签报表等日常工作之外，老总安排的其他任务只字未见。老总问小王为什么这样，小王说他不知道怎么做，并列举了一大堆困难，老总听后无可奈何地苦笑，结果自然是小王立即卷铺盖走了。讲完这个故事，老总仍然有些气愤地说，一个人不会并不可怕，怕的是不懂又不问，碰到困难不出声。

第二种人，会说不会做。

小李刚进来时，老总同其有过一次长谈，交谈中老总对小李的一系列理论赞赏不已，小李自称曾任过三年品质经理，四年工程主管，对行内标准和技术要求熟之又熟，令老总感叹终得将才。三个月之后，老总还是炒了小李鱿鱼。原来小李只是三国时的马谡，言过其实，讲得多做得少。老总这样评价小李：第一个月，我以为他是专家，第二个月，我认为他只是理论家（理论有余，实干不足），第三个月，我认为他其实只不过是个高手（举举手叫叫口号而已），对于这样的下属，想留他也难。说完老总忍俊不禁。

第三种人，会做但不理解。

小张是老总手下唯一的一位女主管，负责来料检验，工作非常勤奋，对于产品书面标准也比较熟，但令老总感到遗憾的是不知道变通。有一次供应商送来一批标准高度2米的货架（货仓摆放物料用），检查后超出允收标准0.2厘米，小张理所当然地拒绝了这批货。供应商有意见，采购部找到了老总，老总给予放行，但小张坚持不放。老总对于小张的行为只有苦笑。老总说，在公司管质量，仅仅知道书面标准，貌似对标准理解，实乃并不理解，像小张这样工作缺乏灵活性，往往事倍功半，也很难令上司欣赏。

第四种人，理解但讲不清。

小董很早以前就追随老总，来公司也有多年，同公司一起成长，工作勤力肯干，就是意思表达不清楚。上个月公司ISO外审验证，外审员向小董提问，挺简单的一两句话就可回答的问题，小董东拉西扯地讲了半天，该回答的问题没讲清楚，反而将自己其他方面的几个问题毫无保留地贡献给了外审员，令老总在一旁急得抓耳挠腮。对于小董，老总是爱也悠悠，恨也悠悠！

十种不成熟的下属

你的周围有着许多下属，他们有的能够自立门户，而有的却"嗷嗷待哺"，他们是不成熟的下属，期待着你的批评和帮助，不要抛弃他们，带领他们向前走，胜利就在向你招手：

（1）过度依赖的人：以公司为靠山，而不是作为工作场所；过度关心退休、年资和安定；喜欢做要求简单的工作；希望担任单一的工作角色；喜欢

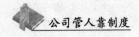

例行的、事务性的工作；不喜欢做决策；依靠别人来开展工作。

(2) 自私的人：从工作经历中可以看出其以自我为中心；对公司不忠；除非有人付钱，否则绝对不多做一点；孤独；喜欢操纵、利用人；过于关心地位和其所象征的权势；喜欢吹嘘；喜欢责怪他人；沽名钓誉。

(3) 追求安逸和快乐的人：先玩乐后工作的态度；不喜欢的事情便不去做；喜欢"请假"；专找工作时间有弹性的工作。

(4) 想法天真的人：对工作和待遇的期望不切实际；高估自己升迁的能力；在以往工作中，往往表现出不良的判断力；做白日梦幻想成功，但不努力去追求；以乐观的想法认定自己可以创造奇迹。

(5) 不愿意担责任的人：朝九晚五的准时上下班者；对自我突破没有什么兴趣；没有兴趣发展个人的事业；喜欢推卸责任；不愿意出远门（包括出差）。

(6) 缺乏自制力的人：容易沮丧；脾气善变；不能接受批评；人际关系差；由于暴躁的脾气导致意外事故；好色、好赌、烟酒无限量。

(7) 不顾后果的人：工作一直不稳定；一冲动就乱来；挥霍无度；经常作出不恰当、不负责的评论。

(8) 过度服从的人：过度顺从；衣着严谨；非常守时；观点保守；对权威过度尊敬。

(9) 表现欲倾向的人：对能成为众人瞩目焦点的工作很有兴趣；追求让自己成为注意力的中心；无法区别声名狼藉和真正的荣誉；讲究穿着；对所拥有的奢侈财物过分引以为傲；过分重视地位所象征的意义；常以健康不佳为由引起别人的注意；过度喜欢辩论、表演。

(10) 毁灭倾向的人：抱怨不断的人；不必要的叛逆；过度批评别人；批评以前的雇主、同事、同学；有危险的驾驶记录；个人财务记录一直不佳。

辞退员工时要婉转

"铁打的营盘流水的兵"，当公司内部由于各种原因而导致出现消极因素时，辞退公司职员就成为了第一选择。

辞退的原因有多种，或者是因为违纪，或者是因为失职，或者是因为公司财务出了问题，或者是因为怕破坏公司风气，或者是为了维护公司传统，不管什么原因，辞退职员都要慎重，处理都要妥善。

做出决定是困难的，特别是当你准备告诉员工他将是裁员的对象时，事前必须先对这名员工离职后对公司所产生的影响，做一番调查，例如：

你必须先花好几个星期的时间观察该员工离职后的影响；考虑一下可能必须支付的退休金；考虑可能需要职业介绍所帮忙再找人替补；考虑必须处理多出来的工作量，以及一些杂事；考虑可能还必须支付一段时间的保险费等。

在执行开除某位经理人时，要先确定该名经理人在接获消息回到家后，他的亲人是否会在家里陪他度过这难过的一刻。至今专家们还不断争论着，像这样的坏消息应该是在星期一还是星期五宣布较妥当。我觉得重要的不是何时宣布这项消息，而是应该多花些时间，帮助员工从失业的惊吓与痛苦中恢复过来。

辞退的决定一旦公布，就要坚决执行，不容更改。此时，可让人事部门确定能否为他提供任何服务；打电话给能帮助该员工的人，例如能劝服他的人，能指引他正确方向的人，甚或是可能雇用他的人；写一封充满热诚的信，告诉他不必对自己的离职感到怀疑，无论如何，他在大家的心目中，仍是公司很有价值的员工，别让他认为是因为对工作没有贡献而遭到辞退。

如果不是难堪的因素导致的辞退，可以邀请他及他的家人共进晚餐，为他们一家人打气。同时向他的家人称赞，他是一位很有才华的人。而公司的同事，也都尽可能以朋友的身份与他保持联系。如果你必须让你所信任的员工离职，那么你便必须知道怎么做，才能维护离职员工的尊严和自信，让离职员工仍对公司怀有感恩之情。

最后，如果该员工还在本市，可以与他保持联系。如果你听说他还没找到新的工作，那么隔几个月就打通电话给他，随时提供给他一些意见及帮助。

区别对待"表现较差的员工"

员工不优秀及带来的连锁反应的确让人力资源部门头疼。"表现较差的员工"永远存在，关键是如何有效对待这些员工，让其所占比例降到最低。

为了做到这一条，成功企业是这样做的：先给笼统的"表现不佳"分分类。表现好坏不该是主观臆断，而应是通过业绩评定得出。业绩的评定主要从技术能力、个人素质、价值观、团队协作能力、诚信度、客户满意度、判断力、灵活性、创造力等方面来打分，然后给不及格者贴上"标签"——分门别类地列出每个人的弱点，再分析个人表现欠佳的原因。最后有针对性地采取"因势利导"或是"优胜劣汰"的方法。

因势利导适用于以下几种人：

(1) 本人非常努力，一贯按照公司的价值观来做事，但技能欠佳或灵活性、创造力不够。对这些人，可以有针对性地让他们接受一些培训，给他们一段时间来提高业绩。

(2) 本身天资较差，不能胜任岗位工作，但工作态度兢兢业业。对这些人可以分配给与其能力相当的工作，比如某人原先是医疗器械的大区销售代表，但业绩不够突出，改做某个地区的销售代表后，反而干得有声有色了。

(3) 个人能力强，但缺乏团队协作精神，把其他员工都"赶走"，最终影响到整体的绩效。对该类员工，一种方法是"消灭"他的个人主义倾向，向他灌输团队合作精神；另一种相对较好的方法是索性让他"单干"，即创造机会让他承担更多责任，但同时也给他挑战。这种方法的好处在于移走了他这棵"大树"，团队中备受压抑的"小树"才有机会冒新芽，这是一举两得的事情。

(4) 由于自我认识或部门对他的认识不够全面，导致自身判断失误，创造力低下，对工作兴趣不高，因而不适应工作。不排除此类员工在其他方面会有好的表现，因此可以通过工作调动为其找到合适的岗位，很多人在换岗之后的表现非常好。就像通用电气公司，每年都有45%的员工岗位轮换，员工在成为多面手的同时，有些比在原先的岗位上干得更出色。

优胜劣汰可能使公司付出可观的重置成本，因此企业一般不会轻易否定某个员工。然而，对于品质低下、主观不努力、违反诚信原则、工作态度差、给公司造成不良影响（在人力资源经理找他谈话后仍我行我素）的员工，就只好采取淘汰的手段了。

你是下属心中的依靠

当你危机四伏，一大堆下属都盯着你等你的决策时，你要清楚你肩上的责任。尝试一下采取下列方法以明确你的权威：

首先，严肃认真地和下属一起商讨如何改进，保持合作的态度；听听下属对有关问题的陈述，不要武断地作出结论；然后尊重下属的意见，给他们发言权；内心要平静，不许发脾气，不威胁下属，也不要争论；如果自己有错，就勇敢地承认；光明磊落，不要给对方设圈套；一起寻找解决办法，提出最少应该有什么样的进步；最后对该进度设立一个最后期限；结束时要作一总结，表示相信他改进工作的能力，让他明白你和他进行这次讨论就意味着对他的信任；确立下次会谈的时间。

学会以上原则后，你就要做适当的练习了，你当然会面对某些困难的下属。下面是和问题员工打交道时要注意的一些问题：

制定你需要的工作标准，你自己决定什么可以接受，什么不可以接受；记下所有的旷工、表现欠佳以及相关的事宜；和问题员工私下会谈，时间要长；预先确定你要谈论的各个方面，在会谈中要做好笔记以备查证；保持会谈的非私人性质，态度要友好，不要满足于他一味地顺从，而要求他真正地在行动上有所改进；不要责难他，抓住你要他改变的行为进行讨论，而不必追究他的责任；把你所认为的问题讲清楚，要具体，不要夸张、泛化；坚持会谈主旨，不要为他们开脱，不要表扬以防止使问题显得缓和，不要被他诱入无休无止的辩论中。

当然，除了上述方法之外，还有一些建议：不要自行诊断下属的问题；不要和下属谈论酗酒等问题，除非他们在工作时间这么做；不要进行道德说

147

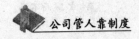

教；不要为下属的可怜相所迷惑，这可能是他们的特长；不要为朋友掩饰过错，这样做可能越帮越忙；必须帮助员工解决个人问题，否则问题会越来越严重；必须让人明白你只关心工作状况，工作表现不好，工作就有危险；必须让下属自行决定是否寻求帮助。

该批评时不拖延

身为上司，经常会遇上棘手问题，除了公事，还包括一些私事，如下属闹情绪、发生矛盾纠纷……都需要你去调解。对这些事，作为领导的你必须以朋友的口吻去问对方："有什么可以帮忙的吗？"或："有什么问题吗？看看我是否可以替你解决。"这样，有助于了解问题的因由。

要是工作繁忙，未能及时抽空处理，可以先进行慰问，例如传递一张字条，写道："我知道发生了不对劲的事，只要完成手上的工作，我会尽快帮助你解决的。"关切、诚恳，对下属是一种鼓舞。

当你阶段性工作忙完之后，一定要找时间去做善后工作。一方面舒缓下属由于彼此矛盾或纠纷造成的紧张气氛；另一方面多了解下属间的矛盾原因，这与你制定日后工作方针大有关系。

当你对某下属的工作不满，却又不想当面批评时，怎么办呢？不错，矫正下级的错误是你的任务之一，但低调一点，先尝试改变其态度为上策。当你发现下属犯了错误时，可以直接告诉他你的要求，但切忌说："你这样做根本不对！"应以提醒的口吻向对方说为好。

更不要进行人身攻击，例如："你这个人，真是不可救药！"或："为什么你总是不能客观点？"这样的说法，只会令双方关系尖锐对立，对事情的解决一点帮助也没有。

预先想清楚要说什么话，大前提是"对事不对人"。

还有，要掌握速战速决的分寸，一旦发现错误，应立刻采取行动，切勿拖延下去。

拖的不妙之处是，对方会想："我一直都是如此办事，为什么过去没有意见？"以为另有原因，就更加不肯合作了。

正面批评别人，是一件十分尴尬、为难的事，但作为领导，这亦可算是你的必要工作之一，所以应该把握一下批评的分寸。

当你要进行严厉批评时，请预先跟当事人约好一个时间，让对方有心理准备，你也可以提前思量该事件的处理方法。

经常提醒自己："把握分寸"，"保持冷静"，"不要匆忙"，"态度自然"。记着，正面和诚恳的语态，可以令受批评者较易接受和免却尴尬。

开场白是很重要的，切忌凡事用"我认为"来开头，以免给对方过大压力。

可以婉转地说："你经常迟到早退，是否有什么隐衷？""单位有单位的规矩，你迟到早退，实在对其他同事的工作有影响，而且不公平。""我欣赏你做事速战速决，但希望你能依单位规矩而行，以免阻碍正常工作。"

总之，及时把缺点、毛病消灭在萌芽状态，把刚出现在员工身上的不良行为去掉是利用批评艺术的要点之一。

学会修"牢"补"牢"

深圳有家公司老板被一个职员撬走3万元现金。他花了3万元钱，请司法部门抓到了那家伙，将其送进班房。但被拿走的钱已花光，一个子儿也没收回来。

有人说他傻，花钱买麻烦。其实，他不傻，说他傻的人才犯傻。他花钱买的不是麻烦，而是他的威力，是公司其他职员对他的忠诚。虽然这么做很麻烦，但如果他不显示他的制裁能力，以后被撬走的就不止3万元了。可见，"亡羊补牢"并不是多此一举，他花的是补"牢"的费用，不是找"羊"的费用。这也是通过补"牢"而修"牢"。

老板要警惕！千里之堤，毁于蚁穴。如果忽略小错误，并因此而扩大，终会变得不可收拾。在用人的问题上，如何对待犯了错误的人，以及怎样使用有过失的人，这要讲究原则和策略。

李昌镐是当今世界围棋界的顶尖好手，他的棋风很值得回味，李氏围棋的特点或他的制胜武器是"几无破绽"。他本人追求的也正是这种境界，他说："棋局如人生，下棋时，布局越华丽，就越容易遭到对手攻击，生活中，少犯错误的人，要比华而不实的人更容易成功。"李昌镐在棋盘上，有如蜘蛛在网上，自己绝不犯错误，只等待他的"昆虫"犯错误。对手一犯错误，他就抓住不放，置于死地。许多与他交过锋的高手这样感叹："碰到如此无隙可趁的对手，我们拿什么去赢他？"这个原则落实到用人上，就是选稳重的君子，而不是选择具有反叛精神的大能人，把"牢"修固。许多公司出现部下背叛行为，凡是遭到背叛的，都是老板违反了最小收益最大化的原则。因为背叛的后果可能是你的覆灭，是你的利益最小化。

以快刀斩乱麻

人要成长，公司要壮大，犯错误是不可避免的。如果你过分强调不能犯错，重罚犯错误的人，实际上就是要求犯错的员工只是机械地、墨守成规地做一些公式化的事，只能做你认为最熟悉的事情而不能前进，除非他有绝对的把握，否则什么创新开拓的工作都不敢做。这样做的结果，自然是公司越来越没有活力。

为了避免员工的无为思想，对犯错误的人应该区别对待。有些人犯了错误是可以容忍的，可以忽略或宽恕的，有些则是不能容忍的。必须让员工们相信，如果在做一件事之前，经过了理性的思考，并且能对他的所做所为说出一定的道理，就不在意他们偶尔犯错，他们也不必因为怕犯错而恐慌。老板要尽可能控制自己，不着急，静观员工是如何解决每一个错误的。这样，你就可以对这个员工的素质有所了解。如果他勇敢面对错误，毫不畏缩，并且找出解决方案，对错误加以弥补、挽救，老板你就应该庆贺自己拥有了一名好员工。如果他企图掩饰错误，或把错误搁在一边不管它，忽视它，那么这个人应该不是你需要的。在对待员工处理错误方面，你首先要注意看他识别自己错误的能力，承认自己错误的勇气与诚心，这也正是处理错误最难和最要紧的一点。绝不能让他们以为错误本身就是无所谓的，否则，犯错会变成一种习惯，必然会影响到公司的发展。

特别提醒的是，因散漫、懒惰等无理造成损失的，那些无法解释自己错误行为的人和事都是不能容忍、不能忽略的。

对下属的缺点错误，发现了苗头就应及时提醒，不要态度暧昧，姑息迁就。可以经常"吹吹风"，甚至下点"毛毛雨"，防患于未然。对于已经出现的错误，要给予适当的批评，帮助下属找出原因，认识错误，并以此教育他人。遇事有分析，因人而异，是应当永记的。对于有药可救的下属，不能"一棒子打死"，因为走极端的做法也极易引起下属的反感。而对故意犯错的，无论他们改正错误的态度是多么诚恳，必须以快刀斩乱麻的方式，果断处理，绝不手软。

公司管人靠制度
GONGSIGUANRENKAOZHIDU

第 **10** 章

以人为本：管理要讲人情味

在领导者眼中，下属是人还是机器？这个问题直接关系到领导者采取哪一种管理方式，并能取得怎样的效果。对此，大多数领导者和主管的答案都倾向于前者，毕竟以人为本的概念已深入到这些企业管理者的心里了，但是也有一部分人例外。

有的主管认为下属像一部机器，开动它的时间应由自己做主，要它什么时候停就什么时候停，绝对没有一点商量的余地。有这种思想的主管不会得到下属的爱戴；另一方面，下属长期处于紧张状态，对于工作质量及效率都没有好处。

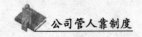

别把员工当机器

美国哈佛大学教授赖文生说：越是富有人情味的人聚集在一起，就越能做出超人的事情。忽视人性的人，只能使工作陷入僵局。

在领导者眼中，下属是人还是机器？这个问题直接关系到领导者采取哪一种管理方式，并能取得怎样的效果。对此，大多数领导者和主管的答案都倾向于前者，毕竟以人为本的概念已深入到这些企业管理者的心里了，但是也有一部分人例外。

有的主管认为下属像一部机器，开动它的时间应由自己做主，要它什么时候停就什么时候停，绝对没有一点商量的余地。有这种思想的主管不会得到下属的爱戴；另一方面，下属长期处于紧张状态，对于工作质量及效率都没有好处。

在一家跨国公司的员工办公室，气氛犹如冰冷安静的库房。一位在该处工作的年轻人称，公司规定员工在办公时间不得交谈非公事的话，去洗手间必须到接待处取钥匙，茶水间外驻有一位员工，登记往该处喝水的人。

这使得本来言笑语欢的同事，一到办公时间，得立刻换上冰冷的面孔，整个人犹如被公司买下来似的，没有丝毫的私人尊严。值得注意的是，这间跨国公司的业绩并不突出，员工流动量也很大。大部分辞职不干的雇员都认为那家公司没有人情味，甚至干了10年以上的资深员工在离开公司时，也没有一点留恋。

那家公司最失败之处，就是忽略了人性的生理法则。人和机器的区别在于人有感情、自尊等精神因素，而机器没有。所以，那些把下属当做机器一样管理、使用的领导注定了会失败，只有以人为本才是最理想的管理方式。

允许片刻聊天

几乎所有企业或公司的车间、办公室里，都贴有这样一张字条：上班（工作）期间不允许聊天。

的确，下属在上班或工作时间聊天会影响效率，但是，假如所有下属上班时间一声不吭埋头工作，那也未免太压抑、太死气沉沉了。这对工作效率同样也有负面影响！事实证明，上班时间允许下属片刻的聊天，不但不会降低工作效率，反而会提高工作效率，并且使整个办公室或车间的气氛要活泼得多。

人类最直接的交流，是靠语言表达心中的感情，如果每天在所有时间内禁止雇员交谈，对他们的工作根本没有好处。除了他们互相之间难以建立起紧密合作的关系外，工作上产生一些误会也在所难免。

员工工作偶尔有些困难，向同事们讨教几句，也是减压的方法之一。当然，光聊天而忽略了工作效率的人，会成为公司中的冗员，大大影响公司的运作。为了使下属懂得自律的法则，以身作则是最重要的。所谓身教重于言教，平日偶尔跟下属聊几句，即投入工作正题，聪明的下属一定会明白你的要求。

允许下属在上班时间片刻的聊天，是一种关心和理解员工的有效手段。何况在当今网络时代，你若一味地禁止员工聊天，他们的感情得不到宣泄时，可能会上网进行"无形"的聊天，那样就让你更加难以防备。因此，对于上班时适当的聊天，"疏"胜于"堵"。

时间无情人有情

如今企业普遍实行的是8小时工作制，有的企业规定，员工迟到1分钟或早退1分钟就要罚款多少，这也未免太苛刻了！要知道时间并非铁板一块，时间无情，人却是有情的。作为领导，在下属工作时间这个问题上，不妨来一点弹性，只要完成了工作，晚来或早走几分钟没有什么关系。

实行员工弹性工作时间，未尝不是一个好建议。由于城市规模越来越大，员工住处离上班地点也会越来越远，交通拥堵已成为上班一族每天的老话题，也的确是苦不堪言。

明智的领导，应为员工制订非繁忙时段的上班时间，例如将上班时间定在9点钟，除了稍避拥挤外，也同样能收到高效率。

至于午餐时间多定在12点整，而此时除了找不到座位用餐外，餐厅的员

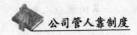

工忙乱间所做出来的食物，往往水准稍差。如果将用膳时间定在1点，或干脆延至1点半或2点整，情况就大大不同。员工既可享受一顿美食，减少挤座位的紧张，情绪还可得以松弛，对工作就能较易应付和投入，工作效率自然能有所提高。

早上匆忙起床梳洗，来不及吃早餐，已是都市人的普遍习惯。许多公司不准雇员在座位上吃东西，以致不少人因饥饿而显得没精打采。作为领导的你，不能因为鼓励下属养成吃早餐的习惯，而放任他们在座位上吃东西，最佳的方法是在办公室一角设茶水间，以及允许员工叫外卖食物。

有些领导以为设立茶水间，雇员会借进食或饮水为名而躲避工作。事实上，他们饿着肚子工作的效率会更差。事事替下属着想，这种管理方式并不是要代替制度管理——两者结合也许是最好的管理模式。

加班宜少不宜多

作为领导者，有时让下属加班是迫不得已的，但不能经常这样。然而有的领导者则不然，有事没事都喜欢在下班前叮嘱一句："今天加班！"一句话把下属的兴头全打没了。这种加班的效果其实一点也不好。

偶然一次加班，可以刺激下属的工作效率，但长期的加班，就会打击他们的情绪，并不值得鼓励。事实上，需要下属长期加班，只会显示出人手的不足和调配不当；加班只属短期权宜之计，不能长期如此。如果你以为下属会稀罕那份加班的额外收入的话，就未免太看轻别人了。

下属经常加班，为他们增添了不少问题，除了家庭生活会受到一定的影响外，对工作本身并无好处。由于太晚下班，回家后还要处理私人问题，造成睡眠不足。睡眠不足，会使精神较难集中，以致影响翌日的工作情绪，效率和素质自然下降。

另外，有的领导者喜欢在下班前交付给下属一份工作，好像老师给学生安排家庭作业似的，跟上述的让下属加班并没有本质的区别。

在午休或下班前交待工作，使下属不能放下工作，影响休息和心情。加上勉强工作，也会直接影响其工作效率和素质。作为领导者，切记不要总是让下属加班，也不要在下班前给下属安排工作。

女士一定要抹口红吗

上班未抹口红竟被开除，听起来让人不可思议。人，以朴素为美，哪有不化妆竟然被开除的？然而，某旅游咨询服务公司的女秘书被解聘了，理由是上班时未化妆，未涂口红。

公司老总也是个女的，她对此也不否认，她解释说："我们辞退她主要是考虑到公司的形象问题。现在提倡建设企业文化，树立企业形象和品牌。企业形象、品牌的树立，重要的是人的形象的树立。公司是做生意的，做生意就得和客人打交道。作为公司的秘书，可以说是公司的形象大使，她的一举一动，对生意的促成很重要。顾客来了，见到你的秘书就倒胃口，还谈什么生意？谈不成生意，公司还有什么经济效益可言？公司不是要每个员工都必须潇潇洒洒、漂漂亮亮，更不是要女秘书打扮得袒胸露背，以色悦人。我们只要求她注意自己的形象，上班时打扮一下、精神点，不要太邋遢，让顾客反感，不过分吧？"

公司老总的话也有一定道理，爱美之心人皆有之。美，是一个人的渴求；欣赏美，也是一种享受。问题是，上班不化妆，不抹口红就要被开除，是不是合法。

有关专家认为，职业女性在上班时适当化妆是应该的。但作为一个公民，他们有权选择自己化妆还是不化妆，以及化什么妆，是浓妆还是淡妆。一般情况下，如果公司以不化妆为由将员工解聘，是没有道理的。当然，这要看具体情况。如果该公司女秘书和公司签订了具有法律效力的劳动合同，合同中又有女秘书上班时必须化妆的规定，那么，女秘书就应该遵守公司的规章制度，上班时化妆；确实没有按要求化妆，那么，公司解聘该女秘书应该说是合理的。如果合同里没有这一项规定，开除就是不合法的了。

让罚款变捐款，将惩罚艺术化

提到罚款，从自己兜里把钱掏出来，或者发工资时扣除，乐意接受的人

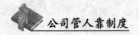

不多，但如果说"这不是罚款，这是捐款，捐给受灾地区的父老乡亲"，那你一定不会有意见，因为你认为自己做了一件善事。

市场占有率在全国遥遥领先的蒙牛公司，就把罚款变为"捐款"，不失为惩罚艺术化的成功之举。

蒙牛乳业公司规定企业内部禁烟禁酒，饮酒后不能进工厂，就餐不准剩饭，否则向公益事业捐款50元；开会时绝对静音，谁的手机响铃了，也要向公益事业捐款50元；与产品有关的管理更是严格。

在各个城市，很多单位都有相应的规章制度，却没有相应的惩罚措施，因此，有令不行，有禁不止。墙上明明写着禁烟禁酒，墙下走过的人却叼着香烟、打着酒嗝。制度明明规定开会时杜绝接听手机，但会议室手机铃声总是此起彼伏。

蒙牛公司对违规者的惩罚是向公益事业捐款，既触动了员工的心灵，对员工有所训诫，又树立了公司热心公益事业的美誉。

蒙牛公司的"捐款"惩罚给所有的企业都是一个启发：谁在开会时打手机，不妨也让他向"希望工程"或贫困山区捐款50元。谁在工作期间饮酒，谁利用公车办私事，谁随地吐痰，都可以"惩罚"他，让他向公益事业或与本行工作相关的重点项目捐款，并出具特制收据，在单位甚至还可以设立专门的捐款"光荣榜"，凡是因违反纪律被罚款的，其罚款数额都作为捐款数额，张榜公布，让被罚款的员工也体验一下"光荣"的感受，心灵上受到激励，同时也得到"光荣"的满足。

严重过失未受到惩罚的清洁工

中国某核电集团，发生了一起停电长达两天的重大事故：一个清洁工在例行清洁打扫时，看到一个机器的某个部位有些灰尘就顺手"勤奋"地用抹布擦了一下，无意中触到一个开关，启动了核反应堆停堆的指令，导致长达两天的停电。

停电两天，要造成多大的经济损失？直接的和间接的，难以估量。如果在一般的企业里，等待这位清洁工的一定是严厉的惩罚——开除。但核电集团只是让清洁工讲清事情原委，然后继续工作，甚至连工资和奖金都没有受到任何影响。

这样轻描淡写的"惩罚"，在一般人眼里简直是不可思议。而该集团的领导是这样解释这一超乎常理的做法的：对于核电企业来说，安全至关重要。为了消除所有安全事故隐患，企业需要千方百计地获取有关安全隐患的信息，这样才能采取各种措施，从根本上消除安全隐患。清洁工无意中触到了开关，启动了核反应堆停堆的指令，说明开关的位置不当，至少是没有采取保护开关不至于随便可以触及的措施，这就暴露了目前存在的安全隐患。如果不是清洁工的无意触及还发现不了。从另一个角度看问题，对清洁工，不仅不应该惩罚，还应该奖励：如果不是清洁工的无意触摸，还发现不了存在的安全隐患。只是因为造成停电两天的损失太大，功过抵消，也就没有奖励清洁工。

不处分犯有严重过失的清洁工，对清洁工是一个极大的心灵触动，而对于领导层和其他员工也是一个前所未有的心灵震撼。因为他们从"不惩罚"中感受到惩罚所不能得到的真正的收获。那就是让员工说出真话，让企业了解真实的信息。

对犯有严重过失的清洁工的触动心灵的惩罚，让所有员工都清楚地明白了，并不是所有的错误都要严厉地惩罚。只要是为了企业的发展，虽然做错了事，也是可以谅解的。如果事不关己，高高挂起，油瓶倒了都没有人扶起来，员工没有主人翁的心态，企业还能谈得上振兴？

世界杯时网开一面

四年一次的世界杯足球赛，"拉"走了多少人的心，该干的事不干了，甚至该上的班也不上，都聚集在电视机旁。同时，也引发了考勤纠纷。

某机械厂就发生了这样一件事：金工车间是该厂唯一进行倒班的车间，人休息车床不休息。一个星期六晚上，车间主任去查岗，发现上二班的年轻人几乎都不在岗位。据了解，他们都去看电视现场直播的世界杯足球比赛去了。车间主任气坏了，在星期一的车间大会上，他一口气点了十几个人的名。没想到他的话音刚落，人群中不约而同地站起几个被点名的青年，他们不服气地异口同声说："主任，你调查了没有，我们看世界杯足球赛不假，但我们并没有影响生产任务，而且我们的任务都保质保量完成了。"车间主任不等几个青年把话说完，就严厉地警告说："我不管你们有什么理由，上班脱离工作岗位就是违反工厂的规定，哪怕没有活儿也要给我在车间里待着；如果下次再发现谁脱岗去看电视，扣发当月的奖金。"

谁知，就在宣布"禁令"的那个星期的周末晚上，车间主任亲自去查岗时又发现，上二班的10名青年中竟有6名不在岗。主任气得直跺脚，质问当班的班长是怎么回事，班长无可奈何地从工作袋中掏出三张病假条和三张换休条，说："昨天都好好的，今天一上班都送来了，我也没有任何办法。"说着，班长瞅了瞅车间主任，然后朝围上来的工人挤了挤眼儿，凑到主任身边劝道："主任，说真格的，其实我也是身在曹营心在汉，那球赛太精彩了，您只要灵活变通一下，看完了电视大家再补上时间，不是两全其美吗？上个星期五的二班，据我了解，他们为了看电视，星期五就把活提前干完了，您也不……"车间主任没等班长把话说完，一声不吭地向车间对面还亮着灯的厂长办公室走去。剩下在场的十几个人，你看看我，我看看你，都在议论着这回该有好戏看了。

批评员工要讲究方式方法，应该先问明情况和原因。员工违反工厂的规定也不是有意而为之，总有这样那样的原因，不问青红皂白批评一通，达不到批评的效果，只能引起员工更大的反感，拉大管理者和员工之间的距离，离心离德，不利于生产的进行和经济效益的提高。如果当初这位车间主任估量好青年工人的心态，理解他们过四年一次世界杯足球赛的"瘾"，适当调整上班时间，不就两全其美了吗？

尊重他人隐私

人之所以为人，一定有自己独立的爱好、追求和社会交际，这是人在社会生活、经济生活和家庭生活中的实际内容，不可缺少，不能对它进行压抑，更不能完全取消。存在是正常的，不存在倒是不正常的。

但是，也有不少领导恰恰在这点上无容人之量，他们或者大肆宣传"在领导面前无隐私可言"，恨不得了解部属的一切；或者"教育"部属"以公司为家，献出一切"，其中包括献出个人的一切时间、一切精力及一切隐私。或者以"公"字衡量部属的道德和事业心，见私利，就会大发雷霆，以为"私心太重"；见部属私交密切，就侧目而视，认为是"拉帮结派"、"另立山头"；见状，就眉头紧皱，认为部属"心术不正"，恨不得把部属一切都交"公"，除了工作，别无其他才好。

当然，容人之私，不是说容人一切私欲，仅是指那些正当的、正常的，国家政策法律所允许的利益，那种违法违纪的私欲，损人利己的私欲不仅不能容，还要绳之以法，严加惩处。

那么领导如何做到容人之私呢？

一是容人私交。允许部属享有交友的权利、交际的权利和参加各种合法的社会团体和社会活动的权利。对此，领导既不可"以己之友，强人之交"，亦不可"欲交必交我，欲从必从我"；还不可用自己的感情变化而"爱屋及乌"或"殃及池鱼"。

二是容人私利。即允许部属在法律的范围内，追求、交换、赠予各种物质的或精神的利益，你作为领导既不可限制部属私利，也不可伤害部属私利，即便是部属在追求私利以及个人消费上有些缺点，只要不是违法乱纪，都不可以横加干涉。当然。适当加以劝导是可以的。

三是容人隐私。世界上所有的人，都有其各自的隐私。在法律规定范围内的隐私是人身权利的一部分，尊重别人的隐私，其实也就是尊重别人的人身权利。反之，通过各种手段窃取、了解别人的隐私的行为，是极不道德的行为，作为一个领导更应注意。

领导不应该干涉部属的私生活，从某种意义上说，私生活正常健康发展，正是个人全面发展的重要组成部分，如果取消、忽视这部分，一定会使人畸形发展，产生变态或病态的心理，这不仅伤害人身心，也会有碍于工作和事业。

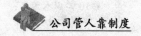

细枝末节体现人情味

人们总是习惯于对他人建立一个影像，然后与这个影像交流，而不是他本人。这些影像都是有固定模式的，通常是被曲解的或是建立在偏见基础上的，很少是通过客观分析及理性建造形成的。例如：会计。我们为会计建立的影像便是：他们极少开口说话，从不张扬不该张扬的东西，他们具有特定的程序以及功能。

遗憾的是，许多人吸收了别人所设想的他的特征，而不是原本的他。他们开始扮演他人所期望的角色。这一点在主管身上体现得尤为突出。

作为主管的关键不在于产生一种你认为主管是什么样的影像，也不在于按照员工认为一个主管是什么样的影像，关键在于如何做一个人。也就是去除那些你认为某些人应是怎样的概念，平等对待每一个人。

要做到这一点，最重要的就是忘掉每个人身上的标签："他是管人事的，她是会计，他是开车的……"同样重要的是，千万不能将人们分成不同类别。如果将人们分成不同类别，只会让我们很容易地根据带有偏见性的假想对他们的行为做判断，而不是根据他们的起初表现来做决定。

作为主管，很容易以自我为中心产生影像来增加自我重要感。往往，主管们总是自以为是，不再谦卑，失去对不是主管的员工的尊敬。这种自我重要感大大地低估了那些在最前线却没有如此特权的员工对公司的贡献。

真正优秀的主管应是采取简单而且基于常理的方法，真的将员工当人看待而不是某种影像，给人以平等感。信任员工，尊重员工，听取员工的意见，向人们吐露秘密，与大家开玩笑，真的对人产生兴趣。这些主管甚至真的希望从别人身上学到更多的东西，得到后示以感激之情。

这都是很简单的道理，同样也是人之常情。如果你希望别人可以为你付出他们的全部，你必须要有人情味，将别人当做人来看待。

要让别人觉得你富于人情味，并不是通过宣扬自我来体现，而是实实在在地通过日常生活中的细节来加以表现：

(1)给到你办公室的人沏茶。

(2)主动为女员工让路。

(3)慰问生病员工。

(4)休息时与员工聊天。

(5)到员工常去的餐馆就餐。

(6)与大家一起关注体育赛事。

(7)和员工讨论文学及音乐等话题。

(8)邀请员工家人共进晚餐。

(9)给老员工和勤奋工作的人以鼓励。

无论做什么，宗旨只有一条：将如何做一个人的原则应用于对待其他人。无论你的事业取得多么骄人的业绩，也不要将自己高高挂起。这一点说得容易，在实践中大多数主管都是很难办到的。

公司管人靠制度
GONGSIGUANRENKAOZHIDU

第11章

赏罚分明:把握尺度是关键

任何惩罚都必须是"有言在先"的,如果事前没有讲明白,不但受罚者感到冤屈,众人也会抱不平,惩罚就没有基础和前提。

任何惩罚都不会像奖励那样,给人们带来兴奋愉悦的心情,受罚者必然会羞愧、烦恼。这时,他们最希望有人予以思想上的解惑。尤其上进心很强、因过失而受罚者,心理的不平衡则更甚。如果不能及时解决其不能自我排解的疙瘩,就可能出现过激行为。

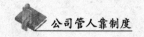

正确使用赏罚手段

赏与罚，曾被古人称为管人的两把利剑，是领导者统御部属、使用人才的重要手段。孙武把"法令孰行"、"赏罚分明"，作为判明胜负的两个重要条件。曹操也说："明君不赏无功之臣，不赏不战之士。"赏罚分明得当，是古今中外一切用人者的根本原则。领导者一定要正确使用赏罚，切莫随心所欲，无原则赏罚。

不赏私劳，不罚私怨。不奖赏对私人利益有功的人，不惩罚对自己有成见或隔阂的人。现实生活中的许多当权者，在这个问题上往往处理不好。

有功即赏，有过即罚。领导者要正确地用人，真正调动员工的积极性，必须做到按功行赏，论过处罚。这样做至少有三点好处：一是为员工提供了一个公平竞争的环境。既然功过是非是决定任何一个人的升降荣辱的唯一准则，那么，大家就尽心尽力地工作，以争取奖赏，避免惩罚。二是可以避免人为的矛盾。如果不坚持功奖过罚，员工难免有亲疏嫡旁之感，而员工一旦产生这种情绪，相互之间的隔阂矛盾便会随之而生。只有唯功是奖，唯过是罚，员工感到领导一视同仁，矛盾自然消失。三是可以调动大多数人的积极性。无论赏还是罚，只有得当，才能起到激励作用。如果失度，不仅没有受到惩罚的人心里不服，即使受罚者也不以为然。因此，在赏罚上不能搞平均主义，不能吃"大锅饭"，必须坚持功过分明。无功授禄，罚不当罪，皆是领导者的大忌。

惩罚应注意的方面

在组织管理中，领导多是奖惩并用。在大力倡导"以人为本，有效激励"的今天，我们仍不能忽略惩罚的功用，关键是要善用惩罚。

长期以来，惩罚在组织管理中的地位和作用一直是一个引人争论的话题。尽管美国行为科学研究表明，在对员工行为的长期管理中，采用以正面强化为主的办法，通常比压抑性控制更有效，但惩罚在管理中自有其应有的地位，其在组织中的广泛应用便证明了这一点。显然，在实际工作中，许多领导之所以喜欢运用惩罚，是因为惩罚容易在短期内很快奏效，可以立即矫正员工的不良行为，确保组织正常有效地运行。

但在现实的组织管理中，处罚管理的现状却令人担忧。主要体现在以下几方面：

(1) 企业惩罚手段呈现简单化和两极化。尽管大多数企业都将惩罚分为口头批评、一般处罚、严厉处罚、辞退几级，但在实施惩罚过程中，众多企业用得更多的是批评和辞退两种。这种情况在外资企业尤为突出。这固然是由于口头批评与辞退易于操作和执行，而一般处罚和严厉处罚则较难确定标准及统一实施，但更反映了许多企业疏于管理，为了追求高效率而不惜将管理简单化的现实。

(2) 员工对企业惩罚制度的满意度普遍较低。惩罚作为一种管理手段，若不能为被管理者认可，就是极不成功的，即使短期内奏效，也会埋下长期的祸根。"员工论事，先及人"，往往使员工一时间不知自己错在哪里，等到恍然大悟时，怨恨和抵触情绪早已生根了，惩罚的教育功能也无从发挥了。

惩罚是一种教育手段

具体执行惩罚时，领导必须首先认识到惩罚是一种教育手段，合理的惩罚教育才能取得较好的教育效果。其次，还必须始终坚持公平性原则、适度性原则，面对因懒散、失职或渎职所造成的不良后果，控制反感和恼火的情绪，保持理智冷静的态度，做出合情合理的判断和决策，使惩罚相当。此外，还应注意以下几个原则：

1.惩微原则

古人常说："勿以善小而不为，勿以恶小而为之。"人的微小善举，不一定要给予正式的奖励；然而，人的微小恶行，却不能不给予某种形式的惩罚。因为人们的不当行为，一般总有个量的逐步积累过程，应将问题解决在萌芽阶段，防微杜渐，甚至在问题还未出现前就预测到可能的倾向，及早采取措施，尽可能少地依赖惩罚措施。即使必须惩罚，也要遵循惩微性原则。优秀的领导总是能做到未雨绸缪，在员工滑向泥坑前，及时设立"禁止通

167

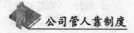

行"的黄牌，或者对初犯者予以适当的批评、惩责，以免将来病重时下猛药。所以，领导应注意各类小问题的发展及其对众人的影响，要重视"惩微"以"杜渐"。

2.沟通原则

惩罚总发生在员工的不当行为之后，要惩罚他，必须了解他做了什么错事，违反了什么规定，更要弄清楚他为什么违反这个规定。比如一个一向工作认真的文秘近期总是打错字或迟到，领导就有必要在做出惩罚之前和她进行有效沟通，弄清情况，查明原因。若她的错误源于可以原谅的原因，但为了严肃纪律，表明公司制度的公正而不得不罚，此时，也会使她口服心服。

3.及时原则

根据中止原理，当员工错误行为开始出现时就给予及时的惩罚，这样错误的行为就会与惩罚所引起的焦虑、恐惧等经验相连接，那么员工就不得不中止行为，惩罚也会相应结束。这样员工会清楚地认识到：惩罚的引起与结束都是自己的行为造成的，以后就会避免出现类似行为。如果在员工不当行为发生之后很久才施以惩罚，就不能使他十分清楚受罚的原因，甚至有些员工还会认为是领导对他个人有意见而故意找茬。

4.反馈原则

惩罚只教人们不做什么，而没有教人们去做什么。因此，领导在实行惩罚的同时必须给员工指明替代性行为，当员工做出了管理层所希望的替代行为时，最重要的是领导及时地给予反馈，对此进行正面强化。如果员工受公司派遣外出学习，但未能较好地完成学习任务，如未能通过结业考试，公司罚他自付一半费用，同时限期完成学习任务，达到结业要求，若此员工如期完成任务，那么另一半费用则由公司负担。当一项惩罚措施执行之后，并不以此为对某个人不良行为管理的结束，而是领导向员工指出了"限期改正"这样的替代行为，并对这种替代行为符合要求的程度给予及时的反馈。

5.综合原则

惩罚过程涉及的因素一般包括：惩罚的方式、惩罚的类型、被罚者的态度等，在实践中要综合地协调和处理各要素之间的关系，使之发挥系统的最大功能。

凡事皆有度，批评有分寸

人们常说"凡事得有度"，可见，做什么事情都得掌握一个度，要有"分寸"。在批评中也一样，过与不及都是应当避免的，要力争做到恰到好处，从而更好地达到使人奋发向上的目的。那如何才能做到恰到好处呢？

首先，批评者要在批评前告诫自己批评的目的不是针对人而是要通过批评来帮助员工改正错误，进而使他奋发向上；要告诫自己只要达到了这个目的就不要再刻意去责备员工，只要员工认识到了自己的错误，诚心地表示要吸取教训，并提出了改进方案，这样批评的效果就已经达到了，这时就不应该再批评而应该多鼓励。

其次，充分认识到与员工的关系是一种合作的、同志间的关系，认清彼此间并不存在根本的矛盾。因此，批评的目的是要把问题谈透，而不是把下属批臭。虽是批评，用语也要有讲究，切不可气势汹汹，一团杀气。即使下级错误较重，或认识态度不太好，也不必大动肝火，吵吵嚷嚷，动地惊天，搞得四邻不安。须知，领导者批评的虽是一个人，但面对的是整个群体，话一出口，早已有别的下属在那里窃窃私语、议论纷纷了。今日气撒完了，可明天怎么干？由此可见，领导者在批评中应该表现出一定的大家风范和君子气派，切不可鼠肚鸡肠、斤斤计较，必要时还可以适当选用具有一定模糊性的语言，暂为权宜之策。

同时，下属员工所犯的错误，虽然不是一种根本对立的矛盾，但毕竟是犯了错误，需要的就是批评而不是褒奖。如果批评时语言没有分量，嘻嘻哈哈不了了之，就会失去批评的意义，从而使得错误在组织中形成一种不良的影响，得不到有效的控制。应本着惩前毖后的原则，既要维护制度的威严，又不能放弃原则，以免赏罚不明、纪律松弛。

掌握好适度原则

适度原则，就是在批评时根据犯错误的原因和程度给予不同程度的批

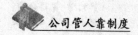

评，根据被批评者的态度不同而采取不同强度的批评。

首先，要仔细分析员工犯错误的原因和程度的轻重而给予不同程度的批评，切忌等量齐观、"一视同仁"、各打五十大板，其结果是让被批评者心里产生一种愤愤不平之感，引出一些不必要的麻烦。应当该轻则轻，不能揪着辫子不放；该重则重，切莫姑息迁就。

其次，还应针对被批评者的不同态度而适度批评，对于已经承认错误、并愿意改正的员工来说就切不可"穷追不舍"，不能以一种"痛打落水狗"的方式对他们继续采取强烈的批评。

对于已经承认错误的员工，领导者应当充分肯定这种态度，然后顺着认错的思路继续下去：错在什么地方？为什么会犯这样的错误？错误造成了什么后果？怎样弥补由于这一错误而造成的损失？如何防止再犯类似错误？等等。

对于勇于认错的员工，批评的适度就是不要再采取强烈的批评态度，而是温和地、热心地帮他们分析错误，帮助他们纠正错误，并给予他们更多的鼓励。而对于多次批评仍无效的人，就可以适当地增加批评的力度或采取别的批评方式，诸如公开的批评，采取一定的处罚措施，等等，但也切忌批评过度，演变成对他的人身攻击，反而达不到批评的目的。

批评有度还体现在批评的内容上。在针对员工的错误提出批评时，领导应当着重抓住主要批评的侧重点，切勿从一点儿小错误、小过失引申出若干个"批评点"。这样的结果是批评的重点没有抓住，而被批评者也茫然不知所措：我是错了，但至于那么严重，那么夸张吗？从而心怀不服之感，难以真正达到纠正错误、促使员工上进的目的。

总的来说，适度批评就是要实事求是地分析员工的错误，根据不同情况采取适当的批评，做到批评能"适可而止"。不能解决问题的话就不要多说，一次能奏效的就不要增加批评的次数，只要达到了批评的目的就应当停止批评，否则"过犹不及"，反而会产生诸多不利影响，达不到批评的效果。

恩威并举

有位企业家归纳他的经验说："打一巴掌给个甜枣吃。"意思是对员工施威、批评或者责罚，使他警醒于自己的错误，待他的愧疚心平息下来，又要恰当地给他一点甜头，引导他朝正确的方向走。

可以把管理者的发威喻为"火攻"，也可以把管理者的宽容视为"水疗"，水火并进，双管齐下，因人因事而采取相应措施。

管理者发威之后，给员工一段时间检讨自己的行为，同以前的错误行为说再见。然后管理者要有计划地逐步做收服人心的工作。你可以把自己认为有权威的员工找来，与他深入长谈，这时用词不妨恳切些，态度要真诚自然，让他感受到你确实是器重他，倚仗他达到与其他员工交流的作用。

领导只需通过这些中间人的传播作用，稳定大众心理，而不必直接出面。由权威型的中间人将管理者的意图代为转述，每个员工都会反应过来："原来上司也不是冷酷无情的。"他们也许会想到：好好干仍有升职加薪的机会。努力吧，上司也许会因为我的工作能力对我另眼相看。

可见，管理者的"火攻"发威是强硬的一手，镇住了局面；再通过"水疗"把宽容缓缓传递下来，浸润到每个员工心中。恩威并举，令员工心悦诚服。

"千里马"不能用重鞭

善于发威的管理者深知"威"虽对众人而发，但对个别人而言，又有不同的做法。员工中确有出色的人才，这种"千里马"是不能用重鞭的，对于好胜心特别强的人，对于极有反抗精神又能力非凡的人，就不能再用威风压制得他们无法喘气了。

"过犹不及"，有的人用高压是无法使之屈服的，这时就要演示给他看：我对普通人是发威的，但对你不同，因为你特别出色。好胜心特别强的人也极敏感，一旦体会到这种信息，他们就以"士为知己者死"的态度来回报你。这种情况其实领导也在发威，不过威施于无形之中。

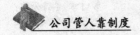

有威慑力的管理者一般决断力强，办事爽快果断，常常是一字千金，凭这就使人折服。部下也会因为佩服你而不自觉地向你靠拢，感染上你的风格。

古今许多用人实践早已证明，刚柔相济法远远胜于刚柔偏废，如同人的身体构造，有坚硬的部分——手、脚、骨骼等，也有柔软的部分——肌肉、软组织等，二者有机结合，人才能灵活自如地从事多种活动。南越王赵佗，原来是秦朝派到广东、广西管理南方的地方官，秦朝灭亡后，他自立为王。汉高祖平定天下后，不愿再动刀兵，对他实行了安抚政策，仍任命他管理南方，并给他一些赏赐，这种安抚政策使汉朝的南疆及偏远地区得以长期安宁稳定。可是当吕后执政时，却将南方视为蛮族，并制定一些民族歧视或压制的政策，激起赵佗造反。吕后派兵征讨，结果因南方气候潮湿酷热，瘟疫流行，汉军作战屡屡不力。汉文帝即位后，重视恢复推行安抚政策，除给赵佗许多赏赐外，还给他的亲属加封官职，使赵佗深受感动，自动废除了王号，并上书请罪，发誓永远诚心向汉朝称臣。

冷落也要有个度

在公司内部，老板有着至高无上的权力，他欣赏的部下可以直接提拔到非常重要的岗位。但聪明的老板一般不会这样做。因为人才的成长需要经过风雨洗礼、挫折锤炼的。

曾有一老板，看准了一个很有潜质的员工，于是派他到销售科工作，不久提拔他为科长，让他分管一摊工作。他表现非常出色，销售额逐月上升，老板嘉奖过他，公司上下的人都看好他，以至没有人怀疑他不会升职。可是，老板却把他调到无关紧要的仓储部门工作。人们认为他可能得罪了老板。可是，这位员工没有分辩什么，他自己也猜不出老板的意图。心中虽有些不快，但仍然任劳任怨地工作，很负责任。老板有时也和他谈谈工作情况。一年后，这个小伙子便坐到了部门领导的位置上。后来人们才明白，老板想重用他，一直在观察考验他，暗中观察他在被冷落时候的行为表现。

事实上，升迁太快，没有足够的积累知识和经验的时间，恰恰不利于人才的锻炼成长。一般来说，一个好的管理人才能够踏踏实实地在各个部门工作,有相当的时间和经验,有协调沟通各类人际关系的熟练技巧,有处理应付各种复杂问题的知识、能力。而晋升太快,难免顾此失彼,肯定不利于积累这些技巧、能力,并不利于人才成长。同时,被大家视为上级特别厚爱的人,也容易招致大家的嫉妒、不满,这种风气甚至会蔓延到整个公司。不管这种心理失衡存在的程度如何,但毕竟会影响大家的士气,影响工作的正常进行。

而暂时冷落一段时间,尤其可以考察所要培养人员的德性、韧性。看他有没有事业心、责任心?是不是这山望着那山高,有心当官,无心于事,一个台阶上还没有站稳,就想往上爬?有没有平淡之心?是否急功近利?歌德曾说过这样一段话:"只有两条路可以通往远大的目标,得以完成伟大的事业,即力量与坚忍。力量只属于少数得天独厚的人,但是苦修的坚忍,却艰涩而持久,能为最微小的人所有。"

作为领导,要悉察下属在受冷落时受挫折的程度有多大,干劲如何,此时是想跳槽还是意识到自己非奋发图强不可。如果他这样认为:"有时想想,这实在是最糟的时候。到底要不要离开公司呢?但是,一旦辞了职,又无处可去。我真怀疑人生还有什么值得努力的事。"这种心态说明他经不起挫折,常常是稍受挫折,便锐气全消,垂头丧气,也不善于总结经验教训,不善于思考与学习,也缺乏"好谋而成"的耐性和修养。

忠告是,提拔悠着点,冷落也要有个"度",有个过渡阶段更好!千万要把握住提拔的"度",不可由一个极端走向另一个极端。

惩罚不是目的

惩罚是管理的必要手段,但却不是管理的目的。

作为领导,一定要弄清楚,惩罚下属并不是为了惩罚而惩罚,而是为了改正下属的错误,使下属成为真正的人才。虽然这种动机没错,我们也能理解,但事实上我们完全可以用别的手段来达到改正下属错误的目的。惩罚的方式一般有批评、罚款、责令写检讨书等,其结果要么给下属的自尊带来伤害,要么给下属的收入带来损失。事实上,只要是惩罚,就会给下属带来伤

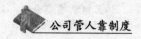

害，这种做法会在下属身上激起程度不等的反抗。

现在，不妨以批评为例。

有时想想，你可能会觉得没有什么必要去改正别人的错误，但是如果你认真地检查一下你每天的工作，你马上就会发现还是有这种必要。如果你是某一个部门的经理，一个工厂的监工，一个业主，某种工作的执行人员，即使你仅管辖两三个人，我敢保证你几乎每天都会发现有人做出了什么错事。

当你矫正一个人的错误的时候，你完全没有必要批评他，更没有必要毁灭他。改正一个人的错误的最好方法是告诉他怎样做才能把事情做对，你可以提出忠告，可以提出一个商量的办法，也可以给予指导。总之，在矫正的过程中最好不要给他留下你是在改正他的毛病的印象。

条条大道通罗马

事实上，作为一个领导，你完全可以不用批评、罚款等惩罚的方式来改正下属的错误，如果你做到这一点，你得到的好处要比用惩罚的方式多得多，例如：

(1) 你会消除别人的某些不良习惯和不尽如人意的行为，尤其是你的雇员或者下属的不良习惯和不尽如人意的行为。

(2) 别人将会更好地为你服务，他们不会在同一件事情上连续犯两次错误。

(3) 个人和团体的纪律和风貌会得到改善。

(4) 你会从这些被你矫正过错误的下属身上获得比未被你矫正过的人更加理想的效果。

(5) 由于工作纳入正确的轨道，生产和工作都会有所改进，利润将会提高。

也许你会问：如果我不用惩罚的方式，那我该怎样去纠正下属的错误——我总不可能让他放任自流吧，毕竟他还是我的下属。

说的不错，既然惩罚的方式既不能带来好的效果，又会让下属产生反抗之心，我们何不照着下面的16个步骤试上一试呢？

(1) 不要直接指出下属的错误。

(2) 首先取得全部有关的事实。

(3) 如果有必要进行一次正式的会晤，你要选择时间和地点。

(4) 在改正你的下属的错误时绝不要发脾气。

(5) 总要以真诚的表扬和称赞开始。

(6) 用你自己的观点去帮助能理解你观点的人改正错误。

(7) 给你的下属说话的机会。

(8) 要仔细地权衡所有的事实和证据，要排除任何倾向和偏见。

(9) 需要惩罚时，一定要处罚适当，不能过于严重。

(10) 让下属自己选择处罚方案。

(11) 要强调获得的利益。

(12) 要以对这个人的工作给予真诚的表扬和称赞的话语结束同他的会晤。

(13) 要表扬每一个进步，不论这个进步有多么微小。

(14) 给你的雇员以超出他成绩的高度评价。

(15) 如果有必要，要紧接着进行第二次会晤。

(16) 不要过于频繁地改正一个人的错误。

不要为处罚而处罚

20世纪60年代，美国的一个海边小镇四季风景如画。初春，许多大学生来小镇度假。商人们对此非常欢迎，因为学生能为他们带来财富。但许多学生变得越来越不规矩，还酗酒闹事。无奈之下，当地的警长不得不把他们关进监狱，以作警诫，以为关上一夜会使情况好转。可是出人意料的是，问题反而变得更糟！在监狱里待过竟然成了受人尊敬的、有英雄气魄的、有男子汉气概的证明，如果谁没有待过，就会因此而感惭愧。

在这种情况下，警长决定采取强硬措施，只发给他们面包和水，以示惩罚。可是又错了！好多人甚至假装喝醉，要进监狱。然后第二天向别人炫耀自己在监狱里有过体验。多么难以想象，学生们以未进过监狱为耻！监狱变得拥挤不堪，警察真是不知所措。不秉公处理吧，这是工作，不知自己何以使问题变得更糟，该怎么办？花了两天时间绞尽脑汁地想，终于有了主意。现在，请看警长是怎么做的：

他给监狱里的学生吃婴儿食品，不把他们当做犯人而是当做婴儿。于是，一夜之间，这些学生被传为笑柄。

警长很机敏。他先问自己："我怎样更严厉地处罚这些违法的学生?"当这不见效时，他问自己："我怎样使学生们感到羞愧难堪?"这还真的见效了!

只是一味地处罚往往并不能收到理想的效果，况且处罚的目的并不是为处罚而处罚，引导其走入正途才是最重要的，所以要标本兼治。

处理好创新过程中的失误

企业的目的是为了发展，而不是为了维持现状。因此，惩罚就绝对不能简单针对工作中一切错误和失败，因为，很多工作的错误和失败，是创新过程中不可避免的。如果对这样的错误与失败进行惩罚，只能使得所有人都不敢、不愿意创新，也就泯灭了企业活力，消解了企业的发展动力。可谓得不偿失。

"换个角度看世界"，这句颇有哲理的话用到实际工作中，常常能收到意想不到的效果，惩罚也是这样，也需要换一个角度，特别是对于因创新失误所造成的损失。

某单位有一位业绩排第一的员工，专科毕业，有一定的专业知识和实际操作能力，更难能可贵的是，他希望将书本知识转化、升华为发明创造，大胆创新，甚至还想提出专利申请。有一次，他认为他亲自操作的一项具体的工作流程应该改进，并提出了改进方案，可是主动与部门经理汇报时却没有得到重视。他就私自按自己的设想改变工作流程。由于种种原因，创新失败，生产任务没有按时完成。部门经理认为他多管闲事而对他进行了处罚。有人建议将他辞退，还有人建议扣发其全年奖金。

这是一起为创新而犯的错误，惩罚时就应该只惩罚错误，而不能惩罚创新的热情和积极性。可是，更多的管理者却忘记了这重要的一点。

在如何惩罚的紧要关头，老总独具慧眼，很艺术地处理了这起事故。他听说这件事后，就找这位员工谈话，关心地问："小李啊，近段时间工作怎么样?"当员工说出事情的前后经过时，老总发现这位青年员工确实很有创新的思路，有些工作流程确实也应该改进。老总的热情鼓舞了该员工，他还提出了许多现行的工作流程和管理制度中存在的诸多不完善之处。老总以朋友式的谈话方式，详细地听取了他的意见和建议。最后员工也说出了自己没有完成生产任务应该受到的惩罚。老总笑了笑说："你的创新思想值得表扬，但生产任务没有完成应该惩罚，两相抵消，既不奖励也不惩罚。如果你用业余时间创新，出了成果，那就要获得高额的奖励了。"

员工违反了企业的规章制度，就必须接受处罚。不然，就等于有错不纠，赏罚不明。但如何罚？简单地照章办事，罚款了事？这是常规的做法。这样做就有可能使员工产生逆反心理，从而造成人才的流失。

员工犯错误，要具体情况具体分析，不能不分青红皂白随意处罚了事。一般有本事的员工，当不熟悉业务的顶头上司管理他时，他内心有一种逆反情绪，这就是管理者常说的不服管。进而管理者也往往带着情绪和偏见来管理这样的员工。这样的管理，十有八九要出偏差。

我们惩罚的是错误，而不是创新的失败。对于创新者，不应该惩罚，而应该奖励，即使创新失败。如果不艺术性地处理好创新中的失误，企业就不可能有发展。

"改进单"，员工更乐于接受的惩罚

让被惩罚者从事带有"惩罚"性质的任务，是惩罚的艺术，不惩罚有过失的员工，但从中吸取了教训，也是惩罚的艺术。企业处罚员工，既要做到让员工虚心接受处罚，又要让企业人心不致涣散。惩罚艺术化是关键。

惩罚艺术化，根本在于对被惩罚者的尊重。

其实，惩罚的艺术还有很多，把"处罚单"改成"改进单"，也不失为惩罚艺术的高招。

惩罚员工，都要开出"处罚单"，说明处罚的事由、原因、经过及处罚的等级。一般没有几个人愿意接到这张单子。因为获得它就意味着自己的脸面丢尽，经济上还要受到损失。可是，如果老板或经理换个角度来做这张单子，效果明显就不一样了。

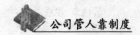

有位勤于思考的老总就在"处罚单"上动了脑筋，收益良好。当在"处罚单"原有的基础上把有关项目及形式做了合理改进后，准备复印时，他想能否加上一句"希望改进"的话，以达到减弱处罚在员工心理上造成的负面影响，因为处罚不是目的，仅仅是手段，目的是为了更好地正确前进。后来那位老总就把"处罚单"三字改为"改进单"。印出来之后，大家都说改得好。

"改进单"比严肃的"处罚单"效果要好得多。以往所有的处罚单，都是清一色的严肃面孔，一句多余的话都没有。把它加上了富有人情味、文化味、教育性、启迪性非常强的一句话，"处罚单"的面孔立即由严肃、冷酷、无情变得慈祥、企盼和充满着希望；当员工接到处罚单的时候，看到了这句话，心理上会发生一系列的变化，由本能的反感、抵触到理解改进。所以在处罚单上做一小小的改进，面目大为改观、境界迥然。这就是惩罚的艺术，这就是企业文化。惩罚本是反面教育，这样就变成了正面教育，鼓励改正错误，激励员工向正确的方向前行。

防微杜渐必须注意惩教结合

惩罚本身不是目的而是手段，"惩前毖后，治病救人"，惩罚是为了使犯错误的员工深刻认识到自己的错误及其危害性，不再重蹈覆辙，救人才是目的。只有教育、帮助了当事者与广大群众，预期目标才能实现。

既然教育、帮助人是目的，那么，我们实施惩罚时，就必须遵循惩罚和教育两者相结合的原则。单纯的惩罚很难完全改变被罚者的不良行为和错误思想，甚至会适得其反，进一步将其推向错误的方向，即所谓"逆反"现象。

从实践情况来看，许多单位未能把惩罚的过程看做是一个连续而又必要的整体，常常惩罚完了事。显然，这种方式不会产生良好的结果。惩教结合原则要求人们把惩罚前、惩罚中、惩罚后的工作，作为一个完整过程。施行惩罚，必须依据事先制定好的公布于众的规则。也就是说，任何惩罚都必须是"有言在先"的，不教而诛，不但受罚者感到冤屈，众人也会抱不平。如果事前没有教育，或没有说到，惩罚就没有基础和前提。

二是惩罚中要进行很细的思想工作，做到态度既严肃又诚恳，道理既明了又实在，使其心服口服。实践证明，教育者态度严肃，能引起受罚者对自己不良行为的重视；态度诚恳，能使受罚者感到领导是与人为善，不是整人，有利于被惩罚者改正错误。

三是惩罚后要切实使受罚者认识到自己错误的所在及其危害，并帮助其树立改正错误、继续前进的目标。

任何惩罚都不会像奖励那样，给人们带来兴奋愉悦的心情，受罚者必然会羞愧、烦恼。这时，他们最希望有人予以思想上的解惑。尤其上进心很强、因过失而受罚者，心理的不平衡则更甚。如果不能及时解决其不能自我排解的疙瘩，就可能出现过激行为。所以，实施惩罚的重要原则之一，就是必须建立一个完整的教育系统。

但是，作为管理者的你，也要有一定的心理准备。人们面对批评时，其反应多是维护自己，无论实际上他的行为是对还是错。"好的管理者应坦然接受解释。给他五分钟时间。仔细聆听，然后告诉他问题所在以及解决的办法。"

惩罚非人性，员工"毁"老板

惩罚是老板对待员工的手段，但如果惩罚手段过火了，或者不该惩罚的也惩罚了，比如随意克扣或拖欠员工的工资，比如打骂罚跪等非人性化的管理，可能就要招致员工的反抗。

员工反抗的手段就是故意"毁"老板。其"毁"的方式五花八门，"毁"的程度视"受压迫"的深度而有所不同。

(1) 偷拿老板"家当"已是小菜一碟。"干什么吃什么"，在餐厅工作的，消极怠工、慢待客人还是不起眼的小报复，有的干脆就把餐巾纸、筷子、盘子、碗往自己家拿；在办公室工作的，就把公司电脑的内存条卸下来，安到自己家的电脑上；或者一天顺走老板一包打印纸，于是老板辛辛苦苦赚来的钱直接进入了办公用品商店老板的腰包里。

(2) 增加老板成本的就更损了。在餐厅工作的，三天两头给盘子、碗磕点豁口；往油桶上戳个洞，顺下来一个管子，让成桶的食用油顺着地沟"付

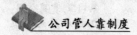

诸东流"；拣菜的时候把菜叶全扔掉，只剩下菜心；剔肉时故意剔不干净，把还留有大量肉的骨头扔掉。在办公室工作的，损坏打印机，下班不关电脑，破坏性操作电脑，或者在单位狂打昂贵的声讯电话，任意挥霍打印纸等办公用品。这些"手段"都时刻在刺痛老板的"软肋"——成本。

(3) 断送老板的信誉得心应手。许多民营印刷公司可能就靠"吃"几家大的公司过活，然而员工在印名片的时候少上点颜色或上错颜色，几百盒名片就砸在老板手里，并因此损失客户。还有的员工故意拖延完活时间，使老板信誉受损。

(4) 员工学历越高，"毁"老板就"毁"得越狠。以会计师事务所、律师事务所等为代表的中介服务机构的高智商、高学历员工，围绕客户和信息这两大生存命脉"毁"老板。正如一位多年从事人力资本工作的猎头公司老板所说的："高学历不一定具有高素质，很多对企业造成无法弥补伤害的恰恰是那些高智商并具有一定管理权限的中层管理员工。"

他们或采取磨洋工的方式，本该两周完成的工作，一个月还没有完成；或者向正在跟自己公司合作或者有合作意向的客户散布本公司信誉不好、效率低下等谣言；或者将"客户"这一中介服务业最宝贵的资源占为己有；或者充当商业间谍，把公司或客户的信息卖给竞争对手，不仅使公司信誉受损，连客户也会因此蒙受巨大的经济损失。

作为企业的老板，为了防止员工把自己"毁"掉，除了把好进入第一关、保护客户信息这些防御性措施以外，还有一些输导性措施，比如企业在用人方面，要想办法把人用好，建立公平的制度，让人无话可说，对员工的承诺必须兑现，进行企业内部的文化培训，树立怎样做事的规范，及时解决员工提出的问题。此外，还要建立合理的回报制度，做成一个业务，让员工拿到合理的部分酬劳，这样他就不会再私自接活了。

企业的老板，如果没有人性化的管理思想，把员工当做自己的"出气筒"，不考虑员工的承受能力，只图自己一时痛快，批评过火，只能引起员工更大的反感。

第12章

走出误区:少犯低级错误

　　管得过多过细往往会打破正常的管理秩序,使管理处于紊乱状态,影响公司的效益。对于员工来说,一会儿老板说个东,一会儿主任道个西,前后指令不统一,令出多门,交叉重复,会令他们无所适从。

员工有失败的权利

失败是一件令人沮丧的事情，而最沮丧的也正是失败者本人，就这一点来说，任何人在这个时候都不应当对他加以指责，否则，对失败者的信心和志气是雪上加霜的摧残。

另外，领导者还要认识到，失败的原因是多种多样的，或是办事的人主观不够努力，或是经验不足，或者是由于某些客观条件不够成熟，甚至可能是由于巧合，偶然地失败了。在所有这些原因中，除了主观不够努力尚可指责外，其他都不能简单地归罪于失败者。如果不分青红皂白，一听到或看到员工失败就任意指责的话，员工肯定不会心服。

况且，一时的失败并不意味着永远不能成功。失败是成功之母，任何一次失败都是经验的积累，成功正要靠这些经验的不断积累才能得到。如果一失败就会遭到劈头盖脸的指责的话，人们就会害怕失败，遇到该冒险的事也不敢或不愿去冒险。什么事都要到有百分之百的把握才去干，那企业还会有什么大的进展？看上去是保险可靠了，但组织的竞争活力也大大减弱了，因而会在很多事情上坐失良机。当然也不可否认，有些失败的确需要对当事人进行批评指正。

在此列举一些不可指责的类型：

（1）动机是好的。同样是失败，如果动机是好的，没有恶意的话，则不可指责。指责的目的是纠正和指导，如果动机良好而无心犯了错误，就没有必要指责，只需纠正他的方法。反之，基于恶意、懒惰所造成的失败就必须给予处罚。

（2）他人的指导方法错误。由于领导或前辈的指导方法错误造成的失败当然也不能指责。要先弄清楚责任所在，指责该负责的人。

（3）尚未知结果之事。刚试着做或正在实验中的事，结果尚不明确，不能加以指责。否则员工就没有勇气再尝试下去，从而造成工作半途而废。

（4）不能防止或不能抵抗的外在因素的影响。这种情况当然不是员工的错，员工没有义务承担这个责任，而没有责任就不能指责。

就现实情况而言，在该指责与不该指责之间，领导者应当依据自己的判断作出决定，因为实际情况并非如以上四点那样清晰，往往是错综复杂的。但不管怎样，领导者应当记住："下属有失败的权利。"千万不要把失败简单化，把所有责任以及怨气一股脑儿放到员工身上。

一对一地批评

不少领导身上都有各种令属下情绪低落、失去积极性的毛病。

在同事面前随便批评人就是其中一例。大家知道，这种做法的效果通常是适得其反的。受批评的人不仅听不进批评的内容，反倒会因当众被斥而感到屈辱，在这种屈辱感的强烈作用下，内心必然会愤愤不平。在这种情况下，是不可能平心静气地进行反省的，反而会憎恨批评，并伴随着一种对领导的不信任感，继而极力想强化自己的辩解的合理性。

批评的目的始终在于通过适当的方式在适当的时间地点促使对方发生转变。而当着众人的面或在他人听得见的情况下对其进行批评，是与批评的目的极不相符的，也根本不可能达到批评的目的。当对方受到这样的批评时，只会认为是上司在有意给自己难堪。

当你确实需要对属下进行批评时，必须是一对一，而且要在他人听不见的情况下和个别交流的场所进行。这是作为领导者所必须严格遵守的原则。

当然，也有不少人对此持有相反的意见。认为有时也需要"杀一儆百"，当着众人的面去批评一个人，这样就会使其他人从中受到教育，不再发生这种事情。其实这种观点在现实中是行不通的。因为，一般来说，在场的其他人有的可能会品头论足，有的则可能会对批评者很同情，有的则可能会把它当成与己无关的耳旁风。假若是大家共同存在的问题，也不必明确地提出批评对象来。不点名地向全体人员正式提出，希望大家注意某一点才是正确而有效的批评方法。

还有一种观点认为，对一个大家都不信任的下属，领导是完全应该这么做的。因为当上司当着大家的面批评这个"众矢之的"时，等于是在表明上司认同大家的看法，完全站在大家一边，大家就会因此而信赖这位上司，而

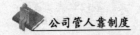

且还可以牵制旁听者当中有问题的人。

运用这种方法是极不妥当的。因为批评归根结底是为了促使对方发生转变，而不是把某人归为另类。当众批评，有时还会让对方抵触批评的态度变得越来越顽固。虽说有周围人的牵制，但它不能说是建设性的制约力量和行为，弄得不好，甚至会使上司本人感到无法开展工作，待不下去，提出辞职。

好话坏话都讲在当面

人人都希望在工作岗位上能互相帮助，取长补短，愉快地工作。但是这种和谐的群体气氛，常会被一些无聊的小事所破坏，使大家的心里蒙上一层阴云。

当某人不在场时对其说三道四，这是破坏群体和谐的大敌。虽然言者未必怀有恶意，然而，由于谈论的是一个不在场的人，言论很容易出格，让人听起来不无诽谤之嫌。

而这些背后议论一个人的言论，传来传去常常在无形中被夸大，尽管传话的人可能并无恶意，但一旦被受议论者听到后，足以使其伤透心。人类最难控制的器官便是舌头，最难压抑的欲望便是言语。想要堵住一个人的嘴巴，恐怕是不可能的。更何况这些背后议论的话语几经相传，最后被本人听见时，已经是恶意话语之集大成了。相形之下，被议论者对那些背后议论者的反感和气愤程度，是可以想象的。随之而来会产生永远不再与那些议论自己的人说话、共事的思想，也是毫不奇怪的。这样一来，和谐的群体气氛必然遭到破坏。

某人不在场时，绝对不要对这个人的行为做任何不负责任的评论。这是作为组织中的一员应有的起码修养。哪怕是没有一点恶意的议论，也是绝对不允许的。

如果真想给某人提批评意见的话，最好和其本人面对面单独进行，在没有他人参加的场合下，有条有理，心平气和地交谈。既然讲的目的完全是为了他人好，那么，就应该在没有他人的场合讲。随便轻率地说话，或单纯为了发泄私愤而信口开河，都是一个人的成熟度有问题的典型体现。

尤其是酒后言谈更需要特别谨慎。一言既出，驷马难追，无论你如何解释都无济于事，不会得到别人谅解，往往被当成"酒后吐真言"。有的人想得简单，认为酒后说出来的话一般人记不住，然而正好相反，记得分外清楚。

总之，不论在何种情况下，不谈论不在场的人。这应该成为每个人的行为准则。

明白地说出你的期望

法国17世纪哲学家、戏剧家和历史学家伏尔泰曾经说："上天赐予人类语言，是要使他能够隐藏他的真正感觉。"这句话描述了我们这个世界上时常发生的实际情况，比如：

(1)在我们与朋友、同事和下属讲话的时候，常常说一些自己认为应该说的，或认为别人喜欢听的话，而没有表达出真正的意向。

(2)我们不明确表示自己的态度，反而被称为说话有分寸。

(3)我们说些模棱两可的话，反而被称为善于处理人际关系。

(4)当下属把一件工作做得不太令人满意的时候，我们还客气地称赞他，然后把改正工作的事留给自己做，而不愿意明白地说出我们原来期盼的究竟是什么。

对下属过于纵容或对上级不明确表示态度的做法，浪费了每一个相关者的时间。坦诚的沟通对每一个相关的人都有好处，能够使大家都清清楚楚，以免浪费时间绕圈子。

当然这并不是说讲话不要注意分寸，随口乱说。当表达不满意的时候，我们要记着一项基本原则，那就是所谈的话题要对"事"不对"人"。我们不要只是指责一名员工做得不好，而要分析那样做有哪些缺陷，这样才有助益。

重要的是，我们要让下属明白，他做不好的工作并不是没有人管，因为不这样做就会增加你自己的工作量，就会打乱你科学支配时间的计划。

明白地说出你期望的究竟是什么，这样可以节省相关的每一个人的很多

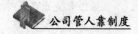

时间。如果一名下属所做的事情在浪费你的时间，最好的办法就是简单、直接地说出来，要让你的下属或上司明白，你很注重更好地支配你的时间，并且需要他们帮忙配合。

杜绝羞辱人

世界著名化妆品公司玫琳凯的总经理玛丽·凯，善于从其他公司的管理中吸取教训，发现当众批评或指责人是一种用人上的愚蠢行为，她亲眼看到有的经理在大庭广众之下，把一个人当活靶子批评，也看到有的经理当着众人的面惩罚员工。玛丽·凯认为这是一种不可原谅的错误行为。

玛丽·凯主持召开一个由一批美容顾问参加的销售会议。有一人的化妆品箱子很脏。然而，她知道这位女士的自尊心很强，当众批评会使她难堪。因此，在销售会议上，玛丽·凯旁敲侧击地说："如果你出席一个化妆品展销会，发现盛有化妆品的箱子很脏，你会怎么想？"接着，玛丽·凯又讲："我们的职业是美容，因此，无论在何时何地都要给人留下干净整洁的印象。"虽然这番话完全是针对这位女士说的，可是，玛丽·凯在讲话时从不朝这位女士看一眼，但相信这位女士一定会自责、内疚。响鼓不用重锤敲，果然，第二天，这位女士的化妆品箱子就焕然一新、大为改观了，玛丽·凯不点名的批评收到了良好的效果。如果玛丽·凯不采取这种方式，而是在销售会议上当众批评这位女士，那后果肯定会很糟糕。

一般而言，当众批评别人是很不明智的，即使批评是正确的。但当众批评会刺伤被批评者的自尊心，可能引发强烈的抵触情绪，也可能使被批评者为了维护自己的"面子"而当众反驳。不管发生哪种情况，批评的效果是十分差的，特别是当众反驳。这种行为既影响领导的威信，又可能由于被批评者不断地辩护而强化了自认为"正确"的心态，使旁边的人同情、支持被批评者。

领导者批评下属，要因人而异，特别是对自尊心强的人，一定要顾及他的面子，不要当众批评，使他难堪。不讲究策略的批评，达不到批评的效果，反而使事情弄得更糟。

对领导者而言，当着众人的面批评一个人，不仅是自己拆自己的台，而且会使受批评的人意志消沉，产生自卑感。人是要面子的，尤其是在大庭广众之下。有些领导总喜欢不分场合地对下属部门的负责人指手画脚，当众呵斥，动辄大发脾气，把下属人员当做自己的"出气筒"。他以为通过羞辱行为惩罚下属，就会激发下属发挥更大的能动性；同时，这样才能体现自己的威严。这样做虽然对下属一时会奏效，但却不能长久下去，因为会造成人为的心理紧张，对人的自尊心是一种极大的伤害。即使下属当时被迫接受领导的责备，但内心深处却会留下阴影。而且还会使在场的每一个人感到自己有朝一日也会有同样的下场，于是人人自危，提心吊胆，工作战战兢兢，缩手缩脚，这样对工作也是一种损失。

有些事没必要刨根问底

在公司内部产生矛盾或发生问题的时候，作为总经理首先要做的事情不应该是去没完没了地追究责任，而是要把解决当前的问题放在第一位。

有位客户向一家公司投诉说，他没有得到有效的技术支持。某副总经理接到投诉后非常恼火，把技术部经理找到自己的办公室了解事情的起因。技术部经理说："这不关我们的事，我们并没有接到这个客户的任何支持要求。"于是副总经理把主管这个客户的销售人员找来，销售人员说：这个客户已经数次向公司反映问题了，我也多次向有关技术人员转告，但是工程师以没有时间为理由一直拖到现在。技术部经理大叫冤枉，说从来没有听说过这件事，副总经理于是又找到销售人员所说的那位工程师，这位正在外地出差的工程师非常委屈地说："我的确知道这个问题，但是也的确没有时间去解决，您看我一个人要照顾这么多客户，怎么可能照顾得过来？"

副总经理认为这件事非常严重，在总经理没有在公司的情况下，决定召开一个有销售部和技术部共同参加的会议。会议整整开了一天，大家又谈出了很多问题，副总经理把每一件事的细节都了解得非常透彻，并且下决心搞清楚到底应该由谁承担责任。但是显然这是不大可能的，因为每一件事都有它发生的背景，怎么可能把每个细节都搞得清清楚楚呢？所以会议的结果是

187

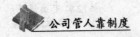

可以想象的，那就是没有结果。

一个星期之后，总经理回到公司，那个向副总经理投诉的客户又一次打来电话，声称必须和总经理谈。在电话中，客户把总经理骂了个狗血喷头，并发誓说再也不会购买该公司的产品，已经购买的产品也准备退货。理由很简单，他的技术支持要求没有得到满足，而且在正式向公司提出投诉之后的一个多星期里没有得到公司的任何答复。

总经理没有去追究任何人的责任，他首先决定的事是亲自带领技术部的工程师登门向客户致歉，并为客户解决所存在的技术问题。同时决定向客户免费赠送一套产品。客户于是转怒为喜，一件大事就此解决。

然后总经理召开了同样有技术部和销售部参加的会议，但是他没有追究在发生的事情中谁应该承担什么责任，而是首先检讨自己在工作上的失误，他认为部门之间的工作矛盾首先是因为总经理没有做好协调工作，其次是对公司内部的技术人员资源短缺没有看到。总经理的检讨引起了大家的共鸣，当技术部经理和销售部经理纷纷要检讨自己责任的时候，总经理打断了他们。总经理说，我开会的目的不是听你们作检讨，而是要你们拿出一个解决问题的方案，也就是说，我们应该做什么才能保证以后不发生和少发生这样的事情。于是大家谈到了工程师人员不够，技术素质不高，销售人员不善于和工程师配合等问题，并提出不少建议。会议最后作出决定：第一，建立销售部和技术部定期交换客户情况制度；第二，责成人事部安排员工培训，并提出新的工程师招聘计划；第三，对客户的投诉制定出切实有效的处理流程。

副总经理和总经理截然不同的做法给我们的启示是：在问题发生的时候，作为经理人首先要做的是什么。有的时候，的确必须搞清楚事情发生中的责任问题，但是并不是每一件事都要把细节搞清楚。最重要的是要解决问题，给出解决问题的方案，不然的话，吵了半天，问题依然存在。这其实不是一个管理方法问题，而是一个管理意识问题，体现了不同领导人的管理作风和水平。

不要任意打断下属的工作

有位下属说：

"他是我的领导，而像他这种工作伙伴其实还真不少。他会打内线电话给我说：'到我办公室来。'在我还来不及回应之前就挂上电话。他多半是用扩音喇叭这类电话的，我想这并不是要求别人服务的最好方式，因为这么做实在有点不礼貌。不管我是不是有别的事在忙着，他总是要求我在两分钟内到他的办公室。当然，不论我当时是否刚好忙到一半，都得暂时把事情搁下来。结果我得整晚加班，完成白天被他耽误的工作进度。"

如果你是一个上司，应避免出现以下情况：

表现之一："如果我订好自己的工作进度和时间表，突然间又必须把这些计划抛开，得配合主管火烧眉毛的时间压力去完工，这时的工作压力就很大。主管总是丢下'尽快完成'的命令，他总是说：'我昨天就需要这个了。'即使我的时间管理良好，但是如果我的主管时间管理不良，还是得由我去面对后果、付出代价。本来可以计划好的事情却被安排得一团糟，这确实是时间管理的问题。因为他是如此地没有效率，我被迫得在本来应有更多时间的情况下赶工。这时，我总是面临较大的风险，当然会使我的工作不是那么愉快。如果时间充裕，我可以从容地完成任务，但是在这种压力大的环境下，我实在无法享受我的工作。"

表现之二："这里根本没有管理可言，倒是有一种防火演习的心态。不到最后一分钟，没有一件事会完成；一旦开始做，往往已经是火烧眉毛了，因为根本没有时间安排。我如果从早上8点工作到晚上11点，这样还好。问题是我们在白天什么事也没做，或只是完成芝麻小事，因为主管还不晓得该分派什么任务给我们。一旦他想好要如何分派任务，突然间已经是十万火急，甚至没有时间给予我们详细的指示。"

表现之三：一位下属这样评价他的主管："经常，我虚耗了整个白天，什么事也没做，接着得在晚上挑灯夜战。这意味着我没个人生活，没办法做任何计划。如果能够稍加安排，尽可能在白天上班时间把大部分工作做好，顶多晚上加几个小时的班，我也不会那么不愉快了。很多人最讨厌的是主管早在数天、数星期或甚至数个月前就知道最后期限，却到最后一分钟才分派工作。结果突然间所有人都得加班，甚至熬夜赶工。其实这种紧张状况根本是可以避免的。人们当然不乐意替这种人工作，因为这很容易让人对工作心生不满。"

表现之四：一位秘书这样说："文书处理的秘诀是基于紧急情况来决定工作的先后顺序，而不是基于接受工作指令的先后来决定。无论何时，一旦接获文书处理的工作，我便得停下手边其他的工作，整天做文书处理。而其他计划也会因此拖到最后期限。譬如我原来的工作进度超前一个星期，却可能因为突然插入的工作而使原来的计划被扔在一旁一个星期，直到它变成紧急任务为止。我完全没办法去控制。在最后期限的前一天晚上，我在文书处理机前加班，抓住每个人来帮忙。这完全是缺乏管理而不只是管理不良了。"

表现之五：一位下属指出："我和一名资深编辑工作时，我觉得他耽误了我的工作，他花四天阅读我给他的稿子，当他还给我时，我可能还得花一天的时间去修改，如果他可以快一点看完，我便可以更从容地在期限内完成我的工作。"

在上面的例子里，上司通常坚持控制时间，却又不懂得妥善利用，许多下属遇到这种管理者会更谨慎地保护他们自己的时间。如果让下属自己去安排工作进度，便会有更好的成果。

管理者要大事不糊涂

一句有名的古诗是"诸葛亮一生惟谨慎，吕端大事不糊涂"。读历史的人都知道，吕端小事是糊涂的，但这并不妨碍他大事清楚。吕端算得上是一个有大智慧的人，有志投身管理的人，不妨学学他。

千万不能学时下的一些经理们。因为他们似乎患了一种综合症，他们都存在一种不安全感，对任何事情都想弄个一清二楚，他们浪费许多时间去调查每个员工在做什么，怀疑是否有人效率低下，是否有人工作失误，他们担心没有自己的过问和参与，员工就无法将事情做好，他们完全沉溺于一些日常琐事之中，他们似乎时时想着一句俗话：只见树木，不见森林。这是许多人根深蒂固的弱点，他们希望第一个知道员工出现的错误，也希望员工第一个告诉自己，他们喜欢看阅那些长篇大论式的报告、大堆的资料和分析，他们可能每五分钟就要接一个电话，当他们越来越多地获取这些无用的信息时，便创造了一种没有必要的忙碌情景。

他们认为信息就是力量，这些深感不安的经理们往往以为他们获得了更多的信息，就可以变得更加有力。作为老板，如果你真正将某一工作委托给员工去做，你应该相信他们能够获得充分的有效信息，并且能够有效地完成工作。一旦你自己亲自去掌握信息，自己作出决定，那么你实际上就是解除了对员工的委托。

作为老板，你应该掌握充分信息，以便让自己作出合理有效的决定，同时能够监督了解员工所进行的一切，还能够为自己的上司提供所需的信息。当你决定废除等级制度时，你必须注重常规监督方面的信息。很自然地，你会对员工所做的事情充满兴趣，并且要求他们按规定写出进展报告，这种报告可以是按日、周、月，具体根据经营业务来定。应该强调的一点是，常规报告中所提供的信息应该专门针对部门的整体目标，其他所有信息可以不必考虑。诚实而论，难道你真的需要那些假日计划、缺勤统计、每台机器工作的详细情况吗？你真的需要知道谁参加了会议，会上讨论了一些什么吗？你真的必须知道他们工作中的每天、每一分钟都在干些什么吗？

忽略鸡毛蒜皮的事

所有这些都应建立在高度信任的基础上。你必须信任员工，保证他们会将一些重要的问题随时告知你。作为老板，忽略掉某些工作确实对自己和员工都十分有利。但对于那些重要的工作，你必须亲自去做，如考虑部门的长期发展规划，与部门的其他同事保持良好的关系，进行培训等。与之相反，对于有些事情，你完全可以不去过问，你可以委托员工单独去做，让他们向你汇报一下结果即可。你不用考虑员工每天在如何完成他们的工作，而只需

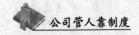
看看他们每天做了些什么。也就是说，对于工作中一些无关紧要或者一些细小的事情，你应该学会有效地忽略，让员工自己去处理和面对。

有效忽略，就是让员工自己去完成他们的工作，而不要过多进行干预，相信他们如果出现错误或者想作出工作改进之时，会主动与你联系，和你讨论问题的解决办法，请求得到你的支持。学会有效忽略，还有一个好处就是你可以早点回家，见到更多的家人，拥有更多的时间去锻炼，你可以因此而放松，提高自己的工作效率。这确实值得一试，你会发现，即使你对所发生的事情一无所知，你的部门也不会因为你的忽略而大乱和消失。事实上，如果你没有不时找员工去了解一些无用的信息，他们会一切正常，而且可能干得更好。

作为老板，应时时注意那些重要的东西，对于一些小事或事情的细枝末节，不妨装装糊涂忽略过去算了。

权威不等于纪律

作为领导，由于职务上的特殊性，在与员工接触时，更容易出现认死理儿的毛病，而要避免这种毛病时，最关键的一点恐怕就是要尊重对方。

然而，由于传统势力和习惯的影响，再加上做领导的现实权力和工作方便，往往使得领导更难做到对员工具有应有的尊重，而极易流入"你应该服从我，你不该当面反驳我"这个思想圈子。不但无法正确对待自己，更不能正确对待员工，一头扎进认死理的死胡同里。

的确，在目前的社会管理体制中，员工在一般情况下应对领导给予必要的尊敬。但这并不意味着上、下级之间必然存在着什么人格上的不平等。要知道，在很多情况下，员工对领导的尊敬乃是领导对员工尊重的回报。如果作为一位领导，只想到自己应当具有权威，不管说什么、干什么都应当无条件地同意和支持，那就快把自己变成众矢之的了。

一个人当了"官"之后，如果能够在态度上和待人接物上不把这个官当做官去做（虽然这话有些绕脖子），那么，他将会收到意想不到的效果。

一名做领导的人，在与自己的员工接触时若想避免认死理儿，最好的办法就是忘掉自己是领导。这样你的思想就会得到解放，获得活力，具有倾听别人意见、判定自己是非的能力。

一般说来，当领导的人应当具有较强的工作能力、丰富的生活经验和较高的涵养。但是，同样也要认识到，不管是什么人，都不会是一通百通的万能博士。智者千虑，必有一失。一个经验丰富的领导与十个经验不太丰富的员工比较，在一些个别的、专门的问题上，总会碰到比自己更强的员工，这原是情理中事，用不着一旦在员工面前露出自己的不足与误判，就面红耳赤，心跳不安，更不可为了保住自己的脸面与"官箴"，去借助自己的地位坚持己见，强人所难。然而，这却又是说来容易做来难的事情，很多十分英明能干的领导者，往往也不一定总能做到这一点。

领导不要成为"暴君"

我们知道，领导大多有一定才华，但有才华的领导要注意谦虚待人，不可恃才自傲，听不进意见。例如，古代暴君商纣的天赋高，据说他"资辩捷疾，闻见甚敏。才力过人，手格禽兽"。真是既有口才，又很灵活，而且勇力过人，按说应当是块好材料。只可惜好材料没派好用场，结果是"知足以拒谏，言足以饰非，以为天下皆出己之下"，变成一个自以为是的暴君。

纣王有一次去攻打一个叫苏氏的部落，苏氏惹不起他，就送给纣王一个美女，叫妲己。暴虐的君主必然也是好色之徒，但纣王的表现却更有过而无不及。他为妲己造鹿台，增加赋税，横征暴敛，把搜刮的钱全藏到鹿台来供他们挥霍。另外，"以酒为池，悬肉为林，男女裸 (体) 相逐于其间，为长夜之饮"。他们自然是酒足肉饱，可老百姓不答应了，纣王也有他的办法，即"重为刑辟"，他造大熨斗，用火烧红，让反对和劝谏他的人举着它，直到把手烧烂。还造一根铜柱，表面涂上油脂，放在炭火上烧热，硬逼着他看不顺眼的人在柱子上爬，还给它起个名字叫"炮烙"。他以为以自己的小聪明和大权力，是不会有人敢来反对他了。谁知老百姓偏偏不听那一套，最终商纣得到一个可耻的下场。

值得注意的是，一个人当了领导，一般地讲，相对于自己的员工总该具

193

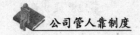

有较多的经验、较强的能力、较深的学问。但是，这只是从理论上这样推论。事实上由于世事的纷繁，机遇的难以琢磨，具体到某一位领导或者就是我们自己，却未必人人具备上述优势。换句话说，即使真的具备这种优势，也只是在大的方面平均而言，而不可能在诸多具体事务上总是包罗万象的百科全才。古人云："三人行，必有我师焉。"不承认这一点是不现实的，也是行不通的。

不要设置更多的上司

有位朋友苦笑地抱怨说，他是单位的最底层，因为在他这个单位里，总共有七个人，其中一个正经理，两个副经理，两个小组长，一个副组长，他是唯一的兵。他不知道自己该听谁的。这种情况其实很多见，在许多集体中，划分了太多的领导层，中间级主管太多并太自大，已成为了阻挠职员发挥创造力的障碍，使员工效率减低。

太多管理阶层的公司，每个主管上面还有主管，他们的意见往往互相矛盾、彼此妨碍。职工成了夹心饼干，要应付四面八方的指令，并卷入他们的权力斗争。管理者大部分时间都浪费在这些不必要的冲突和没有生产力的管理关系中，员工很难有效率地工作。

例如：有的员工抱怨："我们有三个阶层的主管，最上层主管坐在他的办公室里管理中间级主管；中间级主管也坐在办公室里，偶尔才走出办公室；我的顶头上司是最低层主管，他总是被另外两个主管左右着。"

又如一个下属说："我的老板是公司的销售天才，也是股东之一。他最大的长处是销售，管理则交给特别助理负责。她就像是他的左右手，是第二位发号施令的人物。我应该为他们两人工作，但她的防卫心很强、自以为是，很令人讨厌。我们必须和她共事，而且应该负起销售团队和销售天才（老板）之间的沟通责任。但同事之间有许多派系，每个人都在发展自己的地盘及自己和那位销售天才（老板）的良好关系，这使得情况变得很复杂。我也为自己创造了一个小天地，所以可以用自己的方式工作。"

"我的管理者指派一个中间人直接和我交涉，但是她什么事都要管，结果最后还不是她自己和我交涉。中间级主管决定去做某件事，之后管理者加进他的意见又全盘推翻。我夹在中间，必须去应付他们两个，这让我很受挫折。"

再如："我刚开始在这里工作时，主管十分关照我，交给我一大堆任务，以及她希望我负责的策略范畴。头五个月，我在她的部门做得很好。之后，我的主管找了一个副手，这使情况变得糟透了。我本来已经和主管建立了良好关系，但自从这个新的副主管来了之后，我和主管的沟通及联系被严重破坏，直到有一次，副主管去参加原本应由我出席的会议，而我则被排除在外。我只好决定换到另一个部门去工作。"

在这种公司里，多余的主管是不需要的，不管是临时的，还是长久的，多一层管理就会多一层麻烦，公司只有尽量减少层层管理，才有可能提高效率。

轻松管理的三个技巧

领导者凡是终日忙得不可开交，甚至感到顾此失彼、忙于应付的时候，最好审视一下自己的管理手段和方法是否对头，是否需要进行一些必要的调整。

要想轻松地管理企业，下面这几项可能是应该遵循的：

1.要分级管理而不要越级插手问事

企业发展到一定规模后，要进行必要的分级管理。主要领导者不要一竿子插到底。那是"出力不讨好"的事。对下属的管理人员要在明确责任和奖罚的基础上，让他们有职有权。即使碰到问题，只要不是事关企业大局的事，就让所属的部门自己去处理和解决。这样，企业领导者不仅能从管理几百人、几千人甚至几万人的沉重负担中解放出来，只要管理几个人就能维持企业的正常运转，而且能够充分地调动下属的积极性、创造性、主观能动性和责任感，还可以有更多的时间研究企业的发展方向和重大决策。

2.多想、多看，少说、少干

这是高明的企业领导者必须掌握的原则。千万不要大事小情都事必躬

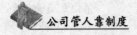

亲。许多时候，你只有站在一旁观看，才能真正做到"旁观者清"，而避免"当局者迷"，才能更公正、更有效地判断是非曲直，才能真正看清哪些事情是企业应该坚持的，哪些事情是需要改进的。即使你比你的下属干得还要好，也不要事事亲自去干。一个元帅如果必须亲自去冲锋陷阵，一个教练如果必须亲自到运动场上去拼搏，不仅不能说明这支军队的强大和运动队的水平很高，反而说明他将寡兵弱，可能离失败为时不远了。比如一台戏，如果是企业领导者在台上又唱又跳，而企业员工则坐在台下观看，还可以指手画脚地挑毛病，这样的情景就有点"本末倒置"了。轻松管理企业而又驾驭全局就要多当教练员少当运动员，多当导演甚至观众而少当亲自登台演出的演员。

3.大事聪明，小事糊涂

作为一个企业领导者，首先要分清什么是企业的大事，什么是企业内无关紧要的小事。凡是关系到企业发展和生死存亡的大事，一定要慎重对待，绝不可等闲视之。而大事往往不是每天都发生的。对于那些鸡毛蒜皮的小事，要让下属部门按照分工自己去解决，不要陷于烦琐的事务之中而不能自拔。但是，也要敏锐地观察和分析一些小事的起因和影响，不要因小失大。但是，一般情况下，不必亲自去处理。

第13章

顺从人性：情、理、法要并用

优秀的领导知道如何谨慎选用字句来激励员工。他会运用恰当的字句，鼓励员工采取行动。他懂得在书面资料、口头公告、报告、会议等方式上，想方设法要求员工采取行动。

请不要认为一个优秀的领导人就必须衣冠楚楚、外表惊人，这些对你的员工来说并不重要。他们想知道的是他们的上司是否认识到他们的重要性，他们在本企业中是否有一定的地位。

伟大的科学家爱因斯坦曾经说过，在当今大企业林立的社会中，最大的问题就是人们感到他们个人已被完全遗忘了，他们感到自己微不足道。此时就需要一个好的领导者发挥作用，使他的员工确信他们是企业的重要因素。

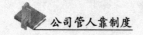

人是管理之本

当代管理的趋势是什么？是将管理的"柔性"和"刚性"结合在一起。

企业管理逐步由以物为中心的刚性管理，走向以人为中心的柔性管理。企业要走向人本管理，第一步是学会尊重。

不少的管理层常常感叹：现在企业中的快乐员工越来越少，其根本原因就是管理者对员工缺乏应有的尊重。许多员工很努力地工作，却总是得不到老板或主管的认同。在这种工作环境下的工作效率可想而知。

要办好一个企业，固然必须摆平自上而下的利益关系，让处于企业内部各个层次的人，在发挥自己在企业中作用的同时，有一个相应的回报。但是建立良好的劳资关系，做到相互尊重，享受人与人之间的温暖和快乐同样是企业管理的大事。从人性上说这是一种需要，从经济角度上讲，则更加有利于企业获得稳定的利润和长久的生存空间。

现代最新经济理论研究表明，经济系统的知识水平及人力素质已经成为生产函数的内在部分，而其外在的表现则受到人际关系的制约。

从某种意义上说，企业管理就是人际关系的总和。刚性的"哲商"制度管理和柔性的"和商"亲情管理各有所长，而历来重视人际关系的东方人常以赢得对方的尊重为追求的目标。

比如马来西亚的华商郭鹤年，他的管理控制经验就是严格标准与情感投资的结合，努力做到以法服人、以情感人，把家和万事兴的家训推行到企业中去。在公司创造一种家庭式气氛，互相尊重。他认为经营管理不能只靠制度，更重要的是靠人。只有上上下下有感情，合作得好才能调动每个人的积极性，发挥他的最大潜能。

工作应该是有趣的、充实的、让人激动的。这些都存在于人获得尊重的前提下。乐趣意味着挑战，也意味着成长、自由与成就。如果你尊重员工，员工将会还你尊重，甚至会以责任来回报你。因此，如果员工因为责任而拥有对企业的一种使命感，他们必然会充满干劲。

懂得欣赏别人

美国心理学家马斯洛在《人类动机的理论》一书中，阐述了人类生存五大需求层次理论，其中第四层就是地位和受人尊敬的需要，这是人类维护人格的起码要求。人与人只有建立在相互尊重的基础上，才能产生"你敬我一尺，我敬你一丈"的效应。

一本《第五项修炼》，给企业提供了超越混沌、走出杂乱、以人为尊，再造组织的指引。其实，懂得欣赏，既是一种享受，也是一项核心的修炼。这里所说的"欣赏"，有对他人能力和成就的欣赏，也有对自我超越的欣赏。人自赏容易，难能可贵的是懂得欣赏别人。一个组织，一个企业，学会了尊重别人，还只是迈出了人本管理的第一步。懂得相互欣赏，在欣赏中互相激励提高，则是建立人本氛围不可或缺的第二步。

从投入的角度看，所有的人都可以成为比尔·盖茨，只要这种投入的方向是正确的。从成功人士的经验来看，每个人的生命不过是与周围的环境进行交易的过程，如果这个交易的过程好，那成功的机会就大。因此经营好一个人的工作和生活空间对一个人的事业成败至关重要。

如果经营者只重视现在的劳动力，而忽略他们未来的发展布局，那他永远都在寻找劳动者，当然最后的结论是企业缺乏人才。

欣赏你的下属吧，千万不要吝惜你的语言。去真诚地赞美每个人，这是促使人们正常交往和更加努力工作的最好方法。因为每一个人都希望得到称赞，希望得到别人的承认。在人们的日常生活中，你会惊奇地发现，小小的关心和尊重会使你的人际关系迥然不同。

假如你的同事或下属今天气色不好、情绪不高，你要是问候了他，表示你的关切，他会心存感激的。再推进一步，假如你的同事或下属感到你在真诚地欣赏他，他会以最大忠心和热忱来报答你和你的企业。

对一个组织来说，感情留人、事业留人、待遇留人，这三点缺一不可，但感情更为重要。双方只有在感情上能融合沟通，公司员工才能对管理者有充分的信任，这是留住人才的最大前提，也是企业迈向人本管理的核心所在。

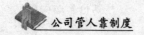

与员工建立朋友式的关系

一个领导者要做好工作，必须与员工建立和谐融洽的、朋友式的合作关系。如果把自己放在高不可攀的位置上，制造出一种神秘感，让员工仰首而视，敬而远之，上下级有隔阂，下属只是奉命行事，这是绝对干不好工作的。

许多领导干部在生产上能力很强，可却处理不好人际关系。对下属颐指气使，疾言厉色，开口就训人，也不懂得关心体贴下属，结果弄得员工怨声载道。虽然当面不敢怎样，背后却大发牢骚。由于气不顺，干起活来也就别别扭扭，懒洋洋，工作总是做不好。

同员工建立起和谐融洽的关系，最好的办法是以朋友的身份与他们打交道，与下级平等相处。其实，任何一位领导在走上领导岗位之前，身边总是有几个朋友的。走上领导岗位以后，应同员工继续保持这样一种亲密的关系。所不同的是，范围应更广，不只是原来要好的那几个人，应让本单位的全体员工都成为你的朋友。当了领导，地位变了、身份变了，可是这种变，只是责任的加重，工作担子的加重，丝毫也不意味着有什么特殊。只有平易近人、以诚待人，与大家平等相处，才能得到拥戴，才能有权威，说话才能灵。

经常到群众中去

那么，这种朋友式的关系应如何建立呢？

有这样一位领导干部，他经常不在办公室里，一有时间就到员工中去，今天这个车间，明天那个科室，员工戏称其"游击司令"。这个"司令"脑子中有一套完整的员工的档案，谁的家庭情况怎样，工作有什么特点，经常闹什么情绪，甚至脾气、兴趣如何，他都一清二楚，与员工谈起话来十分投机，员工有什么心里话也愿意和他讲。不妨假设一下，如果他高高在上，员工几日也见不上他一次面，那么哪会有这种水乳交融的场面？

日本的桑得利公司总裁岛井信治郎听到雇员抱怨："房间内有臭虫，害得我们睡不好。"他便在晚上一个人拿着蜡烛在屋子里抓臭虫。后来对公司的发展起了重要作用的佐田刚进入公司不久，他的父亲去世了，岛井信治郎率领全体员工到殡仪馆帮忙。丧礼结束了，岛井信治郎又叫了一辆出租车，亲自送佐田和他的母亲回家。佐田后来当上了主管，常对人提起这桩事："从那时起，我就下决心，为了老板，即使是牺牲生命，也在所不惜。"

"人之相识，贵在相知；人之相知，贵在知心"。作为领导者，如果总是把自己的内心世界封闭起来，员工永远不知道你在想些什么，听不到你的一句心里话，那你同谁也交不上朋友。只有向员工敞开心扉，把心交给员工，同员工心心相印，无话不说，员工才能亲近你，与你交心。领导者应当把本单位面临的形势、工作上的打算、遇到的困难和自己的苦衷，诚恳、坦率地告诉员工，让大家帮着出主意、想办法，工作就会做得更好。

关心下属的个人问题

当你的下级为他个人的问题来向你求教时，这说明他信任你、敬重你，显然表明你们之间关系很好，但要注意继续保持这种关系。不管你的下级要与你谈什么问题，请不要打断他们的谈话或把他们打发走，虽然对你来讲，这些问题未必重要，甚至是微不足道的，但也不要置若罔闻，因为它们对你的下级来说无疑是最重要的。

假如一个职工今天气色不好，你就要问问他有什么不舒服。如果他请假去照料他生病的妻子，那么当他来上班时，就要问问他妻子康复了没有。倘若发现他今天走路一瘸一拐，你就要问问他怎么回事。还要过问一下他孩子在学校的成绩如何。虽然有的时候只是一点小小的关心，但他会几天几夜想着你的恩德。这样做当然不难，然而在日常生活中，你会惊奇地发现，这种小小的关心竟使你的上下级关系迥然不同。

好的人缘并不需要你花很大的精力，但是常常有相反的经验教训，甚至一个聪明的管理人员也会完全忽视这种小小的关心。请不要认为一个优秀的领导人就必须衣冠楚楚、外表惊人，这些对你的员工来说并不重要。他们想知道的是他们的上司是否认识到他们的重要性，他们在本企业中是否有一定

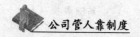

的地位。

伟大的科学家爱因斯坦曾经说过，在当今大企业林立的社会中，最大的问题就是人们感到他们个人已被完全遗忘了，他们感到自己微不足道。此时就需要一个好的领导者发挥作用，他应使他的员工确信他们是企业的重要因素。当他们或他们的家属生病时，领导人寄予同情，关心他们的问题，与他们推心置腹。生产自动化要求一个大企业的领导人比以往任何时候都要特殊照顾员工生活。

领导威信比权力更有效

领导应该放弃权力的过分使用，把精力转移到树立威信上，也许效果会更好一些。聪明的领导很少会像中国封建社会那些专制的皇帝一样，随心所欲，更不会像封建社会的官僚那样，信奉权力至上，做权力的奴隶。他们大多是在实际工作中，通过一点一滴工作经验的积累，通过自己能力的施展，通过自己良好的品德风范的展示，逐步树立自己的威信。

有了威信，员工才能信服，企业的计划才能得到迅速的实施。这时，领导具备了无形的感召力，所作出的决定，会得到员工一致的拥护，大家会齐心协力按照领导的决定去做。领导的决定所取得的良好效果，会得到大家一致称赞，同时领导的威信也得到了进一步增强。

不讲方式地随意使用手中的权力，只会使领导失去威信，自信心下降；而学会巧妙地使用权力，树立自己的威信，则会使领导信心大增。员工对自己的信任和支持，是领导开展工作的强大后盾。

优秀的领导知道如何谨慎选用字句来激励员工。他会运用恰当的字句鼓励员工采取行动；他懂得在书面资料、口头公告、报告、会议等方式上，想方设法要求员工采取行动。但作为领导只是把自己的想法说出来，就期望产生最佳效果，肯定是不够的。不要期望每个员工都会从领导所提的建议中，自动联想下一步所应采取的行动。有时候领导需要把刚刚才讲过的东西再强调一遍，然后再加上一句："好啦，下一步我们怎么做？"或是"我们怎样把这些点子转化为行动？"然后，就开始具体的实施计划。不要忘记，一定要做出具体的行动来。

也有那么一种领导，他们以为不抖抖威风，不向员工发顿脾气就没有领导的风度，就缺乏领导的威信，因而总是在员工面前摆出一副冷冰冰的面孔，经常乱发脾气，让人无法接近。这样一来，员工的逆反心理势必会被激化起来，许多该做或能做的事，也尽量拖着不做，反正出了事儿由大家扛着。而且，如果员工不努力工作，或是失去员工的有效支持，这种领导也将毫无价值可言。这种"领导"是最笨的，也是最不该当"领导"的人。

失人心者失天下

领导与下属之间是一种合作关系，是一种如同太阳系里的星球一样的相互吸引、相互依存的关系。要达到共同目的，有时先设法满足员工的需求，反而更容易达到自己的需求，而管理者无谓地抖威风是没有必要的。真正能理解这一点，并能切实做到这一点的人不多。

一个团结的工作团体，是不允许有征服欲及命令欲极强的"领导"存在的，这种人的存在绝不会使一个工作团体趋向团结的。如果有人总是想着利用权力和命令去征服别人，那么这种人肯定会非常令人反感。秦始皇本来很有作为，但其为人异常残暴，结果短短几年就把大好江山折腾得摇摇欲坠；纣王早年的表现也不错，但后来却只知一味发号施令而听不进别人的意见，最终失江山于姬周。如果领导总是以一种冰冷严厉的命令口气对待员工，那么就不要指望能从员工那里得到帮助，自己也终将一事无成。所谓"失人心者失天下"的道理便是如此。

从员工身上学到东西

作为一名领导，自己的体力也许比不上一个清洁工，自己的口才也许比不上一个长期从事推销的员工，而自己的文笔也许又比不上新聘来的年轻秘书。领导可以从员工那里学到的东西很多，那都有利于提高并充实领导的才能，使自己更容易为员工所接受。不要总是在思想中固守着自己是一个领导的观念，你得先学习，然后才能管理他人。

　　如果领导已认识到自己的写作水平很糟糕，而当下属递交上来的报告也很差劲时，那么领导就不应该对他人一味地批评指责，而应当让起草者或是别人对这个报告再进行修改，而后再对这个报告进行磋商，使其达到大家认同的标准。甚至可以与员工先共同讨论出一个草稿方案，最后确定由一个文笔较好的员工来执笔撰写这个报告。过程虽然很烦琐，但却可以让自己学到许多有价值的东西，同时也让员工知道你是一个求实的、可以信赖的领导。

　　有些领导，他们能够调动起他周围人群的兴趣指向，演说时常唾沫乱飞，天花乱坠，获得热烈的掌声。但静下心来仔细思考的时候，却发现即使自己费尽力气穷搜记忆，也找不出一件值得夸奖的实际内容。他们除了嘴皮上有点功夫之外，再不能给员工留下任何好感。

　　如果你的确是这样一种夸夸其谈的人，那么自己就要多留点儿神了。如果你实力太差，员工是不会瞧得起你的。他们会随着你的管理水平日益落后于形势发展，越来越看不起你。因此，只有不断地学习，虚心请教，才可能维护好自己在员工中的威信。

对个性强的人因势利导

　　"要我好好工作，那就需要有一个能够表现个性的工作环境。"不少员工存在这种想法。那么，究竟什么是"个性"呢？

　　"个性"依人与地方之不同而有各种的解释。有时，若说"某甲很有个性"，大多指其行为乖戾，或者喜欢奇装异服。也常听人说"阿伟个性太强"，意味着此人脾气不好。"个性"有些是与生俱来的，有些是长期受后天环境影响形成的。"个性"也可以说是一个人的特征，故个性有千差万别。若要找出一个"毫无个性"的人，那实在很困难。有一个能表现个性的工作环境，那做起事来也倍觉驾轻就熟。但是，也有些时候，客观上要求大家保持既成的风气，遵守纪律，要求工作标准化，故若某人个性过于突出，就容易惹人生厌。

　　遇到个性很强、颇难驾驭的员工，你不要以势压人，故意给他个下马威，而应该避其锋芒、因势利导，选择最适当的时机，从他精神上最薄弱的地方征服他。

也许有人问："公司内一方面要求表现个性，认为今后企业若专找些只墨守成规的人来工作，则业务不会有发展；而另一方面，个性表现愈明显，公司领导愈会认为你是个捣蛋鬼，这不是矛盾吗?"

员工都希望发挥自己的个性，不过如果过分放任他们，也常会爆发不满。同时，无法否认的是，公司的要求与领导的态度常有矛盾之处。绕来绕去，我们只能得出这样一个结论，现在已是一个注重个性表现的时代了。

作为公司领导，在职前训练时就应该注重发现个人的个性。发现个性的方法很多，最简单的方法就是将其与他人作比较。有时候，人的个性可以因环境的不同而改变，尤其是对不成熟的年轻人来说，你可以尽量对他们多些"关照"。

让个性创造出价值

培养或锻炼个性时，须多方面加以指导：

(1) 使其从事可表现其个性的工作。个性过强的人，如就普通公务员来说，也许会搞坏人际关系，但在艺术界来说，个性强反而是其长处，可创造性地完成许多杰出的作品。让员工做表现个性的工作，工作表现必定极为良好，就是个性非常之倔强，也无须顾虑搞坏人际关系。

(2) 要有方向性的指导。老是只说"这么做不行"，这种否定的命令口吻只会使员工个性萎缩，此时应说"你应该这么做，那么做"，给他一些方向性的指导。

(3) 要彼此沟通意见。必须彼此交换心得，如果意见不能沟通，就无法表现个性。

(4) 给予能培养创造性的环境。现代企业并非仅靠一位天才的创造力就可以做出一番轰轰烈烈的大事，务必要动员全体工作人员的智慧，让他们各自发挥创造力，让他们有自由发表意见的机会。

(5) 尊重少数人的意见。现在集体的表决结果总是"少数服从多数"。其实有些意见，目前是属于少数，但过些时日很可能受到多数拥护，所以对

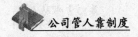

少数意见也不能忽略。

(6) 规则过于严格会使个性萎缩。虽然个性必须遵守规则，但规则本身若过于公式化，使人有动弹不得的感觉，那就会使个性萎缩了。

以上各项不过是为了训练、指导个性所必要的重要条件而已。如果真能做到这几点，那每个员工都会精神抖擞地为你工作了。

使员工知道你的期望

作为领导，你的期望对员工的积极程度有很重要的影响。员工需要知道你脑子里在想些什么，以及你对他们的期望值。

期望并不单纯地指完成重大工作目标，它和每天的日常工作也有很大关系。负责的领导期望他的员工准时上下班，开会准时到场，按讲好的时间到达，不让别人久等；期望他们的员工回复电话、回复信函，并信守诺言；期望员工彬彬有礼，尊重每一个人；期望自己的员工在善于聆听的同时要勇于表述，做到公开和诚实。

这些期望其实都是常理。也就是说，没必要把它们都写下来，那样就会成为官僚程序。但每个人的脑子里必须清晰地了解这些期望。如果不澄清，标准就会被侵蚀，就会出现无组织的混乱状况。

期望还包括明确工作目标和目的。每一名员工都想了解领导对他的工作期望。可是，在这方面，仅对工作性质的描述几乎不起作用。最重要的期望要集中在一个人在工作中必须完成什么。一名出色的领导会期望他的员工自己来决定完成这一目标的最佳方式。

作为一名领导，如果你没能明确你的期望或没能与员工达成一致，就会产生不好的反应。员工们会认为你软弱、没主意、立场不坚定、糊涂而且对此困惑不解。相反，如果明确期望，你就会提高自己的信任度并受到尊敬。这一过程无需正式，可以非正式地运做。但必须通过自己的行为建立并巩固起来。开始时，你可以假设一个高的标准，当员工们没有达到这个标准时，你的回答应该是有助益的、有建设性的，他们很快就会明白你期望他们怎样做。

我们必须明白明确期望的重要性。没有明确的期望，员工们就不会明确工作中努力的方向，就会变得心理脆弱，经受不住挫折。

领导与被领导的关系需不断磨合

员工对领导的期望很多，同样领导也期望员工能为自己做更多的工作。为了适应环境，战胜竞争对手，你必须尽可能从员工那里获得更多的东西。因为你的客户向你索取的只会越来越多，如果你不能满足他们，他们将会寻找其他可以满足他们的人。

你的高期望应涉及员工工作的各个方面。他们的工作时间应至少与所要求的时间相同；在工作时间内应全力以赴，甚至做得更多；你不在时担负起更多的责任与义务，工作积极主动。

另外，你应该期盼他们言行一致，表里如一；对所有人有庄重、客气及友善的态度；将客户的要求放在第一位，乐于为客户服务并使他们满意，甚至将服务于客户作为乐趣；节约公司财物；当你有错误时为你指正，并且在有必要时支持你的工作。

这些都是你所期望的。但你同时必须要明白你的员工希望从你身上得到什么。领导与员工之间都有希望从对方那里得到的东西。

有时，你的员工无法达到你所期望的程度，或许你也无法达到员工的期望，但是不要紧，在现实的生活中，我们不会永远成功。有一次成功就会有一次失败，任何体育冠军也不能保证会赢得每场比赛，再好的球队也有失败的时候。

所以，当你期望的太多而得到的很少时，不要抱怨，应该抓住机会学习。有时，当人们的期望无法满足时，失败会推动他们更上一层楼，这样失败本身使他们有了进步。关键是要接受失败的教训，而不能自欺欺人地说你已经成功。

在你和员工之间，最重要的是互相期望对方做出所有努力之前，应从自己身上要求更多，当你促使自己按既定的方向努力时，你将会发现员工都跟随着你。

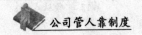

抛弃个人好恶

一个人是不是人才，应该以实际为标准进行检验才能得知，但在用人过程中，古往今来都存在着以个人的好恶为标准的事实。特别是在用人问题上，往往会搞小圈子、拉山头，以我画线，顺我者昌，逆我者亡。与自己感情关系比较不错的人，"说你行，你就行，不行也行"；而与自己感情、关系一般的，"说你不行，你就不行，行也不行"。武则天的夏官尚书武三思就说："凡与我为善者即为善人；与我恶者，即为恶人。"其实，这种以个人好恶为标准来识人，早在历史上就有人不赞成。古人就提出，想要知道一个人的品德，就要先了解他的行为；想要知道一个人的才干，就要先听其言，观其行。

作为企业的领导者，能否坚持公道正派、任人唯贤，是关系到企业发展命运的大问题。事实上，凭个人好恶、亲疏、恩怨、得失，识人用人的情况比比皆是。有的人喜欢听恭维奉承的话，把善于迎合他的人当成人才；有的人热衷于搞小圈子，对气味相投的人倍加重视欣赏；有的人看重个人恩怨，凡对自己有恩惠的，则想方设法予以重用；有的习惯于自己的"老一套"，偏爱"听话"、"顺心"、"顺耳"的人。上述情况的存在，一方面容易使某些德才平庸、善于投机取巧、甚至有严重问题的人得到重用；另一方面又必然使一些德才兼备的优秀人才被埋没，甚至遭受不应有的打击。而这一切的最终结果，都只能是给企业的发展带来严重后果。用错人，会使企业经营管理出乱子，甚至会因该人的某些举措导致企业倒闭；埋没人，会使部属内部怨气冲天、工作无效率，久而久之，会使企业发展停滞，甚至出现更严重情况。

用人要出于公心

凭个人好恶用人，其主要原因在于"私"字作祟。但是也有一些人其用心是好的，但由于思想水平不高和思想方法不对头，缺少识人的"慧眼"，结果用人就不能坚持公道正派、任人唯贤的原则。宋朝宰相张浚初次见到秦桧，见他言辞刚正、表情严肃，认为这个人一定正派，便启用了他，结果铸成了千古大错。张浚的失误就在于以言貌取人，并没有看穿秦桧的本质。在现实生活中，还依然存在张浚式的人物，他们在看人用人上往往受主观主义、官僚主义、偏见和感情用事等影响。但有时他们在这种问题上并无私心，似乎比那些有意识的打击报复、拉帮结伙的用人错误，更容易得到一般人的谅解和容忍。也正因为这样，在上可算心安理得，在下却有苦难言，其危害也就更加严重。

1.唯我型

主要是指那种以自己的是非为标准，嫉妒上司支持或重用他人（尤其是不同者意见）的人。这种人只准上司支持他，如果上司支持了别人（不管对还是不对），他就会对支持者说长道短。别人得到提拔，他就会感到难受，甚至会为此同上司闹翻。同时，他还可能在同级及其下属中寻找新的支持者，其手段也多是卑劣的。大家的关系本来很正常，由于唯我型者亲疏有别，很可能会人为地造成组织成员认识上的不统一。

2.实惠型

主要指那种得了实惠就说好，有奶便是娘的人。这种人唯一的是非标准就是看谁能给自己带来好处，凡是能给他带来好处的，他就说那个人是大好人，除此之外，你给集体带来的好处再多，他也视而不见。领导成员是有分工的，有些能给下属解决一些实际问题，有些就做不到，不论是谁解决的问题，都应归为组织的力量，而不能考虑个人的功劳。一些掌握实权的领导者，如果将组织对下属的照顾，归结为个人对部属的关心，在部属中，势必会产生感恩于某个人的现象。

3.顺我型

指那种对待下属是"顺我者昌，逆我者亡"的领导者。这种领导者喜欢听恭维的话，讨厌别人提建议，容不得半点反对意见。这种在上司面前拍马屁的人很吃香，而刚正不阿的正派人往往遭殃。结果是该遭殃的吃香，该吃香的遭殃，下属中势必产生对立情绪。这种用人方式，无疑不利于组织的发展。

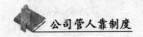

对所有人一视同仁

管理者与员工之间是一种相互依赖、相互制约的关系。这种关系处于良好的状态时，管理者与员工的需要就得到了满足。

这就是人们所讲的"太阳系式"的管理，它和"金字塔式"的管理截然不同。前者是相互吸引、共同存在的关系；后者是一级压一级的关系，是趋于淘汰的管理方式，不是以人为本的管理方式。一般来说，管理者需要员工对本职工作尽职尽责、勤奋努力，圆满地、创造性地完成任务。而员工则希望管理者在工作上能够重用自己，取得成绩时能够认可自己，在待遇上合理分配，在生活上给予关心。

对员工伤害最大的往往是，当员工工作取得成绩时受表扬的是上司；而当上司在工作中发生失误时，挨批评的却是员工，这就造成员工的心理失衡。因此，管理者要善于发现和研究哪些是员工关注的中心，并抓住这些中心问题，最大限度地满足员工最迫切的需要，从而调动员工的积极性。

管理者在与员工关系的处理上，要一视同仁，同等对待。不能因外界或个人情绪的影响，表现得时冷时热。

当然，有些管理者本意并无厚此薄彼之意，但在实际工作中，难免愿意接触与自己爱好相似、脾气相近的员工，无形中冷落了另一部分员工。因此，管理者要适当地调整情绪，增加与自己性格爱好不同的员工的交往，尤其对那些曾反对过自己，且已被事实证明反对错了的员工，更需要经常交流感情，防止造成不必要的误会与隔阂。

有些管理者对那些工作能力强、使用起来得心应手的员工，亲密度能够一如既往。而对工作能力较弱，或话不投机的员工，亲密度不能持久，甚至冷眼相看，这样管理者与员工的关系就会逐渐疏远。

不能用感情代替原则

有一种倾向应该注意，有些管理者把同员工建立亲密无间的感情和迁就错误地等同起来。对员工的一些不合理，甚至无理要求也一味迁就，以感情代替原则，把同事间纯洁的工作感情庸俗化。这样从长远和实质来看，是把员工引入了一个误区。

而且，用放弃原则来维系同员工的感情，虽然一时起点儿作用，但时间一长，害的不只是员工，管理者自己也会受伤害。

管理者在交往中要廉洁奉公，要善于摆脱"馈赠"的绳索。无功受禄，往往容易上当，掉进别人设下的圈套，因此而授人以柄。

领导者帮助了别人，也不要以功臣自居，否则施恩图报，投桃报李，你来我往，自然被"裙带"关系缠住，也会受制于人。

馈赠是一种加强联系的方式，但在正常的人际交往中往往诱使管理者误入歧途。有些馈赠的背后隐藏着某种企图，特别是在有利害冲突的交往中，随便接受馈赠，等于让人抓住了把柄，让别人牵着鼻子走。

管理者在交往中，要注意自己身边员工的状况，从实际情况来看，管理者的行为在很大程度上受制于其贴近的人，这些人对于管理活动既有积极作用又有消极作用。平时，管理者在一些事情上是依靠他们实现管理的，而他们又转靠"别人"的帮助，来完成管理者的委托，于是就出现了"逆向"的情况。管理者周围的人可直接影响管理行为，而"别人"又可左右这些人的行为，时间一长便形成了一条"熟人链"。

显然，这些人不仅向管理者表达自身的需要，而且还时常要为"别人"办事，这也增加了制约管理者因素。

管理者应该注意身边人的制约，不仅要调整好与他们的关系，而且要注意经常改变他们的人员结构，提高他们的素质，避免给自己的工作增加阻力和困难。

追求公平与公正

社会越文明，对人的价值就越看重，领导管理人才，就更应该懂得公正、平等地对待每个人的重要性。

著名的摩托罗拉公司，十分注重强调公正对人才的意义，尽可能地在员

211

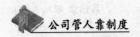

工中创造出公正的竞争氛围。

高尔文是摩托罗拉的创始人，早年和高尔文一起工作的大部分人，都没有很高的学历和学位，不过是一些爱好无线电和从儿童时起就玩过无线电的人。

这时，有个名叫比尔·利尔的工程师加入了摩托罗拉。比尔·利尔在大学学过无线电工程专业。这就引起了那些老员工们的不满，他们不时为难利尔，故意出各种难题刁难他。当高尔文得知此事后，勃然大怒，把那些老员工狠狠地批评了一顿，然后马上找到利尔，重新以高薪聘请。后来，利尔对早期的摩托罗拉作出了巨大贡献，并充分向高尔文展示了他的价值。

后来，在摩托罗拉公司工作的人中大部分是一些粗鲁的和彼此之间经常有不同意见的人。当他们发生争执时，都对立得非常厉害。但高尔文作为老板，以他巧妙的处理人际关系的方法，使他们在面对各种艰难工作时，能够团结一致，顺利进行工作。

在20世纪20年代，芝加哥的西部以及全美大部分地方，喝酒是一桩被当作十分隆重的和具有祝贺意义的事。但政府禁酒令使一些酒吧只能进行秘密营业，渐渐喝酒成了一种冒险的浪漫行为。男人们在工厂和办公室干完长时间艰苦的工作之后需要消遣。找消遣、要刺激，莫过于在大规模的酒宴上豪饮，摩托罗拉公司也不例外，工人原本该在星期一早晨上班，可是有人早在星期五晚间已经沉溺于"非法酒铺"，不到星期三是上不了班的。这种情况为工厂的生产秩序造成了大混乱，成了一个严重问题。

为了保证工人能在星期一全部上班，高尔文发布了一项命令：谁也不许喝酒，谁喝就炒谁的鱿鱼。情况有明显好转，工人再也不敢去喝酒。但有一次，由于种种因素，高尔文自己竟走进了"非法酒铺"喝得烂醉如泥。高尔文事后宣布了对自己的惩罚，并保证以后不再喝酒，而且扣除了自己的当月工资。从此以后，保罗·高尔文遵守他的誓言，再也没有喝过酒，而摩托罗拉公司待人公正、平等的传统一直延续到现在。

可见，满足员工的公平、公正的需要对于打造百年老企业有着至关重要的作用。

惩罚也要体现公平公正原则

惩罚的原则之一是公平、公正，科学的惩罚应该是"烫火炉"。烫火炉是不讲情面的，谁碰它，就烫谁，一视同仁，对谁都一样，和谁都没有私交，对谁都不讲私人感情，所以它能真正做到对事不对人。当然，人毕竟不是火炉，人不可能在感情上和所有人都等距离，不过，作为管理者，要做到公正，就必须做到根据规章制度而不是根据"个人感情"和"个人意识"来行使手中的惩罚大权。

惩罚相对于奖励，民主公开更为重要，秘密施惩，惩罚就完全针对个人了，我们惩罚的目的，不仅在于挽救教育犯错误的人，还为了教育其他员工，惩罚不公开，惩罚就失去了本身的意义和价值。

发生在某公司的"都是印错电话号码，处理结果却迥然不同"的事，令人感叹不已。

某公司新招进一批员工，本来对新员工应该先培训后上岗的，由于人手少，也就免去了培训这一重要环节。有一个叫H的女孩被安排在办公室，负责整理文件、对外宣传、接听电话等工作。有一天，她忙中出错，在一份对外宣传的资料上将公司的热线电话号码印错了。这本来是不大的错误，按照公司的规定顶多扣除当月奖金。可是总经理一怒之下立刻将H炒掉了。

H走了，对外宣传的工作由总经理秘书兼任。可没过几天，总经理秘书在写给报刊的一篇文章中也犯了同样的错误，把公司对外宣传的电话号码搞错了。怎么处理呢？公司员工拭目以待，可是等来等去，不了了之，就像根本没有发生过这件事一样，总经理秘书没有受到任何处分。公司员工大惑不解：为什么犯的是同样的错误，而公司对不同员工的处理却天差地别？不少员工都感到十分气愤。

惩罚应该是对事不对人，不管是什么人，只要违反了公司的规定，都应该受到同样的处分。而同样是将电话号码搞错，H被开除，秘书毫发未损。由此可以看出，该公司的惩罚完全是对人不对事的。的确，一个是新加入的

213

员工，一个是劳苦功高的老员工，处分也应该有所区别。H被开除，秘书可以降一格处分，记大过，通报批评或扣除奖金是应该的，倘若如此，恐怕其他员工就不会对此事有如此大的反应。

在日常的工作中，某些管理者由于个人的喜好，很可能有意无意偏袒某些员工，同时又会冷落另一些员工。这样的管理者，不是一个称职的管理者。因为，真正称职的管理者能够把奖励与惩罚做到明处，开诚布公，以大局为重，时刻不忘团结才能产生战斗力。所以，如果要树立一位标准管理者的形象，如果要最大限度挽留人才，管理者们，请你一碗水端平。

实施惩罚，如果不能做到一碗水端平，作为管理者，很可能使你的属下分崩离析。最终，不仅员工对你产生意见，同时整个团队的凝聚力也将因此而受到很大影响。

宽容的做法更可取

在批评中，宽容似乎很容易让人想到"姑息"，就是对员工的过错不闻不问。其实不然，这里的宽容不是对员工的过错姑息，不是主张对员工的过错不理不睬，而是将其作为批评中所采取的一种态度，以这种态度去消除批评中的一些负面影响，起一种"润滑剂"的作用，从而使得批评的效果更为明显。

其实人生活在社会中都需要有一种宽容的心态，对待员工的错误也应如此。人无完人，孰能无错？因此，在批评时以一种宽容的心态去教育人，而不是以一种近乎刻薄的方式去批评人，才能让被批评者在心理上得到一种慰藉，同时也是向他传递了这样一个信息：我不会因为你的错误一棍子把你打死，只要你改正错误，你依然会得到重用。

其实，在接受批评时，大多数员工尽力地推卸责任而不愿承认错误，进而抵触批评的原因就是因为他们害怕一旦被确定为批评对象之后，自己就会受到领导的排斥，就会不受重用，就会从此被领导打上一个表现不佳、能力缺乏的印记。而宽容就能消除被批评者的这一后顾之忧，从而使被批评者能坦然地、主动地承认错误，并乐意去努力改进工作，以争取领导的信任。

这里有一个例子就能说明宽容在开展批评中的巨大作用。一个毕业生进入某公司已经半年了，但始终不曾主动站在上司面前报告工作的有关情况。原因是，他所看到的都是上司严厉斥责他的前辈们的情景，因而使他对上司一直心存畏惧。

有一天，上司将某会议所应准备的资料交给他去处理，但他忘了核对资料中的数字，便直接呈上。当上司带着这份资料走入会议室之后，他才想起来，并将拷贝的资料重新看过一遍，结果发现数字有着极大的错误。

于是，他便急忙打电话到会议室中，上司接到电话，只是说："我知道了。"便将电话挂掉。此时，他感到忐忑不安，知道上司正在生气。

会议一结束，他立刻奔到上司面前，连连道歉，心中早已准备接受上司的责备。然而，上司竟出乎意料地说："谢谢你提醒我，刚才总算适时帮了我一个大忙。请你以后工作务必谨慎些！"

他听完此话后，感到甚为欣慰。日后，他发现，当发生错误时，自己主动向上司报告，上司并没有很严厉地责骂他。

由此可见，宽容会使员工主动地去承认错误，会鼓励大家勇于去承担错误引起的责任，并以此为基础对错误进行有效的总结和认真的分析，由此就可起到提高下属工作积极性，并加快其改正错误步伐的作用。

违逆人性的东西不会长久

从人的本性来看，如果逆反人性就会遭到反抗。如果上级苛刻地对待下级，下级就不会服从上级管理，下级不服从管理时，上级只好用惩罚的手段来强迫下级服从管理，这样管理就复杂化了，领导一个人无法处理，只好找很多人出主意，出主意的人一多，管理不正常的事就不可避免，上级的地位不可能不处于危难之中。因为这时，命令会经常更改，互利协作的管理秩序会失去作用，管理标准会变来变去，规章制度虽然建立，却常常被歪曲地执行。这样一来，即便奖励很重，下属也不接受引导；惩罚虽然很重，下属也不害怕。因此，没有一定不变的管理办法、秩序、制度，下属就不会信任他的管理行为有效；公司没有一定的管理规章、秩序，那么内部劳动力就会枯

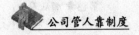

竭，这是一种必然的规律。

我们的社会之所以设立许多管理岗位，安排各种管理人员，并不是为了使这些人享受好待遇，使他们得到尊敬，而是为了使他们有条件去执行领导的命令。因此，管理岗位等级愈高，从业者的地位愈高而待遇也愈好；管理岗位等级愈低，地位就愈低而待遇也就愈差一些。地位和待遇，是管理队伍使之发挥作用的必需条件。而糊涂的管理者，却使那些不负责任只知享受的人居以高地位，享受高待遇，这样，员工就不可能发挥出他们的能力以完成任务了。

要求人们做到难以做到的事，却没有法规来规范他们，那么，他们会产生逆反心理。如果管理者的岗位不适于他位的专业能力发挥，难以得到应有的待遇，就会使他们的逆反心理不断加强。下属十分辛苦，却得不到补偿和安慰；下属悲叹自己的处境，却得不到理解与怜悯；管理者高兴了就对不良分子大加称赞，对有能力并作出贡献的人与无能力没有贡献的人一样奖励；管理者不高兴时就咒骂别人无能，使高尚的人和小人受一样的侮辱。这些都是管理者误区。

打开天窗说亮话

为了企业发展，作为老板时刻都要与部下坦诚相见。

人与人之间的情感是非常细腻的。比如两个人之间有误会，往往因为偶尔发生的冲突或口角，双方遂毫不客气，将自己对对方的不满尽数抛出。及至双方怒气发泄完了，渐渐冷静下来后，左思右想总觉得有些不妥，于是双方再坐下来，心平气和地谈，等到发现原来是场误会后，又后悔不已，两人却常常因此而成莫逆之交。

一家化妆品公司的老板弗朗索瓦说："人际关系因摩擦之故而有所发展。"弗朗索瓦先生过去有位助手，此人做起事来很迟钝，且爱左顾右盼；受批评则满不在乎，一副无所谓的样子；受了表扬还是这副样子，既不欣喜，也无感谢之意，甚至老板当面鼓励他，他也只当是耳旁风，简直是木头一块。

弗朗索瓦曾经想过无数种方法，试图纠正他的这种恶习，但无济于事，他毫不理会。终于有一天，公司丢掉一笔大买卖，弗朗索瓦认为责任在于助手办事缺乏效率，以致遗失战机，于是实在难忍，大发雷霆，出言不逊，骂骂咧咧，把平日积累的怨气全部发泄出去；而助手本人却觉得受了天大的冤枉，也是气势汹汹，和老板大闹起来。

待二人冷静下来细想，却发觉对方的愤怒并非一点道理没有，自己的一些理由也不一定能站得住脚，于是弗朗索瓦主动邀请助手到家小聚，推心置腹，化干戈为玉帛，二人终于成为好朋友。

因为这次冲突，反而促使了两个人的互相沟通，从此以后，双方能直言不讳地就某些问题交流看法，和和气气。这真是"不打不相识"。

在今天这样一个时代，许许多多的人，只是有年龄的差距而已，便彼此敬而远之，由于他们认为对方的想法和价值观与自己大相径庭，真有点"对牛弹琴"的味道，于是双方也就不会坦率地谈出自己的真实想法，只有外表的粉饰和谐。然而，常常在双方打开窗户说亮话，坦陈己见后才发现还有忘年之交的朋友。

老板对下属或下属对老板持有偏见，而一味猜测对方心中会打什么算盘，必然使双方不大容易彼此接近。而一旦有机会让两人一吐心声，也许会明白对方的所思所想跟自己的一样，从而迅速拉近感情。老板若想下属对上司坦诚相见，就必须首先以坦诚的态度对待下属，不然的话，就是南辕北辙，将永远毫无结果可言。

作为统率公司上下的老板应该切记此理。

公司管人靠制度
GONGSIGUANRENKAOZHIDU

第14章
管人以威:恰如其分扮黑脸

作为领导,要做到指挥若定,必须保持一定的威严。道理很简单,领导指挥下属时,没有令下属感到畏惧的威慑力,是不容易让人尽职尽责的。单有一张和蔼的脸,一番美丽动听的言辞,效果是非常有限的。

当然,威严不等于恶言相加,破口大骂,整日板着面孔训人。只是在工作时对待下属必须令出如山,说一不二。发现了下属的差错,绝不姑息,立即指出,限时纠正,不允许讨价还价,要让下属滋生敬畏之心,才会使你威风凛凛,在万马千军冲锋陷阵的商海中指挥自如。

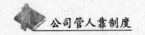

管人就要一视同仁

在生活中，每个人都希望既发展事业又维护完美的亲情，成功的企业家也不例外，但是严酷的现实生活往往与人们唱对台戏，总是在关键时刻摆出一道道难题让人们选择。

IBM总裁小托马斯在选择接班人时就遇到了这个难题。老托马斯为使自己创办的IBM事业后继有人，不但培养了小托马斯，而且在晚年，更加重视对小儿子迪克的培养，希望有朝一日迪克也能走上IBM的最高管理岗位。

1963年，小托马斯准备实现父亲的遗愿，着手安排迪克接班。首先他征得迪克的同意把他从国外调回公司总部担任总裁，以使迪克在工作中树立威信，为他接替自己担任公司最高领导职位铺路。

当时IBM公司正在开发新的IBM360型电脑系统，开发新的电脑系统意味着IBM公司将进入巅峰时期。为了培养迪克接班，小托马斯安排迪克与一直主管开发这一新产品的副总裁利尔森主持工程和制造工作。结果由于迪克自身的原因，加上市场的激烈竞争和公司内部人员因素，迪克败下阵来。

通过这次实际考验，小托马斯认识到选择迪克接自己的班可能会影响IBM的发展；如果不让迪克接班，就要选择家族之外的人掌管IBM，这意味着沃尔森家族对IBM管理的结束。对小托马斯来说，面对这样的选择是非常痛苦的事情。

但是，考虑到竞争激烈的市场，考虑到父亲亲手创办、又经自己发展壮大的IBM的前途，小托马斯毅然舍弃了让弟弟接班的决定，改由利尔森担任总裁，后来又让利尔森接替了董事长的职位。在利尔森及其接班人的领导下，IBM公司在世界电脑制造业强手如林的竞争中一直站在最前列，公司实力得到惊人的发展壮大。

不要滥用人情

在用人方面，人情是个极大的困扰。在传统家长式的统治中，总是先讲人情，把自己的亲戚亲信放在最显赫的地位，这样的用人方式，可以说是只有情没有理。

现代的企业领导者在用人时，绝不能把人情放在第一位。领导者如果不分场合，随意施予自己的人情，即使是出于一片好意，也会带来不良的后果。领导者如果一味地讲人情，迁就自己的亲戚、亲信，该处罚的，狠不下心来，该淘汰的，又拉不下脸来，这实际上是一种极为有害的"妇人之仁"，容易造成赏罚不明，使下级只重关系而不重贡献，这不仅会使领导者威信全失，而且还给整个部门造成损失。

当然，任何事情都要一分为二地看待。人毕竟是感情动物，完全不讲人情是不行的。关键是要摆平"情"和"理"的位置，先有"理"才能有"情"。人情只有运用得恰到好处，才能发挥其效用。人情用在工作努力、有贡献的人身上是一种爱护和精神鼓励，会产生巨大的精神动力。经验已经证明，用微笑去鼓励远比严厉苛责对一个人的影响更大。在这种情况下，领导运用人情，可以说是感情投资，可以换取更大的精神生产力，从而创造更多的财富。

但是，如果人情用在不用心、不努力、作风懒散、吊儿郎当的人身上，不但是一种浪费，而且极其有害，这会使其更加没有责任感，更容易偷懒。对于这样的下级，只有不客气地提出警告，施加压力或是干脆淘汰，才能减少损失。这样做，并不是让领导者做冷酷无情的人，人可以有情，而市场是无情的。只有用市场要求的标准要求下级，才是用人的上上之策。

感情用事会误了大事

人是有感情的，在待人接物时，我们都会自觉不自觉地将个人的好恶带入其中。作为上级领导，与下属相处时间长了，也不免会在感情上产生对他的接受或排斥，而这一点恰恰会影响到领导赏罚的公正。因此，要做到赏罚分明，领导首先要避免感情用事。

那么，什么是感情用事呢？

当你和喜欢的人在一起时，你会很高兴，感觉良好，心情舒畅，谈笑风生，什么原因连自己也说不上来。谁也说不清，这只能归结于人性。你在评论所喜欢的人时总会赞誉有加，对你不太喜欢的人则往往吹毛求疵。领导坐下来写下属的行为评定时，动笔前应注意自己对下属的感情问题。你在心中应不停地问自己："我对这个人看法如何？我是不是喜欢他？为什么？"如果你不能找到足够的原因加以证明，那么极有可能是受到了潜意识的影响，这些潜意识形成于一些和工作无关的事。

上面所说的是"心理移情"问题：根据他人引起我们的联想来作出对他的感情判断。你和你的下属在处理相互关系时可能会有这种现象：例如，可能你的某个下属非常依赖你，总是问你许多问题，不断征求你的意见，力图让你开心，未经你的允许他从不敢擅自下决定。如果你有弟弟妹妹，你很喜欢他们，他们也总是依赖于你，你习惯于接受他们的求助并给予帮助。这样，你就可能会对那个下属产生积极的心理移情现象，你可能在潜意识当中也把他当做了你的弟弟妹妹之一。同样是这样的下属，可能别的老板对他缺少独立工作能力不能容忍。因为那个老板总是憎恶他弟弟妹妹的一贯依赖，自然而然也就憎恶下属的依赖。这样的心理移情是消极的。

再看另一个例子。你可能有一个下属，他的独立工作能力很强，善于创造性地开展工作，他不常征求你的意见，甚至也不在意你的赞美。你可能喜欢他，理由是他使你不必分心，可以专注于其他事情。这种反应是基于理性，基于你的工作习惯，而非心理移情。另一个老板，由于过去他的小弟弟擅自行动，无视兄长和父母的劝告，使家庭陷入非常尴尬的境地。这样，他就会对下属的过分独立表示不满，认为他应该更多地征求领导的意见。这样的例子会让你清楚地认识到，反思你为什么喜欢某种行为或人员是非常重要的。只有当你对这种情况保持警惕时，你才能做到评价的是下属的工作面非其个人。

心理移情会导致感情用事。在对某件事情或个人进行评估前，你必须具备翔实可靠的资料，全面回顾过去一段时间的工作情况，并且明确自己的态度，保持警惕不让个人感情影响评估的公正性。只有做到不感情用事，才能在待人接物时公正无私，赏罚分明。

老板要给人以权威感

一个老板是不能单靠甜言蜜语办事的，有时必须坚定不移，所谓恩威并施是也。譬如发现一个人实在不可救药，就要坚决地开除。这个时候如果同情顾虑过多，那只能说是一种软弱。下属都不是蠢蛋，他们自会对你的这种做法予以理解。对这种人如果过分迁就，那么整个企业风气就要被带坏，也可能因此要失掉一些老板的权威。

譬如你今天开除了一个下属，他要好的同事可能会当着许多人的面问你："听说××被开除了？"而对这种近乎挑战性的询问，你是一个老板，你应该拿出权威来，理直气壮地告诉他们："是的，对他来说是咎由自取！我们的客户总是在抱怨，而他却不在乎。"

老板就是要及时拿出老板的权威，对于下属的缺点和不良倾向不能视而不见、姑息迁就，否则既会伤害企业，也不利于他本人的成长进步。

同时，如果任其自行自便发展下去形成了气候，企业内部的不良风气就会滋生蔓延，感染影响其他下属。长此以往势必损害你的威信，不利于推动其他下属展开工作。

做事必须胸有成竹

老板的权威还体现在下达命令时和分派任务上。作为老板要勇于说"不"，发现问题，当机立断，即使在不接受任务的下属面前，也不可失掉你的权威。在缺乏悟性不愿接收任务的下属面前，即使他对你的命令想不通，在行动上也必须坚持领受任务。如果一个老板没有这种权威，就难以推动全局的工作。

当然，企业老板的权威应建立在领导能力之上，在指派任务前还要注意进行情况预测，对于任务的艰巨程度、领受任务下属的承受能力、分配任务时可能出现的问题等都要做到心中有数，胸有成竹。必要时要事先与接受任务的下属通通气，事先做好工作，征询意见，尽量避免分配任务时出现顶牛现象。

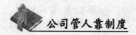

不过，在决策前多听取意见，意见基本一致时，再作决策，也是很有必要的。

在某些时候，为了避免决策错误，作为一个老板，少作决策也是一个极好的法子。有的管理学家甚至这样说："一个单位总是需要老板匆忙地去作决策的话，那就不是一个好单位。"否则，老板会整天处在一种压力下工作，不断地头痛医头、脚痛医脚。

某些优秀的老板只对某几个重要的事务亲自决定。如果把一个企业比做一艘大轮船的话，老板的任务应该是把握航向——不是一个人把握航方向，是和决策班子一起把握航向。

谁也不能任性胡为

作为一个领导，应该让下属对自己有所畏惧，因为这样才能够使他们服从管理。我们常常发现，有些员工由于自恃有一定专长，或自知公司内很难找人替代他的工作，或自恃与公司大客户关系良好，往往难以管束，视公司规章如无物。对于这种人，一定要实施严格的管理，让他知趣改过。

要制服这种下属，作为领导首先要善于自我控制。因为一个成功的主管，往往也是个善于自我控制的人。当你在公司内控制住自己不抽烟，那么下属没有人敢抽烟，当你在公司里不大声喧哗，那么下属一定会很安静。

领导如何做到自律呢？我们知道，人生有起有伏，我们却不能随波逐流，让周围的环境控制自己。假如一个清早，你出门时便感到精神萎靡，那便是一个极危险的信号了：你随时有可能被下属指为"一个情绪化的上司"。如果你难以控制自己，你应该立即折回房内，对镜子自我催眠，转移情绪，然后乘更舒适的交通工具上班：例如平日你乘地铁，今天不妨乘计程车，总之尽量让自己感到舒适，减轻压力。

来到办公室，假如你觉得自己仍摆脱不了低落的情绪，最好暂时尽量避免做督导的工作，因为这时候你未必能传播健康的情绪及信息。你应该选择一些独自处理的工作，例如文件上的工作，让完成工作的满足感推动你恢复健康的情绪。记着：情绪是可以改变的，全在你的信念。

制服不听话下属的第二个方法就是要坚决打掉他的傲气。首先要弄清楚该员工对公司的重要性，他的专长是否难以替代？他与客户的关系有否涉及私下的利益？假如他真暂时无可替代，而公司没了他又会受到损失的话，不妨暂时容忍他。最好私下找机会和他谈谈，了解一下他不听话的原因。是否公司有什么不对，或是同事之间有心病？了解到原因自然可以对症下药，公司也不想随便损失一名有用员工。

不过，有些时候，是员工本身的骄傲自满作怪，满以为公司没有他不行，所以气焰嚣张。如果这样的话，最好安排下属逐步交接他的工作以及向外物色适当的员工。不过这措施在时机成熟前，最好别让他知道，可以鼓励他多放假，好趁机要他把手上的工作交给别人。同时，又可借升职为借口，要他培养一些接班人。

必要时，可用几个人来分担他的工作。至于客户方面，则要从高层方面着手，努力加强相互间的联系。其实在商言商，只要双方合作顺利，客户是不易跟员工跳槽的，客户和某一员工关系好，只是想工作方便些而已。

只要一切准备好，不妨立即把他解雇，尽量减少他对公司的坏影响。同时向其他员工解释解雇他的因，假如这人一直恃功专横，员工也会庆幸公司能把他解雇，对鼓舞士气也有帮助。

一个唱黑脸，一个唱白脸

下属犯错是难免的，领导怎样去对待呢？那就要批评改正。批得轻，难以改正；批得重，容易形成对抗。办法就是表演一场黑白脸的批评戏。

独角戏难唱，如果另有一个人配合，一搭一唱，效果必定很好。

例如，领导严厉斥责一名年轻下属时，领导的助理可以悄悄地将这名职员拉到另一个房间，扮演母亲的角色，告诉他："领导是希望你将来能……"

领导一般扮演黑脸，对部下大而化之，强悍一些，而助理则应心思细密，缓解矛盾，从中调停，演一个白脸，这样才能一起唱好这出戏。

有些领导妄自逞能，一人演两角，一边称赞，一面叱责，结果弄得被批评者丈二和尚摸不着头脑，领导自己也弄得里外不是人。而应该由两个人来

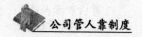

分别担任两个角色，合作来完成黑脸白脸的批评戏。

因此，领导要相机而动，掌握技巧。

1.当下属不愿认错时，绝不含糊

批评斥责的目的是使下属改正缺点，以后不再犯。所以对不愿认错的下属，一定要严加斥责，让黑脸占主角，白脸迟些上场，因为对这样的下属，要先挫其傲气，否则白脸过早上场，他还以为是援兵到了，更加不知悔改了。

2.对认错态度好的部下，点到为止

对待下属，切不可伤其自尊心，损其面子。对脸皮薄的下属，不可过于严厉，点到即止，让白脸发挥更大作用。

3.你所选的白脸一定要可靠，配合得当才行

白脸的作用很关键，如果他信口开河，其后果不堪设想。聪明的、有能力的领导，在下属出现失误时，懂得站在下属的立场上为他们排忧解难，当他们的挡箭牌。

批评他人必须掌握度，不能突破对方的心理承受能力。因为批评的目的是指出错在哪里，不是为个人出气，把他人整垮。批评者只是充满善意地向他人进忠告，忠告固然应该深刻，刺激信号应到位，力争让对方认识到过失的严重而幡然悔悟，但忠告必须使人能够忍受痛苦、自责、羞愧的折磨而不致伤害自尊心。

宽严得体，恰到好处

领导要赢得下属的心，使他们心说诚服，一定要恩威并施。所谓恩，不外乎亲切的话语和优厚的待遇，尤其是话语。要记得下属的姓名，这对于经常与下属接触的领导来说并非难事。每天早上打招呼时，如果亲切地呼唤出下属的名字再加一个微笑，这名下属当天的工作效率一定会大大提高，他会感到，领导是关心我的，我得好好干！

对待下属，还要关心他们的生活，聆听他们的忧虑，他们的起居饮食都要考虑周全。

领导对于下属，应是"慈母手握钟馗剑"，平日里关怀备至，犯错误时则要严加惩戒，恩威并施，宽严相济，如此才能成功统御。

慈母的手，慈母的心，是每一位经营者都应该有的。对于自己的下属，要维护和关爱。因为，他们是你的同路人，甚至是你的依靠。而且，也只有如此才能团结他们，达到目标。但是，同时还要严厉。这种严厉是基于人类的基本特性的。有些人不需要别人的监督和鞭策，就能自觉做好工作，不出差错。但是也有很多人是好逸恶劳的，喜欢挑轻松的工作，拣便宜的事情，必须有人在后随时督促，给他压力，他才会谨慎做事。对于这种人，就只能是严加管束，一刻不能放松。

领导在管理下属时宽严得体是十分重要的。尤其是在原则和法规面前，更应毫不相让，严格要求；对于那些违反了纪律的下属，就应该按组织原则论处，该罚则罚，绝不姑息。一个领导如果对下属纵容过度，工作秩序就无法维持，也不会培养好人才。换句话说，要形成让职工敬畏班长，班长敬畏主任，主任敬畏部长，部长敬畏社会大众的舆论。如此人人能严于律己，才能建立完整的工作制度，工作也才能顺利进展。如果太照顾人情世故，反而会造成管理的混乱。

不要自甘当下属保姆

许多管理者对自己的保姆式管理和解决问题的能力感到自豪。他们喜欢把下属遇到的问题统统揽过来。在他们看来，问题应当上报，而不应当下放。

这种做法恰恰不可取。高明的经理应当将解决问题的权力下放。如果你的下属回答不了他的下属的提问，对付不了他所遇到的挑战，或解决不了你委托他解决的问题，那么，留他何用？

如果下属请你帮他解决一个问题，你应当按照下面的程序去做：第一，停下你在做的任何事；第二，细心观察来人的面部表情；第三，边观察边听汇报，不但自己要弄清问题，还要弄清来人对此问题的态度，然后你再帮他出主意，共同商讨对策。但是，你务必让下属把问题带走。如果他没有把问

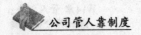

题带走，那就不是你在管理下属，而是下属在管理你。

毫无疑问，经理应设法把下属培养成强者。这样，企业才会长盛不衰。你如果对这一点有什么怀疑的话，那么，你有必要注意一下大多数小企业的的发展历史。从大量有案可查的资料看，小企业的发展模式是：一是创业人自己创业和此人自己经营期间一般不会垮掉，但是往往在此人的继承者接手经营一段时间后倒闭。原因就是因为创业者倾向于把持一切权力，这就决定了他的企业只能是短命的。你如果不诚心诚意培养自己的接班人，就无法保证你的企业长盛不衰。

员工为什么不听你的

领导要带领员工、引导员工共同把事情做成、做好。

在领导的职责之中，很重要的一条就是向你的员工提出要求，让他们去把一些工作做好。要当好领导，除了不能"瞎指挥"，也就是你所提的要求必须"合理"之外，最重要的莫过于"说话有人听"了。

要做到"说话有人听"并非易事。因为，对人不能像对机器一样，用按电钮的方式操纵，所以，当你"提出要求"时，员工的反应可能是："我为什么要听你的?"或者，当你对员工的不当行为作出了评价之后，员工即抱着"走自己的路，让你去说吧!"的态度；甚至当你运用赏罚大权时，员工却表示："不稀罕你的奖赏，不在乎你的惩罚。"遇到这些情况，你该怎么办? 这是每一个领导者都无法回避的问题。

在社会心理学中有一种关于"态度转变"的理论。这一理论认为，人的态度从"拒绝"转变为"接受"，一般要经历三个阶段：第一个阶段是"依从"，第二个阶段是"认同"，第三个阶段是"内化"。

"依从"，是指一个人出于对赏罚的考虑（即单纯的为了得到奖赏，或纯粹是为了避免惩罚），而违心地接受那些他原本不愿意接受的外来要求。

"认同"，是指一个人因为对提出要求的那个人有好感，愿意与他保持一致；或与提出要求的那个人有着良好的关系，认为应该与他保持一致，所以才接受他所提出的要求。

"内化"，是指"外在的"要求已经转化为"内在的"要求，即别人对自己提出的要求，已经转化为自己的、自觉的要求。

"依从"是一种很勉强的"接受"，而且很可能是"阳奉阴违"的"接受"；"认同"实际是并不是对你所提出的那些"要求"的接受，而只是对你"这个人"的接受；只有到达"内化"阶段，才真正是对你所提出的那些要求的接受。

当员工由于"依从"而接受领导者对自己提出的要求时，他们认的是"权"；当员工由于"认同"而接受领导者对自己提出的要求时，他们认的是"人"；当员工由于"内化"而接受领导者对自己提出的要求时，他们认的是"理"。

作为一名领导者，你究竟依赖什么去做好领导工作，靠什么来保证"说话有人听"呢？是靠赏罚、靠关系，还是靠自觉？

靠赏罚，让员工认"权"，只是一种低层次的管理。因为，在这种情况下，员工"听话"并不是心甘情愿的，而是要靠赏罚来维持的。一旦你手里没有了"赏罚权"时，他们就不会再"听你的"。特别重要的是，在这种情况下，员工一旦离开了你严密的监督，那他可能就不会按照你提出的要求去做了。

靠关系，让员工认你这个"人"，显然要比他们只是认你手中的"权"好得多，但这也只能是一种中等水平的管理。

只有当员工能够认"理"，能够自觉地接受正确的东西，抵制错误的东西，管理工作才真正算是达到一个高的层次。

能让员工"内化"你的要求，让他"认理"，让他"自觉"地按照你的要求去做，当然最好不过了，但是这并不像说起来那么简单。

假如你是一位新上任的领导，你的员工对你还不够了解，还谈不上与你有多好的关系，并且他们还做不到"自觉"时，那你就只能"靠赏罚"了。只要你赏罚分明，并充分尊重员工，那你可能很快就会"打开局面"，树立起良好的个人形象，赢得大部分员工的"认同"。

管理的一半是培养人

认真推敲起来，"培养"、"管理"等，这类词语的含义都不是很明确的。

比如，当有人这样问你："你在管人（培养人）吗？"你既可以毫不犹豫地回答"当然在管人（培养）"，也可以回答"没有培养"。可见"培养"一词是如此含糊。如果不了解管人、培养人的真谛——不懂得怎么才是培养，怎么管好人，当然也就无所谓管理行为和培养的行动。

培养的最终目标在于使一个人具备企业人或社会人的成熟程度。对实际从事这种培养工作的人来说，应掌握这样一个简明定义：

"所谓培养，即促使对方发生变化。"

在通常的情况下，人们会很赞赏这种断然的见解。可以说，这是从培养的结果着眼来解释培养的见解，因为不管付出多大努力，只要对方毫无变化——没有实现使其改变的目标，就等于没被培养。

这里所说的"促其发生变化"，当然是指使人不管是作为社会人或企业人，都能向着更好的方向转变。转变的要点大体分为三个方面：

1.纠正其怪癖

主动接近下属，改变他们身上的不良习气和行为习惯，直到令人满意为止。诸如不懂交际，不善配合，忽视汇报等。假如对这些怪癖不管，不仅会影响群体的工作效率和信用，也会使本人失去周围人的信赖。

2.提高其新的能力

今天不是昨天的简单重复，明天也不是今天的平庸延伸。过去做不到的事，现在应该努力争取做到，要使下属逐年提高这种能力。大家的工薪年年在递增，加上不管是谁，都有向上的进取心，所以全体员工年年都应该提高新的能力。衡量一个人是否掌握了新的能力，判断标准体现在两方面：自认是一方面，另一方面是从领导者的角度来观察、评价，看一个人是否对工作树立起必胜的信心。

3.改变其态度

改变其态度，即对事物的想法和所采取的态度是否发生了变化。这种变化指的是：一个人虽然过去工作无计划，蛮干倾向严重，然而近来却一反常态，做任何一项工作时，事前都充分准备，从一开始就处理得井井有条，而且能一气呵成地干下去。又如，承担一项未尝做过的工作时，过去总是畏缩不前，以"不会"作为借口；然而近来却像换了一个人似的，信心百倍，敢于向工作挑战。

培养就是这样促其发生变化的。如果在理论上毫不含糊地明确培养的意义在于此，而且在实践上也是这样去改变一个人的习惯、态度，以增强其能力，就可以毫不夸张地说，自己是在真正从事这项有意义的工作。

这时，再重复方才的提问：

你在培养人才吗？

显然，你不会再作出先前的那种空洞、似是而非、模棱两可的回答了。

吸引人的永远是利益

如果你要督促下属改变想法，按你的方式工作，最好的办法就是告诉他如果这样做会有什么好处，而不要絮絮不休地告诉他你那种工作方式的特点。记住：没有人会对特点感兴趣，即使它有多么特别，吸引人的永远是利益。

总之一句话：你在督促下属工作时不要向下属摊派自己的特点，而要推销利益。

不知你看没看过类似这样的商业广告："我们的目的是这个月内要出售一大批汽车。今天就请你来看看我们，帮助我们达到我们的目的。我们想卖给你一辆汽车。"你对所有这些话有什么反应呢？是否无动于衷？你会说：我对厂家要卖多少辆汽车丝毫不感兴趣，我对他们要打破什么样的销售纪录毫不在意，他们的目的和我有什么相干？他们希望的事情与我不发生任何关系。我需要的是他要告诉我买他们的一辆汽车我会从中得到什么利益。我想知道的是与我有关的事，我只对我自己的需求感兴趣，而不是对他们的需求感兴趣。

为了获得驾驭下属的卓越能力，你有必要既做推销员又做经理。你想推销什么？你自己，你的思想，你的方法，你的程序。如果你想让你的下属抛弃他们的旧思想，接受你的新观点，你就不能采用上面我说的那则推销汽车的广告的做法。你的下属根本不关心你想怎样，不关心你想达到什么目的，不关心你想打破什么样的纪录。他们想知道的是他们在这之中能够得到什么。你必须得告诉他们，他们接受了你的思想之后会得到什么好处。人们往往不愿意轻易放弃他们的旧思想，除非他们确实相信他们接受了你的新观念之后他们会得到更多的好处。

利益是人们最关心的事情，每个人在他按照上司要求做一件事情的时候，首先考虑到的就是他将会得到什么好处。

利益永远是下属最感兴趣的东西，它无可替代。

让下属喜爱原先他讨厌的东西

一个美国心理学家曾以条件反射为基础，创立了行为主义的心理学派，他曾经大发豪语："只要给我一打小孩，我就能按照大家的愿望，把他们塑造成军人、教师和商人。"他的话未免太傲慢了，不过他的想法也有可取之处，至少他能造就惧怕老鼠的猫，也能使一向讨厌狗的小孩转而喜欢狗。他先把一个玲珑可爱的毛皮状物，递给一向讨厌狗的孩子玩，待他玩腻之后，也就是先在心理上适应了以后，再使他接触类似毛皮状物的小狗，不久，再让他接触大狗，而大人要从旁对其褒奖和鼓励，那么，这个孩子就会慢慢地不畏惧任何狗了。

在我们的日常生活里，一个人如果怕狗，也自然会怕小狗，甚至对那些类似狗的动物，看了都觉得不舒服，因而，对于毛皮状的东西也表示反感。如要改变这种心理或习惯，首先就得让他多接触那些与其讨厌之物相关联而不会令其产生厌恶感的东西。例如有的下属不喜欢数学的计算问题，接着他也会讨厌应用问题，甚至一看到有数字的物理、化学或统计等科目，就头疼或畏惧。老实说，这一类的人实在太多了。这时候，领导就应该让他先去接触统计，因为他对于这个阶段的反感不太强烈，每让他读一遍，就得给予适当的鼓励，只要他自己能慢慢地适应，克服比较简单的苦恼意识，接着再让他从理化类的数字问题倒推回去，逐步向后推展，那么，他就可能不再厌恶计算问题了。管理者在对待有恐惧感的下属时常使用这一方法。它的妙处跟登山训练相似，先从斜度不大的坡面开始爬，再慢慢地爬到山顶上去。这样下属往往能够出色地完成上级交给的任务。

认清现代年轻员工的缺点

时代不同，人才的特点也各不相同。现代青年大多讲究个性，他们的优点突出，缺点也同样突出。使用他们之前，必须对他们的缺点有一个充分的认识：

缺乏耐性，几乎是每个刚毕业的新一代年轻人都有的缺点。因为年轻，大多能想出很多很好的创意，但是要他们将之付诸成完整的计划，只有很少的人才能做到。

他们办事往往只有三分钟热度，一旦遇到挫折或是出现问题，使事情不能顺利进行，他们常就会放弃，半途而废，这样是成不了大事的。

光说不做，这是很多人给新一代人才的评价。

刚毕业的他们因为没有什么社会阅历，也因为年纪轻的关系，很多事都是想当然，信口开河，说起来头头是道，滔滔不绝，自以为别人都会因此而敬佩自己，但实际上却常会事与愿违，遭到大家的鄙视。

逃避责任，找各种理由开脱自己，也是企业中新人常见的缺点。因为涉世不深，新一代人才常常害怕承担责任，又因为刚进入新公司工作，不想留下坏印象，所以新一代人才总采取逃避的态度，找理由开脱自己。

可是他们并不知道，很多时候，他们所谓的"理由"在其他人看来并不称为理由，他们只是强词夺理罢了。

大学毕业生小董，刚上班一个月，就迟到了6回，别人问他为什么迟到时，他的理由是路不好走，经常塞车。而公司里和他住得很近的一个员工却能每天准时上班，从没迟到过。而小董只要早起半个小时，早出发半个小时，就肯定不会迟到。他的理由在其他人看来，根本就不成立。

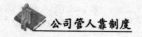

现代人多以自我为中心

"现在的年轻人都是自私自利的，以自我为中心，不关心他人和公司。"这是老一代对新一代人才批驳的主要内容之一。因为在新一代人才的学生时代，他们的父母总是无偿地给予他们各种关怀，而校园里的教师也是本着教书育人的态度帮助他们，这些都易使新一代人才养成以自我为中心的习惯。

走上社会后，这些新一代人才一般不能立刻改变这种习惯，他们关心的还是自己的利益，而不会主动考虑到别的同事或是公司的利益，凡事都以自己为出发点，想的是"我能从中得到什么好处"，这样并不利于新一代人才的发展，甚至会得不偿失，捡了芝麻，丢了西瓜。

这种新一代人才认为公司的生活与私生活是风马牛不相及的，除非提出商量，要不然私生活不愿受到干涉。

如青年小丁，刚上班不久，遇到公司为了赶活，全体职员星期天加班。连公司老总都来加班，可是小丁却不来，其理由是星期天老同学聚会。小丁自以为理由很充分，很久没聚会的同学见面，当然不能不去。可是他却不知这已在公司老板的心里留下了很恶劣的印象。

现在的大学生在学校里习惯于和人平级称呼，他们甚至会直呼教师的名字，这种行为虽然在校园里属于常事，但在公司里就显得很没有礼貌，招人讨厌。

经常有刚毕业的企业新人，因为没有纠正这种毛病，或根本就没意识到这点，在公司里对年龄较大的同事甚至老板都直呼姓名，或是开玩笑，人为地使自己给别人留下造成不好的印象。

作为刚成为上班族的大学毕业生来说，由于体验到将自己的能力发挥到极限的机会较少，经历的事也少，因而不可避免地会有缺乏经验，不成熟，缺乏深思熟虑，缺乏锻炼等缺点，就像温室里的花朵，娇弱经不起考验。

这是许多刚毕业的新一代人才固有的缺点，现代用人高手必须冷静地对待这些缺陷，努力引导他们发扬优点改正缺点。

性急吃不了热豆腐

某员工有个不好的习惯，你已经提醒过此人应多加注意，而这个人也表示已经知道，但是，不久之后他又犯了相同的毛病，你因而生气地认为，提醒他实在是毫无作用。事实上，这种想法是不对的。

改掉不良的习惯，虽然比起培养新能力，或让一个人改变态度，所花费的时间短，但最起码也需要一个月的时间，长一点的话，可能需要一年左右的时间，需要不断重复地提醒他。所以，你为了员工一时无法改变的坏习惯而生气，实在是毫无道理的。因为坏习惯已成为对方的生活习惯，所以，他只是无意识地做出这个动作，完全没有恶意。这一点，你只要想想自己的情形，应该很容易了解。

认为只须提醒一次，对方就可以完全改掉不良习惯，这种想法是错误的。平常，你如能心平气和，用冷静的态度重复提醒员工几次，他的坏习惯自然就会消失。如果你只提醒一次就认为现在他无药可救，这就等于管理者本身的失败。

培育人才是需要耐心的。工作和时间的基准不同，所以，耐心地等待自然的改变是很重要的。一般的管理者都有性急的倾向，这对于培训人才，是有百害而无一利的。因此，育才的成败，取决于你是否能以时间为基准，而把工作和人分开。

育才就像从事农业生产，要花足够的时间才能完成。同时，也要在各个季节，做各种必要的培育。最后，还要有耐心地等待它开花结果，一点都不能性急。也就是说，要心平气和、不断地培养，并且有耐心地等待植物苗壮成长。用这种方法，因为需花费很多的时间与心思，所以看见开花时，就会特别喜悦。同时，这种培养人才的宝贵经验，是任何东西都无法取代的。

对下属不能事事求完美

世界上很少有百分之百完美的东西。即使当我们自认为是百分之百完美的时候，实际上也未必就尽如人们想象的那样。我们日常使用的"完美"一

235

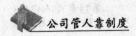

词，往往不过是"很好"、"非常好"的代名词罢了。追求百分之百的完美，在很多情况下都是苛求。

领导在管理下属的时候，常犯的一个错误即是苛求别人，期望尽善尽美。其实，如果每件工作都以满分为目标，反而会影响工作效率。我们常听某领导说这样的话：

"好吧，我承认世界上很少有百分之百完美的东西，但我追求完美没有错吧？"

是的，对于个人来说，追求完美的境界无可厚非，但用这样的标准要求下属，则勉为其难。

现实生活中总会有一些人喜欢追求完美，他们往往有强烈的向往，也肯为之努力。但有些人到后来变得灰心失望，一蹶不振。而领导苛求百分之百完美的危害还不止于此。

领导管理下属，要根据对象和具体事物给予适当的评价。有些事必须要求完美。比如，写收据的时候，就必须要求百分之百的正确，不能潦草，也不能涂抹。如一张两万元的支票，如果不在"贰万"之后写上"整"字，就会留下漏洞，损害公司利益。凡是诸如此类不是只达合格标准就可以的事，自然必须命令其修正改进。

但并非每件事都要如此。凡事是有个合格标准，而这个标准和尽善尽美有点距离。就像入学考试的时候，就算是第一流的学校，也不会只录取各科都是满分的学生。所以，如果下属所做的每一件工作都要以满分为目标，反而会影响他们的工作效率。

试想，一个工作人员本来一天可以完成两份报告，如果领导从百分之百完美的要求出发，行文不仅要清楚，而且要像散文一般，又要求简洁，如此一来，恐怕一天连一份报告也是无法完成的。少写几份报告，或许事情还不算太大，若是大事上也出现这种情况的话，岂不糟糕？

对每件事都要求满分，是大多数下属所办不到的。这么一来，要指责的事就会很多。有的领导喜欢整洁，看到下属办公桌上的东西乱七八糟就皱眉头。有的领导喜欢朴素，下属衣着稍有不慎，就会被他指责。

领导切记：当你指手画脚，把所有的人差不多都批评一遍之后，下属们不过是相视一笑而已。

管人要从基础开始

如果有人告诉你，做秘书是为了将来做将军，你信不信？而曾国藩手下的大将许多就是从做秘书这一类文案工作而开始步入官场的。

从文案锻炼人是曾国藩造就人才的特殊方法。许多人认为带兵打仗只凭武略即可，文案不过是案头工作，有何大用呢？曾国藩则不这么看。他认为做文案工作须思路明确，处理缜密，而且既可以为统帅分忧出谋，又可以接触到战事全局，更可以掌握敌我军的战略意图。当初，李鸿章等人投奔其麾下，从文案开始，表现出过人的谋略，得到曾国藩的重用而独当一面，成为后来声名显赫的封疆大吏。不但如此，曾国藩自己作为统帅也常从事文案工作，他认为：

其一，通过文案，可以总结经验教训。每次打完一仗作为一案，战争的经过和教训向朝廷汇报；没有对整个战局的充分认识是不可能完成工作的。

其二，通过文案，教导和训练大员。在军中遇到紧要军务时，文案担负着提供处理事务方案的重要职责，通过这个工作可以训练官员的判断和处世能力。

其三，通过文案，提高士兵素质。通过文案工作，起草军中的法律和作战文件，将其总结为通俗易懂的歌摇广为传唱。这无疑可以提高士兵的军事素质。

其四，通过文案，形成交流制度和作战方案。通过文案，可以了解军中各部队的作战方案和情报交流，更可以吸取军中的先进作战经验，所以文案工作确实是训练军中大将的摇篮。

曾国藩指出，自己手下多位战将都是在文案之中得到锻炼和提高而独当一面的，即使是自己的弟弟，作为带兵打仗的军事大员，常阵前作战，曾国藩也反复叮嘱要看他们多做文案工作，多看书，多学习，努力从文案中学习文韬武略。

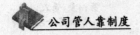

　　曾国藩的文案字句精当，内容严谨，许多军中重要文件都由他反复推敲而亲自撰修，对治军起到了重要作用，并达到了炉火纯青的地步。

　　一般人认为，现代社会文案习惯难以养成，因为事务繁忙，大家无法顾及，但国内有家制造公司的老板却仿曾国藩之举想了一个办法。他做了一本小册子，让大家把自己喜欢的、心里所想到的事都写在上面。刚开始，只有固定两三个人会写一些抱怨、建议、提案、问题、联络事项，但当他们知道老板会针对小册子的内容作回复时，连那些沉默寡言的人也开始动笔了，甚至一些不好意思当面说的事也都被写了下来。这样，公司内形成了良好的文案习惯，公司的事务管理得井井有条。

第15章

倾注信任:好员工不是管出来的

　　一个团体、公司或单位汇集了来自五湖四海的人,他们都有着各自不同的目标和目的;同时,由于每个人知识水平和文化层次的不同,他们在工作中的需求也有各自不同的特点。因此,对于一个领导者而言,要用好每一个员工,让他们每一个人都充分发挥其才能,就必须了解他们各自不同的目标与目的,洞察他们的内心需求,摸清他们不同的特点,然后采取不同的方式去解决。

　　一位成功的总经理就说:"由于我始终采取与一般人不同的观念来管理公司,所以才有今天的成就。这个观念,就是捕捉下属的心理状态,攻心为上。"

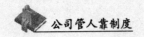

好员工不是管出来的

企业之间的竞争力越来越表现为人才之间的竞争。拥有好员工越多的企业，其竞争力无疑就越强。所以，企业也花费越来越多的时间和精力来进行人力资源管理，并制定了各种各样的规章制度，希望通过加大人力资源管理力度和制度约束管出更多的好员工。

但是大量的事实告诉我们，硬性规章制度往往起不到我们企业管理者期待的效果。对成功企业管理经验的调查发现，赏识是远远好于"管"的一种员工管理方法。

被人赏识总是一件令人愉快的事情。人们都希望得到别人的赏识，但并不是每一个人都学会了去赏识别人。

每个人都渴望得到赏识，不论是身居高位的人，还是地位卑微的人；不论是刚入企业上进心正强的青年人，还是晋升无望即将退休的老人。即使是一个每天都板着脸的人，当别人赞美他时，他的面部肌肉也是放松的，人们都希望得到别人的赞美。

当你想到赏识的时候，你首先想到的是什么?是提拔、津贴、礼券、奖金还是奖状? 很多企业领导认为这就是赏识，但员工的看法并不完全是这样。员工们需要的是赏识的真正意义。这种"赏识"只能使他们看见作为赏识载体的实物，但却看不见给予他们的赏识本身。他们更愿意看到这些手段所应该表达的含义而不喜欢这些手段流于形式。

员工深信，心意最重要。对于表达赏识的奖励，员工需要真正感受到企业对他们出色成绩的承认和对他们个人价值的由衷赞赏。所以，只有当赏识是有效赏识的时候，员工才会有高山流水遇知音的共鸣，才会产生那种"士为知己者死"的情怀，振奋士气，提高工作效率。

一些企业热中的小恩小惠和各种津贴，但这些刺激手段并不能够算做有效赏识。有效赏识是那种能够激励员工对你说"你让我觉得功成名就"的赏识。

"赏识"给人以荣誉感、自信心、自尊心的三重心理触动。作为企业的管理者，将其运用到实际工作中，会使企业团队的凝聚力大大增强，从另一个侧面来讲，也是企业管理者自身修养和魅力的一个重要方面。对员工施以有效赏识，会使员工自我认同感加强，对企业的忠诚度加深，会使员工的主人翁责任感加强，最终达到工作的高效率、高质量。

有效赏识的四个要素

要做到有效赏识，就必须确保至少包含有效赏识4个基本要素中的一个，如果一个都不包含的话，那所做的就不是赏识，而只能称为刺激、奖金或者礼品之类的东西。有效赏识的4个基本要素是赞扬、感谢、机会和尊重。

对员工进行赞扬，要将赞扬的事项予以简洁明了的描述，赞扬的话语要恰如其分，不能太夸张。最为关键的是，赞扬要及时，不要等到年终总结回顾时才赞扬，最好看见就说。但一鞋难合众脚，有的员工喜欢得到上司私下的赞扬，也有很多人更乐意上司当着很多人赞扬自己。作为上司，要搞清楚员工的性格特点，再决定是私下赞扬还是公开表彰，甚至是给一个更有个性化的赞扬方式。否则，赞扬的效果可能适得其反。

诚心诚意地说一声"谢谢"是有效赏识的一种最有价值的表达方式。作为上司，应该常怀感恩之心，即使员工只完成了分内的事情，也要真诚地表达自己的谢意。每个员工对真心的感谢都会做积极的回应，员工将为向自己表达感谢的上司更加努力地工作。要使自己的感谢达到预期的效果，一定要说清楚他们为什么得到你的感谢，感谢的理由一定要说得详细、准确、清楚和简洁。

机会是有效赏识的一个非常重要的因素，给自己的下属一些新的机会，让他们能以一种更有意义的方式去奉献并学到新的技能，给他们的工作更大的自由度和控制权。这些源于机会的赏识，会使下属更加愿意为你和整个企业组织的成功而尽心尽力。

如果缺乏尊重，员工顶多觉得是被赏识了一半。员工都希望因为自己是员工而不仅仅是因为自己所能做的事情而被重视，如果上司在作决策的时候能够考虑到员工的需求，听听员工的想法和建议，那上司其实就是对员工的

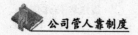

价值有了认可和赏识。了解与自己共事的人员的一些情况，了解他们的兴趣爱好，在他们有困难的时候伸出援助之手，就自然表达了你的尊重。

零成本的激励术

员工们渴望得到赏识，这种赏识应该来自于对他们的事业最有影响的人，这就是他们的领导。各级领导其实也就是最有能力为员工提供他们所渴望得到赏识的人。如果自己的上司没有赏识自己，大部分员工就会觉得是公司没有赏识自己。因此，企业领导要以赏识的眼光来看自己的员工，做到"容人之过，用人之长，记人之功，委之以任，待之以礼，施之以惠"。这样不仅能够激发下属的积极性，也能够通过自己的个人倡导和言传身教，使公司的每一个成员都能够学会赏识，将赏识融入公司运作的各个方面，发展公司的内在赏识文化，从而使公司内部形成宽容、和谐、协同的人际关系，降低由于人际关系紧张带来的各种不必要的成本，提高公司的工作效率和经济效益。

领导者在给员工提供发展远景、可见度和动力的同时，更为重要的一项工作是为了自己的员工而培养良好的赏识习惯。在赏识员工的同时，引导和鼓励员工相互赏识，使员工，也使自己的工作变得更加愉快和有意义。

在企业里，任何一种开支的预算都可以削减，唯一不能削减的预算是赏识。赏识预算可以有多大做多大。领导的赏识预算越大，优秀的员工越多，团队的卓越程度越高，企业的核心竞争力就越强。

对下属倾注真情

在大多数情况下，下属对领导的要求并不高。只要能够得到领导的承认，获得领导的言语鼓励就很高兴，很满足了；同时，他们也会因此而感到领导对自己是有感情的。

所以，领导如果能够适时适地给下属以言语鼓励，就能拉近与下属的距离，激发其干劲和热情。当然，领导如果对下属的家庭生活和个人困难再表示一下关心的话，可能会收到更好的效果，这当然也是言语感情投资的一项重要内容。

言语感情投资比较有效，但有时又难以取得预期的效果，这时候就需要以资鼓励，顾名思义，就是用利益来驱动员工更加勤奋地工作。

常言道："利之所在，趋之若鹜"，"重赏之下，必有勇夫"，利益是刺激人、鼓舞人、推动人的有效工具。每个人要生存，首先必须有物质资料的满足。因此，利欲之心，人皆有之，也本属正常的事情。特别是在现代社会，人们对物质利益的追求越来越实际。下属在领导手下工作，很大部分就在于能获得较为丰厚的物质利益。这说明，精神方面的鼓励尽管对下属而言不可或缺，十分重要，而物质利益方面的满足也很重要。因此，领导对下属这种感情投资的另一个重要的方式便是以资鼓励。

面对下属，领导用以资鼓励的方式进行感情投资时可以采用以下方法：

单独式以资鼓励，当下属做出成绩时，领导可以单独给予升级奖金，发红包；大众式以资鼓励，对所有下属给予鼓励，可考虑聚餐的方法，领导请客，员工参加。以上两种方式可择一而用之，视具体情况而定。

不管是言语鼓励还是以资鼓励，领导对下属的关心，重要的是"以小见大"，于细微之处见真情，使下属感到确确实实被领导关心着、照顾着，在领导心中占有一席之地。日常工作中，普遍的情况是，大家每天都在那里默默无闻地工作，而这种工作会合起来后，便共同成就了领导的事业。因此，作为领导，必须注意从细微之处入手，多关心、爱护、体贴、理解下属，尊重其每一次工作，鼓励其每一点小小的进步。

善于挖掘下属的潜力

我们知道，如要一个人动辄得咎，总是挨骂，他的情绪一定会大受挫折，信心也会在不知不觉中丧失殆尽。一旦整个人在精神上萎靡不振之后，就算有高超的智慧、才能，也将难以发挥。所以，经营者和领导者如果能从欣赏的眼光来观察下属的优点，那他的部下将因受人尊重而振奋，对上司交付的工作，也能愉快地去完成。如此，不但能发挥惊人的工作效率，甚至还能挖掘出优秀的人才。不只上下级关系如此，这道理对普遍的人际交往也是

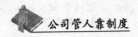

实用的。例如我们对于性格不同的人才应该采取科学的方法来培养有利于发展他性格的一面，对于活跃型的人才，要着重培养其扎实、专一的精神和勇于克服困难的精神，防止他见异思迁，创造条件、多给予活动机会，对其缺点进行严厉批评。

对于稳定型人才，要着重培养亲切、友好、善交、刚毅以及富有自信的精神；对其弱点要多关心、爱护，不宜在公开场合下指责，不宜进行过于严厉的批评，可以通过鼓励其多参加集体活动，培养友爱精神，增强自信心。

而对于坚定型人才，要着重培养自制能力和坚持到底的精神；不易轻易激怒；可以进行有说服力的严厉批评。

对于奔放型人才，要着重培养热情、爽朗和生气勃勃的精神；对其弱点的批评、帮助、教育要有耐心，要容许有考虑与作出反应的足够时间。

从领导的角度来看，经营者或经营干部，绝不能自炫才能智慧，要知道个人的才能。智慧是有限度的。有些人喜欢赞扬下属的优点，有些人喜欢挑剔缺点，比较之下，往往前者的工作推行都较顺利，业绩也不会太差。那些爱挑剔毛病的上司结果正好相反。所以唯有懂得欣赏别人的长处，才能领导更多的人。

如果下属经过慎重的决策和艰苦的努力之后，因为某些不能控制的因素而失败，即使出现大笔亏损，也不要去责备他，而应该去安慰他、鼓励他，这样必能使他反败为胜，将功抵罪。所以，领导者不能拘泥小节而忽略大事，用人亦如此，对下属的缺点应了解，但不可斤斤计较，重点在于发挥他的优点，这才是真正积极的方法。下属完成工作要诚心真意地感谢他们，例如，许多岗位和许多行业，那里的人们都不能像大多数人那样日间上班。车站、机场、报社、邮局，等等，都是如此。正是这些人的工作，才换来了大多数人生活、工作的顺畅和便利。

虽然你是他们的上司，但也只是社会的不同分工，并无高下之分。他们也是可敬的，也是应该感谢的。

用信任激发员工的自信与豪情

许多研究都清楚地表明一个道理，自信是促使人们在工作中实现有效性的最重要的因素。

有自信的员工也并不是那种"舍我其谁"的"跋扈君主"。他们心理健康，有着一种"潜龙升天"的心境，与周围的同事能够以协作的精神促使工作顺利完成，这无疑为开展公司工作提供了良好的氛围，同时，也使公司内部显得生机勃勃、充满生气。

当下属自信心不足时，公司领导者必须帮助下属找回他们缺失的自信，激发他们的热情。而要达到这个目的，就必须先信任下属。

人在受到信任的时候，一般都会产生快乐感和满足感，进而激发出全力以赴的决心。可以肯定地说，公司领导者信而不疑，那么员工不仅会被领导者信任自己的态度深深打动，而且会被领导者的能力和成就深深吸引。

说到底，一个真正信任员工的领导，一定也会受到大多数员工诚心诚意的信任。毕竟，人是有感情的动物，几乎每个人都有"投桃报李"、"以心换心"的想法。相反，那种漠视他人对自己托付的责任、时刻想利用领导者对自己的信任的人，只是成千上万人中的极少数。

公司领导者只有充分信任员工，放手让其工作，才能使员工产生强烈的责任感和自信心，从而焕发出员工的积极性、主动性和创造性。所以说，一旦决定让××担任某一方面的负责人后，信任即是一种有力的激励手段，其作用是强大的。

试想一下，使用人，又怀疑他，对其不放心，会出现什么局面？特别是在公司里，如果员工得不到公司领导者起码的信任，必然导致职员情绪欠佳，精神沉郁，怨懑丛生。上下级关系紧张这种彼此生疑生怨的状况，常是导致公司走下坡路的主要原因。

信任员工，实际上也是对员工的爱护和支持。古人云：木秀于林，风必摧之。特别是对于那些担当试验者、拓展者、探索者角色的员工，那些敢于直面老板的错误提建议、意见者，那些工作勤勉努力犯了错误并努力改正者，公司领导者的信任是其最后的精神支柱，柱倒则屋倾，因此，切不可轻易动摇对他们的信任。

对员工的信任与员工感受到的责任感常常是一致的，但生活中的误解也是常常发生的，因此公司领导者对员工一定要坦诚。如出现变故及不利因素，有话要说到当面，不要在背地里议论员工的短处。对员工的误解应及时消除，以免积累成真，积重难返。有了错误要指出来，是帮助式的而不是指责式的，相信员工不是傻子，好意歹意自会心中有数。总之，与员工经常保持思想交流非常重要。

一点一滴传递信任

领导者对员工表示信任的方式，应灵活巧妙，多种多样。诸如：

(1) 在大庭广众之中、众目睽睽之下，有意制造一种隆重的气氛，将最困难、最光荣的重要工作交给某个员工，使他觉得这是上级对他的最大信任，是"看得起他"。

(2) 在听到别人对员工的不公正非议时，应当即旗帜鲜明地予以驳斥，并且一如既往地使用该员工，就像刘邦听到别人议论陈平有欺嫂、受贿之嫌以后，照样重用陈平一样。

(3) 不以一时的胜败论英雄。在员工屡遭挫折，工作进展不大时，绝不能因此而抹杀他过去的功绩，怀疑他固有的才能，草率地中途换人，而是及时向员工提供必要的支持和帮助，消除他心中的阴影和疑虑，尽快恢复他战胜困难的信心和勇气。

(4) 在和员工一起研究工作时，只要条件允许，就应该先听听员工的意见和看法。当员工由于自己的看法和你不一致，因而表现出含糊其辞或竭力"靠拢"领导者的观点时，作为老板，应及时鼓励员工坦率地提出不同意见。当员工在你的鼓励下，大胆发表了不同意见，而这些意见确实比你原来的想法高明时，应当予以肯定；如果员工表述的意见毫无可取之处，也不要生硬地完全否定，而应该首先肯定它在某些方面具有参考价值，然后再详尽地说出自己的看法。要知道，在员工面前充分发扬民主作风，正体现了你对员工的最大信任。

（5）有意"免检"员工从事的某项工作，甚至对员工在工作中偶尔出现的小过失佯作"不知"，只要本人知错改错，不再重犯，就不予深究。通过这种宽容的做法，使员工切实感受到老板对他的充分信任。

（6）在制订计划、执行、检查、总结等管理过程中，公司领导者应尽量吸收员工"参与"这些活动，让他们充分发表自己的意见。通过最大限度地满足他们愿意"参与"的心理，来增强他们对领导者的信任感。

（7）对员工不必管得过死，给予员工适度的自由，让他们根据自己不同的兴趣、爱好、特长和追求，去努力实现个人的"目标"。有时候，员工在个人小目标上取得的进展，不仅不会影响上级制订的大目标，反而更有助于大目标的提前实现，对于整个社会也能多作一些贡献。相信对员工的自我约束能力适度"松绑"，也是对员工的充分信任。

利用榜样的力量

日本本田技研工业总公司的创始人和总经理本田宗一郎以对人粗暴而出名。他一看见下属做得不对，拳头就会立刻打过去。对虽没有做错，只是照葫芦画瓢，没有一点创新的人也和做错事、闯大祸的人一样，同样会有一顿打。有的人挨打后还不知道是怎么一回事，认为他大概是发疯了，但事后本田宗一郎会告诉下属挨打的原因。由于一般都是不知不觉动手的，所以事后本田宗一郎会马上反省，但也只是在脸上稍有点对不起的表情。尽管如此，下属们并不讨厌他，反而更加佩服他的表率作用。总之，本田宗一郎都是自己率先去干棘手的事儿，艰苦的活儿，亲自做示范，无声地告诉员工，你们也要这样干。

1950年，也就是藤泽武夫进入公司的第二年，有一天，为了谈一宗出口生意，本田宗一郎和藤泽武夫在滨松一家日本餐馆里招待外国商人。外国商人在厕所不小心弄掉了假牙。本田宗一郎听说后，二话没说跑到厕所，脱光衣服，跳下粪池，用木棒小心翼翼地慢慢打捞，捞了好一阵子，假牙找到了。打捞出来后，冲洗干净，并做了消毒处理，本田宗一郎首先试了试。假牙失而复得，本田宗一郎高兴得手舞足蹈地拿着假牙又回到宴席上。这件事让完全失望的外国人很受感动，藤泽武夫目睹了这一切，认为一辈子可以和他合作下去。

那么肮脏的活儿，给钱让人干就是了。但是，那不就是以金钱来达到打肿脸充胖子的目的了吗？本田宗一郎最讨厌这种人，所以就亲自跳到粪池里打捞。人们由此懂得了在金钱面前谁是高尚的，谁是渺小的了。美国大器晚成的女企业家玛丽·凯在这个问题上更有自己独到的见解。她认为：领导者的行为就是下属们的行为，称职的领导者应以身作则。例如，所有美容顾问都必须对自己的生产线了如指掌，这项工作并不复杂，它只是一个如何做准备工作的问题。但是，一个销售主任除非自己是商品专家，否则是不可能说服其美容顾问成为商品专家的。无法想象，一个不熟知商品知识的销售主任怎样开好销售会议，这样的销售主任只能在会上要求众人"照我说的而不是照我做的那样去做"。她说："我相信，我们公司的情况也同其他公司一样，一个称职的领导者是任何人也代替不了的。遗憾的是，许多为了晋升到经理层而努力工作的人真的当上经理后，身上却滋生出严重的官气。在我们公司里，有些人当上销售主任后，就不再亲自举办化妆品展销会了。结果，他们当中一些人在招收和培训美容顾问方面越来越不得力。他们之所以在招收美容顾问方面取得一些成绩，直接原因是以前结识的正是那些本来就很有希望成为美容顾问的人。当上销售主任后，他们围办公桌转，似乎再也结识不到适合成为美容顾问的人了，他们甚至不知道这是为什么！另外，一旦不再亲自举办化妆品展销会，也就不再以实际行动激励下属那样做了。"

以己之心，换人之心

一个团体、公司或单位汇集了来自五湖四海的人，他们都有着各自不同的目标和目的；同时，由于每个人知识水平和文化层次的不同，他们在工作中的需求也有各自不同的特点。因此，对于一个领导者而言，要用好每一个员工，让他们每一个人都充分发挥其才能，就必须了解他们各自不同的目标与目的，洞察他们的内心需求，摸清不同的特点，然后采取不同的方式去解决。

一位成功的总经理就说："由于我始终采取与一般人不同的观念来管理公司，所以才有今天的成就。这个观念，就是捕捉下属的心理状态，攻心为上。例如，我们所成长的大环境都强调不要看别人的脸色生活，但我却总是在注意下属的脸色及表情。当然这不同于迎合他们，而是为了想掌握他们当天的心理状况，以便轻易地找出配合他们当天心情的指导方法。"

可见，一个成功的领导者必须要善于察颜观色，从下属的一举一动中细心推测他们心里在想什么，了解他们的心理状况，然后再针对他们的实际情况而采取相应的行动，这样就能达到事半功倍的效果。

但如何才能摸清下属的心呢？除了细心观察员工的一举一动、从中看出他的心理状态之外，还要深入地了解他心理上的弱点和不同的心理需求。

首先要做到"以己之心，换人之心"。在所有的用人谋略中，"攻心为上"是一种最重要、最关键的用人谋略。一般来说，要想使用人行为顺利地进行，有两个先决条件是必不可少的：一是领导者愿意使用下属；另一个就是下属要愿意接受上级的使用。从企业的角度来说，后者比前者更为重要，而且难度也更大。因为下属的心态一般都比较复杂，而且每位下属都不尽相同。因此，对于企业领导者来说，要想成功地使用下属就必须了解他们的内心世界，在此基础上，进一步征服他们的心，使他们打心眼儿里信你、敬你、服你、爱你，心甘情愿地为你效力。

刘备三顾茅庐，均遭到诸葛亮的怠慢，因为诸葛亮想以此考察刘备有无招贤纳士的诚意和虚怀若谷的气量。当刘备心志专一、谦恭下士的品德深深地打动了诸葛亮的心之后，这位隐居山野的"卧龙"先生，便欣然接受了刘备的邀请，出山助他收复汉室江山。由此可见，攻心谋略在用人行为中所起的巨大作用。

对员工负起责任

松下幸之助的经营哲学是爱护职工、关心职工，心里时刻想着职工。他认为"人是事业的根本"这句话，是管理的经典。任何经营，在有了能够尽职尽责的人以后，成功就成唾手可得的事了。他这样写道："组织和手段在经营中固然重要，但这所有的一切都是靠人来实现的。不管有多么完善的组织，有多么先进的技术，如果没有使之发生效力的人，就不能完成其企业使命。说到底一个企业要想对社会作出贡献，让自己昌盛地发展下去，其关键在于爱护你企业中的每一个人。"

松下幸之助经常对人这么说，在与对手谈判时，也有想放弃的时候，但当他的心里想到满身油污，努力工作着的年轻员工们的时候，他的心里有一个声音在喊："我要对他们负责！"有一次，他遇上了一个非常能讨价还价的对手，当他想在不亏本的情况下成交时，脑海里立刻浮现出满身油和汗的职工，他想："我这一点头，怎么能对得起那些拼命工作的职工！"于是，他便将自己的这一想法告诉了对方，对方注视着他，好像是从他的脸上读懂了一种情感，微笑着说："坚持你出的价格的理由有很多，但你讲的这个理由把我说服了。就按你说的价格，成交了。"

日本索尼公司前总裁盛田昭夫在他的《日本造》一书中也曾这样讲过："所有成功的日本公司的成功之道和它秘不传人的法宝，既不是什么理论，也不是什么计划和政策，而靠的是人。确切地说是'爱人'。只有'爱人'才能使你的企业走向成功。日本经理最重要的工作就是发展与员工之间的那种微妙的关系，和员工建立一种情感，把公司建成一个充满感情充满爱的大家庭。"

以人为本，对于任何一个企业管理者来说，都是成功的关键所在。

善于聆听员工的心声

绝大多数的管理者都有强烈的自我主张，这种主张一方面可以帮助你果断、迅速地解决问题，而另一方面也会使你极不易倾听别人的意见，一意孤行，从而导致工作上的失利。

在实际工作中，一个好的建议，有创意的想法往往会给部门带来意想不到的巨大利益。经常让员工有反馈意见的机会，是成功的管理者的一个十分明智的做法。要让你的下属清楚地认识到，你不仅允许，而且鼓励他们提出自己的看法和主张，并且会认真地加以对待。如果你能对不同的意见一直保持宽容的态度，下属就能比较自由地提出自己的观点，或是对别人的看法进行发挥。实际上，一个人由于知识的局限性和看法的片面性，会忽视很多具体的问题。有些情况也许你并不重视，但它却可能会对实际工作产生深刻的影响。只有广泛地听取别人的意见、看法，并认真地加以分析，才能避免工作中由于疏漏造成的失误。也只有这样，才能鼓励员工开动脑筋，不断地思索，积极有效地去完成各自的工作任务。

此外，在日常生活中，注意聆听员工的心声，是团结员工，调动员工工作积极性的最有效的办法。

一个员工如果失去了干劲或意志消沉时，是绝对无法执行上司交给他的任务的。这时，你只要耐心地去听听造成这种现状的原因，就会找出事情的症结，从而得到很好的解决办法。

对待犯错误的员工，好的管理者同样采用聆听的办法，不是一味地去责怪他们，而是给他们解释的机会。就拿最常见的迟到来说，迟到了一两分钟是否应该责骂？一年中偶而迟到一两次也要教训教训吗？因太太生病或交通问题而迟到的人，又该如何处置？要处理这种种不同的情况是很难的，搞不好，还会招致不良的后果。

那么，该怎么办呢？给他们解释的机会。

"你为何这样？像这种事是如何产生的？"从他的回答里也许你可以获得解决的办法。

"因为我忘了定闹钟，所以起得太迟，我以后会小心的。"能够如此坦白的下属，就表示他只是一时疏忽，日后必会改善。因此，不必过于责备。

"最近老觉得很疲倦，晚上睡不好，胃也怪怪的，顺便到医院去看一下。"若因为这样的原因而迟到，则已经不是一个简单的规则问题，而是牵涉到健康的问题了。遇到这种情形，作为上司不仅要查出其身体上的病因，更要注意他的精神困扰，比如：是否由于家庭不睦、感情纠纷、通宵打牌或工作上的烦恼。只有明了这些个别的情况之后，你才能够对症下药，提出一套处理办法。

遗憾的是，不是所有的下属都会告诉你真实的原因，所以不要尽信他们的回答。在你询问下属时，他们或闷声不响，或心神不定，甚至喟然叹息着……对这些反应你都要仔细观察，在观察中你可以猜测真相，然后进一步问他是否如此，对方若被你看穿了，就会说："对！实际上就是如此。"然后将他的困难一一说出。

到了这时，事情就好办了。你可以和他共谋对策，以他的意见为主，再从旁协助，问题就可迎刃而解了。但是有些管理者因过于相信自己的权威和经验，对于下属的过失总是草率判断并妄下处方，其后果将是不堪设想的。

与员工保持情感联络

要知道，没有一个员工愿意被蒙在鼓里，对企业运作一无所知，而成为企业的局外人。都渴望与公司高层保持一种经常性的交流，能够在第一时间精确地了解企业经营动向和决策，真正参与到企业中来。这就要求企业的内部管理需要更加开放、透明，建立顺畅的内部沟通渠道，重要的是，形成规范的、有章可循的"以制度管人，而非以人管人"的管理制度，增加内部管理的公平性。

当1955年《财富》杂志开始推出"世界500强"排名时，没人能够想到，一家零售企业会在2001年和2002年连续两年排名《财富》杂志世界500强企业榜首，这就是全球零售业巨头沃尔玛。

从小镇起家到令世人瞩目的零售帝国，这个神话的成功缔造归功于很多方面，其中，善于和员工进行交流合作可算是一项非常重要的内容。

沃尔玛公司把信息共享看做是公司力量的新的源泉，它也是"合伙人"思想的重要组成部分。公司经理人员办公会议经常邀请一些有真正能改进商店经营的想法的员工来和大家分享他的心得。这些做法激励员工参与公司管理，使员工真正感觉到自己是"合伙人"。例如公司经常邀请那些能想出节省金钱办法的员工参加经理会议，而公司每年可以从他们的构想中节约800万美元左右。

沃尔玛公司认为，让所有员工共同掌握公司的业务指标，并让他们了解业务的进展情况，分享信息和分担责任是任何合伙关系的核心。它使员工产生责任感和参与感，意识到自己的工作对公司的重要性，觉得自己得到了公司的尊重和信任，他们会努力争取更好的成绩。

有信息共享是使员工最大限度地做好其本职工作的重要途径。任何一个沃尔玛商店都公布有该店的利润、进货、销售和减价的情况，并且不只是向经理及其助理们公布，而是向每个员工不管是计时工还是兼职员工公布各种信息，鼓励他们争取更好的成绩。山姆·沃尔顿曾说："当我看到某个部门经理自豪地向我汇报他的各个指标情况，并告诉我他位居公司第五名，并打算在下一年度夺取第一名时，没有什么比这更令人欣慰的了。如果我们的管理者真正致力于把买卖商品并获得利润的激情灌输给每一位员工和合伙人，那么我们就拥有势不可当的力量。"

每次股东大会结束后，山姆·沃尔顿都会和他的得力干将一起邀请所有出席会议的员工（约2500人）到自己的家中举办野餐会，在野餐会上与众多员工聊天，大家一起畅所欲言，讨论公司的现在和未来。通过这种场合，山姆·沃尔顿可以了解到各个商店的经营情况，如果听到不好的消息，他会在随后的一两个星期内去视察一下。股东会结束后，被邀请的员工和未参加会议的员工都会看到会议的录像，并且公司的报纸《沃尔玛世界》也会刊登关于股东会的详细报道，让每个人都有机会了解会议的真实情况。山姆·沃尔顿说："我们希望这种会议能使我们团结得更紧密，使大家亲如一家，为共同的利益而奋斗。"

公司管人靠制度
GONGSIGUANRENKAOZHIDU

第16章

鼓励竞争：出人头地要靠真本事

许多企业基本上由以下三种人组成：一是不可或缺的干才，约占20%；二是以公司为家辛勤工作的人才，约60%；三是东游西荡、拖企业后腿的蠢材或废材，约占20%。如何使第三种人减少，使第一、第二种人增加呢？

最好采用"鲶鱼效应"。

过去渔人捕沙丁鱼，总是将鱼放入鱼槽运回码头。抵港时，如果鱼仍然活着，卖价要比死鱼高出许多，因此渔民们千方百计想让鱼活着返港。怎样才能做到这一点呢？那就是在沙丁鱼中放一条鲶鱼。

为什么放进一条鲶鱼，就能使其他鱼都活着呢？原来，鲶鱼被放进鱼槽这个陌生环境后，便四处游动。而大量的沙丁鱼发现多了一个庞然大物，十分紧张，自然也会加速游动。这样一来，沙丁鱼缺氧的问题得到了解决，一条条活蹦乱跳地回到渔港。其实用人也是同样的道理。一个公司，如果人员长期固定，就缺乏了新鲜感和活力，容易产生惰性。因此有必要找些外来的"鲶鱼"加入公司，制造一种紧张气氛，这样，企业自然而然就生机勃勃了。

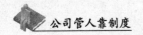

竞争让企业充满活力

竞争是大自然的生存法则，也是现代企业成功激励的一个原则和方式。良好的内部竞争，有利于打破另一种形式的大锅饭。如果员工之间没有竞争，在开始的时候，员工也许会凭着一股激情努力工作，但时间一长，他就会发现无论是干多干少，干好干坏，结果都是一样的，每一个成员都享受同等的待遇，那么他的热情就会减退，在失望、消沉后最终也会选择"做一天和尚撞一天钟"的方式来混日子，这其实就是一种披上团队外衣的大锅饭。通过引入竞争机制，实行赏勤罚懒，赏优罚劣，打破这种看似平等实为压制的利益格局，员工的主动性、创造性才会得到充分的发挥，企业才能长期保持活力。

在硅谷内流行着这样一种工作意识："业绩是比出来的。"没有竞争永远出不了一流的成果。那里的企业管理者注重持久性地延续员工的"竞争"观念，培育员工的竞争意识和竞争能力，增强员工对于"竞争"的认可度。他们努力让所有的员工都意识到：已有的辉煌只是暂时的，稍有懈怠，个人和企业的竞争实力就会一泻千里。通过竞争管理机制，使员工强烈意识到竞争的存在和无情，最大可能地发挥员工的主动性和潜力，不断进取、创新、拼搏，使企业拥有强劲的、比较均衡的竞争力，为企业逐鹿未来市场奠定基础。

所以说，在竞争日趋白热化的今天，竞争是企业生存的最大武器，是激励员工向上的绝对因素。"一匹马儿眼见就要被其他马匹超越时，跑得最快。"在员工之间注入竞争，可最大化地激发他们的好胜心理，满足他们获胜、拔尖、成为优秀者的愿望，进而让员工个个成为"工作尖兵"。

竞争与和谐不是一对矛盾

并非每一名管理者都注重在自己的团队中引入竞争机制。有些管理者会认为，如果在团队内部引入竞争机制的话，会破坏员工之间和谐融洽的关系。比如，在某家公司就是这样：有位员工向他的经理反映，他们公司内部在引入竞争机制上做得还不够。这虽然不一定是一项非常重大的举措，但他认为这还是很有必要的。但是，经理不赞成他的看法。经理觉得，团队内部的竞争并不适于他们的公司，毕竟他们是在一个非常和谐的环境下工作的。这位员工则反驳道，适当的竞争与保持团队内的和谐并不矛盾，而且这样做的好处也很多。不过，经理还是觉得没有这个必要，况且这样做也不是很合适。在他看来，如今在他的团队里，每个人都知道自己该做什么。他只希望每个团队成员都尽到自己最大的努力，把各自手头上的工作做好，这就足够了。这位员工觉得经理是不可能听从他的意见的，最后也只能很无奈地离开了经理的办公室。但是，后来团队内部的确出现了一些员工工作懈怠，混日子的现象，他们不思进取，得过且过。而且，更让人气愤的是，不但一些员工不好好工作，他们反而还劝那些工作勤奋、认真的员工不要过于卖命，反正干多干少，都拿那些固定的工资，直到这时经理才知道引入竞争机制的重要性和必要性。

由此可见，在团队内部不注重引入竞争机制，其结果是很糟糕的。当然，我们这里所说的竞争，也并非单纯意义上的为竞争而竞争，而是为了发展和争取更高业绩的竞争。否则，竞争的最终结果将违背管理者注入"竞争"的良好初衷，变成激励少数人，打击一大片。

竞争是非常残酷的，但并不是恶性的。任何事都有规则，良好的竞争也要讲求原则。作为管理者，如果你想用"竞争"有效地激励员工，充分地发挥他们的才能，就绝不能让带有偏激情绪的竞争代替真正的竞争。凭着公平的竞争，有效激励员工个人以及群体的工作情绪，这样，才能使得员工的心态积极向上，有更好的表现。

把收入和业绩挂钩

企业利益与员工利益哪个重要？都重要。先有员工个人利益的满足，再有企业共同利益的实现，在这种情况下，员工们才是团体利益的集大成者。

越来越多的领导利用"员工参与团队"来满足这一需要。对许多公司来说，这些变化会造成对文化和组织的冲击，还会改变公司的薪资计划以及使

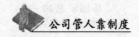

用新的工作方法，这样自然会留下那些因为新工作方法的激励而变得更有价值的员工。

群体奖励能够最有效地调动员工参与的积极性，在20世纪90年代成为薪酬的重要方式。群体奖励基本有两种类型：利润分享和收益分享。

利润分享的理念是每个员工都为组织作出了贡献，因此应当把其酬劳与组织的利润直接挂钩。

收益分享计划正在成为酬谢员工群体成员参与的最有效方式，也是公司发展最为迅速的计划。收益分享计划、利润分成计划等都属于非传统型薪酬制度。广义上，收益分享是一种为业绩提高作出贡献的员工作出回报的一种以公司或团队单元为单位的支付手段或制度。根据规定的公式，即是让工作单元的所有员工共同分享的"收益"。

作为留住人才的策略，收益分享是一种出色的方案。它营造了促进员工参与的企业文化。每个人都与企业的利益密切相关，因此都希望成功。员工对实现成功的承诺增强了，对最终酬劳的期望也得到保证。

怎样最有效地分享利润?利润分享对公司财务又有何影响?根据众多的学说，利润分享能够提升员工的生产积极性，提高工作效率，减少员工流失数量。学者认为，若把个人的薪酬与公司的业绩挂钩，员工会做得更尽力。由于在利润分享制度之下，利益是集体性的，员工之间会更乐于互通信息，分享资讯，使公司成为一个群策群力的团队。至于流失率方面，由于利润分享一般能提高员工的收入，而且会高于市价 (经济学所谓的"有效的薪酬")，员工会更愿意与公司建立长久关系。另外，高于市价的报酬令员工更乐意接受责任。

点滴功劳也要立刻奖励

如今，人们越来越多地谈到按工作表现管理员工，但真正做到以业绩为标准提拔员工仍然可称得上一项变革。凭资历提拔的公司太多了，这种方法不但不能鼓励员工争创佳绩，反而会养成他们坐等观望的态度。

谈到工作业绩，公司应该制定一套内部提拔员工的标准。员工在事业上有很多想做的事并能够做到时，公司到底给他们提供多少机会实现这些目标？最终员工根据公司提供的这些机会来衡量公司对他们的投入。

使员工要想感到自己的付出与所得是对等的，并且在组织内是公正的，就不要忽视金钱的作用。当我们专门考虑目标设定、创造工作的趣味性、提高参与决策的机会等因素时，很容易忘记金钱是人们从事工作的主要原因。事实上，以业绩为基础的加薪、奖励以及其他的物质刺激等方式在激励员工方面发挥了重要作用。

我们并不是要领导仅仅注重金钱因素，但要牢记一个事实：金钱的激励作用还是不可忽视的，如果没有金钱报酬，不要说激励员工，通常情况下还会失去员工。员工的薪水必须具有竞争性，即要依据员工的实际贡献来确定其报酬。

研究表明，最有效的激励方式之一就是当员工完成工作时，领导当面表示祝贺。这种祝贺要来得及时，也要说得具体。

如果不能亲自表示祝贺，领导应该写张便条，赞扬员工的良好表现。表面形式的祝贺能使员工看得见领导的赏识，那份"美滋滋的感受"更会持久一些。

公开的表彰能加速员工渴求成功的欲望，领导应该当众表扬员工。这就等于告诉他，他的业绩值得所有人关注和赞许。

如今，许多公司视团队协作为生命，因此，表彰时可别忘了团队成员，应当开会庆祝，鼓舞士气。庆祝会不必太隆重，只要及时让团队知道他们的工作相当出色就行了。

人性的四种假设

领导要想激励员工，首先必须了解人性假设的知识。

在西方管理学史上，有四种关于人性的假设：

第一种是经济人假设。经济人假设认为，人是经济的产物，人的一切活动都是为了获得经济报酬和物质生活的满足。经济人假设的思想对应于麦格雷弋"X理论"，即：首先，一般人对工作具有天生的厌恶，只要有可能，便

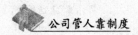

会逃避工作；其次，由于人类具有不喜欢工作的惰性，故必须予以多数人强制、控制督导，给予惩罚的威胁，才能迫使他们朝向组织目标而努力；最后，一般人宁愿受人指责，也不愿承担责任，志向不大，但求生活的安定。

第二种是社会人假设。这种假设认为，人是社会关心的产物，人在社会主流中追求人际关系的和谐，注重心理和情感的满足，并为此而付出个人的努力。

第三种是自我实现人假设。这种假设认为，人们力求最大限度地将自己的潜能充分发挥出来，只有在工作中将自己的才能表现出来，人才会感到最大的满足。自我实现人假设的思想对应于麦格雷弋的"Y理论"，即：首先，人在工作中消耗体力和智力，是极其自然的事，如同休息和游戏一般；其次，控制和惩罚并非是唯一方法，一般人能自我督导和自我控制；再次，只要情况合适，一般人不仅学会承担责任，还会寻求责任；最后，在现代社会经济技术条件下，一般人的潜能只发挥出一部分。

第四种是复杂人假设。这种假设认为，人是很复杂的，人的需要与潜在欲望是多种多样的，而这些需要的内容和结构也不断地随着人的年龄和发展阶段的变化而变化，并因人的境遇差异而不同。

让下属尽情发挥

老蔡最近被任命为某集团分公司的经理，上任伊始他就发现，这家分公司简直毫无半点生气，死气沉沉。

一直以来，这家分公司销售额的增长率，在集团各分公司排名中都是最后一名，而且已经连续几年出现利润赤字了。尽管被派到这里工作的经理换了一茬又一茬，却依然是一切如故，没有任何起色。以致连集团最高决策层的领导们也认为这个分公司是无可救药了。尽管老蔡被委派时也抱着死马当做活医的心态，开始也进行了各种努力，结果依然未见成效。他冥思苦想，真不知怎么是好。最后，他孤注一掷，以四处奔波的方式来试图提高销售额。也许是他的苦心感动了上苍，他终于拿到了两笔好久没有见到的大宗交易，签订了合同。

不知是因为初战告捷，还是找到了问题的症结，这位蔡仁兄在接连奋战三个月之后，一向低迷的销售额增长率，竟然在全公司名列前茅。也许是大家因此而增强了信心的缘故，分公司的整个气氛也发生了惊人的变化，全体员工以迅猛之势行动了起来，当年成绩便名列全国同行业的第二，第二年跃居首位。

蔡经理在这个分公司工作了五年，其间与他同甘共苦的主要成员相继都得到了提升，当上了其他分公司的经理或部门主任。这些成员不论是到哪个单位担任何种职务，士气总是很旺盛，取得的成绩也很明显，给集团领导留下了很深刻的印象。甚至有人说，这个公司培养出来的领导，精神面貌和工作作风都与其他公司不同。经过实践的验证，大家公认为这家公司是集团培养人才的摇篮。

成绩和干劲、斗志是成正比的。充满昂扬斗志和士气的企业，具有化不可能为可能的神奇力量。这其中自然能看出领导的作用，一个好领导通过自身的言传身教，最终会把手下的人改变过来。好的业绩不但能使人增强信心，向越来越高的目标发起挑战，而且为了保持曾经达到的水平，也会愈发努力，激发出潜力。这等于是在无形之中提高了下属员工的工作能力。

人的干劲和潜能是无限的

在一个没有干劲的企业里，则会出现与上述局面相反的情形。那里的人们会争先恐后地把失败归罪于他人，根本谈不上配合。无论什么样的批评，即使是善意的，也不会虚心接受，更没有人会对此进行认真思考。在这种氛围之下，人才怎么可能会得到成长呢？只会陷入业绩日趋跌落、信心丧失、推卸责任的恶性循环之中。

要想管好人、带好人，建设一支活力充沛的队伍，就必须卓有成效地激发下属的潜能和干劲，使之形成一种协调有序竞相发展的整体氛围。要做到这一点，既要像前面所说的那样，在工作方面有取得优异成绩、强化下属信心的方法，也要如后面所讲述的那样，有做好"人"的工作，指导属下，以激发其潜能和干劲的氛围。

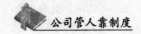

不言而喻，大凡被委任到一个新部门主持全面工作的领导，在其任期之内都对变革组织气氛、改变作风等负有不可推卸的责任。对一个原来士气低沉的企业，这样做当然是必需的。而对一向士气相对较高的企业，是否也有必要进行这样的变革呢？回答当然也是肯定的，因为这有利于加快这个企业的前进步伐。

人的干劲和潜能是无限的，创造条件让其尽情发挥吧。只要环境条件适宜，下属的才能自然就会生根发芽、开花结果，取得更大的成绩，促进自身改变，变成更加理想的人才。要使管理工作进入"自动化"快车道，只有一个办法——"领"与"导"，这将完全取决于你如何将下属渴望成功的动机诱导出来。

让下属自己给自己打分

尽管世上的事千差万别，然而有很多道理却是相通的。工作与运动或游戏就是如此。如果说觉得工作无趣，那么打高尔夫球、网球、下围棋或打麻将为什么会兴致勃勃，乐在其中呢？不妨仔细想想这其中的奥妙。

不言而喻，我们进行各式各样的娱乐活动都不曾受到他人的指令，而是凭着自己的兴趣爱好和完全出于自愿的。无论你是一个什么样的麻将迷，当你受到领导的指令"今晚命令你去打一场只输不赢的交际麻将"时，你恐怕也不会那么爽快地答应下来吧。

运动或游戏之所以有趣，是因为进行时完全可以按照自己的意愿来，可以用自己认为最得意的方法。进展顺利时，兴高采烈；局势不妙时，也会想方设法祭出新招。也许这就是兴趣的全部含义所在吧。

无论是游戏或者说是比赛，结果是胜是负和兴趣大小实际上并没有什么直接的关系。如果说输了就会影响兴趣的话，那么为什么还有那么多的技术明显落后的人参加运动或竞赛而且人数还有增无减呢？

先试探一下看看反应、进而决定采取什么样的战术——这种翻来复去、大同小异的过程，为什么能引起人们的兴趣呢？那是因为其中包含有明确显示的得分记录，大家可能依此对自己的功过进行评价，并作为考虑下一步行动的重要依据。眼睛看着得分记录，心里琢磨怎样才能把它提高，一旦把自己的全部身心融入这样的"角色"中，你当然就能忘记许多让你心烦意乱之事了。

这一原理也完全可以有效地运用在工作上。如果有衡量工作结果的明确尺度，工作就会变成一件更加有趣的游戏。不妨回想一下，在你公司的哪个部门，员工的积极性和干劲比其他部门高呢？当然是营销部门！其原因之一，就是凭借销售额这个共同尺度，员工们可以把自己与同事、自己所在的公司与同行的其他公司进行客观的比较。

开动脑筋提高士气

如果你想让下属兴趣盎然地进行工作，就应该教导下属如何评价自己的工作。一般认为，直接涉及生产和销售业务的工作是比较容易进行衡量的，而管理间接业务或服务性业务则不大容易做到。其实并非如此，评价自己工作的尺度并非只有一种，而是多种多样的。

在某公司里，由两位女性职员组成的一个售后服务小组，每月受理顾客打来的售后电话至少也有上千件。为了更好地工作，她们决定对自己应酬顾客的完全满意率进行测试，并以图表进行统计。

统计结果表明，客户的完全满意率还不到一半，而且更为严重的是，她们必须经常请专门的业务人员代她们接电话，才能说清问题。她们痛感自己商品知识的贫乏，于是主动请来一位技术人员给她们上业务课。并且针对日常工作中遇到的疑难问题进行研究探讨，一年之后，她们的工作绩效发生了惊人的变化，使客户满意率超过了80%。小组成员的工作热情和积极性也越来越高。

工作同竞赛一样，不同的是打分方式没有一定的标准，必须经由自己研究设计出一套评价自己工作的方法。这种研究设计本身就是一件充满乐趣的事。

造成人们对工作不感兴趣的原因，常常不在工作本身，而是因为没有制定出评价自己工作的打分方法。让下属开动脑筋对此进行研究，可以说是提高士气的一个诀窍。

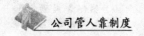

让单调的工作变得丰富多彩

这是发生在某生产耐用消费品公司里的一件事。

该公司售后服务部门的维修人员接连不断地辞职离去，人员稳定率极差。新任领导经过周密调查，了解到不少人之所以在这里干不多久就离去，是因为维修工作实在是太单调无聊了。

这种工作的单调性，集中体现在作业流程上。窗口部门负责受理用户提交的故障修理申请。然后把修理委托单交到维修人员调配处，坐等维修的人员拿上委托单到用户家里登门修理，修好后请用户签上字再拿回来交到窗口部门。从中不难看出，维修人员完全处于被动地位，上班后便在休息处待命，工作回来后还是在休息室里闲着没事可做。而且维修工作也基本定型，基本上是一个类型的工作，单调得令人心烦。

针对这种情况，新任领导一上任就采取了相应措施。先把负责受理维修业务的女职员派到维修人员办公室，让她们在同一个房间连贯系统地进行受理安排。然后又把维修人员分成了四个小组，大致划分了负责区域。各个小组任务完成得如何，凭维修收入额来衡量（由工厂负责返还的保修费用，也标在提出修理的那个小组维修收入当中），并当众公布，只要能提高营业额，修理什么都行。

这样一来，有些小组就坐不住了，开始主动到各个分销点巡回揽活，营业额很快就提高上来。其他小组一看，从中悟出了道理，相继积极行动起来。还有一个小组开始时是干过去各小组都不愿意干的工作，收入额很快增加，后来，甚至把其他小组的生意都抢了过去。更有甚者，有的小组还把其他公司的产品也纳入了维修范围。

由于在无形中展开了一场竞争，很多在平常连想都想不出来的办法也都被搬了出来，呈现了"八仙过海，各显神通"的喜人局面。从那以后这个售后维修服务部充满了活力，不但没有人辞职，反而不断新进人员，最后发展壮大到7个小组。

这一情况说明，最初维修人员从事的工作完全是被动的，只要修理委托单不来就无法工作，即使工作起来也很单调，无聊闲坐的时间过多，根本谈不上是个能吸引人工作的组织结构。新任领导对此进行了大胆改革，决定了以维修收入额作为衡量工作绩效的尺度，让大家都来围绕着增加营业额做文章，并且放手让各小组自由地去选择工作，给了大家从事其他修理工作的权力，这正是全体员工发生巨大变化的根本原因。

每个人都有自己的目标

对于任何一个组织的活动来说，它都有一定的目标，或经济利益或社会公益，没有目标组织活动是开展不起来的，同样，组织内的个人如果没有明确的工作目标，他也只会盲从机械地做事，没有兴趣、缺少激情。如何有效地调动下属的工作积极性呢？

有了明确的目标，然后使出浑身解数想方设法达到这一目标，是乐趣无穷的一件事。这个道理在工作上也同样适用。因为这里存在着一种对自己能否圆满达到目标的能力的考验，有很强的刺激作用，在这种心理状态下，即使工作很多很难也会充满乐趣。

有的领导者虽然制订了部门目标，却没有制订出每个人在本年度的目标。在我国，生产、经营部门都有比较明确的目标，管理部门却没有，这对提高员工的士气不能不说是一种缺憾。

在制订部门目标时，最好尽可能多吸收下属一起参与。具体的程序可以是这样的：先让下属个人设立一个自己本年度想要达到的目标，然后再提出小组的本年目标，大家一起商议，然后再由领导说出自己的意见，互相补充，逐步完善，确定下来后绘制成一张表格，向全体员工公布。

当需要制订个人目标时，需要注意两个问题：一是个人目标切忌过多，目标过多是难以实现的——什么都想要，什么都不会得到。二是目标水平不宜过高，亦不能过低。目标过低，不费吹灰之力就可达到，就失去了设立目标的意义。如果说一个踮踮脚就能够达到的目标水平为不适宜的话，那么目标高得让人不敢奢望，也只能是一句空话。关键是既要有"刺激"和"悬念"，让人感到稍有难度，又要在肯下功夫的前提下不难做到。

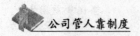

在设立个人目标时，另外一个要注意的原则是：如果为达到个人目标而产生了有损团体目标的消极作用，就有必要让个人目标服从于团体目标。总而言之，只有在大家目标明确，并勇于向目标挑战时，才会产生出真正的组织活力，领导者管理和培养下属的效率才能真正得到体现。

制造工作中的危机感

美国管理专家巴德维克博士指出："不时提醒你的员工，企业可能会倒闭，他们可能会失去工作，这样可以激励他们尽其所能，不致怠慢企业和工作。"

实际上，创造工作中的危机感对企业和员工不无好处。为什么？太过稳定，一般会影响员工的工作绩效。工作稳定，长久以来一直是员工的权利。如果员工认为企业"欠"他们的，没必要靠努力工作获得报酬，他们的效率就会降低。

这不仅对企业造成损失，对个人也许贻害更深。如果对自己的工作不负责任，就不会去学习如何应对变化。那么，当变化不可避免时，他就束手无策，坐以待毙，这恰恰会带来真正的危险。

工作有危机感是好事。毫无危机感的企业必须制造适当的危机感来激励员工的工作，让他们感到自己的工作离不开这种危机感。事实确实如此，当员工战胜他们面临的挑战时，他们就会更加自信，对企业作出更大的贡献。成为对企业有所贡献者，是工作稳定的唯一途径。

如果员工无论业绩多么差都能高枕无忧，就可能造成一种无所谓的企业文化。任何企业中都可能存在"无所谓文化"，员工无所事事，却认为企业"欠"着他们的，因为管理层创造了一种"应得权利"的文化。在"无所谓文化"中，员工更注重行动而不是结果。

员工有这样的思想和行为，是因为当他们失败或企业濒临倒闭时，不会给他们带来任何后果。他们不断闯祸，却一次又一次蒙混过关。

彻底消除"无所谓"态度

如果人们觉察不到危机感，就必须创造一种环境，让他们产生不稳定感，不能让他们对一切都无所谓。心理学上的两个重要发现解释了这种现象：

(1) 随着焦虑程度的加深，人的业绩也会提高。当焦虑度达到一个理想水平时，业绩也会随之达到最高点。不过，如果焦虑程度过高，业绩也会下降。

(2) 当成功概率达50%时，人们取得成功的动力最大。换句话说，如果人们追求的目标或接手的任务具有挑战性，但仍有极大可能成功时，人们追求目标或接手任务的动力最大。

企业的员工一般处于以下几种状态之一：

"无所谓"这种状态下，人们面临的风险极低，凡事都想当然，不管他们表现多么差，都有安全感，身处恐惧中，风险或焦虑度太高，凡事谨慎，不管他们表现多好，还是没有安全感；努力获得这种状态下，风险程度适中，人们面临适当的挑战而发挥最好。这是唯一真正富有成效的状态，人们肩负着足够的风险，珍惜自己的努力所得。而这点恰好使他们能获得满意的结果。

企业要繁荣，员工要发展，努力获得回报是每位员工应有的态度。在这种环境中，员工和企业创造性喷涌，灵活善变，努力获得那些真正重要的结果，才会成功。

要引导人们走出"无所谓文化"，一定要确保他们明白当今的经济现状中潜伏着无尽的威胁：客户可能拂袖而去，企业可能倒闭，员工可能失业。

说服那些充满恐惧的员工获取安全感的最好途径，是帮助企业实现最为关键的目标。没有成功，就没有企业，也就没有工作。

不时提醒你的员工，企业可能会倒闭，他们可能会失去工作。这样可以激励他们尽其所能，不致怠慢企业和工作。

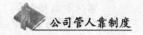

人才是逼出来的

有些职工得过且过，不思进取，就个人而言主要原因有两点：一是没有进取心，缺乏工作的动力；二是没有压力，做不做都一样。

针对这一特点领导一方面应当改革机制，对于积极进取的员工进行奖赏，以激励员工努力工作，积极创新。另一方面，领导可以施加压力，逼出人才。

其实每个士兵都有成为元帅的可能，关键是看他有没有一个逼他成才的上级。

有些下属精力充沛，足智多谋，但由于没有压力，因此就会满足现状，不思进取，纵然有好的素质，但是在实际工作当中成绩平平，毫无起色。

如果下属长期处于没有压力的状态下，必会惰性大发，懒散成性，影响整个公司的效率和干劲。

对于这样的下属，一定要施加压力，用掉他的过剩精力，一来可以提高公司效率，二来可以满足下属个人的成就感，一石双鸟，何乐而不为！

人才都是逼出来的，挑战越多，成才速度越快。

权威研究显示，工作越忙碌，员工能力提升越快。工作多而人员少，员工不得不寻找最有效率的工作方法。如果任务紧迫，大家就不能再懒懒散散、得过且过，而必须设法使速度加快。

忙碌出人才

王经理的秘书班子原有四人，由于公司采用了现代化办公设备，使原有的工作量大大减少。由于没有了工作压力，大家就都不思进取，得过且过了。

四个秘书开始互相推诿任务，彼此间也明争暗斗，互不配合，这一来反而使并不很多的工作被延误了很久。

在这种情况下，王经理当机立断，将其中三人调到人员相对缺乏的人事部。如此一来，尽管只剩下一人，但工作仍然处理得井井有条，其业务能力也不断提高。其他人由于有了新的职务，工作热情大增，再也无心相互争斗了，于是整个公司的面貌大为改观。

可见，一个领导必须牢记，忙碌最能出人才，当下属每个人都有事可做时，整个组织就会呈现出一片繁忙且生机勃勃的景象。员工的精神面貌昂扬向上，个人的业务能力迅速提高，其效率自然会不断地提高！

但是，利用压力逼出人才时也要注意到两点：

一是要注意加量适度，遵从适量原则。

人不是机器，人的心理和生理的承受量是有限的，因此，领导不能一味增加工作量，不管员工的死活，否则员工的能力没有得到提升，还有折损员工的危险，这种管理就是不成功的管理了。

二是要注意劳逸结合，要适时为员工提供度假和休息的机会。

非但员工能从充实的工作中得到快乐感和成就感，但为了进一步促使其激发热情，还要对其体力和精神适当投资，适量的休息机会既会提高员工的工作效率和工作热情，又能为领导树立起"仁慈"的形象，这一来又可增进上下级的团结，有利于顺利管理。

任何人都不能例外

比尔·盖茨一人同时扮演着技术员、企业家和公司设计师三个角色。尽管他实际参与编写计算机程序已是多少年前的事了，但他至今仍从事主要程序员的工作，并为特定产品提供具体建议。微软的人都知道，比尔是一个工作狂，如1997年，他在4天之内到达欧洲5个国家，拜会了一位王子和4位政府首脑，发表8次演说，主持一家海外办事处的成立仪式，并签定两份重要的公司合同。他每天废寝忘食地从早晨9：30一直工作到深夜，成为微软工作模式的典范。在他的影响和带动下，公司内每位员工都把公司的发展作为己任，每周工作80个小时也毫无怨言。比一比比尔·盖茨的成就，再看一看他的工作情况，你是否有所触动呢？

领导千万不能因自己的好恶而造成下属的特殊性，使他和其他员工有人为的差别，否则别人会因不平而产生妒嫉、仇恨，甚至消极怠工："同是员工，为什么他就可以不完成任务而且不受处罚？"员工一旦有了这种想法，就不会再为公司的发展尽心尽力、全力以赴了。因此，在公司内，领导对员工一定要一视同仁，不分亲疏。不光从感情上要一视同仁，更要订立严格的规章制度，实行目标细分，职责细化，把任务具体落实到每一个人身上，每天通报业绩情况，激励先进，鞭策后进。现在许多公司都实行了末位淘汰制，无形中在公司形成了一种奋发争上游的进取精神。

人与人之间虽然职务不同，但在完成公司任务方面，每个人的目标都是一致的，谁也不能例外，领导也不能搞特殊化。只有在平等的基础上管理，才能激励员工贡献出其聪明才智，与公司形成一条心，拧成一股绳，即使公司有再大的困难，也会渡过难关的。

利润和收益是企业的命脉

某企业的总裁在餐厅吃午饭时，听到手下的几位高级主管在隔壁的厢房热烈地讨论问题。他仔细一听，发现他们正得意地谈着自己的部门。

总工程师说："没人能跟我们比，对一家公司的成功贡献最大的部门就是生产部门。如果你们没有像样的产品，那等于什么也没有。"销售经理抢着说："错了，就算是世界上最好的产品，如果没有强大的销售部门把它卖出去，也是一点用也没有的。"

主管公司内部及公共关系的副总裁也有意见："如果公司没有良好的形象，惨败是绝对的，没人会向一家他不信任的公司买产品。"

"我认为你们的观点都太狭窄了，"主管人力资源的副总裁展开攻击，"我们都知道公司的力量在于它的员工，去掉强有力而且工作意愿高的员工，公司立刻陷于停顿。"

4位雄心勃勃的主管继续讨论，为他们的部门据理力争。直到总裁吃完午饭，讨论仍未结束。这位总裁离开餐厅时，在那间厢房门口停下，说："诸位，我听了你们的讨论，很高兴你们能为自己的部门感到自豪。不过我不能不说，你们说得都不正确。在任何企业，没有哪一个部门，能单独对企业的成败负责。如果追究问题的核心，就会发现，领导一家成功的企业，就像一个人在玩特技。他总是维持5个球在空中，其中4个球是白的，分别写着：产品、销售、企业与公共关系、员工；另一个是红球，玩特技的人一定要记住，无论任何时候，无论发生什么事，绝不能让红球掉到地上，因为红球上写着两个字：利润。"

这个比喻非常准确。没有利润，公司即使有最完美的产品，最好的形象，最有能耐的员工，最引人注目的财务基础，它还是很快就会陷入困境。

如果一个行业没有合理的利润，我们很难说这个行业是一个有前途的行业；如果一个企业不能实现营利，那它也不是一个健康的企业。企业经营最基本的使命，就是创造良好的经济效益，创造合理的利润。诚然，"利润"并非衡量企业经营绩效的唯一标准，但企业如果没有合理的利润，就无法长期为顾客提供更好的服务，同时也无法回报社会，履行企业应尽的社会责任。

有竞争力的企业才赚钱

合理的利润是企业成长发展的原动力。确保利润才能确保员工拥有积极的工作态度。从这方面来说，营利能力不是企业经营活动的目的，而是企业经营活动的一个限制因素；利润不是企业行为和企业决策的理由或根本原因，而是对其有效性的一种检验。

当然，在追求合理利润时，不能偏废对其他目标的追求，而且，当短期利益与长期利益不能兼顾时，应以追求长期利益为先。因为对任何企业的第一项考验不是利润的最大化，而是获得足够的利润以抵御经济活动中的各种风险，以此来规避损失。

利润于企业，就像人体所需要的氧气，它并非人生目的，但若失去，则无法存活。然而，在日常经营中，领导者往往因为太多别的问题和事物，而迷失了真正应追求的方向。比如，在面对众多的"最新、最有效"的管理理论和经营思想宝典时，管理者常把主要精力花在这些理论上，但激情过去，总无缘靠近利润区。错就错在偏离了"利润"这个航标。

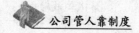

要想做一个优秀的领导者，或者说优秀的领导者要想超越"优秀"达到"卓越"的程度，必须明确自己的任务——创造利润。只有在获取持续不断的利润的前提下才有可能去谈别的，才有资格去探讨多元化经营或高速发展，否则只会适得其反。

在市场变得越来越拥挤的今天，领导者更应该为企业树立明确的目标，追求合理的利润，并在此基础上积累、开发，在专业化上下足工夫。国际上那些大企业都是用几百年时间在一个领域里专心经营，积累实力，打造核心竞争力的。只有自己的主业站稳脚跟，它们才会涉足其他领域，而且，这些"其他领域"也都是能够获得利润的。

企业必须营利，而不是"赔本赚吆喝"。

272

第17章

完善机制：创造良性的竞争环境

　　不同的企业分配制度，就会造成不同的风气，所以一个单位工作习气不好，一定是机制问题，一定是没有完全公平、公正、公开，没有严格地奖勤罚懒。如何制定这样一个制度，是每个领导都需要考虑的问题。

　　领导的一项重要职责就是划定员工的工作范围，如果下属彼此之间职责不明，他们要么就会相互推诿，指望别人多干一些活，要么就会相互干扰，搞得大家都干不好工作。

　　领导在分配工作时一定要细致、科学，要明确每个人应该做什么，不应该做什么，有些工作是必须合作才能完成的，但在合作中也要有明晰的分工。

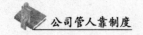

让竞争中的"公平"合理化

龟兔赛跑中，一向灵巧敏捷的兔子输给了慢吞吞的乌龟。大多数人从这则寓言中得出这样的结论：兔子的失败是因为骄傲和懒惰，乌龟的成功在于勤奋而有毅力。但是，若从现代管理的角度审视推敲，这个结论对于敏捷的兔子来说，有失偏颇。

"让我和乌龟赛跑，简直太无聊了。它爬得那么慢。"兔子看着领奖台上的乌龟，一脸不屑地说。

显然，兔子失败的根由不在兔子身上。那么谁来承担兔子失败的责任呢？当然是这场比赛的"主办者"（或者说管理者）了。那么"主办者"又错在何处呢？缺乏正确的竞争激励措施，是"主办者"彻底失败的根本原因。换句话说，明知乌龟和兔子的能力不在同一个水平线上，却让它们在同一个平台上，向同一个目标赛跑。

同理，任何公司的员工能力都参差不齐，这是不争的事实。然而，管理者在制订竞争目标时一味追求"公平"，将目标一条线画清，不分新员工、旧员工，优者、劣者，摆放在同一条起跑线上，结果不但无法起到应有的激励作用，反而会降低优秀员工的工作动力和热情。对于普通员工而言更是毫无意义，他们会认为大家起点不同，所以优秀员工获胜是理所当然的，自己失败也是理所当然的事，即使胜了也是一时侥幸。

总之，没有竞争就没有危机感，没有公平的竞争就没有优劣区分。在实施竞争激励手段时，管理者必须"合理地演绎"竞争中的公平，而只有当竞争中的"公平"合理化时，才会把员工的潜能无限地激发出来，催人进取。

制度决定一切

有七个人曾经住在一起，每天分一大桶粥。要命的是，粥每天都是不够的。一开始，他们抓阄决定谁来分粥，每天轮一个。于是每周下来，每个人只有一天能吃饱，就是自己分粥的那一天。后来他们开始推选出一个道德高尚的人出来分粥。有权后就容易产生腐败，大家开始挖空心思去讨好他，贿赂他，搞得整个小团体乌烟瘴气。然后，大家开始组成三人的分粥委员会及四人的评选委员会，但他们常常互相攻击，扯皮不止，粥吃到嘴里全是凉的。最后想出来一个方法：轮流分粥，但分粥的人要等其他人都挑完后拿剩下的最后一碗。为了不让自己吃到最少的，每人都尽量分得平均，就算不均，也只能认了。

大家快快乐乐，和和气气，日子越过越好。

同样是七个人，不同的分配制度，就会造成不同的风气。所以如果一个单位的工作习气不好，一定是机制问题，一定是没有完全公平、公正、公开，没有严格的奖勤罚懒。如何制定这样一个制度，是每个领导需要考虑的问题。

领导的一项重要职责就是划定员工的工作范围，如果下属彼此之间职责不明，他们要么就会相互推诿，指望别人多干一些活，要么就会相互干扰，搞得大家都干不好工作。

领导在分配工作时一定要细致、科学，要明确每个人应该做什么，不应该做什么，有些工作是必须合作才能完成的，但在合作中也要有明晰的分工。

任何一个任务的背后都隐藏着与员工休戚相关的利益，员工们由于处于被动地位，有时候不能想到这些利害关系，主管就必须冷静地为他们分析利弊，让他们意识到做好工作的必要性，从而自觉地努力工作。

给员工足够的机会

联想集团是中国IT行业的佼佼者，联想的成功得益于有一支优秀的经理人队伍。每年年初公司经理和员工都要花足够的精力和时间制订明确的年度规划，所有的员工都要对自己的岗位目标负责，而保证公司整体目标的达成，在这一点上是没有新老员工之分的。但对新员工公司是会给足够的时间来适应和了解公司，并从其一进入联想就为其在"法律"上（人力资源政策的规定）设定了指导人，在其试用期内进行全面的指导和培养，以便尽快熟悉和了解联想。

275

目标设定了，就要为之而努力，哪个岗位的目标未达成，哪个岗位的人就要对此承担应有的责任，而这也会与考核挂钩，体现在季度、年度的个人绩效成绩上，在这一点上是没有新老员工之分的，大家一视同仁，好就是好，不好就是不好；行就是行，不行就是不行。

联想每年的考核是有一定淘汰率的，淘汰的依据就是个人的季、年度考核成绩。但这种淘汰并不是简单地通知走人，而是进行调岗，给员工足够的机会，让员工在不同的部门、不同的岗位上去做新的尝试，以便人尽其才，因为有可能在这个位置上不太合适，而在另一个位置上就会合适。经过调岗，仍不能胜任工作的，就只能被淘汰。在管理上，联想强调目标导向，具有较完善和严格的制度保障，处处体现出了"以人为本"的理念，体现着亲情文化。

企业要生存，就必须有足够的竞争力，而这种企业的竞争力，其实就来自于每一个员工为企业创造的价值。联想较完善的绩效考核体系，能将员工的工作能力、创新精神具体体现出来，为最终对员工的适岗性提供依据。

建立激励计划并执行下去

激励计划的实施结果与宣传工作密切相关。建立一个激励计划，是对员工进行激励行动的前奏，而激励计划的宣传与管理工作则是使该计划达到预期效果的有力保障。

(1)使整个计划的实施有一个激动人心的开端。不声不响的激励计划是得不到员工的认可与响应的。仅仅将你的激励计划贴在布告栏内，或是以"红头文件"的形式向下传达是不够的。因为此时你的员工虽已获得了这一信息，但在心理上尚未形成一种被激励的状态。他们也许会沸沸扬扬地议论一番后便将其抛诸脑后，忘得一干二净了。因此你必须要为你的激励计划大造声势，让你的员工被激励起来，随时随地注意计划的进展。

(2)让你手下的负责人切实了解计划的规则，清楚该计划对他们提出的要求。一般来说，你手下的负责人可以在员工中成为潮流的引导者，赢得他们的支持，就能在所有的员工中产生向心效应，使大家最终参与到该计划中来。

(3)必要时，你可以请你的领导出席计划开始执行时的"造声势"活动以及完成后的发奖活动。这种效果是显而易见的。当你的员工看到平时难得一见的高层决策者如此重视该计划，亲自为其解释、指导，他们就会被激励得沸腾起来。

(4)在计划执行期间，要对整个计划的实施实行监测，并提供相关的报告。这是对你的激励计划实行的最有效的管理，可以通过你或你得力的员工共同来完成。通过定期对计划的成本、员工的心态、绩效显示、获奖人数、意见汇总等各项指标的综合测评，你便可以得到一个相对客观的计划实施的期间性总结。

(5)计划目标实现之后，一定要找一个适当的时间及时开一个隆重的庆功宴会或总结表彰会。要有始有终，别弄得虎头蛇尾的。庆功宴除了对表现突出、贡献很大的员工给予表彰外，还要让这次激励计划产生的"实惠"深入人心，以便在日后开展新的激励计划时，员工的心中会有一个良好的心理准备与氛围。

激励计划要简单易行

建立一个激励计划，是对员工进行激励行动的前奏。对于拟定计划的人来说，计划是一件工作成果，是一项作品，它拟定的好坏，直接会受到每个员工的审视与评价，一个看上去十全十美但无法实行的计划就像是画在墙上的饼，好看但没有办法吃。那么制订一个既易实行、效果又好的激励计划需要具备哪些条件呢？

(1)具体。你必须明确地表示具体的行动，目的与方针可以稍微抽象，但行动却应当明白地指出，让负责实行或要被激励的对象了解自己该如何做，以及这样做的必然结果。

(2)有期限。你的激励计划的最终目标就是提高员工的工作绩效，这是毫无疑问的。目标是一只无形的手，在远方召唤着所有的人。拟定激励计划一定要顾及到时间上的安排，以便在实行一段时间后，就实现效果，做出相应的调整。

(3)具备经济性。一个管理者对一项计划的出台，不得不在费用、人员、资料等方面进行必要的精打细算，对于激励预算而言，一般都包括三部分：管理费、宣传性的物资和服务费、奖金。三方面的资金的合理配置将会使你的计划更具成效性。

(4)简洁生动。激励计划绝不是事实的罗列，它应该是耐人寻味，引发人参与其中的一项游戏。游戏的说明绝不可繁杂，否则会使大多数人失去参与进来的兴趣，同时游戏也会因缺乏一定的弹性而变成了一项循规蹈矩的协议。

(5)有弹性。为了应付条件的变化与偶然因素的出现，拟定的激励计划必须考虑到修改甚至变更部分内容的可能性。

(6)要有侧重。面面俱到的计划，看上去好像体现了公平的原则，但实际上是一种最不公正的待遇，计划本身是面向所有员工的，但要激励的对象是那些有真才实学的、在工作中肩负重任的有识之士，通过对他们的有侧重的激励，会使组织中呈现出一股向上的好风气，从而带动后进人员一同进步。

形成有效的激励系统

一个高效激励系统的建立，无疑会为管理人员省下大量的时间。你再也用不着为员工低效率的工作而担心，也用不着费神向他们解释何谓"主人翁"，因为每个人心中都有一面明镜，成绩是铁的事实，有耕耘必有收获。一个有效的激励系统的建立过程大致分为如下步骤：

(1)制定高的工作绩效标准。平庸的人所订的标准是很难产生卓越的成就的，低标准往往会滋生出"自我满足"的不良倾向，高标准也并不意味着高不可攀，主要是要让所有的员工明白目前的工作不是最优秀的，没有什么了不起。

(2)建立起准确、可行的工作绩效评价系统。工作绩效的评价，必须着重于工作规范与工作成果的评价标准。标准的制定一定要符合实际，依据工作目标，对员工进行审核。同时这种标准一定是针对团队而非特定某个人订立的。当工作策略有变更时，注意要重新检讨绩效评价标准，而且，只要有必要，就必须——再作检讨。

(3)训练对工作绩效的评价技巧以及与各级管理者上情下达的沟通艺术。绩效评价的效果是如何直接与员工的薪金、报酬挂钩的，这是个非常敏感的问题，所以你必须注意这里的艺术与技巧。请记住，管理者的行为举止的最终目标在于激励，而非激怒，所以绩效评价也应该是往积极的方向努力。对于优秀的工作绩效，除了对员工进行赞美、褒奖之外，更为关键的是让他明白组织对他的重视与珍惜，从而使他产生一种神圣的使命感。对于低的工作绩效，必须给予批评，但其必须是善意的、建设性的，是就工作而言，而非人身攻击。

(4)制定一个范围较宽的提高工作绩效的指标，这会使激励系统更具有可行性。这些指标将会使所有的人立刻意识到存在的不足与改进的方向，学会自我绩效的管理在纸面上的东西与在口头上的东西相比，离我们的手脚更近一步。

(5)将奖励与工作绩效紧密相联，这里的要点是紧密，管理者要使员工们深切体会到两者关系的密切。对员工绩效的评价最终都应在奖励上找到对应的坐标，哪怕奖励是微不足道的，也要"始终不渝"地进行，因为这样做会使员工们认识到确实有一些东西值得自己去努力一番。

以上五个基本步骤，便是管理者所要建立的有效激励系统的坚固框架了，但要想使激励系统运转起来，你还需要实施一个可行的激励计划。

使员工保持最高的工作效率

员工的效率就是领导者的成绩，激发员工的执行力，使员工保持高的工作效率，是领导者成功的关键。

如果你希望自己的下属发挥全部的潜力，下面几点经验和建议是值得借鉴的：

1.告诉下属明确的目标和要求

很多主管不直接告诉下属自己的期望，却希望下属能够理解，甚至以为

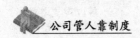

下属已经理解。要知道，即使再聪明的下属，也不可能知道你所有的期望，除非你明确地告诉他们。因此，提高下属工作效率的首要原则就是：告诉他们明确的目标以及相应的要求，防止下属出现花费宝贵资源而工作南辕北辙的方向性错误。

2.提供必需的资源

某人曾经有一段失败的工作经历。他的主管只提供片面的信息，使他看起来像个完全不能胜任工作的人。事实上，如果能够获得足够的信息，他一定能够按照公司的要求完成任务。在信息不足的情况下，他只能凭借现有的知识和获得的片面信息进行合理的猜测，结果无法完成任务的他只得辞职。

千万别对你的下属犯同样的错误，应问他们是否得到了足够的信息和资源，然后提供给他们所必需的一切。

3.解决下属不能够克服的困难

管理大师戴明说过，企业面对的问题中，有94%来自制度，而不是人。那么，在制度方面，你能够为下属做些什么呢？

你可以从两个角度来观察分析现有的制度：首先可以从"做事"的角度，也就是从工作本身出发，查看哪些制度实际上没有必要，甚至使工作变得复杂；其次，从下属的角度观察制度，看看哪些制度束缚了他们的手脚。

总之，你必须运用自己手中的权力，使下属不受制于不切实际的各种制度，从而提高他们的生产力，也就是说，你可以改变并完善一些制度。

4.给予完成任务的下属奖励

或许你认为，完成工作是下属的本分或者工作本身就是最好的奖励，但有经验的主管都知道，提高下属的战斗力很大程度上依赖一些很实际的奖励措施，包括现金、红利、股份、休假和升迁。

例如，设计一套科学的奖金制度，如果你不能用金钱奖励下属，可以用时间，当一名下属完成一项重要的工作之后，可以给他一定时间的假期……

最关键的，你必须清楚，什么样的奖励可以激励他们，同时，也不要忘记称赞，要大声、明确，而且不断重复。

制订目标恰如其分

领导通过业绩考评的方式激励员工，在一定限度内是一种动力，但如果超过一定限度，则往往会转化为员工难以承受的压力。在沉重的压力下，员工们总是担心自己由于达不到公司的要求，而被降职或被扣减工资和奖金，甚至被炒鱿鱼，于是他们有时就不顾道德及公司制度的约束，甚至不顾国家的法律，干出"出格"的事来。

目标不可订得过高。过高，往往会使员工失去自信心，未思进先思退，还没上阵就败了下来，放弃努力的尝试。而目标订得过低，又缺乏挑战性，员工不用花费太多的精力、体力就达成了目标，会使员工失去干工作的兴趣。因此，目标的确定，应在蹦一蹦就能够得着的位置，这才是恰到好处的。既让员工感到有些难度，但只要付出努力就会到达胜利的彼岸。这样员工每完成一个目标，就会有一种成就感。

为了促进目标的完成，领导大都喜欢发起竞争，使员工常常感到像是在进行一场激烈的跑马赛，而管理者往往乐此不疲。当然竞争自有它的好处，它可以强烈地刺激每位员工的进取心，使他们力争上游，发挥出最大的潜能。心理学实验表明，竞争可以增加50%或更多的创造力。因为每个人都有上进心、自尊心，耻于落后。竞争是刺激他们上进心的最有效方法，自然也是激励员工的最佳手段。没有竞争，就没有活力，没有压力，组织也好，个人也好，都不能发挥出全部的潜能。美国企管专家认为没有竞争的后果是：自己决定唯一的标准；没有理由追求更高的目标；没有失败的恐惧，也不会被他人淘汰。目前许多公司工作效率不高、管理松懈、效益低下，员工不求进取，没有责任感、成就感，从根本上说，是缺少竞争的结果。

然而，竞争过于激烈将导致副作用，会引发员工的短期行为。员工为了目标的实现，也许会不择手段，甚至不惜以牺牲公司的财产和声誉作赌注。比如，与资信差的公司和个人签订合同，向顾客许下不可能履行的承诺等。如果这场赌博赢了，公司和员工都从中获利，但如果不幸输了，这位员工顶多丢了饭碗，而公司却要为此蒙受沉重的损失。

执行制度要看实效

某企业为充分调动技术人才的积极性和创造性，曾采取提高奖金系数的办法，但激励效果只维持了几个月。后来，总经理任某在一次外出考察中发现，某企业聘任技术专家的做法很好。回来后便授意有关职能部室筹划、建立了本企业技术专家聘任制度，明确了专家的任职资格条件，规定了相应的竞聘考核办法。对于聘任的技术专家，根据岗位特点给予不同标准的专家津贴，其标准具有很强的市场竞争力。同时，对个别已被其他企业作为猎取目标的人才，给予最高标准的专家津贴，还将其配偶的薪酬标准提高了几个档次。

专家制度实施初期，曾极大地激发了专家们的工作热情和责任感，但同时也引起其他员工的强烈不满：部分骨干员工认为自己与那些专家从事相同的工作，工作起来毫不逊色，只因聘任名额少，才没有被聘任。况且专家的工作和未聘之前相比，并未发生明显变化，凭什么享受高薪？部分员工认为本企业生产连续性强，与每个人的工作息息相关，如果其中任何一个环节出现问题，都可能造成重大隐患，而这种情况一旦发生，技术专家同样无能为力，所以本企业不适合建立专家制度，即使要建立，薪酬待遇也不应该相差太大。大多数员工认为，企业对技术专家的评聘是在只有少数人参加的情况下进行的，评聘过程不透明，而专家们则认为，自己是凭本事吃饭，因为自身价值大，所以应该享受高薪。

这些不满情绪在第一季度考核期来临之际变得更为激化，此时企业的外部环境迅速恶化，企业不得不抽出更多的时间和精力去处理层出不穷的问题，再三推迟对技术专家的考核，最终考评只是简单地走个过场。此后，因为种种原因，专家津贴一直没有与本人的业绩挂钩，基本上成为一种固定的薪酬。在一年一度的聘期到来时，企业还是没有进行公开竞聘，直接增补了几名技术专家，原有专家无一人落聘。

又过了一段时间，企业的决策层发现，无论是技术专家，还是其他员工，工作积极性和责任感明显减退。技术专家们抱怨工作太辛苦，其他人不配合；而其他员工则理直气壮地认为，既然专家们享受高薪，就应该付出更多的劳动，自己多劳也不能多得，只要把分内之事干好就行，何必多管其他事情？

别让激励效果打折扣

奖励本身的作用是激励，而不应当成为一种间接的惩罚，如果奖励变成了对其他员工的惩罚，其后果是相当严重的，员工会用自己的形式来进行对抗和自我保护，例如降低质量、产量和减少业务成交量，因此，企业在进行奖励计划设计时一定要注意这种转变。

本来，建立企业专家制度是现代企业用人机制改革的一个重大创举，许多优秀企业的实践证明，这一用人机制能够充分调动优秀人才的积极性、创造性，有助于企业吸引人才、激励人才、留住人才，提升企业的市场竞争力。所以，该企业建立专家制度的做法是积极的、值得肯定的。但是，在执行该制度的过程中，因为专家制度缺乏有效考评，待遇与绩效脱节；人为因素干扰正常分配，使企业内部产生新的分配不公。该企业薪酬分配没有针对企业所需要的行为和事件去激励，而是为了照顾专家配偶，在其自身并无突出贡献的情况下，人为地提高待遇，从而破坏了整个薪酬体系的平衡；分配没有兼顾内外公平，虽有人才难唱大戏；薪酬激励项目发生"固化"，激励效果大打折扣。薪酬激励项目在运行初期确实能够发挥一定的激励作用，促进员工生产效率的提高，但是，随着时间的推移，如果激励项目逐渐演变成为一种固定的待遇，激励效果将明显减退，直至失去效力。

如此"奖励"，实际上惩罚了大多数领导和员工，受损失的是整个企业。

只奖不罚会让更多人不满

追求快乐、逃避痛苦是人最基本的动力之源。鉴于此，管理制度的设计也分别引入了奖励和惩罚两种手段。奖励是一种激励性力量，惩罚是一种约束性力量，在奖励和惩罚之间的地带，是管理者纵情驰骋的空间。但是，在近来人性化管理大行其道的影响下，很多管理者十分重视运用奖励制度，却冷落了惩罚制度。具体表现在相对于奖励制度，惩罚制度的数量、方式和力度都有减少，甚至有的惩罚制度竟变成了一纸空文，根本得不到执行。这种主动放弃惩罚的做法，无疑是一剂管理上的毒药，日积月累后，其危害不容小觑。

某保险公司，在年终时距离完成年度任务指标还有不小差距。为了完成任务，总经理下令，不但给一线的业务员施加压力，而且要求所有的内勤办公人员在做好本职工作的同时，每个人都要承担一定的业务指标，并且规定了每个人必须完成的指标下限。为保证落实，总经理还制定了奖惩措施，对超额完成任务的人员视额度予以丰厚的奖励，对不能完成任务下限的员工，则要给予惩罚。最后，该公司"冲刺"成功，如期完成了任务。从整个情况来看，部分有能力员工超额完成了任务，有的业绩还很不错，而很大一部分员工则在压力下仅仅完成了任务下限，还有一部分员工，由于种种原因，没能完成任务，少数几个员工甚至根本就没有采取任何行动，他们的业绩是"白板"。

总经理知道，如果不兑现奖励，一定会招致员工不满，虽然这一块例外奖励的支出大大增加了公司的运营成本，但他还是论功行赏，按照事先制定的标准一一兑现了奖励。至于那些没完成任务的员工，总经理认为这毕竟不是大多数人，况且现在公司的总体目标已经完成了，从与人为善的角度出发，没有必要和员工过不去了，事先制定的惩罚措施就这样不了了之了。

这位总经理不想跟员工过不去，他的一部分员工却跟他过不去了。在这个案例中，超额完成任务而得到奖励的员工和未完成任务却逃过惩罚的员工都很高兴。但是大部分正好完成任务指标的员工却不高兴了。他们在公司高压政策之下，付出很多努力，克服很多困难才勉强完成了任务。但是他们的回报竟然和那些不思进取、偷奸耍滑者并无二致。许多人虽然不敢明着去向总经理提意见，却暗自作了决定，今后再有同类事情，一定要向这些未完成任务的同事学习。

"人性化"措施不可滥用

蒙在鼓里的总经理不知道，由于他的一个所谓"人性化"的管理失误，在他的公司中，惩罚措施作为一种约束性力量已经在无形中失效了。而且，这种影响作为一种强烈的信号，即不完成者不受惩罚，将会在很长的一段时间内对组织产生负面作用。

事实上，这与管理者的奖惩观有关。许多管理者把奖励当成惩罚的对立面。上述案例中的总经理也是如此。在他的心目中，对未完成任务者不施加处罚，等同于不奖励。其实不然，奖励的反义词不是惩罚，而是不奖励。同样，惩罚的反义词是不惩罚。奖惩制度的层级应该是这样的：惩罚、不惩罚、不奖励、奖励。换句话说，奖励和惩罚都是相对的，该奖励时不奖励，就相当于惩罚，即隐性惩罚；而该惩罚时不惩罚就相当于奖励，即隐性奖励。管理者一般能看到显性的奖励和惩罚，却看不到隐性的奖励和惩罚。上面这个案例中的总经理正是在无形之中"奖励"了偷懒耍滑的员工，从而引起了努力工作的员工的不满。

较多地采用激励性的奖励手段来管理，当然符合人性，这是无可厚非的。但是，这不应该以减少或弱化使用约束性的惩罚手段为前提。两者并不矛盾，而是相辅相成的。管理者只有正确地厘清自己的奖惩观，才能在奖惩之际游刃有余，建立合理的奖惩制度，做到赏罚分明是人事管理的主要内容。

所谓员工奖惩制度，就是灵活地运用正激励与负激励的各种手段，实现激励员工奋发向上的制度。通过建立合理、科学、规范的制度体系来激发员工的工作积极性已成为当今的管理时尚。这一管理方法完全体现了通过有效的外在刺激，可激发人的内在动机，发挥其潜力，提高其士气，实现组织目标这一激励的本质特征。

公司管人靠制度
GONGSIGUANRENKAOZHIDU

第18章

奖勤罚懒:给员工应有的待遇

老板是思想者,他们大都具有非凡的创造力,但在他们的企业中却往往没有勇于创新的风气。也许老板们觉得只要自己能够为职工开拓出一条路,其他人跟着走就行了,其实不然,现代企业中创新是企业前进的动力。老板的创新意识是非常重要的,但更重要的是企业中的创新意识与鼓励人们创新的风尚,如果老板缺乏创新意识而企业又没有形成创新机制的话,企业就会面临很大的危险。同样,如果光有老板的创新意识,就像我们常说的"一个疯子领导一群傻子",企业也会面临风险,因为"疯子"会消亡,或者"疯子"发现"傻子们"根本不能理解自己,结果最终造成"一个越走越远的疯子,后面跟着一群漫无方向的傻子"的局面。许多民营企业最大的优势就是创造性。企业老板一定要鼓励全体员工不断创新,对于现代企业而言最主要的财富不是金钱、设备、关系,而是新的思路与新的想法。只有鼓励创新,企业之树才能常青。

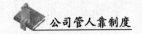

对有成就者论功行赏

如果下属积极搞科研攻关，为公司节约上千万元资金；如果下属完成了一项发明创造，为公司带来了巨大经济效益；如果下属推销有术，把新产品成功地推向市场……如果下属作出了突出贡献，为公司创造了巨大的财富，作为领导，对有成就的下属千万不要吝啬，要重重奖赏。

公司有人才，怎样充分发挥人才的作用呢？广纳贤能，用好贤能，这是领导应该重视的问题。

人尽其才，一个重要法则是重奖有功之臣。对有成就的人，要论功行赏。领导应该清楚认识到物质的需求是一个人最基本的需求，并善于充分利用人的这种需求"收买"人心。古代一些贤明的君主在用人时遵循"人才要给厚禄，大功要给厚赏"的原则。古代兵家"赏禄不厚则民不劝"，"礼赏不倦，则士争死"，"重奖之下，必有勇夫"等观点也都说明了重奖有功之臣的作用。

诸葛亮在第一次北伐时，由于街亭失守，损失惨重，唯独赵云所部由于赵云"独自断后，斩将立功，敌人惊怕"，不折一人一骑，辎重等物，也无遗弃。诸葛亮不由赞叹道："真将军也！"于是"取金五十斤以赠赵云，又取绢一万匹赏云部卒"。

鲁肃由于夜半给孙权献上王霸之策，孙权于次日"厚赠鲁肃，又赠肃之母"；甘宁白骑劫曹营，孙权也"赐绢千匹，利刀百口"。这些都是君主重奖有功之臣的绝佳事例。

千里马跑得快，贡献大，就需要精心喂养，使之吃饱、吃好，力气充足，扬鬃奋蹄，发挥作用，万不可把千里马和常马一样看待，一样喂养，让它们吃"大锅饭"。贤能的人、立大功的人要给予充分的物质刺激，千万不要只停留于精神鼓励，不要只开白条，更不可过河拆桥，甚至是有功反而获罪，否则就会搞得人人心寒，公司一旦失去人心，覆灭就是必然的。

让大家争当"有功之臣"

重奖有成就的人，会激励下属争当有功之臣。英国的一个公司，每到年末，都要对那些为公司发展作出了突出贡献的员工实施重奖，如果能使公司产量增加10%或以上，员工能从公司享受10万美元的奖金，或以增加利润的10%作为奖励。巨额奖金极大地激发了员工的工作热情和创造潜能。此制度实施后，员工们提出了很多有价值的建议，公司的成本逐年降低，而利润则逐年增加，短短几年公司便成为世界著名的大公司。

其实对有成就的人实施重奖，并不会使公司的利润减少多少，因为奖金是以公司每月节省的销售成本或增加的利润作为基础的。

奖励对公司的每位员工都具有极大的激励作用，能使每一位员工竭尽全力地为公司作出贡献。例如，在英国购买播种机电池最便宜一个也要75美元，采购部的员工在日本能够买到50美元一个的电池，公司对此给予重奖。又过了几个星期，采购部主任在纳米比亚买到37.2美元一个的优质电池，为公司大大节约了生产成本。

每个员工都有能力成就一番事业，关键在于领导能否激起员工的成就动机。作为领导，很容易沉溺在生意的经营里，而忘了好好运用能人，领导心里应该清楚，公司的员工可不止一个，重奖有成就的人，激发有才能的人，使其更具活力，去更加努力地工作，以达到更好的工作绩效。

重奖业绩骄人的员工

有战略眼光的成功管理者为了激励员工，常常会采取重赏有功者的办法。这和一般的加薪奖励不同。重赏可能使公司的事业有一个突飞猛进的发展或获得巨大效益，也有助于出类拔萃的优秀员工脱颖而出。

美国玫琳凯化妆品公司的女管理者玛丽·凯为了推动她的销售人员搞好销售，将粉红色凯迪拉克轿车和镶钻石的金黄蜂作为公司独特的奖励手段。她规定：凡连续3个月每个月销售出3000美元产品的销售员，可以获得一辆乳白色的奥兹莫比尔轿车。诸如此类的奖品随着销售产量的增加而逐级增

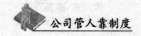

加，一直到第二等奖品粉红色的凯迪拉克轿车一辆，并且在隆重的"美国小姐"加冕仪式上颁发。而头奖则是一个镶着钻石的黄金制作的黄蜂。

对此，玛丽·凯解释说："蜜蜂应该是不能够飞的，因为身体太重，翅膀飞不起来，但是黄蜂却不是这样，它可以飞得很好。"

这些奖励，是真正的重奖，它不但价值连城，而且与崇高的荣誉连在一起，这无疑大大刺激了推销员的积极性。

玛丽·凯的这种奖励方式来自于她在史丹利公司工作时的一段经历。那时，有些女推销员工作非常出色，因此获得"销售皇后"的奖励。玛丽·凯借了12美元前往达拉斯参加年会，去向当年的"销售皇后"请教推销之道。她发誓第二年也要赢得奖赏，这个目的她达到了，可是奖品却只是一个诱鱼用的水中手电筒，对她没有任何用处，令她啼笑皆非。

玛丽·凯由此认识到在她的公司里，奖励绝不能马虎了事，必须能真心体现出优秀销售员的自身价值。她是个富于想象力的人，于是就有了粉红色凯迪拉克和金黄蜂的奖赏出现。

鼓励冒尖人才

管理者在使用员工方面需要胸怀，应鼓励员工冒尖和脱颖而出，而不是压抑有能力的员工，更不能排斥打击有才华、能够作出一番成就的员工。所谓冒尖和脱颖而出，就是指一些员工由于他的才智，更由于他的勤奋工作，在工作中取得出重大的成就或作出突出的贡献。人才冒尖很不容易，其成就都是辛勤劳动的结晶。当然，冒尖的员工都有其"才智"作为基础，但是，仅靠这点是不行的，更需要辛勤的劳动。

对于靠辛勤劳动所赢得突出成就的冒尖人才，管理者首先要理解他们、关心他们，应有宽阔的胸怀，为他们的成就而高兴。

有些管理者，往往做不到这一点，人家一冒尖，他就感到不舒服，进而采取压制、排斥的手段。有这样的厂长：没人才时想人才，请来人才怕人才，人才如果超过自己，就想办法压制人才。这种做法，是管理者用人之大忌。员工冒尖，是来之不易的。在一些风气不正的组织和部门中，冒尖等于冒险。冒尖员工最易遭受嫉妒、诽谤、攻击和污蔑。

由于冒尖者在人数上居少数，在精力上一心扑在工作上，无暇顾及"自卫"和"反击"，因而他们最易被"小人"和"庸才"掀起的舆论恶浪所吞没。如果听任这种"掐尖"的恶习和歪风蔓延开来，公司就难以发展。

鼓励冒尖的最好办法，除了口头表扬外，还要给冒尖者职务、工资等物质上、精神上的适度奖励。奖励冒尖员工，就等于为广大员工树立了榜样。高明的管理者，不仅深知鼓励冒尖的巨大激励作用，而且还善于掌握鼓励的时机、分寸、范围。

鼓励冒尖是一种重要的用才艺术，在具有敢于鼓励冒尖的管理者周围，总是聚集着一批"高势能"拔尖人才，他们始终乐于为管理者和公司尽心尽力。

奖励应针对实质

作为一个管理者，建立自己的价值标准，并通过奖罚手段的具体实施明白无误地表现出来，应该是管理中的头等大事。

有一家企业生产煤气热水器，销售量一直不理想。老板认为原因是价格定得偏高，他决定降价20%，于是召集销售人员开会宣布这一决定，大多数销售员赞同老板的决定，只有一个人表示问题不是出在售价，而是出在售后服务网点分布不合理以及服务态度不够好。老板听后不以为然，仍坚持自己的决定，并宣布将按销售额给推销人员分红。在降价后一个月左右时间内，销售量果然大增，有关人员也得到了可观的分红奖励。但随后销售量便直线下降，原因正是售后服务跟不上，用户纷纷投诉，甚至写信向媒体投诉。他们的竞争对手趁机推出新型产品，广布服务网点并承诺如果售出的产品有问题，维修人员会在24小时内到场解决。结果这个企业的市场份额被竞争对手夺去了大半。可见，如果老板只是奖励那些顺从、听话的员工，而忽视那些有真知灼见、持不同意见的员工，给企业带来的危害甚至可能是致命的。以上的例子还说明，人们会积极去做受到奖励的事情，而很少考虑这件事情是否是正确的。因此，老板们千万不要把奖励问题当成一件小事。从这个意义

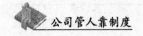

上来说，把正确地奖励视为最重要的管理原则并不为过。

在企业的办公室和车间里常常可以看到这样一群员工，他们往往提前半个小时上班，而过了下班时间，他们看上去还在那里工作。老板看到这种情况真是喜上眉梢，因此，一有机会，就会优先提拔这些员工。可是如果仔细观察一下，就会发现这些员工在上班的时候可能并不是紧张地工作。当老板不在的时候，看报、聊天，甚至干私活。一旦老板出现，他们立即装作一本正经地工作。这在某些企业已经形成一种风气。而另一些员工，一般总是按时上下班，工作起来效率高，一方面是精神集中，一方面是巧干，最后总能较好地完成任务。但是往往下班时间老板来巡视时，他们已经离开了。老板这时只看到了那些仍然在岗位上工作的人，对已经走了的人心生不满，当然也就更谈不上奖励他们了。这种现象应当引起老板的深省。一位专家说过："如果你不能在八小时工作时间内完成你的工作，那么不是你被分配太多的工作，就是你的能力不够。"

效率是企业的生命，你能想象一个充满了磨磨蹭蹭、漫不经心气氛的企业会有生命力吗？以这种方式工作的员工会给企业带来进步吗？老板们是不是应当反思一下，自己奖励和提升了一些什么样的员工，都问一问自己什么行为应当受到奖励。不要小看了这件事情，丧失了效率的企业，必将失去生命。

中国古人早就发现：上有所好，下必甚之。楚王好细腰，宫中多饿死。作为一个管理者，不论是古代的君主、官吏，还是今天的总裁、经理，你奖励什么，惩罚什么，无疑就是向世人昭示你的价值标准。你的下属、员工，或者认同你的价值标准，努力做你希望他做的事，成为你所希望他成为的那种人；或者不接受你的价值标准，离开你的企业；或者就是阳奉阴违，投机取巧。

要求人们做出什么行为，与其仅仅停留在希望、要求上，不如对这种行为作出明明白白的奖励更来得有效。

让员工找到自己的目标

当员工提出有创造性的建议时，管理者经确认认为可行，就应积极鼓励他们继续下去，把它当做自己的近期目标，去不断努力，企业也应尽大力支持。

索尼公司曾经有一个年轻研究人员，发明了一种电子显示系统，他的设想是将来把这一系统用在电脑和平面电视显像器上。公司经过仔细研讨，对这一创意首先予以肯定，但认为离实际应用时间还比较长，所以不宜投入大量的资金和时间来开发。但这位年轻研究人员对自己的创意和研究成果割舍不下，一定要继续下去，公司只好专门为他筹措了一定的经费，他自己也出了一部分，另起炉灶，组建了一家个人公司。

不管怎么样，索尼公司还是很欣赏这种有创意、有目标的青年，他能把自己的发明及时告知公司，对公司本身也是一种信任。

索尼公司有这么一种传统，当部门里哪一个人获得新发明或新创意时，整个部门都为他高兴，而且其他人也感到很振奋，这也从另一个侧面体现了"一荣俱荣，一损俱损"的索尼企业文化精神。

员工们有感于同事的创意，会更加努力寻找自己的目标，争取在自己的岗位上有所提高、有所创新。这就迫使每一个员工都去进一步熟悉自己的领域，和同行、对手相比较，找出差距，提高自己的观察能力和实际操作水平。那些敢想敢干的员工，心里也就没有顾虑，只有动力。在生产、制作、开发的过程中，就会主动开动脑筋，努力创新，提升企业的创造力与竞争力。

成就感激发员工创造力

作为一个管理者，你要想让富有创造力的人全身心投入工作，就必须使他们对自己所从事的研究项目满怀兴趣，并保持住，否则，他就会丧失动力，难以发挥本身的潜力。

许多富有创造力的人往往能通过自己的方式获得成就感和满足感。他们能自我激励，但别人对他们的赏识也同样重要。

富有创造力的人，其自由性是很强的，因此，他们需要一个不拘形式的工作环境，以便自由地彼此闲谈某个概念或问题。他们同时需要避开存在于

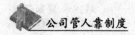

各个部门或办公室的骚扰。他们其中的大部分人都需要有个人的或私人的工作环境。

革新者的创意价值难以计算，因此，在某些公司，他们常常比其他部门的人获得较少的加薪和奖金。但富有创造力的人需要感到他们所从事的工作与别人的具有同样价值。作为他们的经理，你应竭尽所能为他们争取津贴和福利，一旦有人提出创新的意念时，就应从该创新事物为公司赚取的利润中，提取一部分奖励他。从长远来看，这种方式所能产生的价值是不可估量的。

释放人的潜力

一些富有创造力、甚至是具有超凡创造力的人，往往并没有充分发挥他们的潜力。根据无数研究结果显示，大部分人一般只发挥20%~30%的能力。但若能激发他们的工作热忱和动力，就能发挥80%~90%的潜力。员工不能尽展所能，相当于丧失了多少生产率、流失了多少科研设想！这些损失都是无法估计的。

员工未能达到预期的表现，可能是由于以下三个原因：

第一，员工本人是否愿意干好他的工作？

第二，他是否懂得怎样去干？

第三，他是否有机会发挥他的才能？

多数情况下，员工本身是希望干好他的工作的，但这需要很多的信息和培训。当你雇用他时，你是否说明了你对他的所有要求，以及如何评定他的工作价值？他所接受的训练是否足以应付工作的要求？此外，也许是超出他控制范围的因素妨碍了他充分发挥潜力。比如，文书或其他部门的工作拖拉，也会直接影响他的工作。

以下三种方法可以帮助提高他们的工作表现：

（1）重新规定工作任务。有些时候，调派某人到另一部门是不切实际的行动。在这种情况下，你应根据他的能力来重新安排他的工作。

（2）提供额外培训。公司可通过为员工提供有效的培训计划，防止人才流失。

(3)你需要让员工知道你很关心他们。如果你未能使他们感觉到这一点，便会影响他们的自信心而毁掉他们的创造性。

一个优秀的管理者要想使自己的员工都努力工作，发挥出他们的潜力，就要让他们在这个群体中找到归宿感、成就感，这才是最成功的做法。

激励方式需因人而异

唐宋散文八大家之一的苏洵在《谏论》中举了一个有趣的例子：有这么三个人，一个勇敢，一个半勇敢半胆小，一个人完全胆小。他将这三个人带到渊谷边，对他们说："能跳过这条渊谷的才称得上是勇敢，不然就是胆小。"

那个勇敢的人以胆小为耻辱，必然能跳过去，那个一半勇敢一半胆小和完全胆小的人不可能跳过去。

他又对这剩下的两个人说："能跳过这条渊谷的，就奖给他一千两黄金，跳不过则不给。"

这时那个一半勇敢一半胆小的人必然能跳过去，而那个完全胆小的人却还是不能跳过去。

此时，一只猛虎突然凶猛地扑过来，你不用问，那个完全胆小的人一定会很快跳过渊谷，就像跨过平地一样。

从这个例子可以看出，要求三个人去做同一件事，却需要用三种不同的条件来激励他们。如果只用同一种条件，显然是不能使三个人都动心的。用人也是如此，对不同的人要采取不同的态度和方法。

世界上没有一条真正笔直的路，也没有两片完全相同的树叶。就连所谓"纯金"，也只有99.99%。一个人，由于各种主、客观条件的限制，对任何事物的认识总是相对的，不可能是绝对的。

事物都是矛盾的统一体，人也不例外。仔细观察我们身边的每一个人，他们身上都或多或少有着各种优点和缺点。

比如说，老张说话利索、办事能力强，什么难缠的业务到了他的手里，

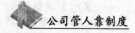

没有摆不平的。但是，一旦工作成绩好了，他就免不了骄傲、好胜，和周围的人处不好关系。小王新来乍到，工作热情很高，但经验不足，有时会有一些失误。

领导者置身此环境中，怎样才能得心应手、游刃有余地展开工作，把一班人团结在一起呢？这就要求领导者努力成为一个"下棋"的高手，把棋盘上的车、马、相、炮、士、卒安排得井井有条，使他们齐心协力发挥各自特长，勇往直前。

在实际工作中，应该针对不同情况、不同的人，综合运用多种激励方式，以求收到事半功倍的效果。

经理人应该避免的管理错误

下列几种禁忌是经理人员要注意的：

1.对每个人采取同一管理。凡是试图以同样方式管理所有员工的经理，一定无法成功。好的经理擅长掌握职工个性差异，针对每位职工采取个别管理的原则；擅长混合使用数种管理方式及方法，用以应付各种情况。

2.忘记利润的重要性。经理应极力防止利润下跌。员工愈清晰地了解到业务活动与公司营利的因果关系，他们就愈愿意努力提高效能。

3.专注于业务问题。有些经理人总是太专注于业务问题，以致完全迷失了工作目标。因此，好的管理者应在自己及他人遭遇问题时，不致忘记自己的主要目标。

4.仅是职工的工作伙伴。如果经理人试图成为员工的伙伴，这位经理人等于不谙管理之道。因为如此一来，可能形成委员式管理，而通常委员式管理等于无管理。久而久之，职工会发现，经理毫无工作成绩却坐领薪水，于是员工便开始怠工。

5.未制定工作标准。如果所有员工视工作标准为质量规范，这家公司的业务一定发展迅速，而管理工作更易如反掌。如果经理能妥善制定工作标准，并坦诚地与员工相互勾通，使所有员工都乐意遵守工作标准，那么这位经理就能避免发生错误。

6.未训练职工。经理人面临的两大挑战是：使职工达成水准以上的绩效，然后督导职工持续保持这种绩效水准。

7.一味宽恕不能胜任的职工。人们之所以宽恕不胜任者，是希望避免对峙情势。有效的对立是一种管理技巧，如果你想矫正某人的行为，你应告诉他你的感受及不顺眼的原因，然后征询对方的意见，最后则鼓励对方积极采取比较正确的行为。

8.只赞赏成绩最优的职工。一般而言，只要职工达到工作目标，就应加以赞赏，而不应只是表扬有成效者。因此，只要职工绩效适当，便应给予嘉奖，而每当职工达到新目标时，应加以嘉奖。

给人才创造脱颖而出的机会

有相当一部分公司并不是真正缺乏人才，而是没有形成合理的适合人才发挥才能的机制，有人才却没有用好。这种现象往往表现在中小型私营公司中，老板总揽全局，大事小事总经理一人说了算，下属唯命是从，缺乏成长和展示才华的机会，人才虽多，却派不上用场。而总经理由于凡事亲力亲为，总感觉身心憔悴，没有左膀右臂协助自己，也感叹人才难觅。这样的公司是非常危险的，领导一变，公司就全乱了套，好好的公司一朝就变了天。

因此，建立人才成长的健康环境，大批人才就会脱颖而出。其实人才就在身边，把身边的人才用好，让每个员工的潜能得到充分发挥，公司就能获得持久的竞争优势。改变这种状况，就需要对公司进行管理转型。变人治为法治，用制度体系来保障公司的健康发展。

在管理中，官大一级压死人，公司中一些既得利益者会压着那些比他们更有才能的人。一个员工胜任与否，是由层级组织中的上司判定。这样会产生两种情况：假使上司仍处于能胜任的阶层，他会以实际工作业绩来评判下属；如果上司已不能胜任，出于对自己利益的保护，他就会对下属尤其是有能力的下属处处防范和刁难，使得下属有才使不出，而老板此时还蒙在鼓里，总感觉招进的人虽多，但值得培养的却寥寥无几。许多优秀的员工，认同公司的价值观，也非常关注公司的发展，就是由于看不惯上级的所作所

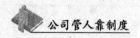

为，愤而辞职。

因此，应建立规范绩效评估制度，并通过该制度的有效运行，发现公司值得培养的潜在人才。同时，建立合理有效的内部升迁制度和竞争淘汰机制也是公司用好人才不可或缺的重要手段。只有真正做到这一点，大批的"千里马"才会崭露头角。同时，接班人培养应形成制度，成为主管业绩重要的考核指标。拥有充足的后备人才梯队，公司成长才有持久的后劲。

重金之下必出人才

金钱不是对人才的唯一报酬，但却是企业肯定人才劳动价值的直接手段。在一定意义上讲，金钱本身对人才并不重要，重要的是金钱代表一个企业及社会和公众对一个人能力的评价。在这种情况改变之前，金钱无疑是对人才最有控制力的因素之一。企业家要搞好企业，吸引并留住人才，实行高薪制无疑是理所应当的选择。

正当三九集团蒸蒸日上需要人手时，几位得力干将离开了。原因是三九集团的工资待遇太低，没有同责任贡献直接挂钩。

集团领导开始反思：三九集团是企业，是企业就得讲利益动力，不然就留不住人才。三九集团中有的职工家属去炒股票，轻而易举就赚一二十万元，而企业领导为国家创造了几千万元、几个亿，一年才几万元收入，心理上当然不平衡。

三九集团的领导去新加坡考察，了解到新加坡国有企业员工工资差距大，最高与最低相差20多倍，管理得很好。

回到公司后，他打破原来的固定工资制，拉大工资差别，最高与最低可以相差18倍。三九集团新工资制度规定，工资与各独立核算单位的效益紧密挂钩，从税后利润中拿出15%作为分配基数，具体分配方案由各单位自定。

新的分配方案试行后，正如一剂强心剂，三九集团迅速腾飞了。集团员工大专以上占80%，平均年龄仅27岁。这是一个青年人的王国，谁能找到一条纽带把这些年轻人联结起来，谁就能得到一个无坚不摧的军团。

努力使工资高于社会标准

工资是员工生活的收入来源，也是一个人能力高低的价值表现。作为老板，要设法使员工的工资收入高于社会一般标准，至少高于同类企业员工的工资平均水平，这不仅能够提高员工的士气，还能够吸引社会上有才华的人。它所起的效果可能是出乎想象的。

很多企业，对员工工资水平管得很严，不敢大刀阔斧地提高，这除了企业的财力有限外，还与老板的观念有关，那就是生怕高工资降低公司利润。还有一些公司为了吸引新人来公司工作，把刚来的员工的工资定得很高，以后很少再提高工资，于是辞职的人逐渐增多。

如果一个公司没有新生力量补充，公司就没有活力，原有职工也会逐渐衰老。所以说公司的工资制度是聚集人才的重要手段，是激发员工劳动热情的源泉，经理应亲自关注这一制度的建立。

工资额度与市场息息相关，应尽量努力使本公司的工资稍高于同行业。如果低于同行业其他企业，将会引起职工的不满，严重的后果将是人才的流失。

老板首先应该想到的是公司所定的标准究竟接近哪个档次，是与社会上其他行业一样，还是高或低？员工对工资有什么想法？然后根据这些情况来修订工资方案。小公司也应健全基本工资制和职能工资制。

工资是激发员工工作热情最基本的东西。某种程度上说，人是为了得到工资而努力工作的。以什么样的方式及制定什么样的工资标准是非常重要的政策。有的老板常理直气壮地说，给他那么高的工资，努力工作是应当的。这种认识非常成问题。如果一个老板认为员工的工资是他付给的，那就大错特错了。这种想法不丢掉，公司就难以发展。老板应该认识到，职工的工资并不是他付的，而是从顾客那里赚来的，应该感谢的是顾客。如果老板能有这样的觉悟，并经常说给员工听，这个公司就能发展。对员工来说，工资是生活的保障，如有可能就应该偏高一些。为此，公司应尽量增加盈利，尽可能提高工资标准。工资可以拉开档次，对于那些能力强的人，多付工资是理

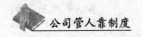

所当然的，应该与他们的劳动成绩成正比。

留住最佳业绩贡献者

伯尔克公司是一家世界一流的商业研究和咨询公司。自从1931年成立以来，该公司一直帮助制造业和服务业企业理解及准确预测市场行为，并以精湛的分析能力和前沿的研究方法著称于世。

多年以来，高级咨询师群体是该公司最宝贵的人力型资产，因此"工资攀升"现象得以出现。也就是说，为了保持竞争力，无论收入和利润增长如何，都需要按市场或高于市场的水平提高工资水平。

伯尔克公司的薪酬计划由三部分组成：基本工资、绩效工资和业务推荐佣金。高级咨询师的基本工资考察的是年固定成本，其级别划分相对较少，每年根据价格指数进行调整。

绩效工资是薪酬构成的浮动部分，与员工个人的年度财务贡献直接挂钩。在一位咨询师的咨询生涯的早期，绩效工资占的比重并不大；随着他们不断增加的个人财务贡献，他们就会收到与之相对称的绩效工资；在咨询生涯的最高阶段，绩效工资将构成其所有报酬的较大比重。

绩效工资计划对业务推荐和销售支持活动的结果提供额外的奖励。业务推荐是指业务开发领导为公司的其他部门提供的客户开发机会或项目建议。销售支持指一位高级咨询师开展的有助于另一位咨询师完成任务的任何工作。当上述行为的结果实现时，提供支持的咨询师将收到基于被支持的咨询师创造的收入的一种特许权。该特许权对于被支持者来说，将被作为一种成本；对于支持的提供者来说，将作为净贡献的一部分。

之所以采用这种薪酬体系，是因为每当公司流失一位顶尖员工时，情况几乎总是他去开办一个自己的小公司，而不是跳槽到一家传统的竞争对手那里去。那些离开公司的人的首要兴趣是独立开办自己的公司，并有可能得到更高的回报。因此，伯尔克所采用的新的薪酬计划让高级咨询师们看到了他们留下以后的同样的机会。

除了开展他们直接的业务活动外，高级咨询师们还被鼓励把生意引入到其他领域或帮助他人开展新业务，这直接地支持了伯尔克公司的"协作和改进公司成长能力"的文化。

公司的成长有可能停滞，但是市场却在不断膨胀。伯尔克公司需要永远保持自己的市场领导地位，高级咨询师是实施这项战略的关键。他们的薪酬计划需要强调收入增长，并且关注利润的增长。个人对公司作出的业绩贡献必须被给予期望并得到奖励，超出个人业绩要求的最低水平的部分应该得到承认和奖赏。没有切实卓越的个人绩效存在，公司的整体业绩肯定会受到伤害。

伯尔克的高级咨询师们已经从薪酬计划中得到了很大的好处，其中有些好处很难以财物定量衡量。不过所有这些好处对公司都是有战略意义的，都提高了公司成长的能力。

与员工分享利益

商场如战场，公司在激烈竞争中能够不断地发展壮大，财源滚滚而来，老板实在是功不可没。他们理应获得丰厚的回报，自己多得一些。然而，一个高明的老板，他不会把利益鲸吞，而是采取利益分享的策略激励员工。

有些自以为聪明的老板，喜欢利益独吞。对于这样的人，相信他的员工不会不知道。对贪心的老板，公司员工自然不会卖力。在如今越来越高效化、高产化的社会生产中，老板能不能充分调动人才的工作热情和智慧，对公司的生存与发展是至关重要的。那种只要让马儿跑，而不让马儿吃饱的做法显然是行不通的。如果老板口口声声说："公司是个大家庭，你们要像爱自己的家一样爱它，公司的发展关系着你们的利益和前途，你们要好好干，公司发展了，大伙都有份儿！"而到了年终，老板好像忘了以前他所说过的话，赚到的钱是自己的，根本就没有员工的份儿。员工的心里想："我干活，你赚钱，我做得多么好，都没有我的份儿，给这样的老板卖命，犯不着呀。"有了这种心态的员工，做事就得过且过，抱着所谓"不求有功，但求无过"的心理应付了事。久而久之，能人变庸人，公司不垮才怪呢！

古人说得好，"得人心者，得天下；失人心者，失天下"。老板要想得

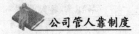

人心，应当忠实地实施利益分享的原则。利益分享——这是当今时代的一条重要的用人原则，也是对员工的一种激励策略。平时给员工薪水适当高一些，对员工有劳有得，有功更有赏，随着公司收益的大幅度提高，员工也能从中受益更多。老板果真这样做了，公司怎么会留不住人才呢？员工有什么理由不好好工作呢？

不要以为，利益分享是老板在做让自己吃亏的傻事；不要以为，把好不容易赚来的钱，分给员工，老板的收入就会骤然减少。事实证明，善于与员工分享的老板，并不会失去什么，反而会得到更多。慷慨地与下属分享劳动所得，分享成功的果实，必然会得到更多的回报。老板有了慷慨的名声，员工们更加安心效力，人才就会不招自来，这还愁没钱可赚吗？

让人才先富起来

与软件行业的同行相比，微软的人员流动量要低得多，而且其人员流失现象主要发生在软件开发以外的部门。另立门户并与微软展开竞争的人寥寥无几。这是因为比尔·盖茨对把持"微软技术核心"的软件开发人员有"偏爱"。

首先，微软的软件开发人员比非软件开发人员享有更多的"特权"：一是前者分红最多；二是在办公室极为短缺的情况下，前者的单人办公室神圣不可侵犯；三是当员工持续增多致使公司不得不另择地时，前者可以持续留在环境优美舒适、设施齐备的微软科技园区——雷特蒙德园区，而后者却不能。

其次，微软为了了解未来的方向，同时保持今天的产品开发竞争力，将大量的经费投资在研究和开发上。比尔·盖茨明白，公司销售的每项产品，在几年之内就会落伍，因而每年投入20亿美元以上的研究开发经费，并在世界各地建立许多发展中心，如斥资800万美元在中国建立了微软（中国）研究院等。微软"视窗2000"的研究开发耗时3年，斥资10亿美元，动用员工6000名，其中包括200名软件实验者和1000名程序员，并与50家公司合作，70万个实验者使用这个软件，来验证该软件的可靠性。难怪当"视窗2000"

即将上市的消息一传出，微软股价飙升，使得微软总市值达到5600亿美元，稳坐第一把交椅，而比尔·盖茨在一日之内竟增加财富77亿美元。

最后，让软件开发人员先富起来。在1989年加盟微软的那批人中，有不下2200名软件开发人员在短短的两年里变成了百万富翁，少数已成为亿万富翁，微软公司股票的价格仅仅在过去的10年中就翻了将近100倍，其财富的惊人积累是迄今为止数额最大的。1998年元月，微软股票进行上市以来的第七次分割，经分割调整，在首次公开发行时投资该股的1万美元，已增值到240万美元。

让有突出贡献的人才先富起来，不搞一刀切，这是微软成功的秘诀，也是领导用人的基本法则。

利益捆绑共享是无形的财富

一个周末的晚上，可恶的恐怖分子在斯宾塞公司的橱窗里偷偷放置了几枚定时炸弹，相邻的几家商店也一起在爆炸中受到了破坏。

爆炸声引起了很大的恐慌，更惊动了这家公司的所有员工。第二天是休息日，照惯例是商店营业的大好机会，该店的所有员工在没有人号召的情形下，不约而同地早早来到店里，清理一片狼藉的场面。在其他相邻的商店开始清扫现场时，斯宾塞公司已经开始接待顾客正式营业了。

人们不禁要问，这家公司的员工为什么会这样做？其实，只要了解了该公司的管理方法，便不难找到准确的答案。这就是让下属的利益与公司紧密相连，一损俱损，一荣俱荣，没有比这更能刺激员工的干劲了。

斯宾塞公司是英国销售服装和食品的大零售商之一，也是英国最注重员工福利的公司。

斯宾塞公司一贯重视和关心自己员工的福利待遇。管理层把每个员工都看做是有个性的人，每个人事经理要对他所管理的员工的福利待遇、技能培训和个人的提高发展负责，这使每个公司员工都能受到关注，真正做到了以人为本的管理，并且把福利的多少与公司效益紧密相联。

为了调动员工的工作积极性，公司建立了高质量的员工餐厅，工作时间内有休息、放松、喝茶的机会，可以保证员工有充沛的精力投入工作。公司每年要拨巨资用于提高员工的奖金和福利，这是一笔相当大的数额，但经营者都不认为可惜。慷慨的付出会使下属看到领导的关怀和体贴，让员工大为感动，觉得只有把公司经营好，才有自己的那一份高额收入、丰厚利益。正是在这一经营理念指导下，斯宾塞公司的业务蒸蒸日上。

公司董事长曾经对其部门经理说："你就是出差错，那也必须是因为过于慷慨。"这是把公司的收益与员工的利益紧密相联的做法。这些措施大大增强了公司的凝聚力，不论职位高低，工作轻重，收入多少，公司上下都以在斯宾塞公司工作而感到自豪，这是一笔宝贵的精神财富。

善待员工，绝处逢生

1933年，经济危机笼罩整个美洲大陆，大小企业纷纷破产，许多曾经风光一时的老板都加入到靠领取救济金度日的行列中。那些尚在运行着的企业也是如履薄冰，小心翼翼地对待每一件事，唯恐出现一点小的纰漏，而导致整个企业的崩溃。

就在这种危机重重的时刻，哈里逊纺织公司发生了一起大火灾，整个厂区沦为一片废墟。3000名员工绝望地回到家里，等待着老板宣布公司破产和失业风暴的来临。

在漫长的等待中，他们终于等来了老板发来的一封信，信中没有提任何条件，只通知在每月发薪水的那天，照常去公司领取这个月的薪金。

在整个世界经济一片萧条的时候，能有这样的消息传来，员工们大感意外，他们纷纷写信或打电话向老板表示感谢。老板亚伦·博斯告诉他们：公司虽然损失惨重，但员工们更苦，没有工资他们无法生活，所以，只要他能弄到一分钱，也要发给员工。

3000名员工一个月的薪水该是多么大的一笔款项呀！纺织公司已经化成一片废墟，别说是处于经济萧条期，就是放在经济上升期也很难恢复元气。既然恢复无望，还要掏自己的腰包给已经无法工作的工人发工资，老板不仅是糊涂透顶，简直是疯了！

亚伦·傅斯不仅糊涂这一次，还继续糊涂下去。

一个月后，正当员工们为下个月的生计犯愁时，他们又收到了老板的第二封信，信上说再支付员工一个月的薪水。

3000名员工接到信后，不再仅仅是意外和惊喜，而是感动得热泪盈眶了。在失业席卷全国，人人生计无着，上着班都拿不到工资的时候，能得到如此的照顾，谁能不感念老板的仁慈与宽待呢？

员工们陆陆续续走进公司，自发地清理废墟，擦洗机器，还有一些人主动去南方联系中断的货源，寻找好的合作伙伴。

三个月后，哈里逊纺织公司重新运转了起来，这简直就是一个奇迹。这个奇迹是由员工们使出浑身解数，恨不得每天24小时全用在工作上，日夜不停地奋斗而创造的。

当初曾经有人见他傻乎乎地用钱给工人发工资，批评他感情用事，嘲讽他糊涂，劝说他领取保险公司的赔款，然后一走了之。而这时那些人真正理解了他的用人之道，看出了他的精明。

亚伦·傅斯用他宽以待人的管理精神，使自己的事业蒸蒸日上。现在，哈里逊公司已经成为美国最大的纺织公司，分公司遍布五大洲。

公司管人靠制度
GONGSIGUANRENKAOZHIDU

第19章

绩效考核:掌握必要的方法

进行绩效考核的目的,一方面,是鼓励员工继续发挥和提高工作能力,丰富知识,并实现优胜劣汰;另一方面,是通过单位层面上的绩效考核和员工与团队层面上的绩效考核来帮助员工、团队和整个组织的力发展。

通过考核,全面评价员工的各项工作表现,使员工了解自己的工作表现与取得报酬、待遇的关系,获得努力改善工作的动力,并根据考核结果评定奖金、薪酬等。但最重要的是让员工有机会参与单位管理,发表自己的意见,并在此次考核的基础上改进工作中的不足。

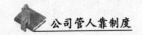

考核究竟考什么

在美国东海岸的某一条街上，有一家著名的毛皮公司，公司的职员中有三人是亲兄弟。一天，他们的父亲要求见总经理，并问为什么三兄弟的薪水不同：大儿子的周薪是350美元，小儿子的周薪是250美元，而二儿子的周薪则是200美元。总经理听完后说："现在我叫他们三人做相同的事情，你只要看他们的表现，就可以得出答案了。"

总经理先把老二叫来，吩咐说："现在请你去调查停泊在海边的H船，船上毛皮的数量、价格和质量都要详细地记录下来，并尽快给我答复。"老二将工作内容抄下来后就离开了。5分钟后，他便回到总经理办公室作了汇报，原来他是用电话向H船了解情况的。

总经理又把老三叫来，吩咐他做同样的事情。1个小时后，老三满头大汗地回到总经理办公室，一边擦汗一边汇报。他说他去了H船，同时，把亲眼看到的船上的货物数量、质量等情况作了详细的汇报。

最后，总经理才把老大找来，也吩咐他去H船，调查船上货物的情况。3个小时后，老大才回到总经理的办公室。他首先重复报告了老三的报告内容，然后说他已经将船上最有价值的商品品牌都记录下来了，为了方便总经理与货主签订合同，他已经请货主第二天上午10点钟前来公司一趟。返回的途中，他还向其他两家毛皮公司询问了货物的质量、价格等情况，并且已经请与这笔买卖有关的公司负责人第二天上午11点到公司来。

暗察了三兄弟的工作表现后，父亲高兴地说："再也没有什么能比他们的行动给我的答复更有说服力了。"

这件事说明了什么？

它告诉我们，在对员工进行考核时，不能简单地依据某一个标准，如工作的速度，人际关系好坏……而是要从多方面对员工进行"立体考核"，这样才能对一个人作出正确的评价。

光有绩效考核还不够

绩效管理起源于20世纪70年代的美国，90年代传入中国，凭借其完善的体系、良好的流程和持续改进的良性循环深得管理者们的喜爱，被管理学家誉为管理者的圣杯。而且，绩效管理最近几年在中国企业的管理实践活动中也备受推崇，诸多企业都把它当成了科学、规范、精细化管理中不得不补的一课。

客观地说，绩效管理也确确实实没有辜负管理者们的厚望，许多企业通过引入绩效管理都不同程度地提升了自己的管理竞争力。但与此同时，我们也不得不承认，并非每一个管理者都能领悟到绩效管理的精髓，甚至有些管理者在绩效管理方面还存在一些误区。这对企业的管理是很不利的。

杰克·韦尔奇在谈到绩效管理时说，绩效管理体制实施成功的企业不超过10%。这种说法在中国企业身上，也得到了验证。企业管理者没有真正理解绩效管理系统的真实含义，没有将之视为一个系统，而是简单地理解为考核评估，认为考核评估了就是绩效管理。例如，在下面这个事例中，公司的管理者就犯了这样的错误。

某机械设备有限公司为了激励员工，决定在公司内部实施绩效管理。于是，通过多方面的了解，该公司总经理便信心满满地决定采用很多企业广泛使用的"月度绩效考核"方法。

但是，出乎总经理意料的是，在绩效管理实施了3个月后，员工的积极性不见有什么实质性的提高，反而原先一些表现积极的员工也不怎么积极工作了。而且，每个部门上交的考核结果也日趋平均，甚至有的部门给每个员工都打了相同的分数。整个公司的人际关系也变得有些不同寻常起来，没有以前和谐融洽了……

对于这种现状，总经理百思不得其解，他感到异常困惑：大家都说绩效管理好，可是为何自己的"月度绩效考核"不但没有取得好效果，反而产生许多负面影响呢？

应该说，上面这位总经理的困惑绝对不是发生在一两个管理者身上的问题。其实，绩效考核只是绩效管理的一个环节，只对前期工作总结和结果进行评价，这并不是绩效管理的全部。

绩效管理要走出误区

将月度绩效考核等同于绩效管理，这实际上是一个误区。像这样的误

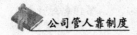

区，还表现在以下几个方面，这需要正在渴望运用绩效管理的你，务必要牢牢记住。

(1) 照抄照搬，盲目模仿。企业的管理体系必须充分考虑企业的特点，发展阶段，战略目标，员工知识、技能、能力等。不顾企业自身特点，盲目模仿、沿用其他企业管理实践只能导致水土不服。

(2) 绩效管理是人力资源部门的事情。由于管理者没有意识到绩效管理是一个系统，没有认识到绩效目标的实现是企业目标实现的基础，每一个管理者绩效目标的实现是由员工绩效目标的实现来支持。绩效管理是每一个管理者日常工作中最重要、最基本的组成部分。他们把绩效管理简单地看成填写一些表格，看成仅仅是人力资源管理部门的事情。这是很不对的。

(3) 把绩效考核简单化。不少企业管理者把绩效考核的目标和用途简单化。对于他们来说，"考核=打分=发奖金"，即通过绩效考核对员工的绩效打分，然后把绩效分数机械地同薪酬特别是员工的月度、季度、半年或年度奖金挂钩。但是，绩效考核的目标是多重的，考核的结果更要广泛地应用于员工招聘、培训和发展、晋升等人力资源管理系统中。

(4) 忽略绩效反馈。绩效管理的最根本目标是不断提高员工和企业的绩效，在竞争日趋激烈的环境中建立持久的竞争优势。因此，在绩效管理的过程中，绩效反馈无疑是更重要的一环。忽略绩效反馈环节，静止化地对待绩效管理的思维和实践对企业不断改进和提高的杀伤力极大。

当然，绩效管理的误区并不仅仅表现在以上几个方面，它还有其他诸多方面，在此就不一一列举了，只是，身为管理者，你绝对不能在绩效管理上存在误区，否则就很难真正地管理好企业。

业绩的数量和质量要兼顾

员工的业绩包括什么呢？可以用两个词加以概括——效率和效果。

效率，是指投入与产出的关系。对于一定的投入，如果能获得比别人多的产出，那么你的效率就高；或者说，对于同样的产出，投入的比别人都少，那么你的效率也是高的。

比如，做一件同样的衣服，别人需要七尺布，而你由于改变了方法，只需要五尺布就够了，那么你的效率就比其他人高。

针对效率问题，一家美发中心的管理人员曾经发出疑问："我们这里并不生产产品，那么怎样考核服务员的效率呢？"

其实，在投入方面，除了原材料以外，还有一个重要的因素，那就是时间。对于类似于美发中心这类的服务型行业，就可以用时间来衡量员工的效率。服务员甲修剪一个发型需要40分钟，而乙修剪同样的发型只需30分钟。很明显，乙的效率就比甲的高。

在生产型企业，对时间的考核也是很重要的。A和B两个人做同样一件衣服都用了五尺布，那么他们谁的效率高呢？这就要借助于时间了，A做这件衣服花了10分钟，B则用了15分钟才完成，显然A的效率比B高。

"如果A、B两人做同样的衣服，花费的时间不同，耗费的布匹数量也不同。那么，怎样来考核他们的效率呢？"许多人都会很自然地问这样一个问题。

这里，就不仅仅涉及效率，还存在一个工作的效果问题。当员工的工作实现了企业的目标时，我们就可以说他的工作是有效果的。企业的目标，一般而言都是创造利润，维系生存，并谋求更大的发展。

所以，在对员工的效率进行考核时，还必须要考核他们的工作效果。

A做一件衣服用10分钟，需要7尺布；B裁剪这种衣服要用15分钟，但他只需要用5尺布。假设每尺布的进价是1元，每件衣服的卖价是10元。那么在1个小时内，A创造的利润是18元，而B却可以创造出20元的利润。每天按工作8小时计算，B就比A多创造出16元的利润。那么这两个人谁的工作效果好便可一目了然了。

美发中心同样存在这一问题。虽然乙的工作效率高，但是如果他修剪发型的技术不高，顾客对这里的服务不满意，以后就不会再来修剪头发了。连顾客都没有了，工作效率再高又有什么用呢？美发中心也只有关门大吉了。

由此可见，效率涉及工作的方式，而效果则涉及工作的结果。任何企业和部门都在朝着"高效率+高效果"这一方向努力，那么对员工的考核当然不能少了这一内容。

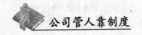

如何制定考核标准

为了了解学生的学习成绩，学校经常会采取月考、段考、期终考试等形式；但要了解员工在工作中的表现，单位领导应该如何来考核呢？建立绩效考核制度，通过系统的方法、原理来评定和测量员工在职务上的工作行为和工作效果，是单位领导与员工之间进行管理沟通的一项重要活动。

进行绩效考核，首先要确定一个标准，作为分析和考核员工的尺度。这个标准一般可分为绝对标准、相对标准和客观标准。绝对标准是以如出勤率、废品率、文化程度等客观现实为依据，而不以考核者或被考核者的个人意志为转移的标准。相对标准是采取相互比较的方法，此时每个人既是被比较的对象，又是比较的尺度，因而标准在不同群体中往往有差别。比如规定每个部门有两个先进名额，那么工作优秀者将会在这种比较过程中评选出来。客观标准则是评估者在判断员工工作绩效时，对每个评定项目在基准上给予定位，以帮助评估者作评价。

制定绩效考核标准时，要针对不同岗位的实际情况制定不同的考核参数，而且尽量将考核标准量化、细化，多使用绝对标准和客观标准，使考核内容更加明晰，结果更加公正。同时，公布考核标准并使之得到员工认可，避免暗箱操作。考核奖惩制度不应当只是针对员工，也应对领导起作用。当然，对领导的考核标准与一般员工的考核标准是完全不同的两个概念。

一提到"考"字，很容易让人联系到纪律严明的考场，考官高高在上，考生埋头答题。但是，如果绩效考核只是领导"考"员工的工具，就毫无意义可言了。绩效考核最重要的一点就是让每一位员工参与进来，在接受他人考评的同时，不仅可以对自己的工作进行考评，同时还可以考评同事和上司，做到考核面前人人平等，每个人都有评定和说话的权利。

让员工掂出自身的分量

由于绩效考核与薪酬、奖金和晋升机会等与员工切身的利益息息相关，因此受到员工的特别关注，如果考核结果与员工的实际付出相差甚远，不能让员工心悦诚服，往往最容易引起内部矛盾，甚至引发劳务纠纷。而要做到公正客观，最重要的就是让员工积极参与进来。

绩效考核形式主要有上级评议、同级同事评议、自我鉴定等，领导还要通过下级评议，而客服等特殊工作岗位还可以增设外部客户评议等形式。如此一来，大家在给同一个人打分的过程中，会因为一些明显的分歧而进行讨论。沟通，特别是上级与下级之间，通过沟通交流最后达成共识，不仅是对以往工作的总结，也有利于以后更好地协作，统一思想与步伐，为单位效力。

单位进行绩效考核的目的，一方面，是鼓励员工继续发挥和提高工作能力、丰富知识、并实现优胜劣汰；另一方面，是通过单位层面上的绩效考核和员工与团队层面上的绩效考核来帮助员工、团队和整个组织的发展。要实现单位和员工个人之间、团队与个人之间以及团队与单位之间的"双赢"，加强考核后的反馈与沟通势在必行。

通过考核，全面评价员工的各项工作表现，使员工了解自己的工作表现与取得报酬、待遇的关系，获得努力改善工作的动力，并根据考核结果评定奖金、薪酬等。但最重要的是让员工有机会参与单位管理，发表自己的意见，并在此次考核的基础上改进工作中的不足，根据员工当前的绩效水平和工作表现中不尽如人意之处提供各类培训。同时还有必要找出根本原因，是能力有限还是工作态度不佳，或是其他客观条件导致了工作绩效不尽如人意。为了掌握这些情况，必须根据考核结果与员工进行一对一的交流，给予建议的同时，也倾听员工的想法。

只有做好了考核后反馈交流这道程序，才能让绩效评估帮助单位更有效地了解员工动态，提高工作效率；对于员工个人来说，也可以帮助其进行决策，是否改变自己的职业选择。如果员工意识到尽管自己接受了某些培训，工作表现仍无法达到期望目标，那么就应该寻求职业的改变，或在内部进行工作转换，或向外重新选择职业。

考核是为了发现人才

一家公司的老总抱怨在自己的手下中找不到可以担任高层领导的人才。

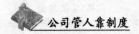

他去请教专家。专家拿过该公司的人事考核表一看，原来每个员工的成绩都差不多，根本显示不出谁有什么特长。专家向这位老总建议说："考核是为了发现人才，不是为了皆大欢喜或是压制员工，要制定合理的考核制度。"老总依计而行，果然挑出了不少干将。

主管人员每逢人事考核之际，碍于情面，总是尽量让下属的分数差不多，皆大欢喜，然而这样是无法挑选出有潜质的员工进行培养的。一个没有新鲜血液的公司也注定不会长久。

视下属为战友的上司，常会以体谅关怀的态度对待下属。以培育下属的心情来评分，在人性方面，尽量亲切、温和，这是正确的做法。

但是，对于工作方面的考核，则不妨以较严厉的态度对待。在工作表现方面，上司在平时就需要向下属作出明确严格的要求，使下属在严厉的指导下得以进步。

平日对下属不加指导督促，到了考核时不好意思严格要求，因而在报告上加上大量"人情分"，不算是爱护下属，而是在拆公司的台。在这种领导方法下，下属较难有进步，而这个上司本身亦未能好好尽主管的职责。

因此，上司进行考核工作时，应作充分的思考，明确考核的目的所在，在评分时亦全面考虑下属的资历、职位性质、工作气氛等因素，尽量令考核工作公平和客观。

考核要有下属的参与

在传统的管理方法之中，人事考核是十分个人化的。负责考核的人是"上司"，他们由于拥有绝对的权力，所以会因个人的喜好进行考核工作。这种不民主、不公平的考核方法，自然会令一些职员感到不满，难免会出现职员士气低落及流失率高的情况。

为避免这种情况，要采用"灵活的人事考核制度"，鼓励下属参与考核过程，令考核工作更为公平合理，而人事部则可负起监察和支持的角色，令整个机构的运作畅通无阻。公司也能更公平地提拔下属，让他们人尽其才。

人事考核应是对管理者与下属都有用的工具，但很多例子显示，管理者视其为操纵下属的武器；下属把它视为生死簿加以警戒。这反映出管理者及下属均不了解人事考核制度的理念及目的。

人事管理必须是公平、公开和被大家认同的。但事实上，绝大部分机构的人事考核制度，都未完全具备上述条件。最常见的情况是考核制度往往依据经营者或人事部的片面决定，完全漠视当事者的心声，自然不能公正反映被考核者的水平，从而也就不能选拔出优秀人才。

要改变上述情况，使考核制度公平、公开，令双方认同，绝对需要当事人参与计划，而考核的成绩要得到当事人的认同。

人事部的工作，是设计考核计划方案，尽量使考核工作能公平客观地进行。在另一方面，人事部亦担任监察的角色，譬如职员离职，要先与人事部会面，了解原因，如果下属觉得上司考核工作做得不公平，亦可向人事部反映。这是避免上司弄权而犯错误的好方法，也使得考核能最大限度地发挥作用。

以能力为主要考核指标

在通用公司内部，非常注重实绩考核，实行能力主义。

按照公司的规定，每年年初，包括总裁在内的每个人都要制订目标工作计划，确定工作任务和具体工作制度。这个计划由主管经理审批并与计划制订人协商确认后予以执行。每三个月进行一次小结，核查执行情况，并由经理写出评语，提出下一步工作改进要求。到年底做总的考核，先由本人填写总结表，按公司统一考核标准衡量自己一年来的工作完成情况，交主管经理评审。管理者根据职员表现情况确定其等级，并写出评价报告，对被评为杰出者还要附上其贡献和成果报告，提出对他们的使用建议和使用方向；对等级差的职员也要附上专门报告和使用建议。职员的评价报告要经本人复阅签字，然后由上一级经理批准。中层以上经理的考核要由上一级人事部门和集团副管理者批准。

韦尔奇认为："年终时，我们所衡量的并非是否实现了目标，而是与前一年的成绩相比，在排除环境变化因素的情况下，是否有显著的成长与进步。当人才遭受挫败时，我会以正面的酬赏来鼓舞他们，因为他们至少已经

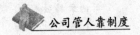

开始改变。若是因为失败而受到处罚，大家就不敢尝试和行动了。"

同时，他指出，在对员工进行业绩评估时，通用的每个部门都必须列出相关的图表，反映每个员工的情况，这是一种动态评估，每个人都能清楚地知道自己当前所属的位置。

通用的五个考核等级

通用公司每年都要根据实际情况修定考核标准，使之趋于完善合理。考核结果是与工资和职务晋升紧密结合在一起的。基于此，考核标准被设定为五个等级。

第五级——杰出

精通业务、处世稳妥，极具开发潜力。

第四级——优秀

在执行和完成具有挑战性工作目标时工作出色；每一项课题或工作都能及时、彻底完成，成绩比预期的要好；非常能胜任本职工作，工作能从全局出发；工作中值得信赖，只需要有限的辅导和监督。

第三级——良好

工作称职，具有足够的潜力去完成交予的任何任务，是承担项目的主要业务骨干；工作结果在质量和数量上都较好，不需要过多的辅导和监督。

第二级——及格

满足起码的工作要求，但要改进；具备做该项工作的基本知识，但不具备独立工作的能力；如果适当地给予某些指导，帮助其改进工作，让其有进取的余地，有可能成为好职员。

第一级——不合格

不能满足工作的最低要求，经常出错；工作缺乏动力，节奏慢，过分依赖于辅导和监督；缺乏必要的知识，自己不知道如何去做好工作，即使在工作要求很明确、具体的情况下，也不能圆满地完成工作任务。

人事部门依据各部门事先所列出的图表，将个人表现与以上标准对照，最后确定每个人的实际绩效，从而确定出将要提高工资和提拔职务的人并进行分类。其分布情况大致为：第五级占10%，他们是顶尖人才；次一些的是第四级，占15%；第三级是中等水平的人才，占50%，他们的变动弹性最大；接下来是占15%的第二级，需要对他们敲响警钟，督促他们上进；第一级是最差的，占10%，他们只能被公司辞退。根据业绩评估，每个人都会知道他们处于哪一类，这样就没有人会抱怨得不到赏识。

不能量化的工作就没有存在的价值

我们经常说，如果一份工作你永远都找不到一个量化其价值的方法，那我们可以说这份工作没有什么价值。

一个人的工作价值不能被量化，那就意味着他的工作没有具体的目标，怎么做都行，那怎么可能会有价值呢？只要有目标，就可以进行量化，如果不能直接量化，就间接量化，但无论怎么样，肯定有方法可以量化。

为什么要强调量化？因为如果没有量化的标准，公司就很难对一个人的工作价值作出客观评价。你说他工作很努力，怎么衡量？是比别人多流汗呢，还是比别人早上班？就算这些是公司的评价标准，那你也要拿出证据才行，总不能你说是就是吧？但目前中国的很多企业基本都是这样做的，我说你好你就好，我说你差你就差，什么360°考核、顾客满意度调研根本不考虑，基本上还是人治大于法治，上司意志最重要。

要做到公正、公开、公平地评价员工的工作，就必须要有依据，不要太主观。如果你连某员工比别人多流多少汗都能算出来，那你就成功了。

但是，要防止量化的误区，不要为量化而量化，就好像不要为了吃饭而吃饭一样。

如果一个人吃饭就是为了完成吃饭的任务，那无论厨师怎么改善做饭的技能，他吃出来的还是饭的味道！但他如果能把吃饭当成一门艺术来看待，那他就会千方百计地品尝饭中的各种滋味，甚至会因为吃饭而成为一位美食家。

量化指标也一样，当你还没有掌握这种技能时，当你的员工还没有这个概念时，当你的人力资源体系还没有完善时，你就要千方百计地找到所有能够量化的指标，甚至将那些你认为不能量化的指标进行量化——别人不能量化，你能够量化，说明你已经掌握了这门技巧——那下一步你就可以尝试把量化的指标全部不量化，通过工作目标管理来考核。如果你的员工都能接受这种做法，而且还能像以前量化指标一样把不可量化的指标做到家，那你的人力资源体系就成功了！

确定考核期限

唐代著名诗人白居易曾写过这样千古流传的佳句——"试玉要烧三日满，辨材须待七年期。"

意思是说，要辨别一块石头是否是玉石，就要在火中烧上三天，这样才能分出其真伪；而要看一棵树木是否能成材，就要等上七年。玉石、木材的辨别尚且如此，我们在对员工进行考核时，岂能草率？

但是，一些人在考核过程中却往往忽视了这一点。有一位刚刚从学校毕业的学生，到一家全球知名的通信公司去应聘。虽然他的知识、能力都符合这一职位的要求，但毕竟是第一次参加面试，所以还是不免有些紧张。

当主考官问他问题时，他回答得有些支吾。这位考官没有进行第二轮的面试，就此断定这位学生不行，从而拒绝了他。

后来，这个学生去了另一家公司，再后来，他成了那家公司的总裁。那位考官得知这一消息后，也非常后悔，要不是自己当初草率地作出决定，公司也就不会失去一个优秀人才了。

所以，考核期限的确定，一定要"足够"地长，以使员工能在这一期间内充分地表现自己，这样才能对他们作出正确的评价。

完整的工作才能检验业绩水平

在对员工的业绩进行考核时，期限又应当如何来确定呢？

我们先来看一下这个例子。有一位主攻癌症的医生，他经过潜心的研究，发现了一种治疗癌症的新方法，患者经过这种方法的治疗，癌细胞可以明显地减少。

院方得知这一消息以后，简直是欣喜若狂。经过临床实验，他们断定这位医生找到了攻克癌症的方法，并且还要向社会公布这一成果。

但是，这位医生却非常冷静："这样做恐怕不行吧，癌症只有在五年后不再复发才算是治愈了，虽然他们的癌细胞现在是减少了，但五年后怎么样，我们现在还不知道呀……"在他的一再坚持下，这项成果才没有向外界公布。

其实后来没到五年，那些患者的癌症就已经复发了。院方也暗自庆幸，"幸亏当时没有公诸于众，要不然现在就出丑了……"

在确定业绩考核的期限时，一定要注意，应当使员工在这个期间内能够彻底地完成他们的工作。

工作的内容不同，完成工作所需要的时间也不同。所以，业绩考核的期限，是有长有短的，要视具体情况而定。其实，这个道理很简单。再举一个例子，大家就更容易理解了。例如：在一家服装厂，不同部门的员工，其考核期限是不同的。对于生产部的员工来说，他们缝制一件衣服，只需要几十分钟，最多不会超过几个小时。所以，对他们的生产数量，就要每天进行考核。而设计部的情况就不一样了。要设计出一种流行的款式，别说几个小时了，有时候几天恐怕都不行，如果还像生产部那样，每天都对他们进行考核，是没有什么意义的。对于设计部，应当按月来进行业绩的考核，看每个员工在一个月内能设计出多少种新款式，这样才能比较出他们的业绩水平。

正确选择考核时间

在对员工进行考核时，还有一个正确选择考核时间的问题。

由于考核时间选择得不合理，很多管理者的考核工作常常被其他一些事情所打断，等到重新回来再作考评时，刚才在脑中建立起来的考核尺度很可能就发生了偏差，以致影响到考核的结果。

有一名学生，因为字写得比较漂亮，教师就请他去办公室帮着抄一篇稿子。

抄录的时候，这名学生特别小心，生怕漏掉什么东西，所以写得比较慢。教师看他那么认真，也很高兴："对，就这样慢慢来，别着急。"

后来，一位同学到办公室把教师叫了出去。半个小时后，教师回来了，脸上还稍稍带有怒气，他一看这个学生抄了三页，就有点生气了："怎么这么慢呀……"

学生当然没敢辩解什么，可心里就犯了嘀咕："我一直就是照这个速度写的呀，刚才怎么没有说……"

后来他才明白，原来班里有同学打架了，教师离开那段时间，就是去处理这件事。因为心里有点生气，所以再回到办公室的时候，自然也就嫌他写得慢了——尽管这位学生并没有放慢速度。所以，在作考核工作之前，一定要把时间选择好，以保证能专心地进行考核，不受其他事情的干扰。例如，可以把考核的时间选在工作比较闲的时候。此外，在选择考核时间的时候，还有一点应当注意。大家可能都有过这样的感受：当心情比较愉快的时候，看任何事情都是那么顺眼；而如果遇上倒霉的事情，心情比较烦躁，再来看这些东西，感受就不一样了。

在考核过程中也是如此，考核者的心情、精神状态以及体能状况，都可能影响到考核的结果。当心情烦躁、比较疲倦、缺乏耐心时，人们往往会对被考核者做出比实际情况差的评价结果；相反，当心情愉快、精神饱满的时候，考核的结果往往会好于实际情况。

所以，在选择考核时间的时候，还要保证考核者在这段时间内情绪比较稳定，不会大起大落，这样才能作出真实的评价，既不会偏袒这个人，又不会苛求那个人。

找到绩效下降的真正原因

北京一家著名的高科技企业，经过十余年的努力奋斗，发展成为一家雇员600多人、年销售额数亿元的知名企业。但随着公司的快速发展和组织扩张，许多隐藏的问题凸显出来：组织结构松散，难以约束扩大的员工队伍；工作职责不明确、任务分配欠合理，造成忙闲不均，内部协调工作增加；缺乏客观有效的监督考核标准和公平的薪酬回报，员工工作热情减退，绩效下降；企业目标不能有效传达，员工对企业和个人未来发展信心不足。

出现这些问题的原因是什么呢？

针对员工绩效水平下降的局面，公司曾进行了大规模的员工培训并大幅度提高了薪酬水平，但事实显示，上述举措并没有带来员工绩效的提高，反而大幅度增加了公司的成本。后来经过分析发现，员工绩效下降的真正原因并不在于知识和技能不足，也不是因为感到薪酬太低，相反，公司90%以上的员工具有本科以上学历，公司的薪酬水平也处于市场中等水平以上。

公司总经理经过深入细致的分析，认为主要原因在于强调技术创新和市场开拓的同时忽视了企业文化、组织结构和人力资源体系的建设，这也是处于快速发展阶段企业的常见病，当公司发展到较大规模时，作为支撑的人力资源管理体系的脆弱性就凸显出来。公司曾尝试对人力资源管理体系的某个方面如薪酬结构、培训体系进行改革，但都是"头痛医头，脚痛医脚"的局部调整。这种局部调整忽视了人力资源管理体系各个方面之间的关联性，因而收效甚微。

针对存在的问题，公司总经理决定从人力资源管理体系的重构入手，利用岗位分析的方法，把公司转变为专业化管理、规范化运作的现代企业，以此支撑公司的长远发展。

独特的岗位分析法

人力资源管理系统包括人力资源规划、岗位分析与岗位设计、人员招募与甄选、培训与开发、绩效考核、薪酬管理、劳动关系等多个方面，无疑每个方面都十分重要，但是在设计具体的人力资源管理体系时，侧重于某几个方面则可以收到更好的效果。同时，人力资源管理的各个子系统之间又是互动的，某个方面的缺陷可能影响到其他方面甚至整个系统的效果；反之各个子系统间的良性互动会使之成为企业发展的有力支撑。

岗位分析为绩效评估提供了考核内容和方法，同时界定了不同职位间的薪酬差别；绩效评估的结果决定了员工的绩效工资，同时对员工绩效的考核结果成为岗位分析、工作设计以及岗位变动的重要参考；而薪酬作为一种重要的反馈机制能够支持绩效的持久、高效，不同岗位薪酬高低及公平性又影响到员工岗位变动的意愿。

对每一个岗位的工作都可以从稳定性、程序性和独立性三个方面的特征来考察。稳定性是指工作内容和工作环境的稳定程度；程序性是指工作遵循某些规程的程度；独立性是指允许个人在工作完成方面进行自我决策的程度。各种不同性质和不同等级的岗位都应该对应不同的考核办法。岗位分析的结果决

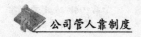

定绩效考核的内容和方法，岗位不同，考核的内容和方法相应有所不同。

对流水生产线装配工作等程序性、稳定性高而独立性低的岗位的考核，应包含较多可量化的指标，如上下班时间、操作的熟练程度、次品率等；高级经理岗位具有较低的程序性、很高的独立性和非稳定性，其考核内容应侧重于经理人员的能力和素质、股东的满意度以及公司在股票市场上的表现等方面；市场营销工作具有一定的程序性、较高的独立性，因此除考核销售额外，还应考核签订的合同数目、客户档案管理、项目进度管理、用户满意度等指标。

对一些特定岗位，员工技能、工作经验和个人素质等特征的要求不同，程序性、稳定性高而独立性低的生产线员工只需要按照特定的规程进行特定的工作，因此只需具备较低的和特别专门化的知识和技能；而高层经理岗位则需要有丰富的知识和经验、创新精神和应变能力以应对变幻莫测的市场竞争和错综复杂的内部管理活动。

实践证明，作为人力资源管理的一种重要手段，岗位分析管理法有其独到之处，经理人掌握这一方法，对全面提高公司经营绩效具有极其重要的作用。

把责任落实到人头

相信许多人都看过这样的报道：

在现场有很多旁观者的情况下，落水小孩死亡。社会舆论纷纷谴责这种道德沦丧、世态炎凉的社会现象。

为什么会出现这种情况呢？社会学家和心理学家都发现了这种现象：如果当时只有一个人在场，那么小孩落水死亡的情况可能就不会发生，因为不可推卸的责任使旁观者会毫不犹豫地去救人。

但在人多的情况下，人都会有推卸责任的心理。他会想，有这么多人，肯定会有人去救那个小孩。当看到小孩因没人去救而下沉的时候，他又会想，如果小孩死了，反正有这么多人在看，又不是我一个人的责任，大家都有份，没什么大不了的。当所有的人都是一样的想法时，小孩就死了。

这种现象在企业管理中也时有发生。

为什么公共办公区有些垃圾放了很多天，就是没有人去清理。没人看见吗？我们可以做个实验。当一群人经过时，通常只有一个人会最先看到这些垃圾，而且绝大多数情况下那个人是老板。

为什么？

是责任感，不可推卸的责任感！

如何才能使员工有责任感？

我们再做个实验。

如果公司规定，办公区发现垃圾，将罚行政主管一个月奖金。

这次谁会最先发现这些垃圾？

答案是肯定的：行政主管。

因此，要让员工有责任心，使公司不致出现"落水效应"，做到"事事有人管，人人都管事"，办法只有一个：完善岗位说明书，进行绩效考核。

岗位说明书能让每一位员工都清楚自己应该做什么，怎么做，把每个人的责任都说清楚。责任分配明确，就不会出现相互推卸责任、相互扯皮的情况。因为他们知道，如果出现问题，最终的责任肯定会由自己来负。所以当救小孩成为自己的分内事时，就算自己救不了，也会想方设法找人来救，这就是责任明确的好处。

仅仅做到责任明确还不够。假如救小孩是有奖金的，那么就算救小孩是某人的责任，也会有很多人去救小孩。起码救小孩应该有精神奖励吧。但当这种精神奖励不能大于救小孩的机会成本（如自己也会有生命危险）时，这种激励作用就会失效。

期望通过企业文化解决员工责任心的问题，其效果一般都不明显。

人毕竟是先物质而后精神的！

所以要进行绩效考核，让优秀的员工得到奖励，让不合格的员工得到处罚，表扬先进，批评落后。

所以，绩效考核可对员工进行正确的评价，正负激励的措施会使员工们更加主动。

保证考核的严肃性

中国RK公司是一家专门生产日式Y型劳动保护鞋的企业，由日本和中国

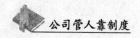

国际信托投资公司投资合营。投产后，当年就营利16万美元，次年营利则达到78.6万美元，其中主要的一招就是对员工进行了严格的考核。

RK公司员工平均年龄仅为19.7岁，90%以上的员工是刚走出校门的学生，刚进厂时，他们思想单纯幼稚，组织纪律性差，工作作风自由散漫。

为此，公司动用经济手段，根据"奖优罚劣、奖勤罚懒"的原则，对各级管理人员和工人进行了严格的管理，收到了良好的效果。

公司对管理人员规定了6个不准：即上班不看报，不闲聊，不办私事和不打私人电话，不会客，不串岗，不开会学习。对工人则规定了4个不准：即上班不串岗，不打瞌睡，不看书报，不穿奇装异服。无论是谁，一律不准迟到早退，凡违反厂规厂纪者均按情节轻重，予以相应的处罚。例如：女工不戴作业头巾者罚款1元；把饭菜端进工作场所者罚款5~10元；随地吐痰者罚款4~7元；凡旷工者一律解雇等。所有的各种不同处分（包括解雇、停发奖金、延长学徒期限、大会检讨和罚款等）的决定，均由班组公布，以示警诚。对严重违反公司规章制度和破坏劳动纪律的员工，在征得工会的同意后，即可解雇或辞退。

据事务部经理介绍，有一年，该公司一共辞退了12名合同工。严格的厂规厂纪和各级管理人员身先士卒的表率作用，使公司内形成了人人勤奋工作、个个力求上进的良好风气。

在严格劳动纪律的同时，该公司也采取相应的奖励手段，促进工人努力生产，关心公司的经济效益。

RK公司的工资结构是"基本工资"＋"附加工资"＋"浮动工资"（凡完成平均先进定额的，按基本工资增加50%）＋"奖金"。奖金发放的原则只有一条——工作的完成情况，"多超多奖，少超少奖，上不封顶，下不保底"。

而奖金的发放权，则完全交给了一线的生产班长，由班长对自己班内每个工人完成当月工作任务的实绩和遵章守纪的情况，每个月进行一次考核并打分。具体做法是，以100分为标准，工作完成出色的加分，完不成或完成不好的减分，然后按月底所得的总分来发放奖金。

从RK公司的身上，我们可以看出：对工人进行严格的考核，并依考核的结果来进行赏罚是非常重要的。只有这样，才能充分调动广大员工的积极性，使公司取得良好的效益。

将工作态度纳入考核之中

一般而言，员工的能力越强，他的工作业绩就越好。但是，有一种现象却使我们无法把两者等同起来，这就是在公司中经常可以看到的现象：虽然某位员工的能力很强，但是在工作中出工不出力；而另外一位员工，能力虽然不及前一个人，却兢兢业业、勤勤恳恳，工作业绩相当不错。两种不同的工作态度，产生了截然不同的工作效果，这似乎与能力无关，却与工作态度有着密切的关系。

所以，在考核的内容中还应当包括工作态度。企业也好、公司也罢，是不能容忍缺乏干劲、缺乏热情的员工甚至是懒汉存在的。对于工作态度这一点，日本土光敏夫有着独到的见解。他从自己长年从事的经营管理工作中深刻地体会到："人们能力的高低之差固然是不能否定的，但这绝不是人们工作好坏的关键，工作好坏的关键在于他有没有干好工作的强烈欲望。"他总结道："人们具有干好工作的强烈欲望，并能使这种欲望长久地存在下去，这才是最重要的。只有具有这种强烈欲望的人，才可以说是拥有成功法宝的人。"同时，他还认为："尽管有的人很有才能，但由于缺乏对工作的热情，或者干好工作的欲望不同，一段时间以后，也会产生很大的差异。"土光敏夫个人成功的历史，就是强烈的工作热情充分表现的历史。土光敏夫年轻时，在石川岛造船所和石川岛芝浦透平会社工作过，就是凭着一股子热情和强烈的欲望，才使他获得了成功。直到老年，他还是每天早晨4点起床，上午7点就到达东芝总社上班，晚上11点才睡觉。他这种工作习惯已经有60多年了。当时在石川岛的人员中，充满了一种"为了事业的人请来，为了工资的人请走"的工作氛围，因此吸引了大批技术高超、事业心强的人来这里工作。此时的土光敏夫只是一名技术员，为了不使自己落后，他一方面努力提高技术，另一方面攻读德语。由于自己的热情和工作欲望，在石川岛期间，他成功研制了日产发动机，并使大量使用进口产品的厂家开始使用本国产品。

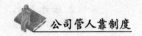

以"工作实绩表"鼓舞干劲

根据心理学的实验证明，一个人如果处于不了解自己工作成绩的情况下，很容易就丧失工作干劲，失去工作热忱。反之，如果能很清楚地知道工作进度与成就，往往能提高工作效率。这个道理，在提高工作效率上绝对是不二法则。

但话说回来，要把工作的成绩化为可以客观确认的数字，有时候的确有其困难。学习游泳的成绩，可以借着昨天游50米，今天游80米的客观数据，很简单地得知成果；但除了一些单调、机械式的工作外，通常很难以客观的数据来显示工作成果。尤其是层次愈高的工作，就愈难以数字表示。

举例来说，一个必须花上十几年工夫才能完成的研究工作，它的成绩是一点一滴慢慢地累积成的，换句话说，很难在短时间内获得研究工作成果，而它的工作成果更难以具体的数字来表示。

管理工作者在计算工作的成果时，确实很难把"质"的问题也列入考虑。所以，有时候在不得已的情况下只好割舍掉这一层考虑，单以具体的工作量来衡量了。

一位管理者在当年准备会计师考试的时候，曾以鲜红的进度表来鼓励自己。所谓"鲜红的进度表"指的是一张以B4大小纸张做成的填充式表格。他把纸张划分八大段，每一段的最左边分别填上7个考试的科目，最下面一栏是"总计"。每一科目的横栏又分别一格一格地细分成若干应试项目。当进度达成时就把该项目的细格以红签字笔涂满，就像堆积木一样，一块块地往前进。

由于能够一目了然地看出"我进行到这里啦！"所以能激发出更多的干劲，提高效率。

据既往的管理经验，这种进度表要属红色最能达到效果了。红色不仅易于识别，而且代表了冲劲十足。如果是黑色的话，不仅暮气沉沉，而且好像逐步接近死亡一样，效果并不理想。

而且，在填这种进度图表时还有另一项乐趣，那就是当你涂满鲜红的一格时，可以尝到胜利的快感，其滋味绝妙无比。

第20章

业绩考评：让压力成为动力

在许多企业中，评价标准过低，几乎每个人都获得过不同程度的表扬，而优秀的员工却不能脱颖而出，被埋没在普通人中。"优秀"的评价也失去了原有的含义。而且，被评为优秀的人如果没有获得一定的实际利益，如提升，调动到其他更喜欢的岗位上，这种评价也同样毫无意义，员工的工作热情会消退。

上司必须区别每位员工工作的好坏，给不同的人以不同的评价和物质待遇。管理者可以要求下属们互相注意各自的表现，判断各自获得的评价是否公正。不公正的评价，不论是过高还是过低，都会打击下属的士气，降低上司的信誉。作为上司，则必须保持自己的信誉。否则你的各种评价就会为下属们所不屑，你也就失去了影响他们的力量。

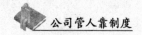

考评不能跟着感觉走

考评是领导对员工工作表现好坏、工作绩效大小而作出的评价，告诉他们做得如何，优点何在，有什么需要改进的地方等。这应该成为一项对个体经常性的工作，最少一年考评一次。目前公司的考评对组织、部门的考评多，即我们经常见到的单位工作经验、总结之类的东西，对个体的（员工个人）考评较少，对领导（尤其是主管）的考评较多，对普通员工考评少。公司普遍不太重视这项工作，一些主管不愿搞考评。不少领导认为这是一块烫手的山芋，费时伤神却可能得不偿失。

从正面讲，考评可以起到激励、沟通、提高员工素质的作用，对领导、员工都有很多好处。

考评是对员工积极工作的肯定和响应，人都有受到尊重的需要，肯定了他的劳动价值，肯定了他对公司的成就与贡献，强调了他对公司的重要性，认可了他的工作表现，肯定会产生强烈的激励作用。因为他明白，他所做的一切，公司都明察秋毫，他不会被埋没。

员工做事往往"跟着感觉走"，并不清楚自己做得对不对，或许他认为这是天经地义的、微不足道的事，实际上是一件错事。通过考评，主管当面向员工指出，员工就会有醍醐灌顶之感，以后注意改正。

成功的领导依赖于良好的人际关系、团队精神，而良好的人际关系、团队精神是建立在沟通之上的。考评中员工被告之他在主管、公司眼中的表现如何，有哪些需要改进的地方。同时考评也为员工提供了倾诉的机会，他如果对考评有不同看法，就会讲出来。即使不能消除双方的分歧、误解，起码彼此了解了对方的观点，达到了沟通的目的。

制定切实可行的标准

制定绩效评价标准至少应该满足这样一条原则：绩效标准应使员工有很多机会得以超过标准并得到上司的赏识，同时也意味着未达到此标准的绩效是无法让人满意的。一个好的绩效标准的出台应满足以下特征：

(1) 绩效标准是基于工作制定,而非根据工作者的状况订立,这一点是订立任何标准的指导性原则。一件工作是单一的,是固定的,而工作者是千差万别的,他们处理问题采用的方式方法也不尽相同,但完成工作的好与坏却是可以根据工作所达到的若干指标来衡量的,因此标准只有一个,且是对工作程度与成效的客观要求。

(2) 绩效标准是可达到的,标准与美好愿望是两码事。绩效标准并不是高不可攀的完美境界,它应该为所有员工提供通过个人辛勤努力从而获得标准所承认的业绩(甚至超过标准)。当然,绩效标准太容易达到也会对组织产生非常消极的影响,它会给那些碌碌无为者提供生养的温床,使他们得以找到为自己开脱辩解的借口。

(3) 具体可衡量。俗话说,无法衡量就无法控制。这一点是绩效标准可行的前提。标准的制定为员工提供了努力的方向,它绝不是见林不见木的泼墨山水,更不是沙漠中的海市蜃楼。管理者制定的标准必须让员工一目了然,知道通过什么途径就能达到要求,而且自己也可以进行预先的试评估。

(4) 与员工达成共识。绩效标准的制定应是管理者与员工两者共同确认的准则。当然标准的含义就是规范、管理与要求,是员工必须接受的客观的工作鉴定,但这绝不意味着这是管理者们单方面就可以加以确定的事。与你的员工取得共识,是标准可以贯彻、实施,赢得一致拥护的前提。

(5) 标准有时间限制,且可更改。任何一个绩效评价标准都不可能是一成不变的,它需要时间的检验。标准制定的当初,与实际施行之间会存在着或多或少的差距,这就需要管理者及时地收集反馈信息,使绩效评价标准切实发挥评价依据的功能,而非部门里的一个硬件设备,束之高阁。

以上这五点,也是对绩效标准所应达到的要求提供的标准。有了一个切实可行的绩效评价标准,管理者就可以对员工的工作业绩给予准确的评估,找到他们的差距与缺点,从而指导他们提高绩效。

掌握考评的几点技巧

考评前,领导要提供考评的客观标准,让员工和主管都能熟悉、认同这些标准。如根据岗位目标责任制逐条考评，或根据量化管理指标核定工作量，这些标准必须客观公正，对所有员工一视同仁，不受主管个人好恶影响。一般地讲，工作表现、工作绩效若单纯以数量考评，双方多半不会有异议；若以质量考评，双方极易发生分歧，这就要求主管尽量做到客观公正。确立了标准，就有了考评的基础。

考评前准备好所有的原始管理记录。如全年的考勤登记簿、工作进度报表、奖金分配登记簿、违章违纪簿等各种完整的记录。因为考评报告是所有工作的总结，有了这些记录，就为考评提供了丰富的感性的参照物，考评就有了科学性，同时也能使员工对考评结果心服口服。有些公司管理不规范，缺少原始记录，考评时只凭感觉，往往公说公有理，婆说婆有理。要避免这种情况，只有健全管理制度。

考评前还要留出充分的时间反复思考，将员工一年的工作在脑子里过过"电影"，不要匆匆忙忙的，然后就可以写书面考评报告了。报告主要讲优点、成就，讲深讲透，不要遗漏丝毫，使员工知道你在注意观察他。写缺点、不足则是三明治式的——两边是表扬，中间是批评，要在充分表扬的基础上批评。一般地讲，员工只能听进一两个方面的批评，多了他会完全拒绝的。所以，批评的问题应是最主要的、他能改正的，鸡毛蒜皮的、说了他也改不了的问题干脆不说。不论是表扬，还是批评，都要在记录中找出合适的例子来说明，支持你的论点。

有些领导认为，考评报告最好不向员工公布，只作为一份整理好的文件存档，怕考评内容引起员工反感。如果不向员工公布，就起不到激励、沟通的作用，所以还是开诚布公的好。当然，考评内容应予保密，防止别人知道。

接下来就是选择一个双方都心情愉快的时候，向员工宣布考评报告。主管要采取一种完全平等的态度，和员工一起研究讨论考评内容，一起制订改进的目标、计划，耐心倾听员工的说明、解释，并就如何协助员工改进工作作出具体的承诺。谈话后，至少要给员工一天的时间阅读、思考考评报告，然后听取他的意见，如果报告确有不妥之处，立即予以改正。改正后就可以将报告存档，作为以后晋升的资料、依据。

考评后可以通过三个方面检验考评的效果如何：考评是否提高了员工的士气？员工是否清楚地了解了自己的优点、不足？员工对未来是否有明确的目标？如果回答是肯定的，这次考评就是成功的。

兼备回顾性与展望性

作为企业人力资源管理的一项重要常规工作，各类企业的年终绩效考核一般都在每年1月份进行。

据了解，目前许多外资企业和内资企业，在考评方面存在的主要缺陷有：理念狭窄，操作不规范，方法陈旧、失当。

那么，如何提升绩效考核的品质？

从理念上看，传统的人事考核大都是"回顾性"的，即过去一年员工工作得如何。

考核的目的并不只是为了调薪、发奖金、升迁。现代人力资源管理理念认为，考评是一种开发、发展的方式，不仅仅是有"回顾性"，关键在于"展望性"，即要对员工将来在公司的发展，以及如何使他实现这种发展等作出决策。

另外，考评不仅仅是对个人的考核，还应将团队整体表现是否进步，个人在部门整体中是否有进步、个人的绩效在过去一年中是否有长足的改进等考虑进去，才会形成现代人力资源管理意义上的绩效考核。

操作不规范是不少企业的通病，表现为领导不重视，操作随意，流于形式，企业各部门配合差等。

在现代人力资源管理中，考评包括薪资、任用、升迁、奖惩、激励、工作改进、教训训练、在职辅导、管理提升、个人发展等内容。

在考评方法上，值得注意的有两种情况，一种是外资企业搬用母公司的方法，另一种是内资企业沿用国有企业的老方法。

在现代人力资源管理中，考评已形成了一整套标准化的方法，这些方法对各类企业都是适用的。但是，这些考评方法也必须根据公司的规模、行

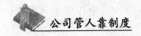

业、发展战略、类型、员工层次、文化价值等作出具体选择，盲目照搬国外的或沿用国有企业的，都可能影响考评的客观性、针对性。

关注人的实际贡献

在拟定绩效考核方法之前应该先了解绩效考核的目的。

（1）设计一种公平合理的方式，在一段时间内，尽量客观地考核出个别的组织成员对组织的实质贡献（或者可以说存在价值）。

（3）确实让被考核的人能够了解考核的结果，以便使其依据此结果来修正自己的行为，提高对组织的实质贡献。

考核实质贡献时应注意两个重要的尺度：一个是实际完成工作的质与量；另一个是对组织的无形贡献，包括对企业的认同态度、责任感、与其他人员的配合度和相处情况，等等。

这两个尺度是不可偏废的。就考核的方法而言，实际完成工作的质与量是比较容易精确计算的。至于无形贡献的考核，以利用不记名问卷的方法比较可行。但是在设计问卷时应以简单、明了及有效为准。

不同阶层和不同职能的人员，考核的内容也应该有所区别。例如：执行层次的人员和规划层次的人员就应该有不同的考核内容，而且考核期间长短应该适当，太长或太短都无法发挥考核的功能。

最后，企业领导应该了解，无论多么精密的考核方法，均很难绝对公平合理并且精确地考核出每一位组织成员的实质贡献度。

因此，应该让每一位被考核者，除了了解考核结果外，并且有机会对考核结果说出自己的看法而且得到适当的回应。

如此才能算是一套完整的考核方法，因为唯有能改变被考核者行为的方法才能算是最好的绩效考核方法。

给员工评价要客观公正

对员工进行评价时一定要注意以下两点。

第一，不要因为员工最近犯了一次错误而抹杀他这几个月来的工作成绩。

第二，不要图省事随便给员工过高的评价。

调查发现，员工倾向于过高评价自己的表现。如果领导的评价低于他们的估计，他们就会感到失望、不满。员工无视领导的信息反馈，坚持高估自己的原因有二：一是反馈信息不够详细具体，二是不愿接受消极的反馈信息。因此，当领导的评价不高时，要及时解释清楚，缓和会谈气氛。员工习惯于把表现不好归咎于客观原因，如工作条件、工具、各种不合理的限制，等等；领导们则习惯归咎于主观原因，如不负责任、不够努力，等等。如果双方不能就原因达成一致意见，员工就会拒不接受领导的评价。

研究表明，员工对评价的反应是和他们总的工作经历相适应的。领导应当借鉴其全年的工作表现。或者可以把这段时间再放长，不要仅仅局限于上次会谈以来的这一段时间。

领导可能碰到过这样一种情况，员工总以为这次评价和提升、加薪有关系，因而比较拘谨、保守。领导应当非常明确地申明，这次评价和加薪、晋升没有关系，以便顺利开展会谈。

另外，文化差异也会影响到会谈的开放性、坦率性。俗话说：见人且说三分话，未可全抛一片心。可见，交谈的坦率与开诚布公，需要克服文化上的差异。

平等不等于均等

平等不等于均等，采取均等的评分的方法，多是由于领导本身缺乏判断力的缘故。表面看起来，好像做到了平等对待，而事实上，再也没有比这更不平等的了。

要真正做到平等，就必须对每一位员工的个性、能力、特点进行区别对待，定出一个基准，在平等的基准上，找出个别差异，这才叫做平等。

就男女平等的观点来说，也是一样的。女性有她们特有的能力与适应性，若忽视了这些，分派其与男性同样的工作，则非但不能使其能力适当地发挥，还会造成她们力不从心。看似待遇平等，而事实却造成未能发挥女性特有能力的状况。

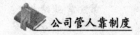

有些领导，考虑到个人的贡献不同，于是将奖金按年龄、资历、经验、待遇高低等来分配。这样一来，年长的人占了便宜，年轻人即使尽了力，也无法获得应得的报偿，难免会抱怨不公平。

总而言之，要做到公平是很难的，愈是担心不公平，就愈会有不满的呼声。作为一个优秀的领导，在平常的行事中，就应该确立平等的标准和态度，一脱离标准，就要马上反省，如此才能获得员工的信赖。

祛除偏见去看人

无论领导在评价员工时多么谨慎，结论中还是经常会反映出领导的偏见。当领导对员工某一性格特征的评定影响其到对该员工的其他性格特征的评定时，就会出现晕圈效果。比如，领导可能认为员工的工作技能处于一般水平，因而他对该员工的其他方面也倾向于给予一般的评价。

还有，要当心过于宽松或过于严格的倾向。有些领导是宽容的评价者，有些人则很苛刻。如果让评价过宽和过严的不同领导分别评价两位员工，就很难断定提拔哪位员工。

有些领导因为不十分了解其员工，所以不想因把某人评为优秀或一般而招惹麻烦。因此，他们把每个人都评价为一般。这样做的领导可能分辩说，他们没有伤害任何人，但他们也没有鼓励那些值得奖赏的人。

评定的最终目的在实质上影响着领导对每个员工的评定结果。如果领导者知道评定是用来提升工资的，那么评价可能有高于正常情况的倾向，这样可使员工工资上涨；如果是用于决定员工是否需要接受某方面培训的，评价就会出现明显低于常情的倾向。

在对某些事情或个人进行评估之前，部门主管必须具备翔实可靠的资料，全面回顾过去一段时间的工作情况，并且明确自己的态度，保持警惕，不让个人感情影响评估的公正性。

掌握正确的评价方法

为员工的绩效作出正确合理的评估，这对许多管理者来说的确是一件很困难、很棘手的差事。如何把这一苦差事做好，这里有一个方法问题。要明确评价的目的：一是激励良性行为，批评和修正不符合规范的行为；二是满足员工获悉别人如何看待自己工作成果的好奇心；三是为以后评判员工的职业情况提供坚实的基础。

在大部分基层管理者看来，员工们可能不喜欢被评价。实际上这种担心是不必要的。只要评价是基于事实而不是个人主观的意见，并且一旦发现评价中有偏差时，就能及时改正，员工们是很愿意接受的，因为他们也希望了解自己所处的位置。但不要认为评价不会有压力，或认为员工会让你轻轻松松过关，事实上并非如此。

另外，不要把对员工的评价会谈搞得像学校教师期末给学生做鉴定那样，成年人对这种形式是非常反感的。这样做员工们会觉得，这是公司或上司强加给他们的又一条控制途径。为此，在对员工进行评价之前，管理者应先把自己放在员工的位置上，去亲自体验一下，只有这样，才能明白别人对你的评价方法感觉如何。

使管理者感到评估困难，并且不易做好的原因是：

(1) 不喜欢评价他人。拒绝评价他人，这是可以理解的，因为我们大多都有不为人知的缺点怕被人知道。我们不希望被人评价，也不喜欢评价他人。然而，帮助员工改进工作是管理者工作的一部分，没有工作评价就不可能帮下属更好地完成工作。改进只能以评价中得出的材料为基础。如果管理者能和下属平静地坐在一起，用各种方式交谈一次，以达成共识，几次之后，员工们可能会喜欢上这种交谈方式。那么，行为评价将不再是顾虑很多、困难重重的事情，而是相互增进理解，共同参与企业规划，形成互相促进、共同进步的一种沟通方法。

(2) 批评员工，担心不受欢迎。这来自于这样一个事实：带来坏消息的人总是不受欢迎的。而基层管理者正是负责将"评估不佳，老板不满"的坏消息告诉下属的人。坏消息还可能包括给予试用期、警告、降职甚至解雇。在给别人带来痛苦时，还让别人感到快乐是不可能的。如果管理者能先想想下属的感情，就会拿感情作为坏消息的开场白："你听到这个消息会影响情绪，你会难过，甚至受到伤害。但这不是我的目的，我的目的是帮助你改进工作。"这样，你至少在说知道这一过程是不愉快，甚至是痛苦的。成功的批评和失败的批评的区别在于它的具体性。如果对一个下属说他态度不好，他只能感到受了伤害或表示愤怒。但如果你说："你早上来上班时，猛地关上门，对人大喊大叫，到处乱扔东西，这很让我难受。"那么你就会发现一种截然不同的现象：下属就会迅速地、有目的地改正。并且在你说出自己的感受后，对方也就无法反驳了。

毫无疑问，当你批评下属时，你会不受欢迎。大多数领导都喜欢受到下层的尊重和欢迎，但鱼与熊掌并非总能兼得。如果你品行正直、工作出色，你就会受尊敬。

及时发现员工认为不公平的地方

作为领导，我们会设计出种种考核手段，来确保客观地反映员工的表现，评定一个人所作的贡献有多大，并且将这种结果同工资报酬之类的东西密切联系起来。所有的迹象表明，这种客观的设计是不可能保证绝对公平的。当评定一个人时，尽管你做到客观地看待问题，但又往往被认为是不公平的。比如，你想通过"出勤率"指标反映出一个人的工作态度，可有时出勤率高的人未必比出勤率低的人贡献大、效率高。这是因为指标体系设计的本身存在固有的限制，而这种限制又可能会导致你不能公平地评价你的员工。

完美的评价方法应是客观与主观相结合。即领导以客观的评价指标为基础，结合自我的主观评价来公正地看待每位员工的表现。

平等待人对公司的重要性不言而喻。不公平便会导致员工内部分裂、消极怠工以及达不到员工们希望完成的工作目标。对领导而言，则会损伤其在员工中的权威形象，从而削弱领导的灵魂地位。

事实上，当我们与员工谈心时，你便会发现困扰员工的最大问题便是不公平。

员工认为不公平的地方：

(1)没有机会提升。

(2)所涨薪水并非如想象的好。

(3)个别员工与领导打成一片，而其他员工被冷落。

(4)未被允许参加某项工作，而有人从中受益。

(5)个人认为自我工作出色，但领导评价却不高。

(6)领导太忙而很少见员工。

(7)领导只会不断挑错，而不会鼓励与表扬。

(8)领导未对自己努力工作行为作出反应，但对其他人的小小进步却大加褒扬。

(9)不合理的福利分配制度。

平等待人是对每位领导的重要考验。员工则本能地很想了解什么时候很公平地对待每个人，每个人都得到公平对待，每个人均有同等机会发表见解，每个人均处于同一起跑线上竞争，对每个人的规定与要求都是相同的，每个人都很清楚公司将要发生的事情。领导只有处理好公平问题，才能真正调动起每个员工的工作热情。

充分肯定优秀的工作

《福布斯》是美国第一大财经类杂志，它的总裁马孔·福布斯非常善于评价员工的工作。有一次，《IAI周报》的承包印刷商送给马孔·福布斯一瓶香槟，祝贺这份刊物的订户超过2.5万大关。马孔·福布斯当即派人把那瓶香槟送给雷·耶夫纳，还在上面附了一张纸条说："这是你的功劳。"当时，《IAI周报》就是在雷·耶夫纳的调整下重振雄风。收到这份意外的礼物，雷·耶夫纳自然会加倍努力了。

通过制订目标，让员工知道了上司对他们的期望是什么，他们怎样做才能获得奖赏，从而促进了员工的工作愿望，激发了他们的工作热情。由于工作出色受到奖励，员工们还能认识到整个组织的行为方针，认识到上司注意着他们的任何工作成就，心里会有被承认的满足和被重视的激励感，并进而保持高昂的工作热情和责任心。这种奖励体系对于维持整个组织系统的高水

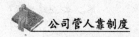

平运作是非常重要的。

如果工资只和工作时间及生活费用的增长有关，和个人行为表现关系甚小，员工的经济动力就会减小，不求有功，但求无过。许多奖励，如：额外休假、发奖金、加薪、提升，等等，都会增加公司的开支负担。经费紧张的时候，可以采取另外一些奖励方法，如表扬、加重其责任、当着别人的面给予肯定、增进私人关系，等等，这些也是很有效的刺激。运用这些方法能使员工期待上司的表扬或肯定，因而更加自觉努力地工作。至于加重其责任，不仅仅意味着给他更多的工作，还要给他更多的自决权，对后果负更多的责任。减少监督以示信任，这也是一种奖励，它给予员工以发展的机会和个人价值被人承认的满足。员工越值得信任，你的监督就越少。

好评价不可过多过滥

在许多企业中，评价标准过低，几乎每个人都获得过不同程度的表扬，而优秀的员工却不能脱颖而出，被埋没在普通人中。"优秀"的评价也失去了原有的含义。而且，被评为优秀的人如果没有获得一定的实际利益，如提升、调动到其他更喜欢的岗位上，这种评价也同样毫无意义，员工的工作热情就会消退。

上司必须区别每个员工工作的好坏，给不同的人以不同的评价和物质待遇。管理者可以要求下属们互相注意各自的表现，判断各自获得的评价是否公正。不公正的评价，不论是过高还是过低，都会打击下属的士气，降低上司的信誉。作为上司，则必须保持自己的信誉。否则你的各种评价就会为下属们所不屑，你也就会失去了影响他们的力量。

如果你确实很想给某个人的出色工作以一定的回报，你可以给上司写一封信专门介绍这个人，同时将副本给该人。这封信将成为这个下属的家庭快乐。如果你给所有的下属以很高的评价，那么你自己的行为评估将受到影响。当然，给出好的评价是很容易的，特别是新上任的领导很难写下不好的评语。但是一定不要使好评语泛滥，要敢于实事求是，褒奖得当。如果你做好了随时记录的话，这其实不成问题。

第21章

跨越误区:别让考核走过场

　　各公司的人事考核表上，都印有很多有关处理事务的正确性、速度等评估项目，能够取得满分者才称得上是一位优秀的管理人员。于是，不少领导就死守着这些评估项目，作为人事考核的依据。世上真有万能的管理者吗？其实所谓一切满分者，不过是上司高估了他，给予他过高的评价。

　　在人事考核表上观察一个人的工作情形，合计各项评估的分数，这是没有多大意义的。领导应该实际观察，给予下属适当的工作，再从他的工作过程中观察他的处世态度、速度、准确性、成果，如此才可以真正测出下属的潜能。也惟其如此，领导者才能灵活、成功地运用他的下属，促使业务蒸蒸日上。

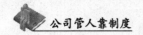

考核不要墨守成规

南宋大将岳飞，率岳家军抵抗金国入侵。他军纪严明，"饿死不抢掳，冻死不拆屋"。连他的对手金兀术也感叹说："撼山易，撼岳家军难。"当然，岳家军的军纪当中也有不合情理的地方。据说，一次金兵围攻一座城池，岳飞派牛皋前去营救。牛皋奋勇杀敌，大败金兵。守将金节想把自己的妻妹嫁给牛皋，于是私自设下喜堂，骗牛皋前来成亲。牛皋刚到，岳飞也率军到了，由于军令中有一条：临阵招妻者斩。牛皋大惊，可岳飞却笑着说："人生娶妻，这是乐事，不应受罚。"于是当着众军的面废除了这条军令。并给牛皋记功，大家都心悦诚服。

规则是人制定的，但往往规则一定下来，却回过头把人套住。也就是说，当初制定时，是人绞尽脑汁所想出来的，但经过一段时间后，就与实际情况脱节，产生种种缺陷。若要加以修正，则须花费相当的时间和精力，因此，人们只有继续墨守成规，成为规则下的牺牲品。作为领导者，要明白这样一件事，考核要求公平合理，不能让死规矩限制住，否则轻则会让公司上下不思进取，按部就班；重则会让员工死气沉沉，杰出人才得不到合理的提拔，庸才在这种考核制度之下也能保住自己的位置。这是千万要不得的。小到公司的规则变动，大到国家的政策法令，只要不符合实际，就要有变动的勇气。公司要想得到真正的人才，形成良好的公司文化，保证公司的正常运转，作为主管一定要有魄力来改变这一点。

如果墨守成规、不加改善，表面上看起来尽管妥善完备，但实行起来，往往会引起料想不到的纠纷。

总之，领导必须时时注意自己所订的规则是否有不合情理之处或不切实际，一旦发现有这种情况，就应拿出魄力，不畏艰难，确实地加以改革，这一点是千万不可忽略的。

避免业绩考评中的误差

领导者应当意识到即使最好的业绩考评方法也会存在不足。为了避开业绩考评的误区，领导者要从以下几个方面入手。

第一，对考评指标理解误差。由于考评人对考评指标理解的差异而造成的误差。同样是"优、良、合格、不合格"等标准，不同的考评人的理解会有偏差，同样一个员工，对于某项相同的工作，甲考评人可能会选"良"，乙考评人可能会选"合格"。为了避免这种误差，可以通过以下三种措施来评价。

(1)修改考评内容，让考评内容更加明晰，使能够量化的尽可能量化，这样可以让考评人更加准确地进行考评。

(2)尽可能让同一名考评人对相同职务的员工的进行考评，使员工之间的考评结果具有可比性。

(3)避免对不同职务的员工考评结果进行比较，因为不同职务的考评人不同，所以不同职务之间的比较可靠性较差。

第二，光环效应误差。当一个人有一个显著的优点的时候，人们会误以为他在其他方面也有同样的优点。这就是光环效应。在考评中也是如此，比如，被考评人工作非常积极主动，考评人可能会误以为他的工作业绩也非常优秀，从而给被考评人以较高的评价。在进行考评时，考评人应该将所有被考评人的同一项考评内容同时考评，而不要以人为单位进行考评，这样可以有效地防止光环效应。

第三，趋中误差。考评人倾向于将被考评人的考评结果放置在中间的位置，就会产生趋中误差。这主要是由考评人害怕承担责任或对被考评人不熟悉所造成的。在考评前，要对对考评人员进行必要的绩效考评培训，消除考评人的后顾之忧，同时避免让对被考评人不熟悉的考评人进行考评，可以有效防止趋中误差。

第四，近期误差。由于人们对最近发生的事情记忆深刻，而对以前发生的事情印象浅显，所以容易产生近期误差。考评人往往会用被考评人近一个月的表现来评判一个季度的表现，从而产生误差。消除近期误差的最好方法是考评人每月进行一次当月考评记录，在每季度进行正式的考评时，参考月度考评记录来得出正确考评结果。

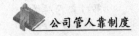

第五，个人偏见误差。考评人喜欢或不喜欢（熟悉或不熟悉）被考评人，都会对被考评人的考评结果产生影响。考评人往往会给自己喜欢（或熟悉）的人以较高的评价，而对自己不喜欢（或不熟悉）的人给予较低的评价，这就是个人偏见误差。采取小组评价或员工互评的方法可以有效地防止个人偏见误差。

第六，压力误差。当考评人了解到本次考评的结果会与被考评人的薪酬或职务变更有直接的关系，或者惧怕在考评沟通时受到被考评人的责难时，考评人可能会做出偏高的考评。解决压力误差，一方面，要注意对考评结果的用途进行保密，一方面，在考评培训时让考评人掌握考评沟通的技巧。如果考评人不适合进行考评沟通，可以让人力资源部门代为进行。

第七，完美主义误差。考评人可能是一位完美主义者，他往往会放大被考评人的缺点，从而对被考评人进行较低的评价，造成完美主义误差。解决该误差，首先要向考评人讲明考评的原则和操作方法，另外可以增加员工自评，与考评人考评进行比较。如果差异过大，应该对该项考评进行认真分析，看是否出现了完美主义误差。

第八，自我比较误差和盲点误差。考评人不自觉地将被考评人与自己进行比较，以自己作为衡量被考评人的标准，这样就会产生自我比较误差。考评人由于自己有某种缺点，而无法看出被考评人也有同样的缺点，这就会造成盲点误差。解决这两种误差的办法是将考评内容和考评标准细化和明确，并要求考评人严格按照考评要求进行考评。

走出业绩管理评估的泥淖

在对企业员工业绩进行管理与评估的过程中，领导需要避开下述6种泥淖：

1.员工和领导不清楚对方对自己的期望

员工和领导都需要一个衡量业绩的尺度，而这个尺度必须提供清晰的前后一贯的标准，以解答"当我看到它时就知道如何"的问题。

2.领导不知道员工怎样支配时间

有些员工效率极高，领导相信他们的工作能力，便不假思索地派给他们额外的任务。你怎么评估你不再操心的工作呢？加之专业人员从事的工作技术含量高，以致一些领导也不懂。你怎么能反馈你不懂的工作呢？遇到这种情况，似乎有条不成文的规律：找点东西来批评，因为这不就是业绩评估的目的吗？于是，领导首肯员工工作的同时不免吹毛求疵，诸如雇员缺少幽默感、工作环境凌乱、午餐时间太长，等等。

3.业绩讨论次数少，以致不能及时协调工作中的变化

一年至少应该有4次工作讨论：一次制订未来12个月的工作目标，讨论过去12个月的工作报酬，3次讨论目标的实施情况并解决工作过程中出现的一些问题。

4.虽然员工很清楚报酬与业绩的联系，但管理制度却模糊了这种关联

很多企业坚持易于操作但压抑动力的官僚主义制度，嘴上说得很好，是"按劳取酬"，但无论业绩水平如何，给所有员工在同一时间涨同样的工资。在制订业绩目标时与员工一起制订一份个人竞赛计划，可以加强报酬与业绩之间的联系，通过这一方法 (因业绩提高，工资按一定的比例增加)，每年肯定有更好的回报。

可以制定新的报酬制度来强化这一概念。有些企业里季度奖 (讨论前一季度业绩后发放) 已经代替了涨薪水，为与市场保持一致，每两年要搞一次薪金调查，把"标准业绩"的报酬总是维持在市场水平之上。

5.掺进许多不相干的顾虑，导致评级不能反映实际情况

一个领导评估所有的员工为"勉强合格"或"不满意"时他就担心："也许我会被认为是不合格的领导，最好给某些人评个高于实际的级别。"或者一个领导实事求是地评价每个员工都优秀时，他会担心那样会没人感到有提高的必要，因此即使每个人实际上都优秀，也会有些人被评为低些的档次。同样地，有时涉及评一个新手为优秀会感觉不妥，便评为满意一档。

6.无论对于给予者还是接受者，批评都是个难题

对许多领导来说，"批评"一词只是指消极的反应，因此，他们避免给一个受重视的员工做业绩评估。而当一个员工的工作平平时，有些领导会想："如果我批评，情况也许会更糟，那样我就更为难了。"于是这个员工

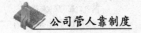

被评为"满意"，并永不会正视其糟糕的业绩。

评估应尽可能公正

绩效评估犹如一把双刃剑，做好了可激活整个企业；做不好，就会产生诸多问题，进而导致许多意想不到的后果。

绩效评估，旨在通过对员工过去一段时间内工作的评价，判断其潜在发展能力，并作为对员工奖惩的依据。但在实践中，评估的正确性往往受人为因素影响而产生偏差。对此，某外资顾问咨询公司人力资源资深顾问以其多年专业经验，介绍了绩效评估中常见的几种人为错误。

绩效评估中常见的人为偏差是以偏赅全，又称月晕偏差，所谓"部分印象影响全体"。具体又可分为两种：其一，评估者对某员工存有先期好感或恶感，即使该员工以后的表现有了变化，也会被评估者忽略。这是评估者以员工某一方面的表现形成整体感觉，并以此扩展到对该员工的整体评估上。其二，评估时仅选择一两个简短时段来测定，忽略评估对象的一贯表现。这种评估者在未彻底了解事实的情况下自以为是地评估员工的方式，常会给员工造成一种错觉：只需做出勤劳状，即使没有成绩也可加薪提职。

避免这种偏差的方式是：针对被评估者的全期表现作全方位评价，日常工作中必须与员工密切接触，勤于观察并做好记录；绩效考核中设定各种不同的着眼点，从不同角度进行分析评定。

宽松、苛刻、折中——部门经理或主管常会犯这三种错误。宽松者虚怀若谷，在评估中所给分数往往高于员工的真实能力水平；苛刻者采用低分主义，造成考绩普遍很差，低于员工真实能力水准；折中者不顾公司利益，不按规则考核，完全以自己好恶决定下属命运。

如实告诫这三种类型的主管，如果还想在管理岗位上待下去，就必须抛弃利己思想，日常工作期间要认真执行对部属的指导、培养工作，密切观察下属工作表现并作记录，对照标准进行客观评估，否则，接下来被淘汰的肯定是你自己。

另外，有些领导往往以自己的能力或好恶作为标准来评价部属。如给与自己唱对台戏的低分，反之，则评为高分；自己某方面是弱项，则在评估员工时故意忽略，反之，则加大评估比重。这种做法的结果，肯定导致对员工表现或潜力的误判。作为管理人员，必须懂得自己与下属有着不同的做事方式，不要过于自信，应积极培养自己有弹性的心态，如此，才能将评估做得尽可能公正。

归根到底在于用人制度

为了有效避免绩效评价中的人为偏差，工作绩效评价应该按照科学的步骤进行。工作绩效评价主要包括三个步骤：界定工作本身的要求，评价实际的工作绩效，提供反馈。首先，界定工作本身的要求意味着，必须确保你和你的下属在他的工作职责和工作标准方面达成共识。其次，评价工作绩效就是将你下属雇员的实际工作绩效与在第一个步骤所确定的工作标准进行比较；在这一步骤中通常要使用某些类型的工作绩效评价等级表。最后，工作绩效评价通常要求有一次或多次的反馈，在此期间管理人员应就下属人员的绩效和进步情况同他们进行讨论。为了促进他们个人的发展，还要共同制订必要的人力开发计划。

在考核工作的前夕，人力资源部要出方案，即在考核指标上突出各个层面不同的关注内容：上级对于中层的评价，重在评价其管理能力、最终的业绩；下级对于中层的评价设计的指标重在培训、授权、沟通；中层互评设计的指标重在协作。通过突出不同侧面的关注重点，更有效地对员工进行一个全面的评价。

其实，一个公司怎么考核员工，怎么任用员工，归根结底就是这个公司提倡怎样的用人制度。用四个字概括：信、勤、新、和，这是最重要的方面。"信"是指诚信、有责任感，诚信为人，用心做事，有责任心才能用之于心；"勤"，指投入、敬业、勤劳、积极向上的人生观；"新"即创新，不断创新，超越同行，超越自我，立于不败之地；"和"是指和谐、团结、协作、有团队精神。

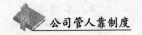

考核要公私分明

《左传》中有句话，叫做"为政者不赏私劳、不罚私怨"。即不奖赏对私人利益有功的人，不惩罚对自己有成见，与自己有隔阂、有矛盾的人。换句话说，就是考核要一视同仁，才能赏罚分明。现实生活中的许多企业领导者，在这个问题上往往处理不好，往往给为自己出过力或整天在其周围服务的司机、秘书等人以种种特权，引起其他部属的反感和不满。

古时候有个叫周宝的人，在任镇海节度使后，招募亲兵千人，号称"后楼兵"，薪饷数倍于镇海军。镇海军士兵看到一样当兵，两种待遇，都愤愤不平。"后楼兵"也觉得高人一等，变得越发骄横，难以控制。而愚蠢的周宝却以为有了这支亲兵护驾便可高枕无忧，整日沉溺于声色，不亲政事。而且，"后楼兵"犯了法，周宝从轻处理，镇海军犯了法，周宝就大加鞭挞，结果，有一天，周宝正与僚属在后楼宴饮，有人告诉他士兵有怨言。他满不在乎地说："作乱就杀掉！"这句话一下子激怒了士兵，当天夜里，镇海军将领刘浩就利用士兵的怨恨情绪，率领部下攻烧府舍。周宝从醉梦中惊醒，赤着脚去呼叫亲兵，哪知这支被称为心腹的亲兵也加入了乱兵行列，趁火打劫。周宝无奈，只好带着家小，仓皇出逃。

周宝犯了考核和赏罚不明的大忌，妄施非分之恩，既人为地制造了矛盾，引起广大士兵的怨恨不满，又滋长了亲兵的非分之念，骄横日甚，终不可制止，可谓一举两失、自酿苦果。领导者一定要以周宝为戒，正确考核下属。

不要趁机给人"穿小鞋"

实际上，每一个下属都有为领导者"出力"的愿望，有些"力"又不可避免地直接出在领导者的个人利益上，何况现实中又有那么些专投领导者所好之人，这种人工作起来避重就轻、马马虎虎，为上司办起事来则竭尽全力、勤勤恳恳。而有些中层领导则公私不分、赏罚不明，凡对个人效忠者一律给予好处，于是在晋级、福利待遇、加薪等方面优先照顾，以作为对他们忠于自己行为的奖赏。

另一些下属的做法正好相反，他们工作认真，态度勤勉，但是不愿意为上司办私事，而且有时为了公司的利益，也难免会小小地顶撞上司一下，下属的相悖言词，有些是逆耳忠言，有些可能是牢骚怨言。但不管何种情况，领导者一定要有则改之，无则加勉，千万不要闻过则怒，更不要在"关键"时刻给人"穿小鞋"。可是有的中层领导在考核时分亲疏关系，逢迎自己的就松一些，批评自己的就紧一些，这样的做法迟早会酿成内乱，让企业元气大伤。最好的做法就是一碗水端平，公私分明，才能有效地考核下属，发现人才。

给人以改正的机会

在计划解雇一名员工之前，你应问自己是否公平地对待过这名员工："我是否让他认识到自己绩效低劣的事实，并给予他改进的机会了？"也就是说，你是否采取过以下这些行动：

是否为这个员工确立明确的绩效期望值？这与你对员工绩效的管理水平有关。运用绩效管理技巧留住最佳员工的效果，取决于你和他们建立伙伴关系的程度。这种伙伴关系，是成年人之间建立共同协定的关系。

是否就这名员工的绩效没有达到目标，向他做出具体的反馈？一项研究表明，在60%的公司中，产生绩效问题的首要原因是上司对下属的绩效反馈做得不够或是没有做好。在针对79家公司的1000多名员工所作的一项调查中，经理人的反馈和指导技能一致被评为平庸。这项结果表明很多经理人都是拙劣的导师，而他们的员工通常也意识到了这一点。

是否详细地系统地记录该员工的绩效数据、事件、绩效反馈及改进评估的谈话结果以及是否在上述评估谈话中，使该员工认识到存在的问题并对如何解决问题达成一致？在绩效讨论的过程中，让员工评估他们自己的绩效。如果员工承认问题，那么，问题解决会顺利得多。如果员工否认问题，那么该员工对建设性的指导置若罔闻。

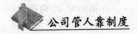

是否把给予这位员工一定的试用期或者改进绩效的最后期限，作为解雇前的最后手段？曾经有一位经理告诉他的一名员工，如果他在30天内仍然不能完成自己的工作项目，就必须走人。结果该员工在期限内完成了任务。所以，要确保给予员工足够的改进时间。

是否寻找解雇之外的其他方法？你犯了录用某位员工的错误，并不意味着该员工不能有效地完成其他工作。该员工不适合这项工作，可能是他绩效低劣的真正原因。因此，可以考虑重新评估该员工的才能、动力和兴趣。也许工作可以重新设计，也许在你的领域内有其他更能发挥该员工才能的工作。

及时解雇不称职的员工

在任何一家公司，并不是每个员工都能十分完美、出色地完成工作，都能在你的引导和培养之下尽职尽责。有时，你还会碰上一个根本不中用的人，不管你怎么努力，他也不能完成你期望的1/10。

在当今商海中，由于竞争的残酷，你不可能总是对那些不能完成工作的人，都提供宽容。当你觉得这类员工无可救药时，你应在他导致灾难性后果之前将其解雇。

一般来讲，对于公司的某些问题，有些员工可能比你知道得更早、更清楚，他们期望你能采取行动，他们希望你解雇那些怪异的同事。如果你忽视了那些不良行为并且不能正视和面对表现很差的员工，你的信任度将受到极大影响。每个员工都为自己所做的事情和取得的成功感到自豪，他们不希望有人拖他们的后腿。

作为领导，你也可能被一些统计数字所迷惑，使你不能从中发现一些令你失望的员工。某位员工可能永远达不到你的期望，而且这种人还会浪费你大量的时间和精力。有时你还必须帮助他们摆脱困境，解决问题。

因此，面对这种员工，你应当机立断地采取行动，但也要小心。你的决定十分重要，你实施决定的方式也十分重要，所以小心是很有必要的。这里的小心意味着对待被解雇的员工，要敏感、公正与理解，而不是胆小害怕。

　　有些领导很容易忽视一点，即被解雇的员工也是人。解雇是对该员工的一个打击。回到家里他们必须面对自己的家庭、邻居和亲友的议论。被解雇的理由可能令他们回去无法交代，他们可能还得为自己找到托辞，如："事情不妙""我长相不太合适""我不能与老板相处""我不喜欢我干的工作"，等等。作为老板，你应该给人留点面子。不管你多么坦率、诚实，都必须给人留面子，找一些语言来帮助安慰对方。有可能的话，你甚至还可以帮他们推荐、介绍一下更适合他们的地方。

　　一位经理花了很大力气，才从某大公司挖来一名关键的信息系统专家。公司满腔热情地给他安排了工作，却很快发现他不能胜任。这位经理试图指导和帮助他，但是他的工作表现没有起色。

　　其他同事来到这位经理面前，建议他采取行动，他却迟疑不决。此时，他知道自己雇错了人，但是由于负疚而迟迟没有行动。他告诉这位新员工，他将给他一些时间寻找新的工作。但是这位新员工的表现却越来越差，直到一位重要客户拂袖而去，其他员工也士气低落，这位经理才把他解雇。

　　这位经理得到的教训代价不菲："下次我绝不犹豫，立刻采取措施。"

　　在解雇员工时瞻前顾后，原因何在？

　　许多企业主管都像这位焦虑的经理一样不忍心正视没有达到标准的工作绩效，更不用说毫无绩效的情况了。绩效低劣的员工是指那些屡犯错误，赶走客户，在企业组织中造成不满和士气低落等问题的员工。快速成长的公司对绩效低劣的员工尤其不能容忍，他们会削弱团队的实力，给潜在客户和商业伙伴留下不良印象，加剧对公司综合生产率的负面影响。作为经理，你必须采取措施及时纠正这种状况。

　　如果你尽了最大的努力对员工进行指导，但他依旧置若罔闻，或者你降低了工作期望值和标准，他还是没能达到要求，这时你就应该重新审视对他的录用决定。很多经理在3周或更短的时间内就意识到自己在录用员工上的错误，但通常在3个月之后才决定纠正这个错误。

　　经理们犹豫不决的原因多种多样。例如：他们觉得承认错误是一件尴尬的事情；他们对错误的录用感到内疚，对解雇曾满怀期望的人于心不忍；他

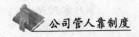

们对录用员工的时候没有明确表达工作绩效的期望而感到遗憾；他们知道自己没有做好员工的绩效反馈和指导工作；他们不愿意再次经历昂贵耗时的程序找合适的人员来替换。

对于经理人而言，这可能是一个痛苦的经历，但还是应该采取行动。

薪水高不能成为辞退的理由

辞退，作为惩罚的一种形式，一定要慎重，尤其是对于经验丰富的中层员工，不能因为他们的工资水平较高，为了节省成本而把他们打入另册。

现实生活中，却不时有这样的事件发生。

某著名企业的高先生，近日被公司辞退，和他有相同命运的还有其他几名同事，都是公司的中层雇员。无独有偶，另一著名企业的四名经理人员，包括技术高工、市场管理人员也遭到同样的命运。所有以上这些人员得到的辞退理由都是说他们的考核不及格。其实，明眼人都知道，"考核不及格"只是掩人耳目之说，实质性的原因是他们的薪水普遍较高，公司要节约成本而已。

可以这样说，公司将高先生等中层雇员辞退是极其不明智的，这种方式的直接后果是公司失去了一群有见识、有资历的人才，日后恐怕也难以找人替代他们，这对公司是一个极大的损失。

中层雇员比高层更熟悉日常经营活动，他们不直接从事操作工作，因此有较深远和大局性的思考，从而更能找到解决问题和增长利润的方法；他们从基层做起，长时间建立起来的关系网络，使得他们容易了解员工的想法，能进行有效的沟通，从而在心理上团结员工，鼓舞士气；他们出面对各方利益进行协调，不但能有效兼顾雇员的需求和公司目标，而且比基层雇员和高层雇员更具有说服力。

中层雇员有其特定的心理预期，他们的温饱、安全、社交的需要已经基本得到实现，现在更注重的是尊重和自我实现的需要。相比基层雇员，他们现在更渴望的并不是纯粹的金钱收入，而是职业生涯的发展，而且相比高层雇员，客观上有更大的发展空间等待中层雇员去争取。他们已经意识到时间的宝贵，开始思考在自己的职业生涯中还有多少未竟之业，并真正开始有意识、有计划地进行自我职业生涯的规划和管理。

虽然中层雇员的薪金较高，增加了公司的运营成本，但他们最看重的并不是纯粹的金钱，而公司却主要因为薪金的问题对他们进行裁员，可以说公司有很大的失误。

解决起来其实很简单，针对他们现在更渴望的对他们能力和才华的承认，更多地对他们进行精神激励和内激励，使得他们对公司产生更强的归属感和荣誉感，从而对自己的职业选择和发展坚定信心。

也可以放权参与，将原本专属于高层的一些决策权力下放到中层，满足中层的心理需要，增强他们的参与感，使得他们有满足感和自我提升感。对公司而言，既没有增加任何成本，又将决策重心下移，有利于公司民主管理，赢得更多员工的人心。

还可以实行"下海制"，让他们离开总部，去寻找合适的企业。对中层雇员而言，母公司赋予他们这种挑战性的工作，他们在感到压力的同时，更多地将其视为职业生涯发展的转折和机遇。

如此种种，可以形成双赢的格局，何乐而不为？为什么一定要将他们辞退呢？这不是惩罚他们，而是惩罚公司以及将他们辞退的策划者。

用人不要光看考核表

使用下属，首先就是要去了解他们的特点。十个下属十个样，有的工作起来干净利落，有的则谨慎小心，有的擅长处理人际关系，有的人却喜欢独自埋首于统计资料里默默工作。

对于但求速度、做事马虎的部属，做领导的若要求他事事精确，毫无差错，几乎是不可能的，对于这种做事态度的部属，能要求他既迅速又准确吗？可是，许多领导明知这个事实，却仍性情急躁地要求他们达到不可能的工作效率。

各公司的人事考核表上，都印有很多有关处理事务的正确性、速度等评估项目，能够取得满分者才称得上是一位优秀的管理人员。于是，不少的领

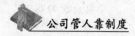

导就死守着这些评估项目，作为人事考核的依据。世上真有万能的管理者吗？其实所谓一切满分者，不过是上司高估了他，给予他的过高评价。

要想让工作的准确度更高，必须花费许多时间增加磋商的次数，而不得不放弃速度的要求。有些下属力求快速而省去许多磋商，没有发生问题，只是纯属侥幸，或是因为他有丰富的经验和高超的技能。有些上级领导往往不加考虑，仅依据一张人事考核表，就凭着自己的主观意识而对部下妄下断言。

对下属有了明确的认识之后，才能妥善地分配工作。一件需要迅速处理的工作，可以交给动作快的下属，然后再由那些做事谨慎的下属加以审核；相反地，若有充裕的工作时间，就可以给谨慎型的下属去做，以求尽善尽美。若下属都属于快速型的，那么就要尽可能选出办事较谨慎的，将他们训练成谨慎型的下属。只要肯花时间，必然可以做得到。

第22章

薪酬设计：恰到好处的金钱刺激

许多经营者认为只要提高工资，工作人员就会认真工作，就会有干劲儿。其实，并没有这么简单。

一位社会学家指出，使人产生干劲的是促进的因素与保障的因素。前者有促进使用，令人提高工作成绩；后者虽然发挥不了作用，但它可以维持工作士气和效率，保证促进因素更易发挥作用。两者是地基和房屋的关系，具有这两种因素，房屋才稳定，只有地基或者房屋是没有用的。

保障因素是地基，它包括工资、雇用保障、工作条件等。如这些条件差，员工的欲望就会急剧下降。寄希望于待遇提高后员工努力工作，结果并不一定很妙。好不容易将工资提高了，建立了完善的宿舍，工作条件大为改善，但员工干劲仍提不起来，哀叹这种情形的经营者委实不少。因为仅有保障因素而缺乏促进因素仍发挥不了作用。

因为保障因素是房屋的地基，上面必须要有房屋，这种房屋即是促进因素。

由此可以下结论：工资低会影响干劲，但提高工资未必会提高干劲。也可以说，保障因素具备时，促进因素会起作用，做有内容的工作，完成某项工作，使自己成长等因素都会引发干劲。

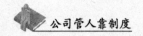

谨防低素质对高素质的"驱逐"

早在400多年以前，英国著名经济学家格雷欣就发现了一个有趣的现象，两种实际价值不同而名义价值相同的货币同时流通时，实际价值较高的货币，也就是"良币"，逐渐退出流通——它们被收藏、熔化或被输出国外；实际价值较低的货币，也就是"劣币"，却充斥着市场。人们称这种现象为"格雷欣法则"，也就是"劣币驱逐良币规律"。

企业在薪酬制度或人力资源管理方面均可能发生与格雷欣所见类似的情形，实际生活中的例子更屡见不鲜：由于企业在薪酬管理方面没有充分体现"优质优价"原则，高素质员工的绝对量尤其是相对量下降。这一方面表现为对自己薪酬心怀不满的高素质员工另谋高就；另一方面亦表现为企业外高素质人力资源对企业吸纳祈求消极回应。同时会导致企业低素质员工绝对量尤其是相对量上升，考虑到一定量高素质员工留下的工作岗位由更多低素质员工填补时尤其如此。这还只是薪酬管理"格雷欣法则"启动伊始时的情形。由于企业效益下滑有时是员工素质下降的必然结果，这可能使企业在薪酬开支方面捉襟见肘，从而导致员工普遍性薪酬水平下降，更导致员工薪酬水平下降与企业效益下滑的恶性循环。

同一个企业里，由于旧的人事与薪酬制度惯性等的影响，使一些低素质员工的薪酬超出高素质员工，从而导致低素质员工对高素质员工的"驱逐"。有一家经济效益较好的国有上市公司就有这么一个难解之结：该公司年人均薪酬18 000元左右，一般员工尤其是一线员工薪酬水平远远超出本行业同类企业，但核心员工尤其是少数关键岗位员工薪酬却大大低于市场水平。该公司欲引进若干素质较高的计算机专业毕业生，按现行薪酬制度，每月薪酬只能略超出1 000元，但市场水平却在3000元左右。因此，尽管公司对高素质计算机专业毕业生有强烈祈求，却总未能如愿。

在某些企业里，虽然某些高素质员工的薪酬超过低素质员工，但实际上它们对企业的相对价值仍不成比例。这又是另一种低素质员工对高素质员工的"驱逐"。

员工的利益就是企业的利益

买好货便要出得起好价钱，想让员工创造尽可能多的利润，便应支付具有吸引力的薪水。我们提倡激励的作用，提倡以文化理念和价值观念来鼓舞士气，但正所谓"衣食足而知荣辱"，尤其在社会经济行为越来越商品化的趋势下，你很难要求员工"饿着肚子干事业"，应该把员工的利益看成自己的利益。

员工的薪水高低当然主要要看企业的盈亏额与员工个人的劳动绩效，但有些时候，相似行业的一般水平也是重要的参考数据，尤其在创业之初更是如此。首先，你的公司并没有走上正轨，对员工的业务能力和公司整体的经营情况还无定论，所以只能参考行业平均水平。特殊的情况，如果你需要吸引其他公司的优秀人才加盟，所支付的薪水肯定要高于他现在的所得。这中间有一个矛盾之处，即在创业之初你的公司可能并不会营利。因而，国外工商界的做法通常是把全体员工前3个月的报酬预算在筹建费用中。当然，这个时间段由于行业的特点不同而长短不一。

薪水要具有激励效应，与员工的工作绩效紧密挂钩，多劳多得，多效多得。但如果采用完全浮动的方式会使员工有一种赤裸裸的劳资交换的感觉，很难有归属感。因而，一般采用一定工作量中发放底薪，超额部分按工作绩效浮动的办法，这部分名之以"浮动工资"或"奖金"均可以。这样，一方面让员工感到自己与公司有某种相对稳定的关系，另一方面可发挥报酬的激励作用。事实上，调查表明，很少有员工每月只拿底薪的，因而，这种计酬方式与完全浮动的作用基本是一致的，公司并没有为之多付出什么，但员工无疑更愿意接受"底薪加浮动工资"的方式。

利益分配不是"零和游戏"

许多劳资双方关系紧张的原因都是双方在利益分配上自觉不自觉地站在了彼此对立的角度上。虽然，一个浅显的现象就是如果给予员工的报酬过高，那么业主的留利就会变少。因而，双方在利润分配上便产生了一种斗争

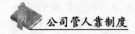

性，甚至到了锱铢必较的程度。如果你陷入这一误区，那么可以预言，不等你炒员工的"鱿鱼"，就会有许多优秀人员炒了你的"鱿鱼"。

其实，如果你静下心来想一想，你会发现上面这种观念是假设在"零和"前提下的。所谓"零和"，指利益各方的总量为定值，这样，你多1个单位，我便少1个单位，双方变化的代数和为零。如果在利润额既定的情况下，你的确是和员工进行着一场"零和游戏"。但你想过没有，是否应该增加这个代数和呢?一个好的利益分配方式当然是通过总额的增长来增加双方的收入。"增和游戏"要远比"零和游戏"轻松得多，也愉快得多。

和一位工商界的朋友谈到"增和游戏"的观点，他当即提出了反驳意见："可是当我每次发放薪水时，利润额都已确定了的呀，怎么能说是'增和'呢?"这位朋友眼光有一点过于短浅了，我们所说的"增和"是在运动中的"增和"。应该说，在利益分配的过程中，员工和企业主双方对于规则的理解是不同的，员工认为薪水是对上一期工作的衡量和报酬，而业主更看重于对下一期的激励作用。你应该知道，一个等值数列的60%，长期上会远远低于一个递增数列的40%的。

所以，在支付员工报酬时，一定要牢记员工的利益也正是你的利益所在，初创企业的老板能认识到这点是不易的。而当你一旦认识并认可了这种观念，你所获得的利润将远大于你所付出的。

工资水平影响绩效

薪酬对员工极为重要，它是员工的一种谋生手段，同时也能满足员工的价值感。因此，薪酬在很大程度上影响着一个人的情绪、积极性和能力的发挥，等等。心理学家研究表明，当一名员工处于较低的岗位工资时，他会积极表现，努力工作，一方面提高自己的岗位绩效，另一方面争取更高的岗位级别。在这个过程中，他会体验到由于晋升和加薪所带来的价值实现感和被尊重的喜悦，从而更加努力工作。这是企业应该尊重的客观事实。

有一个国外民意调查组织在研究以往20年的数据后发现：所有的工作分类中，员工们都将工资与收益视为最重要或次重要的指标。工资能极大地影响员工的行动（在何处工作及是否留下）和工作绩效。

此外，对薪资和其他外在报酬的抱怨，可能掩盖员工和所属组织间关系上存在的问题：如监督管理的状况、职业发展的机会、员工对工作的影响力和参与程度等。当出现报酬上的冲突时，领导总会得到很多的建议以对局势进行详细"诊断"；相反，他们很少相信这些问题可以由人事专家从薪资政策上加以解决。

因此，如何做到让员工将"薪"比心，让员工从薪酬上得到最大的满足，成为现代企业组织应当努力把握的关键。

应用高明的薪酬设计

报酬可以划分为两类：外在报酬与内在报酬。外在报酬主要指：组织提供的报酬、津贴和晋升机会以及来自于同事和上级的认同。而内在报酬是和外在报酬相对而言的，它是基于工作任务本身的报酬，如对工作的胜任感、成就感、责任感、受重视、有影响力、个人成长和富有价值的贡献等。事实上，对于知识型的员工，内在报酬和员工的工作满意度便有相当大的关系。因此，企业组织可以通过工作制度、员工影响力、人力资本流动政策来执行内在报酬，让员工从工作本身得到最大的满足。这样，企业减少了对好的薪资制度的依赖，使员工更多地依靠内在激励，也使企业从仅靠金钱激励员工、加薪再加薪的循环中摆脱出来。

基于个人或技能的评估制度，以员工的能力为基础确定薪水，工资标准由技能最低直到最高划分出不同级别。

关于报酬，还有另外一种流行的分法。不同公司对采取何种薪酬体系（体系也是一个结构性问题）存在许多差异，但基本上可分为两大类，即固定部分和动态部分，在实施岗位工资制的企业里，根据岗位等级确定的岗位工资，属于动态部分。两者共同构成了影响和激励员工的因素，其主要内容包括基本工资、奖励薪资、附加薪资和福利4项内容。

基本薪资，是以员工的劳动强度、劳动熟练程度、工作复杂程序以及责任大小为基准，根据员工完成定额任务（或法定时间）的实际劳动消耗而计

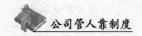

付的薪资。

奖励薪资（奖金），是企业对员工超额完成任务以及出色的工作成绩而计付的薪资，其作用在于鼓励员工提高劳动生产率（或工作效率）和工作质量，所以又称"效率薪资"或"刺激薪资"。

附加薪资（津贴），是为了补偿和鼓励员工在恶劣工作环境下的劳动而计付的薪资。

福利，是为了吸引员工到企业工作或维持企业骨干人员的稳定而支付的一种补充性薪资，包括法定社会保险、带薪休假、优惠住房、免费或折价工作餐、生活用品的发放等。

当然，除了以上主要内容，薪酬还包括其他因素，比如津贴、住房补贴、教育培训、其他福利，等等。

量体裁衣为新员工定"身价"

企业在招聘人才，引进新鲜血液的时候，最感到头痛的问题便是起薪应该如何决定，这也是薪酬支付中常常会遇到的问题。

由于企业之间的人才竞争十分激烈，特别是在信息业，人才流动异常频繁，如果起点薪酬太低，往往招聘不到足够的优秀人才；如果起点薪酬过高，又会破坏在职员工的薪酬平衡，或者超过企业的支付能力。所以说，企业的起点薪酬的决定既不能过低又也不能过高，要把握适度。

那么，决定起点薪酬应考虑哪些问题呢？

一般来说，企业招聘员工的来源主要有两个方面，一是应届毕业生，再有是已有工作经验的从业人员。两者的起薪水平是不同的，但综合来看，决定起薪的要素可归纳如下。

1.生活费用

对于应届毕业生来说，起薪通常是指单身者的薪酬，衡量单身者的生活费是起薪的决定要素之一。不同地区的消费水准不一样也会有不同的薪酬水平。现今对于一名刚从学校毕业的大学生来说，生活费、租房的费用、交通费都是要考虑的要素，尤其是大中城市的企业更应注重这一点。

对于已有工作经验的从业人员来说，除了要顾及其个人生活费外，还要考虑到家庭生活所需要的开支。

2.人才市场的供求关系与一般水准

当某一专业的人才呈供过于求的态势时，起薪维持在一般水准即可，但也应保持一定的竞争力以便招聘到优秀的人才；当某一专业的人才呈供不应求时，起薪通常需要富有竞争力，除此之外，还要有其他诸如住房、股份等的奖励。

3.应聘的实际能力

对于同一职位的应聘者来说，实际能力的差异也是决定起薪的重要因素，因此起薪的决定应该保持一定弹性，不能使标准过于严格。在管理实践中，对同一职位的应聘者实行不同水平的薪酬是很正常的事。

4.最后工作的职务与薪酬

对于跳槽者来说，起薪的决定应该考虑到上一次工作的最后职务与薪酬。如果过低，会造成新进员工的落差心理，打击其自尊心，从而影响到他的绩效发挥。

5.与在职从业人员的薪酬保持平衡

就这一点来说，不同的薪酬体系下会有不同的水平，对于那些论资排辈较为严重的企业，起薪自然高不起来；对于那种实行"能力主义"薪酬体系的企业而言，起薪较高易于令人接受，但还要看日后的实际绩效。但总的来说，起薪应与在职人员保持平衡，否则遇到加薪时就会产生困难，或者引起员工的不满。

6.企业的支付能力

支付较高起薪的企业，对支付能力要求很高，这些企业应该是富有竞争力的企业。对于支付能力较低的企业来说，即使支付的起薪较高，也只是暂时性的，绝对持续不了多久。所以须量体裁衣，从实际情况出发。

中层领导要对下属薪酬心中有数

作为一个中层领导，你必须公平，你对你部门所有员工的薪金应作一次

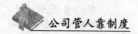

全面检查。你可以先把你部门中的职位从上到下列成表，然后在每一位员工的姓名后面写上他的月薪数。根据你所知道的每个岗位任务，你觉得他们的薪金合理吗，其中有没有不协调的？

还有一种办法就是根据你知道的情况，按职位的重要性排列起来。你的排列和最高层领导的排列是不是一样？如果有些区别，而且你觉得不合理，你可以和顶头上司约谈一次，看看怎样改进。

在这一系列职务排列、鉴定和薪金检查中，要注意的一点就是要有次序。你要承认有时你会偏爱某些员工，如果你以为你对他们一视同仁，那是欺骗你自己。有些人的个性和你比较和得来，你要从个性偏爱中解脱出来，诚实地对待工作鉴定、薪金核定和职位提升，做到公平合理。

在提出对某些员工加薪时，你可以用一些微妙的办法。如果你的公司对所有员工每年都有一次工资调整，相对比较就容易些。你可以对所有薪金一次作出决定，看看重叠情况如何。如果工资调整是在一年中分几次进行的，例如按员工雇用期的日期进行调整，要作全面考虑就比较难了。

尽管在上述情况下要保持公平比较困难，但如果平时保存一定的记录还是可以行的，即你可以把自己作出的岗位说明、工作鉴定和薪金建议等都保留起来。有些公司认为应由人事部门保管这些材料，部门经理不必保留，但是你自己保留一份还是值得的。

把握好加薪的幅度

在作出薪金调整时，要尽可能使数字合理。绝对不要提得太低或太高，而符合这位员工在公司职位上所作的贡献。如果这一次薪金增加得太多，也许造成"再来一次"的要求。如果你第二次的建议加薪数字低于第一次，那位员工会认为你侮辱了他。不过，一次特殊的加薪如果是由于那位员工有所提升，就不会有"再来一次"的危险，因为这是特殊的，也是不会再重复的。你可以对这位员工解释一下，这一次为什么增加的数字这么多，这次的加薪并不是下次加薪的先例。

由于小数目的加薪会被认为是对员工的侮辱，你干脆还是不要提议加薪为好。有时候领导缺乏不加薪的勇气，就提议加一些小数目。其实这样做只是使不可避免的顾虑推迟了一些。

当你考虑加薪数字时，不能把员工的需求作为主要因素，否则最贫困的员工应该增加得最多，如果这位员工的确是最令人满意的，那不成问题；如果他的表现只是一般性的，那会怎么样呢？

在薪金管理工作中主要贯彻的精神应该是功绩。如果你将谁在公司中工作的时间最长，谁的孩子最多，谁的母亲正病着为依据，那就背离了你作为薪金管理人员的责任。如果你的员工中有经济困难的，你可以作为朋友或一名好心的旁观者去帮助他，或告诉他什么机构可以给他一些补助的信息，绝不能利用你管辖下的薪金去解决你员工的社会性问题。

薪金的调整一定要严格按照员工的工作成绩决定。

人才价值是定薪标准

依据价值来定价格，这是一个规律，但作为领导，你应清楚地意识到，人才的价值是在变化的，因此你应根据价值的变化，灵活决定他的薪水。人才价值变化有以下两种情况：即人才的贬值和非人才的升值。

所谓人才贬值，就是原先具有较高自身价值的人，由于各种复杂的主客观原因，或者停止输出价值，或者输出的价值有缺陷，从而导致人才价值降至水准以下的一种消极的人才现象。不少杰出的人才，他们一生价值的演变轨迹，并非始终停留在高价值区域。

作为人才，自然其一生的价值总量理应超出常人，属于高价值区域。然而，如果仔细观察也不难发现，有不少人才在某个时期内，他的价值运行轨迹，却长期徘徊于低价值区域，甚至跌落到负价值区域，这时他就是一个贬值的人才。三国时的徐庶，在刘备手下曾是一名杰出的军事领导人才和政治谋士，后来被曹操用计谋掳走之后，不愿意为曹操效劳，便自动停止输出价值，沦为一名低值人才。他的价值就降低了。

引起人才贬值的原因是极其复杂的。领导应该运用人才学的基本原理，揭示个中奥秘，找出贬值原因，为各类人才的健康成长创造有利的条件，从

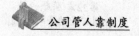

而消除这一常见的现象。

既然有人才贬值，就会有非人才升值，就是原先具有较低自身价值的非人才，由于各种主客观原因，在价值输出中得到超水平发挥，从而出人意料地显示出较高的人才价值的一种积极人才现象。

造成非人才升值的原因主要有：非人才以勤补拙，主观上愿意付出大量的艰苦劳动，从而促使价值输出量成倍增长；在外因的启发诱导下，非人才采取适当的价值输出方式，大大减少了价值输出过程中的损耗，从而促使有效价值成倍剧增；在外力作用下，非人才碰上了千载难逢的升值机遇，使自己的价值升高。

关注人才升值现象，有助于领导在用人行为中，自觉地为实现下列目标而努力：鼓励部下以勤补拙，积极发挥其应有的作用；有意识通过吸取周围人的智慧，为自己找到最合适的价值输出方式，从而促使自己的有效价值成倍剧增；巧妙地用非人才替代人才发挥显著的人才效能，尽管这种替代也许是短期的，甚至是一次性的，但仍然值得。当然最主要的还是要分清人才价值的不同情况，合理使用报酬。

增加满意度，关键在公平

薪酬激励是激励员工的重要手段之一，但在实践中，人们对薪酬的理解和认识却仍不清晰，甚至不正确，以致陷入了种种误区。

有人说，员工的薪酬越高，他的满意度就越高，也就越能激励员工努力工作，从而提高工作绩效。但是，要注意一点，高报酬并不必然导致员工满意度增加，因为在报酬与满意度之间还有一个重要的因素，即个人的公平感。报酬高并不意味着员工对所获报酬觉得公平。

如甲、乙两人均是会计师，在同一家公司从事类似的工作，甲被大家公认为业绩远远超过乙，如果甲、乙获得同样的丰厚报酬，那么甲会产生不公平感。这种不公平感将会使甲的满意度大大降低甚至为零，从而引发严重问题，诸如甲以后可能不再努力工作，甚至离开公司。

由此可见，报酬高，员工的满意度并不一定会增加，关键在于员工对报酬的公平感。从某种意义上说，员工对报酬的满意度是期望值与实际收入的函数，当员工将他们的工作经验、技巧、教育、努力同他们所获得报酬相比较时，满意与不满意的感受就产生了。

高工资是一种好的激励方式

任何企业的发展都需要前进的动力，激励就是产生动力的源泉。激励是管理最重要的职能之一，也是工资体系运行的目标所在。工资的高低不仅在物质上给员工提供了不同的生活水准，而且还在某种程度上体现出一个人的社会价值。这样，工资高低就成为许多人择业时考虑的一个主要因素。同时，许多企业为了留住和吸引人才，不惜为其提供优厚的工资。他们认为只有高工资才能吸引人才，才能激励员工的工作热情。从这一角度来看，高工资不失为一种好的激励方式。但是，高工资就像一把双刃剑，若实行得当，企业将获益；反之，企业将陷入困境，因为实行高工资本身有许多不利之处。

1.高工资增加了企业的人力成本

人力成本属于间接成本的一部分，最终将会转移到产品价格中去。这就会导致该企业的产品在同类产品中价格较高，因此竞争力下降，这势必会影响企业的效益以及企业的长期发展。

2.高工资缺少增长的余地

如果企业一开始定了较高的工资标准，那么工资的涨幅将非常有限。当员工看不到工资有较高的增长，或低于其他同类企业的工资增长幅度，员工的干劲儿将不足，并可能引起不满，这样高工资的激励作用将大打折扣。

3.高工资不一定能留住人才

高工资绝对是有吸引力的，但要让员工留在本企业，并能长期努力工作，不是单单靠高工资就能解决的。因为员工的需求是多层次的，金钱只是其中的一种；再者，随着收入的提高，收入弹性增大，其替代作用将增加，单纯的工资激励效用将下降。

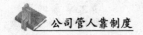

"望梅"止不了渴

三国时期，曹操率兵远征。时值盛夏，连续赶路使军士们口干舌燥，疲惫不堪，行军速度渐渐慢了下来。

曹操急于赶路，眼见这种情形，心中十分着急。如何使军士们振奋起精神尽快赶路呢？忽然，他灵机一动，立刻传令下去：前方有一片梅林，赶快去吃刚熟透的梅子吧!

军士听到前面有梅林的消息，立刻舌底生津、精神大振，奋马扬鞭，很快便到达了目的地。当然其实曹操在欺骗大家。

从此，望梅止渴这个成语就这样流传了下来，比喻用空想来激励自己。这说明当人们对前途充满希望的时候，往往能忘记困难，努力拼搏。

同样，为什么不能让员工对其个人的前途也充满希望呢？如果员工能够清楚地看到自己将来的利益，而且这一收益可以通过努力而实现，那么他们一定会加倍努力地工作。

作为企业的老板，该怎么做呢?

要使你的薪酬制度像口渴时的"梅子"那样具有吸引力。首先，划定薪酬等级的时候，使各级之间保持适当的差距。差距不能过小，否则对于员工没有什么吸引力；同时薪酬的差距也不能过大，差距过大自然难以到达，使员工感到升级无望。因为公司不能像曹操那样欺骗士兵，应该使员工在经过一段时间的努力工作之后可以获得较高的薪酬，否则，员工将失去努力奋斗的劲头和动力，从而使整个薪酬管理失效。

一位员工在一家钢铁公司工作，公司实行等级薪酬制，不同的等级对应不同的薪酬水平。刚开始实行的时候，员工的工作热情很高，但是没过多久，员工对该制度就失去了兴趣。

关于此事，这位员工说："等级薪酬制确实有激励作用，但是，升级的标准过于严格。员工经过一段时间的努力之后，本希望能够获得较高的收入，但是反复考试还是达不到升级的要求。因此，该制度已经形同虚设。"

作为公司的老板，如果听到这番话，将会怎么想？又该怎么做?

　　唯一的解决方法是适当地降低升级标准，将其控制在合理的水平上。所谓"合理"，即与员工目前的能力相符合，使员工感到自己可以达到这一水平，就像可以望见又甜又酸的梅子一样，然后努力工作，提高工作绩效，最后能够"吃"到"梅子"。

　　可以增多级别的数目，从而使不同能力、不同素质的员工有充分增薪的余地。因为我们的目的是让员工提高工作效率，为企业创下更好的经济效益，形成良好的积极进取的企业文化，所以，当员工已经提高了绩效，达到了薪酬标准的要求时，就应该为他们提高薪酬，而不应该使员工仅仅"看到梅子"而"吃不到梅子"。

年终奖不可缺

　　一般来说，年终奖金有两种。一种是到年末时，老板在他办公室里亲自发给你，当时你并不知道有多少，别人也不知道你拿多少。另一种是本来就谈好的，有多少业绩表现，年终就发约定的奖金。两种中事先不知道拿多少钱的状况比较多，尤其是一些民营企业，因为民营企业其薪酬制度本来就不十分清晰，比如说，他们同一层级的可能都拿一样的工资，如总监级拿5 000元，但如果年终业绩异常好，他们就可能拿到很高的年终奖金，可能给一张卡或存折，里面有超过一年年薪的年终奖金。在房地产业，楼盘卖得好，或企划做得好，就可在年底拿到高额奖金。

　　当然，还有更规范的做法，就是与每个员工签约，内容非常详细，今年完成哪些指标就拿多少年终奖。指标订得非常细，有很明确的奖金计算公式，这种方式相对比较合理，特别适合制度比较健全的公司。领导一方面可激励员工，一方面不担心会失去控制，员工平时对领导很尊敬。年终根据公式计算薪酬，领导也可以借此了解员工一年的表现。

发年终奖是沟通的好机会

　　年终奖代表领导对员工一年工作的认可；另外，年终奖也代表一种激励，但作用有限，因为员工拿到奖金，通常1个月后就忘了。所以管理学上

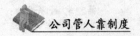

不把薪资或奖金当做激励的手段，只是作为激励的强化手段。

假如只是发奖金而不做沟通，激励强化也无法完成。因为很多员工拿到奖金后，不晓得自己为何拿到这些奖金。他可能觉得拿到的奖金很多，是领导认可自己的年度表现，但他不知道，在员工中可能他拿的是最少的。另一种是，如果老板给一位副总2万元的年终奖，已经很多了，因为这大约是副总1个月的薪资，但副总可能觉得自己做得那么辛苦，却只拿到1个月薪资的奖金。因此，沟通很重要，要让员工知其然，也知其所以然。奖金多少是一回事，让员工知道为何拿这些钱更重要。

薪酬管理有一个重要的原则：薪酬就是沟通。如果员工不知道为何拿钱，对员工就起不到激励作用。以前很多民企就是这样，结果有一年业绩不好不发了，员工就觉得不舒服，这就是他们没做好薪酬沟通的缘故。

年终奖金在业绩管理中处于承上启下的位置。第一，它能让员工明白公司的战略方向，让员工了解公司的目标，这对于高层领导特别重要；第二，它帮助将公司总体目标向下分解，帮助各部门和员工明确具体业绩目标；第三，通过业绩考核与资质评估为员工提供业绩结果与行为方面的反馈；最后以薪酬手段，包括年终奖金，强化员工的业绩行为，继而达成公司总体目标。

"朝三暮四"的发薪技巧

在现代汉语言环境里，"朝三暮四"和"朝秦暮楚"、"喜新厌旧"意思很相近，但在古代却不然，这个成语的来历还有一个小故事。

战国时期有一个山里人，养了一群猴子，他每天从家里的口粮中分出一部分喂它们。过了不久，家中粮食匮乏，他想限制猴子们吃东西的数量，于是他对猴子讲："以后每天早上给你们三个桃子，晚上再给你们四个桃子。"众猴子一致反对，山里人又说："要不早上给你们四个，晚上给三个。"猴子们听后答应了。

这样一个小故事，最直接的是讽刺猴子的愚蠢，因为总数7个并没有任何变化。

这于我们的薪酬管理工作有什么借鉴呢?

(1)在总支付额不必增加的情况下，适当调整支付的次数、额度、时机，往往会提升员工的满意度，当然要切记莫做弄巧成拙的事。

(2)学会灵活运用预付薪酬的方法，预付的多一些，还是结算的多一些，两者大致确定一个怎样的比例，怎样灵活地调整，在实践中存在技巧。

(3)是否建立薪资透支制度，以及透支的条件、审议、额度如何细致地确定等。

某公司的员工阿林，家里妻子的健康遇到一些麻烦，昂贵的医药费使阿林的积蓄难以应付。正当阿林在危难的时刻，老板了解了他的情况，决定为阿林透支三个月的工资，以解其燃眉之急。靠这笔钱，阿林渡过了难关，他成了这一制度的受益者，深深地感激公司和这一薪酬制度，他努力工作，为公司作出了很大的贡献。

在我们的经济生活中，人不可能像上述故事中的猴子那般愚蠢，但人也是经济人，员工在不同的时刻对薪水的需求程度是不同的。譬如，对新员工来说，他们往往特别希望公司能预付给他们薪水的很大部分，以备生活之需，也能在一定意义上体现自己的价值。

经营状况不佳时也可以加薪

美国麦考密克公司成立初期运营得还算顺利，员工收入和企业利润的增长都比较快，但是，公司创始人W.麦考密克是个个性豪放、带有浓厚江湖义气的经营者，其经营方法逐渐落后于时代，在苦心经营了许多年后，公司渐渐变得不景气，以致陷入裁员减薪的困境，几乎马上就要倒闭了。此时，W.麦考密克得病去世，公司总裁由C.麦考密克继任，人们希望他能重整旗鼓，恢复公司的元气，新总裁胸怀壮志，表示不把公司搞好绝不罢休。所以他一上任就向公司的全体员工宣布一条令人吃惊的、与以前截然不同的措施：自本月起，全体员工工薪水平每人增加10%，工作时间适当缩短，并号召大家："本公司生死存亡的重担落在诸位肩上，我希望大家同舟共济，协力渡过难关。"原先要减薪一成，如今提薪一成，而且工作时间要缩短。员工顿

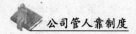

时听呆了，几乎不相信自己的耳朵，转而对年富力强的新总裁的做法表示由衷的感谢。从此，员工士气大振，全公司上至总经理，下至普通员工，齐心协力，共同努力，一年内就扭亏为盈了。

同一个公司，由于采用截然不同的措施，效果是不一样的。减薪，加大了员工的危机感，信心也丧失殆尽。加薪，振奋了员工精神，是鼓舞，也是激励，使员工干劲十足，麦考密克公司也由此大为振奋，发展更加迅速。如今，该公司已成为国际知名的大公司。

激励人的积极性，是一项极为复杂而细致的工作。要想做好人的工作，首先要分析研究人的行为模式，即是什么支配了人的行为，如何诱导人的行为向积极的方面发展，以促使每个人都产生积极的行动。具体说来就是，由于人们的需要未得到满足，从而激发了动机，导致了行为，需要得到满足后又会产生新的需要，这样周而复始，以至无穷。

第23章

奖有其道：种瓜得瓜，种豆得豆

　　某个周末，一个渔夫在他的船边发现有条蛇咬住一只青蛙，他替青蛙感到难过，就过去轻轻地把青蛙从蛇嘴中拿出来，并将它放走；但他又替饥饿的蛇感到难过，由于没有食物，他取出一瓶威士忌酒，倒了几口在蛇的嘴里。蛇愉快地游走，青蛙也愉快地蹦跳走了，而渔夫由于做了这样的好事更加愉快。他认为一切都很妥当，但在几分钟后，他听到有东西碰到船边的声音，便低头向下看，令人不敢相信的是，那条蛇又游回来了——嘴中叼着两只青蛙。

　　这则寓言带给我们两个重要的启示：

　　(1)你给予了许多的奖赏，但却没有得到你所希望、所要求、所需要或所祈求的东西。

　　(2)你为求做对事情，很容易掉入奖赏不妥当或惩罚了正当活动的陷阱中。结果，我们希望甲得到奖赏却不明白为什么会选上了乙。

　　身为管理者的你，在奖励下属的时候是否也犯过这位渔夫的错误呢？

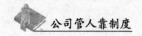

有效激励的六大原则

一般来说，企业对员工所采取的激励手段，要遵循以下6个原则：

1.针对性原则

领导者使用的激励方式、方法，要适宜于具体激励对象的心理需要，以获得理想的激励效果。

所谓针对性，即针对激励对象的期望值。员工的期望值越高，越具激发性。当实现结果大于期望值时，会喜出望外而表现出最大的积极性，反之就会挫伤其积极性。因此，领导者需要准确把握团队成员的个体差异，针对不同需求层次，有效地发挥激励功能，摆脱盲目性。

2.有效性原则

激励的有效性就是看激励的最终目的能否达到。这就要求从这样几方面进行考察，首先是激励的条件或标准的确定，如果标准订得过高、过严或过低、过松，都会影响激励效果。其次是激励类型的选定，领导者要运用多重激励方式，不要机械地搞一种模式。再次是激励范围的划定，要达到激励的正面效应，便要剔除激励中的平均主义，避免激励贬值。最后是对激励对象的宣传，没有相应的形式和声势，激励便不能对整个团队产生应有的正面效应；如果搞形式主义，夸大其词，便会产生抵消激励的负面效应，达不到预期目的。

3.严肃性原则

激励效果的高低，完全取决于领导者运用激励的严肃性。这要求领导者采取积极而慎重的态度，坚持按业绩大小实行奖励，并选准激励对象，使员工真正心服口服。

4.物质奖励和精神奖励相结合原则

重视物质奖励，能满足员工的物质利益要求；精神奖励则满足员工高层次的精神需求，两者不可偏废。

5.适度性原则

物质激励要适度、适当，应根据激励对象的业绩大小，根据不同时期、不同内容、不同目的，确定适当的奖励标准，保证奖励"恰如其分"。

6.公正性原则

坚持公正性原则，就是要求领导者不能掺杂任何个人感情，搞亲疏、厚薄关系，而是要坚持秉公办事，公私分明，真正做到奖罚分明。

激励要有分寸有节制

激励要有分寸，有节制，走向极端、过了头反而会失去效果。况且，激励仅仅是主管管理下属的一种方法，而不是万灵药，更不会没有任何负作用。

从某种意义上说，激励是一种兴奋剂。既是兴奋剂，就必然带来一些负作用，就不能当糖吃。那么，在进行激励的时候，哪些是"服药须知"呢？

1.激励不可任意开先例

激励固然不可墨守成规，却应该权宜应变，以求制宜。然而，激励最怕任意树立先例，所谓善门难开，恐怕以后大家跟进，导致无以为继，那就悔不当初了。

主管为了表示自己有魄力，未经深思熟虑，就慨然应允。话说出口，又碍于情面，认为不便失信于人，因此明知有些不对，也会将错就错，因而铸成更大的错误。

有魄力并非信口胡说，所以决定之前，必须慎思明辨，才不会弄得自己下不了台。主管喜欢任意开先例，下属就会制造一些情况，让主管不知不觉中落入圈套。兴奋中满口答应，事后悔恨不已。

任何人都不可以任意树立先例，这是培养制度化观念，确立守法精神的第一步。求新求变，应该遵守合法程序。

2.激励不可一阵风

许多人喜欢用运动的方式来激励。一番热闹光景，犹如一阵风，转瞬成空。不论什么礼貌运动、清洁运动、以厂为家运动、意见建议运动、品质改善运动，都是形式。而形式化的东西最没有效用，唯有在平常状态中去激

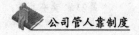

励，使大家养成习惯，才能蔚然成风，保持下去。

3.激励不可趁机大张旗鼓

好不容易拿一些钱出来激励，就要弄得热热闹闹，让大家全都知道，花钱才有代价，这种大张旗鼓的心理，常常造成激励的反效果。

激励不要偏离目标

激励不可大张旗鼓，惹得不相关的人反感；激励也不可以偷偷摸摸，让第三者觉得鬼鬼祟祟，怀疑是否有见不得人的勾当。

主管把下属请进去，关起门来密谈一小时，对这位下属大加激励。门外的其他下属看在眼里，纳闷在心里——有什么大不了的事，需要如此神秘？因而流言四起，有何好处？

许多人在一起，主管偏要用家乡话和某一下属对谈，或者和某一下属交头接耳，好像有天大的秘密似的。其他人看他们如此偷偷摸摸，会不会产生反感？

不公开可以，守秘密也可以，就是不必偷偷摸摸，令人起疑。神秘兮兮只有反效果，不可不避免。

凡是偏离公司目标的行为，不可给予激励，以免这种偏向力或离心力愈来愈大。主管激励下属必须促使下属自我调适，把自己的心力朝向公司目标，做好应做的工作。

主管若有激励偏离目标的行为，大家就会认定主管喜欢为所欲为，因而用心揣摩主管的心意，全力讨好，以期获得若干好处。一旦形成风气，便是小人得意的局面，对整体目标的达成，必定造成伤害。

目标是激励的共同标准，这样才有公正可言。所有激励都不偏离目标，至少证明主管并无私心，不是由于个人的喜爱而给予激励，尽量做到人尽其才。偏离目标的行为，不但不予以激励，反而应该促其改变，亦即努力导向公司目标，以期群策群力，有志一同。

激励必须通过适当沟通，才能互通心声，产生良好的感应。例如公司有意奖赏某甲，未征求某甲的意见，便决定送他一台电视机。不料一周前某甲刚好买了一台，虽然说好可以向指定厂商交换其他家电产品，也造成某甲许多不便。公司如果事先通过适当人员，征询某甲的看法，或许他正需要一台电动剃须刀，那么公司顺着他的希望给予奖品，某甲必然更加振奋。

沟通时最好顾虑第三者的心情，不要无意触怒其他的人。例如对某乙表示太多关心，可能会引起某丙、某丁的不平。所以，与个人或集体沟通，要仔细选定方式，并且考虑适当的中介人，以免节外生枝，引出一些不必要的后遗症，降低激励的效果。

奖励的10种策略

对于奖励，常用的有以下10种策略：

1.奖励一贯好的人

——在较长的时间内评价员工，对表现一贯良好的员工给予重奖。

——确定对团队成功至关重要的一两个方面，并奖励在这方面作出突出贡献的员工。

——奖励为公司长远发展作出积极贡献的员工。

2.奖励理智的冒险

——提示员工要从失败中吸取教训并努力改进。

——及时鼓励失败者，因为一个项目的失败，只不过是推迟了庆祝成功的时间。

——鼓励理智的冒险，而不是愚蠢的行为。其标准是，冒险是否已充分考虑了已知因素和较为科学的依据。

3.奖励具有创造性的工作

——营造一个有助于进行创造性活动的工作环境。

——对成功的创新支付必要的研制经费。

——以竞争促创新。

4.奖励付诸行动的员工

——养成动手的习惯，不要空发议论。

—— 一旦拿定了主意，就立即行动。

373

——鼓励采取行动者，或奖励采取行动的员工。

5.奖励卓有成效的工作

——确定工作范围，力戒忙乱。

——鼓励员工进行思考、计划和运筹，使工作有条不紊。

——提防"程序化"。因为只注重"程序化"的员工，关注的是确保每一个程序的正确，而不管结果是对还是错。

6.奖励有效率的工作

——鼓励简化工作程序，去除不必要的事情。

——精简领导层次，需知每增设一个机构，无形中就使事情复杂了许多。

——简化程序和管理。如果是基层可以决定的事，就没有必要层层上报。

7.奖励无名英雄

——谁是最难得的员工，少了他们会怎样？

——谁在有压力时工作得最好？

——谁善始善终地按时按质完成任务？

——当团队利益与个人利益发生矛盾时，谁会牺牲个人利益，而去维护团队利益？

——领导者不在场的情况下，谁最值得信任？

8.奖励维护工作质量的员工

——让每一个员工都懂得工作质量的重要性。

——对每个员工进行质量控制的基础训练，并且从团队高层领导开始。

——定期公布质量情况，并给予优胜者以奖励。

9.奖励忠诚，惩戒背叛

——以心换心，以诚换诚。

——保持信息渠道的公开和透明，以建立相互信任。

——奖励对企业忠诚者，给忠诚者更好的职位。

10.奖励合作，反对内讧

——营造企业内工作相互依赖、团结协作的氛围。

——确定一个只有相互合作才能达到的共同目标。

——根据员工或团队做出的业绩和相互帮助的情况给予奖励。

——创建企业良好的合作风格。领导者最好具备有这样的胸怀："事情
没做好，这是我的原因；事情做好了，这是大家做的。"

物质激励离不开情感因素

在激励员工的各种方法中，奖赏激励是最常用的，也是见效最快的一种
方法。通常为员工支付高薪和额外报酬能极大地激发员工的工作热情，促使
员工付出更多的努力以获取更高的薪金和更多的额外报酬。

在古代，领导者为了激励士卒奋勇杀敌，就以所获人头的多少来作为奖
赏和升官的标准。而在今天，公司的管理者为了激励员工通常会采用涨薪和
支付额外的报酬、分发红利、升迁等方式，如生产管理者为员工的工作绩效
制定额外的酬劳制度，销售部门的管理者实行销售提成制度等。可以说，奖
赏激励是一直就存在的一种激励方式，也是最普遍、最常用的一种方式。

英国的穆勒家具公司（MFI）在这方面做得相当成功。

在MFI，除了对员工支付高薪外，还把精力放在奖励方面。公司的所有
员工，包括清洁工和推销员，都被纳入了部门奖励计划。因此，每个星期一
上午公布的一周盈亏账目，是员工们最感兴趣的。每个员工都能深刻认识到
公司的收益是他们努力工作的必然结果。而反过来，员工们通过增强责任
感，提高生产率和利润率，从而增加了报酬，这就更进一步地推动了员工们
参与活动，由此形成了一个完整、良好的循环过程。

同时，MFI的24个管理部门又根据服务、经营、销售等各方面的综合评
比，评出其所属范围内得分最高的商店，然后加以奖励。在全国范围内评出
的最好的商店里的员工将和他们的家属免费享受一次周末海外旅游。正是这
样的一种奖励计划，使MFI公司由一个默默无闻的小公司发展成为世界著名
的公司。

可以看出，MFI的成功很大程度上是得益于它的这种奖励制度，在于它

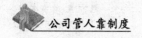

满足了员工的物质需求，并充分地体现了物质奖励中的人情味。

重要的是让人享受工作上的满足感

"目标管理"理论的创始人彼得·德鲁克认为：要调动员工的积极性，实现对他们的有效管理，重要的是使员工发现自己所从事的工作的乐趣和价值，能从工作的完成中得到一种满足感。

IBM公司在这方面是相当杰出的。在IBM公司里有一个惯例，就是为销售业绩优秀的销售人员举行隆重的庆祝活动。公司里所有的员工都参加"100%俱乐部"举办的为期数天的联欢会，而排在前几名的销售人员还要荣获"全国奖"。

同时，在选择联欢地点时更是颇为讲究，如在颇具异国情调的百慕大或马略卡岛举行。而对于得奖的人来说，不仅仅是得到了物质上的奖励，同时更是一种精神上的荣誉，尤其是公司的精心安排和空前的重视更加激起了员工的热情。

IBM公司所做的一切其实并不难，只是它的这种奖励方法充分地融入了人性的色彩，显然这也更好地调动了员工的积极性。

物质奖赏激励并不是一成不变的，只有充分地把握员工的不同需求，选择员工感情上最愿意接受的方式进行奖励，才能让奖赏的激励作用充分地发挥出来。

总而言之，物质奖励的激励效果如何，关键是看管理者是否采取有效的奖励方法和能否在奖励中融入情感，从而更有效地激发员工的热情。

物质奖励的六种艺术

企业通过物质利益鼓励员工的积极行为，使员工在责任感和荣誉感的驱使下，自觉自愿地效力于企业。这对企业人力资源开发会起到极大的作用。

应用物质奖励时，要注意以下几个原则：

1.奖励程度要相称

在奖励过程中，要确实根据员工贡献的大小给予奖励，多劳多得，少劳少得,不搞平均主义,也不能夸大或缩小员工的成绩。通过科学的绩效考核和贡献评价指标体系及其严格的考评制度、正确的考评方法,以确定员工贡献量的真实情况,然后再根据实际情况定出奖励程度。定得过大或过小,都会影响奖励的作用。而搞分配上的大锅饭,更是失去了奖励的意义,使勤人变懒,懒人当道,企业失去活力。因此,领导者要从实际出发,有针对性地奖励有作为、有贡献者,提高他们的待遇,形成明显奖励差别,促使未受奖者或少受奖者努力赶上,为企业多作贡献。

2.随时奖励

员工何时作出突出贡献,领导就应何时给予奖励。企业为每个员工提供均等的受奖机会,无论其过去表现如何,无论其做何种工作,不需要联系以往的历史,只要员工作出现实的贡献,随时随地都应受到奖励。进步者在及时受到奖励后,会更加注意自己今后的发展,从而强化了员工的进取意识。而延期奖励或依人奖励则会减少热情,降低奖励的可信度,进而遭致员工的漠视。

3.使员工处于期待状态

员工努力工作总希望得到相应的报酬,这种期待报酬可分为内在和外在两种。内在的是指工作的成就感和自我价值实现的满足感等,而外在的则是奖金、晋级等物质奖励。每个人的目标、经历不同,所期待的内容和程度也各不相同。领导应尽可能地为员工创造条件,使之发挥最大的能力,并努力帮助员工实现各自的期待。

4.根据需求目标奖励

企业中员工的年龄、性格、水平、文化、地位、素质等均不相同,其需求的目标、档次、程度自然各异。企业领导要区分消极和积极的需求,对积极的需求给予奖励,对消极的需求加以遏制。领导应以身作则,带头示范,正确地引导需求方向。

5.满足员工的需要

满足是指一定行为的结果,使其需求和期待暂时得以实现。企业领导要通过物质奖励的方法来实现这一原则,但必须了解实质型的奖励(如奖金、

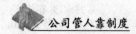

物品）只能满足生理上的需要。现代管理心理学表明，精神需要的满足，比物质需要的满足更能产生持久的动力。人的需要在本质上是精神需要，是情感需要。当人们的物质收入达到一定水平时，奖励的刺激作用就日益减少，而成熟感、责任心等精神需要越是得到满足，就越能激发工作热情。寓物于情，赋情于物，领导应使被奖励者在经济上得到实惠，同时受到关怀、鼓励，得到情感精神上的满足。

6.奖励大多数

作为企业，每一次从财务计划中划出的奖金数额都是一定的。在此基础上，企业应尽量扩大奖励范围和比例。获得奖励的员工比例越大，就越能起到激励作用，从而使更多的员工去努力工作，不断追求自己的新目标。

明奖暗奖各有利弊

奖励可分明奖及暗奖。企业大多实行明奖，大家评奖，当众评奖。

明奖的好处在于可树立榜样，激发大多数人的上进心。但它也有缺点，由于是大家评奖，面子上过不去，于是最后不得不轮流得奖，使奖金也变成了"大锅饭"。

同时，由于当众发奖容易使部分人产生嫉妒心理，为了平息嫉妒，得奖者就要按惯例请客，有时不但没有多得，反而倒贴，最后使奖金失去了吸引力。

也有企业实行暗奖，领导认为谁工作积极，就在工资袋里加钱或另给"红包"，然后发一张纸说明奖励的理由。

暗奖对其他人不会产生刺激，但可以对受奖人产生刺激。没有受奖的人也不会嫉妒，因为谁也不知道谁得了奖励。

其实有时候领导在每个人的工资袋里都加了同样的钱，可是每个人都认为只有自己受到了特殊的奖励，结果下个月大家都很努力，都去争取下个月的奖金。

鉴于明奖和暗奖各有优劣，所以不宜偏执一方，应两者兼用，各取所长。

比较好的方法是大奖用明奖,小奖用暗奖。例如年终奖金、发明建议奖等可用明奖方式。因为这不易轮流得奖,而且发明建议有据可查,无法吃"大锅饭"。月奖、季奖等宜用暗奖,可以真真实实地发挥刺激作用。调动起员工工作的积极性,增加企业和领导的号召力。

奖励适度效果好

领导者可以通过制订目标,让下属知道领导的期望是什么,怎样才能获得奖赏,以激发下属的工作热情。

下属由于工作出色受到奖励,他们还能认识到整个组织的行为方针,认识到领导在时刻注意着他们的成绩,会有被承认的满足感和被重视的激励感,从而保持责任心和高昂的工作热情。

这种奖励体系对于维持整个组织系统的高水平运作是非常重要的。如果工资只和工作时间及生活费用的增长有关,和个人行为表现关系甚小,下属的经济动力就会减少,不求有功,但求无过。

许多奖励,如额外休假、发奖金、加薪、提升,等等,都会增加公司的开支负担。经费紧张时,可采取其他的奖励方法,如表扬、加重其责任、当着别人的面给予肯定、增进领导和下属的关,等等,这些也是很有效的刺激。运用这些方法能使员工期待领导的表扬或肯定,因而更加自觉努力地工作。

至于加重其责任,不仅仅意味着给他更多的工作,还要给他更多的决策权,对后果负更多的责任,减少监督以示信任。这也是一种奖励,它给予下属发展的机会和个人价值被承认的满足。下属越值得信任,你的监督就越少,管理工作就越轻松。

在许多企业中,领导对下属评价过松,几乎每个人都获得过不同程度的奖赏,优秀的员工无法脱颖而出。过多过滥的奖赏实际上降低了应有的"含金量",也失去了应有的意义。还有,表现出色的员工,如果没有获得一定的实际利益,奖赏也同样毫无意义,下属的工作热情就会消退。

领导必须区别每个员工的工作好坏,给予不同的人以不同的评价和物质

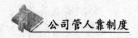

待遇。你可以要求下属们互相注意各自的表现，判断各自获得的评价是否公正。

不公正的评价，不论是过高还是过低，都会打击下属的积极性，降低上司的信誉。作为上司，必须保持自己的信誉，否则你的各种评价都会为下属们所不屑，你也就失去了影响他们的力量。

实行个人奖励制度

面对上万人的企业，主管肯定是分身无术，也不可能照我们所说的技巧与每个员工坦诚相见。最有效的办法是制定一个适用于全体员工的个人奖励制度，让所有员工以这个奖励制度为依据。

个人奖励制度是以人作为计算奖金单位的一种奖励计划，它使员工的收入与工作表现直接联系起来。老员工能够超额完成工作任务或超出预先订制的标准，便可以获得奖金或者额外的报酬。

个人奖励制度可以根据产量多少，或工作时间的长短作为奖励的标准。按产量多少进行奖励的方式我们称为计件制，它又衍生出各种不同形式的计件法。把时间作为奖励尺度，我们称为计效制，它鼓励员工努力提高工作效率，减少完成工作所需要的时间，节省人工和各种制造成本，并且根据员工不同的情况进行相应的奖励。

另外，奖励制度按照生产水平与工资的关系，可以分为定分与变分两种。

定分奖励制是指在超额劳动的分配过程中，企业与员工按某个确定的比例进行分配。比如，在计件制中，员工每生产一件产品，会得到一定额度的奖励。

变分奖励制是指在节余利益的分配方面，劳资双方的比例因为工作效率不同而有所差别。

个人奖励制度包括三种基本形式：计件制、计效制和佣金制三种。

物质奖励不是万能的

许多领导的用人哲学不外乎是"给下属几颗糖吃，他们就会死心塌地地替你卖命"。但是时代不同了，无论你给的是一叠厚厚的钞票、一瓶茅台酒，还是一张到黄山的来回机票，都未必能够收买人心。

不服气吗？请再往下看：

——下属会先考虑这些奖赏对他们是否有重大意义可言。举例来说，倘若对方来自广西，而你所开出的业务绩优奖赏却是"桂林五日游"全额补助，那对他们而言就不可能有太大的吸引力。

——天下没有免费的午餐，下属当然会先评估自己必须付出多少代价，才能换来这项奖赏，是不是值得这么做。

——他们也会有自知之明，晓得自己到底有没有资格去角逐；如果他们抱着局外人的心态在看好戏，士气反而会更低落。

——僧多粥少的结果，常是"一家欢迎，数家愁"。只造就一个英雄，却带来了许多郁郁寡欢的"失意员工"。

——以"成败论英雄"的论功行赏方式失之客观，让许多鞠躬尽瘁却时运不佳的人为之气结，容易产生强烈的对抗情绪。

——不论有多少奖赏，到最后通常都是各个一线部门皆大欢喜，其余的"后勤"部门根本就只有在底下怨声载道。

假如某个下属把这种奖励方式看得很认真，通常是从以下两方面去考虑的：

——我真的需要那个奖项（很缺钱用，很渴望到黄山去度假等）。

——只想扬眉吐气，借此满足自己的成就感。

不明确的奖励不如不奖励

杰克家有一只非常聪明的牧羊犬，有一天牧羊犬叼回一头狼，杰克大大地夸奖了它，给了它一只鸡腿作为奖赏。牧羊犬得意地摇着尾巴吃起了鸡腿。

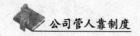

第二天，牧羊犬又叼着一头狼回来了。杰克高兴极了，觉得自己的牧羊犬实在太了不起了，就又给了一块肉作为奖赏。但是，奇怪的是，晚上当羊群回来的时候，杰克却发现羊少了一只。他纳闷了，自己的狗这么厉害，连狼都不怕，怎么会守不住几只羊呢？于是他第二天早上便跟踪了牧羊犬。到了牧场，杰克吃惊地发现，牧羊犬压根儿就不守羊群了，而是直奔狼窝去抓狼子。因为没有牧羊犬的看守，狼轻而易举就叼走了几只羊。杰克大为窝火，当天晚上就把牧羊犬赶出了家门。

这个寓言故事说明了什么呢？

领导者奖励员工，如果不明确应该奖励什么，就会产生负面效应。牧羊犬捉狼，本是一种正确的、对主人有利的行为，是值得奖励的。但是，主人在奖励它的时候，却没有明确奖励的实质内容——主人奖励的是牧羊犬守羊的功劳，而不仅仅是捕捉几只狼的行为。这使得牧羊犬意识到，捕狼似乎比守羊更有利可图，于是它自然就不会全心全意地守羊了。如果杰克在奖励牧羊犬时，让它明白它的主要责任是守羊而不是捕狼，只有羊守好了它才会有奖赏，那它肯定就不会弃羊于不顾了。

很多领导者在奖励员工的时候，都不让奖励的内容明确、公开，这就容易对员工造成误导，最后出现领导者不希望出现的行为。

明确奖励，不但要让员工明白领导者到底奖励的是哪种行为，以及为什么要奖励，还必须做到奖励公开、公平，通过明确的评价标准来消除员工的猜疑和误解，这样的奖励才有正面的引导作用。

奖励不当容易引起猜疑

日本有一家为电器生产配件的私营企业。该公司凭借技术实力和灵活的机制，曾一度取得了良好的效益。但是，公司内部管理的麻烦，却也随之而来。

原来，由于该公司在奖励政策上的不明朗，导致员工相互猜疑，管理人员、技术人员和熟练工人都在不断地流失，而且就连在岗的员工也大都缺乏工作热情。尽管该公司尽力提高员工的工作条件和报酬，但效果仍然不佳。

是什么样的不明朗奖励措施，致使一个企业面临如此严峻的问题呢？

该公司有"三个档次"的员工——"工人"、"在编职工"和"特聘员工"。"工人"是通过正规渠道雇用的生产工人；"在编职工"是与公司签过劳务合同的员工，主要是公司的技术骨干和管理人员；"特聘员工"则是外聘的高级人才，有专职的，也有兼职的。

每当公司签下一大笔订单或卖出一大批配件发放奖金时，"工人"和"在编职工"的奖金是造表公开发放的，而"特聘员工"的奖金则是以红包的形式发放的。而且，由于"特聘员工"都是些高级人才，故他们的奖金通常是"在编职工"的几倍。

但是，这种奖励措施却严重地挫伤了员工的积极性。

首先，一些"工人"和"在编职工"在了解到"特聘员工"的奖金是他们的数倍后，由于领导者没能公开宣布"特聘员工"的特殊贡献，使得"工人"和"在编职工"认为公司不能公正地对待他们，引起了他们强烈的猜疑和不满。

其次，"特聘员工"也非常不满，他们当中有一部分人因为没能享受到他们认为足够的奖金，所以认为公司不承认他们的价值，把他们当外人看。而且，有的人还误以为"工人"和"在编职工"肯定也收到了这种红包，而他们是公司的"自己人"，数额肯定会更多。因此，他们认为自己的努力，并没有得到公司公正的认可和奖励。

结果，该公司付出重金的奖励手段，非但没有换来员工的积极性和凝聚力，反而得到了人心涣散的结果。

发奖金要按计划来

如何使奖金计划得以贯彻实施，管理专家们在实践中总结了以下一些要点，依靠这些要点去做，可以使你的资金计划更加有效：

1.保证努力程度与薪酬有直接的关系

一套奖金计划能否成功实施的要素之一，便是使员工相信经过自己的努力可以获得相应的奖金。所以，奖金计划的奖励标准必须根据员工的实际生产力状况来制定，必须制定合理，而且一般员工都可以完成，同时也要为员

工提供相应的培训、设备、工具等。另一方面，员工对于整个工作过程可以控制，自己的努力程度越高，工作绩效也相应提高，从而增加报酬。

2.薪酬本身必须受到员工重视

个性需求的不同，必然导致一定结构的薪酬对不同的员工有不同的吸引力，为此，你必须调查员工的需求，有针对性地实行奖励。当一个员工对其他需求比如成就感、认同感期望较高时，金钱的支付对他工作表现的影响就有可能微乎其微。

3.奖金计划建立在审慎的工时研究上

精确的工作方法的研究，通常要通过工业工程人员、工时工效研究专家及其他方面的管理专家共同参与，从而制定客观公正的、标准的工时定额。

4.资金计划明了且易于计算

对于工厂里的工人来说，这一天生产了多少产品，他马上可以算出来会得到多少奖金，如果已经超过了定额，他会马上加快进度，提高效率，以便拿到更多的奖金。

对于大区的销售经理来说，如果奖金计划明白易懂，他不用计算广告投入、销售成本及其他费用就可以知道自己的销售小组会拿到多少红利。

这样的奖金计划再有效不过了。

5.设立有效的标准

奖金计划所依据的标准必须固定，要规定在什么情况下这样的标准有效；奖金标准还必须明确，不能含含糊糊，比如要求属下"尽你所能"；奖金标准还必须周密，不能只重视数量而忽视品质。

6.使员工建立对标准的信心

在管理规范、规模较大的企业里，也许这种现象不会存在，因为一旦确定了奖励的标准，管理者便不能随意提高标准或者降低工资。但在某些中小企业里，即使有了奖金计划，也难以发挥有效的作用，最终形成了互不信任的恶性循环。

7.建立并完善规章制度

管理的制度化、法制化会使员工增加对企业或部门的信任、减少疑惑。

对于管理人员而言，也清楚明确，便于管理。

对某人的奖励对他人而言可能就是惩罚

对某人的奖励，对其他人而言可能就是一种惩罚。

曾经有这样一个例子。在一个公司里，由于销售业绩比较好，总经理决定给营销部发奖金。这件事情被生产部门的员工得知了，他们想：好，一切都是营销部门的功劳，我们加班加点地生产就是理所应当的，那么我们还那么卖力做什么？于是在第二个月的时候，公司的产品的次品率、报废率、返工率都大幅度上升，成本增高，效益也就大幅度下降了。这就是典型的对某人的奖励变成了对别人的惩罚的例子，难道这就是企业进行奖励的目的？

奖励会使团队的关系复杂。要明确一个观点：任何矛盾的产生都是源于利益的冲突。利益是驱动人们采取某些行为方式的一种力量，因此利益的分配、再分配等将导致团队中的关系变得复杂。曾经有这样一个案例，一个销售部门经理为了使得部门内形成竞争的环境，决定实行竞争管理模式，每个月对销售量最高的那个销售人员进行额外的奖励。过去在部门内，由于没有这种竞争模式，因此大家是一个整体，也乐于互相帮助。但是采取了竞争措施后，部门内的氛围就变了。当有人向团队内的其他人求助时，很多人会以种种理由躲避。如果客户给某个销售人员打电话，大家都明白这就意味着合同基本可以签下来了，于是有些人不转告当事的销售人员某个客户打电话找他。由此导致公司客户流失，企业形象受损。更有甚者，用非法的手段获取其他人的客户资料，甚至在客户面前诋毁自己公司的销售人员。奖励产生了一种竞争，而竞争最后又演变成了一种矛盾。

奖励导致的经验主义思维

奖励会鼓励、强化在过去成功的模式，而丧失创新。大家都知道守株待兔的故事，我们就来分析一下，这个猎人守株待兔行为背后的思维模式。猎人在树下捡到一只因撞在树上而昏迷的兔子，这个兔子就构成了对猎人的一种奖励。由此猎人得出了一个行为模式：等待—兔子撞树—捡兔子。于是猎人便不断地强化奖励的思维模式和守株待兔的行为模式。猎人的这种行为是一种经验主义的行为方式。其实经验主义分为成功经验和失败经验。在过去的管理理论中，有一个比较著名的论点叫做大棒加胡萝卜政策。用大棒来惩罚错误的行为，而用胡萝卜奖励正确的行为。如同大棒惩罚原则只会激励人们去做一件事——躲避大棒一样，奖励会让人们形成经验主义，形成一种思维的惯性，从而丧失创新的动力。

利益驱使会让个别人不择手段

有这样一个故事，在150多年前，有一个牧童，在死海边上的一个洞穴内发现了一个手卷。经过专家鉴定，这个手卷是古犹太人的手卷，比先前发现的犹太人手卷早1000年，这就是著名的死海手卷。但是当政府去当地准备进行进一步研究的时候，手卷不易而飞了。政府在无奈之下，只好发出告示：凡是上交手卷的，都将获得奖金。告示一出还真的有效果，陆续有人来上交手卷。凡是上交的人，哪怕是一个手卷上的小纸片，也都会得到奖励。当所有的手卷收集齐全了以后，研究者发现手卷已经无法拼好，这么一个珍贵的文物就这样被毁了。其实手卷就在当地人的手里，但是他们为了获得更多的奖励而把手卷撕毁了。

由此明确一个观点：利益会让人不择手段。可能很多人不认同人性本恶的论点，但是应当说明的是在管理工作中根本就没有绝对的事情，因此我们必须要作必要的预防。这就如同一个现在比较流行的名词——授权。授权并不是放权，管理者仍然要对权力有必要的控制。同样，我们可以从人性本善的角度进行管理工作，但是我们仍然要对各种可能发生的状况作出预防。

什么样的激励手段是失败的

领导者都希望员工能够好好地工作，也为此采取了种种激励措施。然而，实际的效果却不令人满意，因为他们往往是凭自我感觉或经验来做事，不知激励也需讲究技巧。激励无效的原因在于以下几个方面：

无效原因之一：激励不考核，只凭脑子发热

有的企业管理制度不健全，部门职责权限不清，没有工作标准，难以对员工进行合理的业绩考核。因此，企业效益好的时候，领导者一拍脑袋就发奖金，谁多谁少，研究一下就敲定。在大多数企业里，一般是按职位大小划分奖金档次，"当官"的得到的多，普通员工得到的少，不做事的也发奖金，使得发了也白发，员工戏称为"奖金大锅饭"。

激励下属应当有依据，这个依据就是对工作业绩的考核。科学地讲，企业应当根据实际情况建立起激励机制，要让员工明确工作目标，并且清楚实现目标后能得到什么回报。这样才能调动大家的积极性，使工作一步一个台阶，使企业不断发展。

无效原因之二：重物质轻精神，形式太单一

现实中，有的领导者没有认真思考和了解员工的内心需要，在激励时不分层次、不分对象、不分时期，都给予物质激励，形式太单一造成激励的边际效应逐年递减。领导者责怪员工要求太高，员工们则抱怨激励太单调，结果企业费时、费财，员工们还不满意。显然，重物质轻精神不行，重精神轻物质也不行。作为领导者切记：在激励时必须将物质与精神进行结合，必须在形式上丰富多样，这样才能保证实现激励效应动态化、最大化。因此，一是要分析和了解员工最需要什么；二是要想方设法用对号入座的方式去满足他们，形式是不固定的，可以灵活多样。

无效原因之三：仅凭汽车房子留人才

当前，有不少企业在搞人才攀比，甚至人才高消费，却辄汽车或房子，试图以此来留用人才。虽然不能完全否认企业采取这些激励措施可以留住一些人才，但这肯定不是充分的条件，因为也有很多企业靠这些没能留住人才。留用人才不要只注重外在形式，过高的物质投入会造成人才趋高的心理，反而留不住人才，越留越跑，有时连企业的技术、市场一块儿带跑，使企业陷入困境，使决策者陷入困惑。

对员工的激励应当把形式与内容结合起来。企业要在保证人才有较高收入的情况下，提供较好的用人环境和机制，让人才有真正的用武之地。仅有

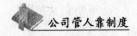

高投入不行，否则会让员工心里发虚，或引发员工无止境地追求物质利益。当然，只注重使用人才，而没有相应回报也不行，这会让人才感到不受尊重，得不偿失。

无效原因之四：轮流坐庄搞平衡

有些企业每年都要进行评奖或评选先进活动，尽管企业在总体上提出了评选的条件和要求，但往往都要限制名额，即各部门不得不根据本部门员工数量按一定的比例来开展评选活动，这就难以做到真正拿标准来衡量，结果出现这种见多不怪的现象：按标准可能谁也不够格，按比例还得评出个先进。于是大家轮流坐庄，今年我当，明年你当。几年后回过头来一看，几乎都当过先进或获过奖，年年如此，年年走过场，水过地皮湿，先进不再带头，激励不再让人动心。

评选先进搞轮流坐庄，评选系统缺乏科学规范，评选结果反映不了真实情况，使得评选先进失去了其应有的意义。解决的办法就是建立合理的激励机制，根据岗位情况和工作标准来考核是否够标准，同时还要考虑到满足当今员工多样化需求，实现激励多样化。

无效原因之五：士气低落时才想到激励

领导者一般都专注于处理大事或紧急事务，总觉得激励是常规性的事务，无须花太多的精力。因此，将其搁置一边，直到感到士气低落时才想起激励，可已经来不及了。这时为激励员工所花费的时间、财力等成本要比原来大得多，效果也不会好。众所周知，在人的健康问题上，一分预防胜过十分治疗，激励也不例外。不要等到员工的士气低落后才去珍惜它，激励应如长流水。

领导者要想不陷入激励陷阱，就得像关心生产、关心市场一样来关心员工的激励问题。激励同样需要科学，需要规范，也需要技巧。

第24章

罚有章法：是非功过要分清

惩罚是管理者为了预期目标，根据既定的标准和要求，对不符合要求，达不到标准的行为与人员的惩治。惩罚，是为了让被惩罚者以及同一组织的人由此加强认识、提高警惕。所以说，惩罚的目的，是为了让大家，尤其是被惩罚者从心底里得到警醒，是使被惩罚者自我努力的手段，是为了达到期望的负面激励。

企业要怎样惩罚，才能做到既能让员工虚心接受惩罚，又能让企业人心不致涣散呢？答案就是让惩罚直指对方的心灵，通过刺激、触动被惩罚者的心灵来达到消除弊端、改善工作、提高效率的目的。在具体的方式上，可以将惩罚艺术化。通过处罚，让员工学有所得，这样的惩罚对于员工来说，才会变得有意义得多。

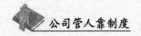

不要打错了板子

W公司是一家刚刚成立不久的装饰设计公司，主要面向商场、酒店以及房地产开发商，以大项目为主，定位较高，目标是在10年内做到全国同行业排行前5五名。2005年，公司的业务非常饱和，但到年底却发现全年利润只有11%，而且年初公司承诺员工的提成及奖金还尚未扣除。

公司老板非常震惊，认为是目前的薪酬制度没有起到很好的激励作用，养懒了员工。于是提出2006年度的改革薪酬制度方案：对设计人员一律实行"低底薪、高提成"的薪酬管理办法，同时与回款率挂钩。要求每个设计人员每个月至少要完成15万元的项目，底薪由原来的3 000~6 000元，一律降为1 500元，不能完成者降职为设计助理，底薪为800元；同时实行末位自动淘汰机制。

结果，改革方案实施不到两个月，就自动"淘汰"了好几名优秀的设计师，有的主动提出辞职，有的不辞而别。设计室只剩下两三个提不起放不下的一般员工，基本上处于瘫痪状态。这时老板才急了，一方面紧急撤销改革方案，一方面主动出面请回原来的设计师，可是，他们都婉言谢绝了——担心老板的"政策"一天一个样。

为什么在业务饱和的情况下，公司的利润只有11%？原因是多方面的，可能预算工作不到位，也可能是对过程没有进行合理的成本控制，还有一种可能是设计项目接了很多，但没有重视回款，总而言之，是财务管理不到位、职责划分不明确造成的。

可是老板却把板子打在设计人员屁股上，实施人员"低底薪，高提成"的薪酬管理办法，他没有想一想这样的措施出台后，会造成什么样的后果。

惩罚相对于奖励更能触动心灵

在一个企业里，如果老板每月给你加薪100元，你会高兴得不得了，逢人便说老板的好；可是如果你的薪水又被老板降掉了100元，虽然你的收入与以前相比没有变化，可这个时候你会怎样想呢？剩下的可能只有对老板的极端"仇视"。

什么原因导致员工产生这种想法呢？

获得2002年度诺贝尔经济学奖的卡尼曼认为，这是由人类决策的不确定性决定的。就像你丢掉10元钱所带来的不愉快感受，要比捡到10元钱所带来的愉悦感受强烈得多。也就是说，你宁可不希望捡到10元钱，也不愿意丢掉10元钱，哪怕价值一样。

通过心理学研究，卡尼曼说："在可以计算的大多数情况下，人们对所损失的东西的价值估计高出得到相同价值的两倍。同样，当所得的比预期的多时，人们会很高兴，而当失去的比预期的多时，就会非常愤怒痛苦。关键在于这两种情绪是不对称的，人们在失去某物时愤怒痛苦的程度远远超过得到某物时高兴的程度。"

因此，在经济生活的现实当中，企业管理人员制定薪酬奖惩制度时，如果想对人形成强烈的刺激，那么采用惩罚的办法要比奖励的办法更有效。

当然，惩罚不是目的，而是为了让员工和整个企业的工作更有效率。惩罚是管理者为了预期目标，根据既定的标准和要求，对不符合要求，达不到标准的行为与人员的惩治。惩罚，是为了让被惩罚者以及同一组织的人由此加强认识、提高警惕。所以说，惩罚的目的，是为了让大家，尤其是被惩罚者从心底里得到警醒，是使被惩罚者自我努力的手段，是为了达到期望的负面激励。

企业要怎样惩罚，才能做到既能让员工虚心接受，又能让企业人心不致涣散呢？答案就是让惩罚直指对方的心灵，通过刺激、触动被惩罚者的心灵来达到消除弊端、改善工作、提高效率的目的。在具体的方式上，可以将惩罚艺术化。通过惩罚，让员工学有所得，这样的惩罚对于员工来说，才会变得有意义得多。

奖励和惩罚都是企业激励的方式，但惩罚有时候比奖励对人的"刺激"更大。

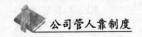

压力"压"出新举措

为了加强劳动纪律，某房地产公司对员工出勤率进行考核，但情况令人担忧，尤其是公司的售楼部，考勤情况十分不理想，晚来早走已成家常便饭。于是该房地产公司对原《员工考勤管理制度》加大执行力度。三个月下来，行政人员已经杜绝了迟到现象，但售楼部的情况却不是很尽如人意。尤其是一到雨雪天，迟到现象依然如故。而且除了加大经济上的处罚外，视情节还加上了行政上的处罚。没想到售楼部反应冷淡——你罚你的，我晚我的。压力没有变成动力。

几经思索，多方求证，人力资源部终于作出了决定：售楼部的接单为排号接单，而排号的顺序将遵循到岗的前后顺序。新规定一经落实，顿收奇效，不但日常的考勤有了保障，而且越是天气恶劣，员工的考勤时间反而越准时。因为接单的多少直接与经济利益挂钩。压力终于变成了动力。

其实，管理是由"管"和"理"两部分组成的。其中"管"从本质上讲就是一种约束、控制、支配；而"理"从本质上讲则应该是疏通、理顺、引导。在管理中，"管"的核心为"事"，正所谓管其所违；"理"的核心为"人"，正所谓顺其心而理其行。"管"的压力，也就变成了"理"的动力。

我们一般是通过"管"来约束、控制、支配员工的行为，以确保员工与组织之间的同向和同步，也就是我们常说的"硬功夫"。在"管"之前，应该先通过"理"来疏通、理顺、引导员工的心，就是我们常说的"软功夫"，使我们的"管"，明理、有理、合理，使员工接受、认同、支持。

售楼部前期两次强调的都是"管"，后期侧重的则是"理"。而最终解决售楼部考勤问题的关键，并非"管"如何，即惩罚得有多重，恰恰是"理"清员工心里最在乎的是什么。

罚是手段而不是目的

我们经常提到企业要进行"人本管理"。那么，什么是"人本管理"呢？

可以理解为是以人为本的管理，也就是说一切工作要以人为中心，围绕着人来开展，充分体现出管理的"人性化"。

"以人为本"的管理就是要在日常管理中体现其"人性化"的一面。要从关注、关怀员工的角度出发，牢牢抓住员工的"心"，顺其自然地来引导员工向正确的方向前进。这样做，就可以在无形之中改变员工错误的行为，培养员工对企业的责任感，使之最终转化为工作绩效来回报企业。

至于"罚金"，对于那些从事行政工作的员工行之有效。在上述事例中，"罚薪"最终解决了售楼部的问题。销售部门为公司直接产生利润的部分，平日里公司会或多或少地开些"绿灯"，他们在某种程度上只认"业绩"不认"态度"；售楼部薪资不固定，其多少取决于客户的订单量，压力不仅来自于外界，还有同事之间的竞争。

其实，无论是"罚金"还是"罚薪"要想坐收其效，最后"罚"到的必是员工的"心"。而这"罚心"则有赖于日常管理中的"软功夫"；而无论罚什么，都要有效地执行下去才可以收到效果，这些规章制度的执行则需要日常管理中的"硬功夫"。

在企业管理中，"惩罚"是手段而不是目的。人心如水，管理如器。管理并不是断江截流，而是开江引流。这个"流"也就是员工的"心"。企业领导者通过"动力"，把"水"引到"器"里去。

把下属的损失当成学费

美孚石油公司有一位部门经理，由于在一笔生意中判断错误，造成公司几百万美元的巨额损失。公司上下都认为这位经理肯定会被炒鱿鱼，这个经理也做好了被"炒"的思想准备。在上司洛克菲勒办公室，他深刻检讨了自己的错误，并要求辞去经理职务。可是洛克菲勒却平淡地说："开除了你，这几百万学费不是白交了？"当时这位经理万万没有想到会是这样的"处理"结果。他感动得热泪盈眶，不知说什么才好。洛克菲勒说："我知道你想说什么，但你什么也不用说了，回去休息两天再来上班。"

美孚石油公司成立于1863年，全称"埃克森美孚石油公司"，是一家世

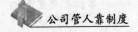

界著名的跨国公司，也是世界最大、历史最悠久的工业企业之一。

这么大的公司，如此"从宽"惩罚犯有严重过错的员工，大概在中外惩罚史上都是绝无仅有的。该公司对犯有错误的员工的"宽大为怀"，实际上是为了防微杜渐，没有把惩罚当做目的，而仅仅是手段。目的是找原因，想办法，走出错误，迎接成功。果然，这个经理总结了错误的教训，提出了许多合理化的建议，勤奋工作，后来为公司创造了巨大的经济效益。如果当初简单地把他开除了事，说不定其继任者还会犯同样的错误。

按理说，由于这位经理个人的原因给公司造成了这么大的损失，开除也不为过。如果在别的上司面前，至少会遭到电闪雷鸣般的训斥。有些领导就喜欢"痛打落水狗"，下属越是认错，他越咆哮得厉害，就想过一把惩罚别人的"瘾"。在他心里可能是这样想的："我说的话，你不放在心上。出了事你倒来认错，不行，我不放过你。"

训斥，责骂，这样的批评到后来会是什么结果呢？一种可能是被骂之人垂头丧气；另一种可能，则是被骂之人忍无可忍，奋起还击，大闹一场。他们认为，我已经认错了，你还抓住不放，实在太过分了。你还想要我怎么样？问题不但没有解决，矛盾加深，上下级关系反而更紧张了。上下不是同心同德，而是离心离德，工作会搞好吗？经济效益能上去吗？防微杜渐，才是惩罚的关键所在。

不能"一竹竿打倒一船人"

R公司是一家中等规模的企业，发展一直很平稳，但这两年受大环境的影响，业绩一直在下降，各部门也都在苦思对策，希望可以化解目前的危机。经过冥思苦想，终于颁布了一条整改措施：

"为了激励员工士气，从即日起，各部门开始做业绩评比，到月底交财务部结算统计，落后的部门全部减薪一半。"这是公司老板突然召集各级干部开会，在会上郑重宣布的。

整改措施逐级传达后，员工普遍反应强烈，大家都没想到，老板会想出这样过激的作法。而看到大家不愿接受的神情，老板却振振有词地强调这一举措的重要性。

老板说到做到，言必信，行必果。一个月后，绩效较差的三个部门果然被宣布减薪一半。尽管此前大家都知道会有这种结果，但内心还是抱着一丝希望，希望老板是故作声势吓吓人，目的是让大家有紧迫感，有危机感。然而员工良好的愿望代替不了现实。于是，公司中下层开始出现一些不满的声音，工作上也普遍出现消极怠工的现象。一时间，谣言四起，到最后，连老板"没钱发薪"的说法也"造"出来了，有些还传到同行的公司那里去了。这时老板才发觉事态严重，重新思考对策，终于收回他的决定，取消颁布不久的"最新整改措施"，恢复原来的制度，这样一场风波才平息了下来。

惩罚是企业老板的"杀手锏"，但"杀手锏"也像一把双面刃，有两面性，用得好，确实能够激发员工的积极性；用得不好，却能挫伤员工的工作热情。有时候，老板可以因为个人的错误惩罚一个团队，有时候却正好相反，一个团队惩罚了老板一个人。

不可否认，目前许多管理者对于员工中迟到早退及不守秩序的现象实在很头痛，尤其是一些老员工，他们的能力对公司而言，可能已经没有加值的效果，但却经常倚老卖老，破坏了公司的制度。老板之所以想出以扣薪代替责骂的方法，原来是想借此排除管理者的人情压力，惩罚犯错的员工，纠正其不当的行为。可是这种"一竹竿打倒一船人"的作法，却让许多员工的内心产生不平衡，而且员工对公司和老板产生了不信赖与不满，这样的后果，远比扣薪厉害得多。

利用扣薪来处分员工，在本质上是为了阻止员工继续犯错，改善其工作态度，这种方法本身并没有错，但问题在于这个方法的具体运用上。像R公司的政策，其不合理的地方就在于，它以一个部门为单位来扣薪，而每个部门的工作内容是不一样的，同一部门每个人的工作态度、业绩也是不一样的，最后却"享受"同样的减薪对待，他们能接受吗？

员工们普遍认为，我们的老板除了会惩罚以外，没有什么好的管理方法。其实，"惩恶扬善"是一种较好的激励方式，但滥用惩罚就会失去原有的作用。惩罚用得过多，也是管理者的一种无能表现。特别是惩罚不看后

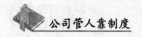

果，到头来，惩罚的苦果只有自己来尝了。

罚要罚得明白

某公司在短短几年发展到300多人，总经理很感激这批努力而勤奋的员工，所以他决定以后每一个员工生日时，公司都要为他过生日，体现公司对员工的关心与回报。总经理把这个任务交给了办公室主任办理。办公室主任把一份所有分公司员工的生日列表放在他的桌子上，说："张总，您要的东西我准备好了。"

这是张总想要的结果吗？不是！张总需要的是一个方案：不同的员工分别过什么样的生日，来公司一年的员工该是什么样的级别，来公司两年的员工该是什么样的级别。张总经理需要为这些员工过生日的一个预算和实施计划方案。看了生日列表，他发火了，说："现在你给我这样一个名单，难道是让我来替你分析这些？那你们又做了什么？"

办公室主任诚惶诚恐，洗耳恭听。张总经理又说："我希望执行的员工懂得，我们的目的是通过给员工过生日，让每一名员工感到公司的文化，感受到公司的温暖。"

结果，总经理对办公室每人惩罚了50元，让办公室主任把名单拿回去重新做详细方案。

办公室主任以为把公司员工生日列表交给总经理就算完成了任务，他没有明白这样一个道理：老板是下级的客户，我们如何对待客户，就应当如何对待老板。

办公室主任连同工作人员都被罚了50元，对他们而言，确实是个压力，但他们从中也感受到了办好一件事的工作方法和动力。

像张总经理提议给员工过生日这一事件一样，如果我们每件事都要老板讲清楚，给员工过生日需要分员工级别，需要多少钱，需要如何布置环境，需要给这位员工些什么纪念品，预算下来大概需要花多少钱，那做老板的还不累死？正如张总经理批评办公室主任时所说的："让我来替你分析这些？那你们又做了什么？"

也许有人会说，张总经理在布置工作时没有讲清楚给员工过生日的定义和目标，但是这也不能成为下属推卸责任的理由。上级在布置工作时，如果出现不清楚的地方，责任在下级。因为，执行任务的是下级，不是上级，如果执行方不清楚，应当主动去请示，问清楚再执行。

张总经理要求把给员工过生日的目标量化是没有错的，但是，这个量化应当是下级提出一个大致的"量化结果"与上级讨论，而不是上级完全给下级一个"量化目标"，下属照做即可。诚然，作为公司老板，张总经理也有可以改进的地方，他可以要求下级在执行的时候，给他一个"结果定义"的汇报，保证自己对过程结果的控制。下属在接受任务的同时，思维也应该马上跟进，飞快地产生一个执行的方案，当时就征求上级领导的意见。

工作中受到批评、惩罚，感到有压力并不可怕，可怕的是不能把压力变为前进的动力。

有压力就有动力，这是物理学上的一条公理，也是人生的一条公理。一个人饭后散步，往往会有闲情逸致，如果挑着重担，他立马小步跑起来。这就是压力产生动力。

惩罚只教人们不做什么，而没有教人们去做什么。因此，要把惩罚的压力变为前进的动力，还必须给员工指明替代性行为，当员工做出了所希望的替代性行为时，最重要的是及时给予反馈，并进行正面强化，这样，才能使其把压力变为动力。

用温情激励失败者

有竞争就会有失败者。如何对待失败者也是一门学问，因为引入竞争的目的是为了激励所有的员工努力工作，因此，如何保证竞争中的失败者仍然能充满激情，积极地工作也是极为关键的。同样，企业在与外部竞争时既有成功，又有失败，所以如何在失败的时候让企业仍然士气激昂也是竞争激励中的一个重要环节。

对待企业内部竞争的失败者，我们首先是要肯定他们在团队中的作用，让他们明白团队的成功有他们的刻苦努力，从而让他们不致因失败而丧失工作的信心。其次是在肯定他们已经做得很好的基础上委婉地、热心地帮助他们分析不足之处，并告诉他们："只要注意一下，你就会做得更好。"总之，对于竞争中失败的员工，管理者应注意别让他们失去信心，要多给他们温情与鼓励，让他们更为积极地参与到竞争中去。

对待团队竞争的失败，一个优秀的领导者要善于激励下属从失败中奋起，而不是被失败所击倒。要让他们知道"胜败乃兵家常事"，只要从失败中吸取教训，从失败中站起来，相信一定会成功的。在面对失败的时候，坦然地承认失败和承担责任是第一步，失败会让每个人心里难受，而勇于承认则是重新奋起的第一步。接下来是肯定成功的地方，别让失败抹杀了其中的成绩，这也是保证员工信心不失的重要手段。

对待错误要"萝卜加大棒"

索尼公司是靠生产电子产品起家的，随身听是该公司的重要产品。一次，公司的一家分公司的产品出了问题，这家分公司的产品是销售到东南亚的，总公司不断收到来自东南亚的投诉。后来，经过调查，发现原来是这种随身听的包装上有些问题，并不影响内在质量，分公司立即更换了包装，解决了问题。可是盛田昭夫仍然不依不饶。

这位经理被请到公司的董事会议上，被要求对这一错误做陈述。在会议上，盛田昭夫对其进行了严厉的批评，要求全公司以此为戒。该经理在索尼公司干了几十年，第一次在众人面前受到如此严厉的批评，难堪尴尬之余，禁不住失声痛哭。盛田昭夫的盛怒让其他董事都感觉太过分了。

会后，该经理步履沉重地步出会议室，正考虑着准备提前退休。可是董事长的秘书走过来，盛情邀请他一块去喝酒，该经理哪里还有这样的心思，无奈秘书几近强拉硬扯，两人走进一家酒吧。该经理说："我现在是被总公司抛弃的人，你怎么还这样看得起我？"这位秘书说："董事长一点儿也没有忘记你为公司作的贡献，今天的事情也是出于无奈。会后，他知道你为这事伤心，特地让我请你喝酒。"

后来，秘书又说了一些安慰的话，该经理极端不平衡的心态才开始有所缓和。喝完酒，秘书陪着这位经理回到家。刚进家门，妻子迎了上来对丈夫说："你真是受总公司重视的人！"

该经理听了感觉非常奇怪：怎么今天妻子也来讽刺自己？这时，妻子拿来一束鲜花和一封贺卡说："今天是我们结婚20周年的纪念日，你也忘记了。"在日本，员工拼命为公司干活，像妻子的生日以及结婚纪念日这样的事情，通常都难以记起。该经理不明就里："可是这跟我们总公司又有什么关系？"原来，索尼公司的人事部门对员工的生日、结婚纪念日这样的事情都有记录，每当遇到这样的日子，公司都会为员工准备一些鲜花礼品。只不过今年有些特别，这束鲜花是董事长盛田昭夫特意订购的，并附上了一张他亲手写的贺卡，勉励这位经理继续为公司竭尽全力。

盛田昭夫不愧是善于批评的老手。为了总公司的利益，他对犯错误的员工没有丝毫的宽待，但考虑到这位经理是老员工，而且在生产经营上确实是一把好手，为了不彻底打击他，所以采用这样的方式表达一定的歉意。盛田昭夫经常使用这样的方式，索尼公司的许多人称之为"鲜花疗法"。

如何扭转下属造成的不良局面

在任何一个公司中，都不可能杜绝下属的错误。而有些错误常常可以导致整个公司出现重大危机甚至走向失败。

要扭转下属造成的不良局面，需要采取下列措施：

（1）**立即面对问题**。如果主管一直对下属的过失不闻不问，下属根本不会觉得自己有问题，到你"秋后总算账"时，他会很难认同你的看法。

（2）**避免在盛怒下处理问题**。如果主管大发脾气，很容易把这种气氛传染到其他成员身上，引起其他团队成员的不满，事态只会愈演愈烈；而无能的下属为了保护自己，更加不会承认是自己的过错。

（3）**私下解决**。别以为当众直斥其非便可以一惩百戒。其他下属不明个中情况，可能会觉得你辱骂的是整个团队而不是个别下属，因而引起众怒，使你成为众人的敌人。尝试与有关下属个别面谈，一同寻找解决方法。

（4）**明确方向**。不妨将问题"摆上台面"，与下属面谈时要有话直说。说话可以"客气"但要"直接"，让员工有下台的余地，他们才会乐于听取你的意见。

（5）**证据确凿**。要有明确的事实来支持你的论点，工作数量、品质、时间效率、成本、业绩，都是很好的根据。如果公司一直以这些资料作为评估个人贡献的标准，那么下属的成绩更加一目了然，下属亦无法狡辩。

（6）**提供指导**。下属无能可能出于懒惰，亦可能是他有心无力，主管不能只点出他们的错处，更应向下属讲清楚公司和部门的期望。如果你认清下属的无能是因他不够聪明，缺乏信心，没有能力……主管便有责任为这些下属提供指导，让他们尝试照着你的方向和指定时限去完成工作，给他们时间去适应和学习。下属有进步时，不要忘记给他支持和鼓励。

引导下属认识自己的错误

休斯·查姆斯在担任国家收银机公司销售经理期间，曾面临一种最为尴尬的情况：推销员听到公司财政困难的消息后，工作热情下降，销售量也直线下降，情况极为严重。这很可能导致查姆斯及其手下的数千名销售员一起被"炒鱿鱼"。为此销售部门不得不召集全体销售员开一次会，查姆斯先生主持了这次会议，首先他请手下几位最佳销售员站起来，要他们说明销售量下降的原因。

这些推销员没有讲自己的责任，只是从客观环境中去找原因，如商业不景气，资金缺少限制了购买力，人们都希望等到总统大选揭晓之后再买东西，等等。当第5个销售员开始列举使他无法达到平常销售配额的种种困难时，查姆斯先生突然跳到桌子上，高举双手要求大家肃静，然后说道："我建议会议暂停几分钟，我得先擦擦皮鞋。"随后，他要求坐在附近的一名擦皮鞋的黑人小工友去帮他把鞋擦亮，而他站在桌子上没动。

在场的销售员都惊呆了，不明白他这样做是为了什么。于是便开始窃窃私语，与此同时，那位黑人小工友开始给他擦起了皮鞋。由于查姆斯先生在桌子上站着，所以小工友熟练的擦鞋动作大家都能清楚地看到。只见他不慌不忙擦完一只，又去擦另外一只，表现出了一流的擦鞋技巧。

皮鞋擦完后，查姆斯像往常那样给了那位小工友一角钱，然后开始继续发表他的讲话："我希望你们在座的每一位都能好好地看着这个黑人小工友，他拥有在我们整个工厂及办公室内擦皮鞋的特权。大家一定还记得，他的前任是位白人小男孩，年纪比他大得多，尽管当时公司每周补贴他5元的薪水，而且工厂里有数千名员工，但他仍然无法从这个公司赚取到足以维持他生活的费用。这位黑人小男孩却可以赚到相当不错的收入，不仅不需要公司补给薪水，每周还可以存下一点钱来。他和他前任的工作环境完全相同，在同一家工厂里工作，工作对象也完全相同。我现在问你们一个问题，那个白人小男孩拉不到更多的生意是谁的错？是他的错，还是他的顾客的错？"

那些推销员不约而同地大声回答说："当然是那个小男孩的错。"

"正是如此。"查姆斯回答说，"现在我要告诉你们，你们现在推销收银机和一年前的情况完全相同，同样的地区，同样的对象以及同样的商业条件，但是你们的销售成绩却比不上一年前，这是谁的错？是你们的错！"

"我很高兴，你们能坦率承认你们的错误。"查姆斯继续说，"我现在告诉你们，你们的错误在于，你们听到了本公司财政发生困难的谣言，这影响了你们的工作热情，因此工作不像以前那样努力了。只要你们马上返回到自己的销售区，并保证在以后30天内，每人卖出5台收银机，那么本公司就不会再发生什么财政危机了，以后卖出去的都是净赚的，你们愿意这样做吗？"大家都说愿意，后来果然办到了。

查姆斯不仅指出了下属业绩下降的原因，还激发了他们的斗志。这件事扭转了该公司的逆境，带来的价值相当于100万美元。

用行政和经济手段限制员工是老板的无能

人才是企业的宝贵财富，任何一家企业的老板都明白这个道理，但有的老板却不能善待好不容易找到的人才，把千里马等同于一般的马，把他们当做一般员工看待，而在他们想跳槽离职时，又实施行政和经济手段惩罚。

××公司就是这样的典型，该公司老板的手段"高明"之处在于"奖金的发放"。

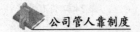

本来，奖金的发放就应该体现在工资当中。即使单发，月奖，应该在本月末或第二个月月初发放；季度奖，应该在本季度末或下一季度初发放；年终奖，过年前就必须发放到员工手中，让大家过一个欢乐的春节。然而××公司的奖金发放制度比较奇怪，去年的奖金要今年才发，而且要分三次发，其中第三次居然还要拖一年再发。为什么要这样做呢？说白了就是用经济的手段限制人才离职。如果企业所需要的人才一旦提出离职，部门主管的第一反应就是直奔财务室，告知冻结该员工的全部奖金，也不论这奖金目前所处的状态。什么都免谈，即使是辛苦了一年该得的年终奖也成为你为公司所作的"贡献"。

按照这样的操作方式，无论员工，且不说是关键部门的人才，不管你什么时候提出离职，都会损失一笔应得的收入。就像入了"套"一样，工作年限越长，套得就越深，损失就越大。

现代社会是流动的社会，作为一个职业人，很多是不大可能一辈子为某一企业工作的，这也是不可抗拒的社会规律。但××公司一贯把正常离职的员工当成敌人，采取敌视态度，用设有陷阱的劳动合同和高额违约金来"套牢"员工。留住人留不住心，又何必呢？再说，老板凭什么不给员工应得的劳动收入呢？这样的老板，就不怕员工拿起法律的武器同你较真，把你推上被告席？

用行政和经济手段限制员工是老板的无能，其结果，受到惩罚的还是老板自己。

用自己的错误惩罚别人，往往是不少老板的通病，当然，他们并没有意识到自己的行为是错的，即使错了也不承认，总要千方百计地为自己找借口，开脱自己的责任。"种瓜得瓜，种豆得豆"，只是在他们种出来的"错误"得以证实并造成巨大经济损失时，才后悔莫及。到时，悔之晚矣。

第 **25** 章

煽情励志：让人时刻有奔头

　　荣誉经常可使获得者感到无尚的荣耀，又可以为其他人树立学习的榜样和奋斗的目标。因而荣誉激励具有巨大的社会感召力和影响力，能使企业具有凝聚力、向心力。

　　给能干的下属配备值得炫耀的条件，就是给他一种极大的荣誉感和自豪感。当他得到这种奖赏后，会感到极有面子，为了维持这种面子，同时也为了回报企业，他必定要像以前一样，甚至是比以前更加勤奋地工作。这是许多聪明的领导者都曾采用过的管理方法，以这种方法激励自己的员工，屡试不爽。

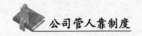

用"精神薪资"管人

许多公司基于财力的因素，或许无法提供给员工较高的薪资，但是"精神薪资"却能弥补物质上的不足，留住人才，使得公司的业务蒸蒸日上。

以下是一个简单的测验，它能检测出你是否已给予下属合理的"精神薪资"。请看下面几个问题，然后按"经常"、"有时"、"偶尔"或"从不"来回答，只要正面回答较少，那么就得注意管理方法了。

(1) 开会或者其他场合下，你是否会给予表现出色的员工书面或口头上的赞扬？所谓的赞扬并不是随便讲几句好听的话，而是给予员工应得的衷心赞美。

(2) 你是否允许部属表达意见，提出报告，或将他们的名字列在报告或备忘录上，还是一手遮天，独揽众人的心血结晶？对于表现出色的员工，你是否愿让他们共享荣耀？

(3) 你是否邀请下属出席重要会议，并鼓励他们在会议上发言？是否鼓励员工提出个人的意见及构想，甚至鼓励他们提出和你完全相反的意见？

(4) 你会花时间和员工聊天，借此与他们建立良好关系吗？你是否关心他们下班后有些什么活动，关心些什么，有什么兴趣等？

(5) 你是否会替下属创造选择任用、旅游、参与新工作目标及任务的机会？是否将下属适时地介绍给公司最高层的人员并给予他们向他人学习的机会？

(6) 你是否会和下属讨论受训及提升的机会？更重要的是，你是否会尽心给予他们这种机会，以满足他们的期望？

对于这些问题的回答肯定的居多，说明你是一个称职的领导，平时注意对员工的精神奖励。如果做不到这些方面，则要在将来的管理中注意这方面的加强了。

任何单位的领导，既不能过多地给予物质奖励，使人们只注重物质享受，又不能超越现实情况，只进行精神奖励。要在不断满足人们物质需要的基础上，做好精神奖励的工作。

精神奖励是人们的高层次需要，精神利益的满足是促使人们自身能力发展完善的重要动力。实行精神奖励，能促使人们在愉悦的精神享受中陶冶思想情操，使自己各方面的能力不断发展。

挖掘员工的闪光点

不是每个员工在工作和业务中都会有显著的成绩，许多员工表现得甚至很平庸。事实上，在任何一个单位中，真正出类拔萃的只是少数，而大部分都处于一种中间状态。那么怎样对待这些表现一般的员工呢？

这些员工虽然表现一般，但并非说明他们没有能力，相反，甚至有些人是很不错的，只不过他们的能力还没有被激发出来，而且，他们也同样甚至更需要领导的关注和激励。这就要求领导有挖掘这些一般员工优点的眼光，如果领导能够在日常的工作事务中发掘出他们的优点并予以哪怕是口头的表扬，就可能使他们的潜能被大大地激发出来。

即使员工没有潜在的才能，但只要他诚诚恳恳、兢兢业业，也值得领导赞扬。例如，某大单位的一个清洁工，本来是一个最被人忽视、最被人看不起的角色，但就是这样一个人，却在一天晚上单位保险柜被撬时，与小偷进行了殊死搏斗。事后，有人为他请功并问他的动机时，答案却出人意料。他说，当公司的总经理从他身边经过时，总会不时地赞美他："你扫得地真干净"。

你看，就这么一句简简单单的话，就使这个员工受到了感动，这也正合了中国的一句老话"士为知己者死"。

三句好话可抵半年口粮

国外有一句名言：有两件东西比金钱更为人们所需要——认可和赞美。这话是由年利润高达6亿美元的美国的玫琳凯化妆品公司经理所说的。

的确，金钱在调动员工的积极性方面不是万能的，而赞美却恰好可以弥补它的不足，在这方面表现得更为有力。因为生活中的每一个人，包括你的员工都是有自尊心和荣誉感的人。你对他真诚的表扬与称赞，就是对他个人价值的最好承认和重视。而能真诚赞美员工的领导，能使员工们的心灵需求得到满足，因此更容易得到他们的拥护，缩短他们与领导之间的心理距离。

当然，赞美一个人是要发自内心的、真诚的，有具体内容的。与其随便、廉价地夸奖一个人，不如不夸奖。因此，赞美一定要有可赞扬的事实和内容，在赞美时，语言要发自内心，要有真诚的态度。

不断地表扬与赞美他人是处理好人际关系的一个重要手段，那种整天不说一字，不看别人的成绩与优点的人是不受欢迎的。特别是还有些人经常挑三拣四，出于嫉妒或无知，对别人的优点视而不见，而对他人的缺点或不足用放大镜来观察。那么，这种人无论在哪里，都很难处理同周围人的关系。因为，任何人都有从别人那里得到表扬与赞美的心理需求，无论是家庭夫妻、同事同学、左邻右舍，还是上下级之间，表扬和赞美都是这些关系间不可或缺的润滑剂。

对于员工来说，领导的表扬与赞美就意味着自己的工作受到了肯定，自己得到了领导的重视与注意。才能不仅会使被员工更加努力工作，而且还会使他对领导产生好感。领导如何才能满足员工这种心理与精神上的需要，则需要有一定的艺术性和技巧方法，做得好，可以倍增领导的威信，能顺利地开展工作，使手下人愉快地接受和听从其指示、命令。员工做得不好则会适得其反。因此，领导要使自己的表扬与赞美恰到好处，一定要知道一些这方面的策略。

说恭维话也要有技巧

1.切忌与员工争功

员工成绩的建树离不开领导的指引、支持，员工的成功往往就是领导的决策、部署的科学性、正确性的确证，但是，这一点只应由员工和他人在内心去品味，而不可流露于领导的言辞之中。

这首先是领导保持谦逊作风的需要。领导应关注事情的实际发展，而不应也没有必要在成绩的归属上争个上下高低。推功会使得领导的形象更加高尚，会增强员工的主体责任感。既然上级把成绩归功于员工的个人努力，那么员工在受到褒奖之际除了珍惜成绩、荣誉之外，自然会想到将来倘若发生失误、差错，当然也要自我承担不推诿责任。因上级不掠员工之美，就蕴涵着在员工犯了错误需要处罚的时候，员工也不应诿过于上级。

2.切忌褒一贬多

个体之间是存在差异的，某人有一种长处，而其他人不具备特定条件，就不一定能形成这种长处，而可能具有其他长处。如果对某个员工的长处过分赞誉，而对其他不具备此种长处的众人大肆贬损，那将会严重地损伤众人的自尊心和对领导的亲和力。这样表扬员工不但收不到预期效果，相反却会酿成领导、被表扬的员工以及未被表扬的众人之间不应有的疏远。

3.切忌任意拔高

领导肯定和称赞员工的语言当然不可温吞，要具备应有的鼓动性。但是如果不适当地高估了员工的成绩，人为地赋予成绩本身不曾有的意义、价值，乃至流于形式的捧场，那么这样的肯定和称赞就会产生以下负面影响：

（1）会使受肯定和称赞的员工产生盲目的自我膨胀心理，误以为自己的做法真的具有那样高的意义和价值，从而坠入"一览众山小"的迷雾中，制约了励精图治的开拓意识。

（2）会造成其他员工的逆反心理，人们崇敬的是真正的楷模，而不是人为拔高了的典型。对于名实不副的样板，人们会由不服气到猜忌，由猜忌到厌弃，这就不但起不到应有的示范作用，反而会有损员工之间的团结协作关系。

（3）容易滋长员工不务实、图虚名、觅"终南捷径"的不健康风气。当员工看到小有成就也可得到极高的称赞、奖励，便会动摇脚踏实地孜孜以求的上进心，产生浮夸、造假、沽名钓誉、邀功请赏的心理。原本作为一种激励手段的表扬就会演变成员工心中的目的，其本来的意义、作用就将被歪曲，乃至消失殆尽。

发现小事背后的重大意义

大多数人不愿从小事上去赞美别人，这是因为现实生活中的重重障碍遮住了他们的视线。

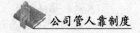

其一，分工不同，责任不同，使人们认为别人做的是分内之事，是"应该"的，无须大惊小怪，做不好就要批评，做好了是责任，在这种心理的驱动下，很多人不能正视别人的小成绩。

其二，有人胸怀治国齐天下的大志，但眼高手低，对于"小打小闹"不以为然，认为那些事普普通通，没什么了不起，小菜一碟。

其三，"熟人效应"。周围的人对大家来说，太熟悉了。要么，就是区区小事，不足挂齿，不用说什么；要么，就是熟视无睹。每天我们走在干干净净的马路上去上班，都觉得无所谓，脏了骂清洁工。父母为你呕心沥血，碾平了生活道路上的坎坷，我们却只知衣来伸手，饭来张口，他们在你眼里是"隐形人"。同事、亲戚、朋友时时都在关照你，你却受之泰然。

就小事而论，它的确没有非常重要的意义，但用辩证法的观点去考察，却会发现一件小事往往会引发大事，几件小事加在一起就有可能会产生意料之外的形态和意义。

一位保安巡逻时发现仓库门口的灭火器坏了，及时报告给总经理。总经理安排相关负责人买了新的重新布置好。一晃半年过去了，谁也没有把这件事放在心上。有一天库房因电线短路突然起火，被及时扑灭，忙乱中，总经理首先想到的是那位细心的保安。如果不是他发现灭火器坏了，及时更换，那么库房恐怕就完了，公司也保不住了。于是，总经理及时赞美了这位保安，并代表公司向他致谢，号召全体员工向他学习。事过半年了，总经理在日理万机中竟然还记得保安的报告。如果把事情割裂开想，一个小小的保安恐怕早已被遗忘在某个角落里了，谁也不会发现报告的重大意义。千里之堤，溃于蚁穴。一滴水珠可以拯救沙漠中的失落者，小事的确不可小觑。

要从小事赞美别人，自己首先得做一个有心之人，善于发掘赞美的材料，看到小事后边的重大意义，这就要留心观察，细心思考。

让员工劳逸结合

想想看，郊游、同乐晚会、过年放假……这些都是提高下属情绪的重要动因。可能你在平时会经常听到下属这样说："主管答应让我中秋节回家，现在我工作得挺起劲的。"是的,这就是举办康乐活动的效果了。可能你会有所担心,如果我给他们放假,他们会不会乐不思蜀,以至假后上班时不能安心工作呢?

答案是"否"!在美国公司一年给员工20~30天的长假,员工可以利用长假到国外旅行、观光⋯⋯而当他们再回到工作岗位时,却斗志昂扬,更加投入地工作。原因何在呢?用一位年轻人在接受记者采访时所说的话来回答吧:"虽然我很渴望能有假期旅行,公司确实也给了我5天假期去玩,但我却在旅行的时候挂念起我的工作⋯⋯"确实如此,人做什么事做久了便会想玩,玩过火了又会想做事,所以,你绝对不必担心你的下属。当他们玩够了以后,自然又会卖命地工作了。

要提高工作效率,主管就得提高下属的情绪,并激励这种情绪维持下去。那怎么办呢?有一种方法——经常制造一些令人兴奋的事情。比如:

在大家同心协力完成某项工作时,除了发给下属你所承诺的奖金外,你是否还可考虑搞个小型的庆祝会?就是一些饮料,一些糕点,你和你的下属在一起,相互间说些鼓励和祝贺的话语,这更易沟通你们之间的感情,也有利于在今后的工作中共同努力。

一年发放四次奖金,按季度发放。如果说在某个季度超额完成了任务,或者说是某项工作完成得特别出色,你可以考虑给下属增发奖金,这会令下属觉得你很体贴,从而更加卖命地工作。

当然,如果同样的措施一再重复,会令人觉得没有意思,也起不到激励的效果,使人高兴的方法要因人而异。所以你在准备某些娱乐节目之前,可以听听不同人的看法,作个调查,尽量搞得多姿多彩,使你的下属总是能很愉快地在你的领导下工作。

举办康乐活动的范围是很广的,有时下属对你有所不满,你可以给他一些娱乐激励,这可以取得很不错的效果。

根据情境变换激励方式

管理心理学认为，激励是领导者的一门领导艺术。作为一名领导者，应充分运用激励艺术，在不同情况下运用不同的激励方式，最大限度地发挥员工的积极性、主动性和创造性。

(1)**日常交往中，沟通式激励**。领导者和员工的沟通，一是情感方面的沟通，二是信息方面的沟通，三是信任方面的沟通。这是沟通的前提。对于任何一个领导者与员工来说，都是平等的。那种"唯我独尊"的领导，是不受员工欢迎的。人都是有感情的，都需要得到尊重、友情和信任。只有双方处在一个平等的基础上，才能情感融洽、信息畅通，领导者才能听得到真话，了解到实情，才能激发员工全身心地投入工作。

(2)**布置工作时，发问式激励**。通过发号施令布置工作，往往会扼杀员工的积极性，是难以激发员工的工作热情的。现代管理研究表明，以发问式布置工作，可以使领导者与员工之间的距离拉近，充分利用人的自尊心、荣誉感，使其潜在的能力得到最大的发挥。

(3)**委派任务时，授权式激励**。领导者的职能不仅在于做事，更在于成事，在于谋略、决断、协调。授权是管理工作中重要的组成部分。分配员工任务，就意味着员工要承担一定的责任，这时领导就应授予相应的权力，允许他正确行使权力，不加干预。如果领导者放手不放心，委任不授权，则员工在完成任务的过程中，可能会事无巨细样样请示，贻误战机，也可能因责权不统一而产生逆反心理，消极怠工，这样，预期的工作必定会难以落实。

(4)**决策过程中，参与式激励**。行为科学表明，参与管理、参与决策是人类自我实现的一种需要，也是精神方面的一种高层次需求。领导者在决策过程中，要养成民主作风，争取更多的人出主意、想办法，这是激发员工的责任心、荣誉感和团结合作意识的最有效的方法之一。在任何一个组织中，领导者和员工群体相比，其智慧总是微乎其微的。只有多数员工明白组织的目标，并为他们创造献计献策的机会，才会诱发出许许多多不寻常的创见和有价值的建议，从而使决策更为科学，使目标更切合实际。

(5)评价功过时，期望式激励。一个人在取得成绩后，总会期望得到恰如其分的评价和适当的鼓励，而一旦发生某种过失时，最担心的莫过于大家的冷淡。这时候领导者若能及时给予适当的鼓励和热心的帮助，对其发扬成绩或改正缺点，往往会起到一种积极的作用。

(6)满足需求时，层次式激励。人的需求是有层次的，当一种需求得到满足后，便不再是激励的因素，此时就会有另一种更高层次的需求出现，成为一种新的激励起点。作为领导者，要因势利导，循序渐进，根据实际情况，在不违背原则的基础上，尽力满足员工的需求。需求层次的满足程度越高，员工主观能动性就越大。

(7)发生矛盾时，宽容式激励。领导者和员工之间发生矛盾是在所难免的，下级触犯上级的情况也时有发生。作为一位领导者，当下级触犯自己而又未自觉时，要不生气、不计较、不报复；当下级发觉触犯了上级但又不便于启齿时，领导者应主动沟通，宽宏大量；但在原则问题上绝不能姑息迁就，必须指出其错误或缺点。找到问题症结帮助其提高认识，并使其心服口服。

(8)令行禁止时，影响式激励。俗话说，"打铁首先本身硬"。这种激励，在于领导者自身的模范作用。领导者凡要求员工做到的，自己必须首先做到；凡要求员工遵守的，自己必须首先遵守。同时必须做到言行一致，违令必纠。这样员工才会与你同心同德，心往一处想，劲往一处使。

别出心裁的表彰方式

表奖员工方式很多，给予物质奖励，予以升职都是表奖员工的形式。但人的需求是不同的，有些员工努力工作，并不是为了得到物质褒奖或职位升迁，他们想得到的是公司和同事对自己成就的认可和肯定。据此，很多企业想出了许多别出心裁的褒奖方式。

美国有一家公司发展迅速、生意兴隆。这个公司有一份深受员工喜爱的刊物《喝彩·喝彩》月刊，每月都要通过提名和刊登照片的方式对工作出色

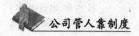

的员工进行表扬。而且该公司每年的庆功会也很新颖别致：每年8月受表彰的员工于到科罗拉多州的维尔，在热烈的气氛中，受表彰的员工坐着缆车来到山顶参加领奖仪式在山顶举行，庆功会简直就是一次狂欢庆典。而将庆功会全程录相在整个公司播放。工作出色的员工是这种开心和热闹的场面中的中心人物，他们受到大家的喝彩，这也激励和鼓舞全体员工奋发向上。

美国一家纺织厂激励员工的方式更是独特。这家工厂原来准备给女工买些价钱较贵的椅子放在工作台旁休息用，后来，领导想出了一个新花样：规定如果有人超过了每小时的生产定额，她将赢得椅子一个月的使用权。颁发椅子的方式很别致：工厂领导将椅子拿到办公室，请赢得椅子的女工进来坐在椅子上，然后，在大家的掌声中，领导将她推回车间。

荣誉经常可使获得者感到无尚的荣耀，又可以为其他人树立学习的榜样和奋斗的目标。因而荣誉激励具有巨大的社会感召力和影响力，能使企业具有凝聚力、向心力。

给能干的下属配备值得炫耀的条件，就是给他一种极大的荣誉感和自豪感。当他得到这种奖赏后，会感到极有面子，为了维持这种面子，同时也为了回报给他面子的人，他必定要像以前一样，甚至是比以前更加勤奋地工作。这是许多聪明的领导者都曾采用过的管理方法，以这种方法激励自己的员工，屡试不爽。

为你的下属喝彩

在一家公司，一个员工搞了一项发明，公司老总立刻对这个员工说，"这是一个非常好的产品。"随后就投放了市场，很快就取得了很大的效益。员工从精神上得到了很大的鼓励，而且满足了自己的"自我实现"的需求。随后在颁奖大会上，公司老总除了对这位员工颁发了奖金和证书外，还给其父母、爱人、孩子买了不同的礼物，这位员工当场就感动得流下了眼泪。这位员工不仅得到了物质奖励，而且还有精神鼓励，可以设想这位员工能不为公司的发展而努力吗？

对于员工不管是多么小的设想，或微不足道的合理化建议，领导只要发现，就要给予适当的鼓励，即使是简单的一句"谢谢"，员工也能感到你对他的关心。听了这句话，回家的脚步也变得轻快多了。

一般来说，领导对员工的要求大致如下：工作是否达到了目标，对事业有无贡献，是不是进步了，有没有造成损失。

有些领导硬将这几点放在一块作为评价的标准，未能同时达到的就不加以奖励。但事实上，能同时达到这些标准的员工几乎没有。因此，作为领导应从鼓励员工的愿望出发，员工只要能达到其中的任何一项要求，就应当给予表扬奖励。

某电器公司经理，时常到各工作场所巡视。一旦发现工作出色，或者在动脑筋设计新方案的员工，就在全体员工集会时当众加以赞扬。数年后，这家公司的一位退休人员说："几年前，我曾为公司设计出一种新产品，得到了经理的奖赏。当经理在开会时提到这件事时，我很吃惊，也很感动，觉得死而无憾。多年来默默为公司所作的努力，终于以这种形式被经理承认，我感到非常满足。而且，在退休欢送会时，经理又再度提起这件事，我禁不住流下眼泪……"

通过这个小小的事例可以看出，员工在努力工作后得到是何等的愉快，何等的激动。员工的努力工作如果能经常被赞赏的话，那么员工的心里就在很大程度上得到了满足。

对员工尊重的三个层次

领导要激励员工首先就必须尊重员工。尊重员工基本上可以分为三个层次：

第一个层次是尊重员工的人格。任何人都有被尊重的需要。员工人格一旦受到尊重，往往会产生比金钱激励大得多的激励效果。让员工感觉到自己的人格受到了很大的尊重，自然能够提高其行动的效率。

第二个层次是尊重员工的意见。员工参与程度越深，其积极性越高。尊重员工的意见，就是要员工自己作出承诺并且努力地实现承诺。在某些企业的管理中，让员工自己作出承诺并尊重这种承诺的机会太少，这种现状的直

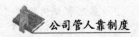

接后果是：员工对组织提出的宏伟目标没有亲和力，事不关己、高高挂起，领导豪言壮语，员工置若罔闻。尊重员工的意见，就是要让员工自己管理自己，自己做自己的主人，充分发挥参与式管理的作用，利用团队建设，实现团队的沟通与互动，提高组织效率。

第三个层次是尊重员工的发展需要。任何员工的工作行为不仅仅是为了追求金钱，同时还在追求个人的成长与发展，以满足其自尊与自我实现的需要。很多人都有自己的职业计划，在自己的职业生涯中有意识地确定目标并努力追求目标的实现，企业应该了解员工的职业计划，并通过相应的人力资源政策帮助员工达成自己的职业计划，使之有助于企业目标的达成。领导应该为员工设计职业发展、职业援助计划，通过员工职业目标上的努力，谋求企业的持续发展，帮助员工完成自我定位，克服在完成职业目标过程中遇到的挫折，鼓励员工将个人职业目标同企业目标统一起来。

领导应该更多地为员工的个人发展提供机会，努力提高员工受雇的能力，而不是努力保证员工雇用。

不可忽视感情的力量

物质激励并不能时时刻刻发挥作用，感情激励却可以做到这一点。关怀感化的激励作用靠的是感情的力量，它体现的是人与人之间的尊重关心和良好的人际关系。给予员工家人般的关心体贴，达到情感上的沟通，可以实现在思想上的融通和对问题的共识。另一方面，感情激励还可以从精神上激发和鼓励人们去克服工作中遇到的困难，帮助他们解决生活中的实际问题，从而激起他们干好工作的热情。在美国的企业中，特别重视用感情的力量来激励员工。

在激励员工方面，麦当劳非常善于利用感情力量，麦当劳用感情激励的方法有很多，其中最独特的就是抓住员工太太的心。

在员工太太生日的时候，麦当劳一定会向花店订一束鲜花，送给员工太太。也许一束鲜花并不贵，但却让人感受到公司的关怀。所以，麦当劳的经理经常会收到这样的感谢信："总经理能记得我的生日，真是非常感谢!"

在麦当劳，除了几个节日外，每5个月发一次奖金。这些奖金并不发给员工本人，而是交给其太太。在送上奖金之际，公司会致函一封给这些太太：

"今天公司之所以赚钱，都亏了各位太太的支持。虽然，在公司勤奋上班的是你们的先生，但多亏太太的支持。因此，现在奉上的奖金归诸位太太所有，不必交给你们的先生。"

因为钱直接开在太太的户头之上，员工们把这种奖金叫做"太太奖金"。自己的太太被重视，员工能不高兴吗？所以"太太奖金"不但赢得了员工太太的支持，更促进了员工更好地工作。

除了"太太奖金"以外，麦当劳对员工的关怀还体现在一些十分微小的方面。比如员工过生日的时候，可以请公假，与家人团聚，欢庆一番。

麦当劳非常注重对不同国籍员工的人文关怀，比如在大年初一的时候，麦当劳往往会发贺岁钱给中国员工。钱数虽不多，但对于员工来说意义非凡，公司的关爱就在喜庆的新年开始，温暖着员工的心。

打个电话就能激励

当你在家里看电视时，突然接到老板的电话，这个电话并不是要和你谈公事，或是有什么急事要你立刻去处理，而是一个类似老朋友之间的聊天电话时，你会有什么样的感受呢？

有一家公司的总经理林先生，就是用这种方法来缩短他和员工之间的距离。他总是不时地拿起电话，直接打到员工家里去和他们聊天。当然，他在打电话之前，会作一些准备工作，就是拿起他的员工记事本先翻一翻，这本员工记事本里面有每一位员工及家人的详细资料，像名字、生日、嗜好，喜欢哪一项运动，是哪一队的球迷，专长，在哪里服务，就读的学校，上一次电话聊天的重点，等等，因为有了这些资料，不管是谁接了这个电话，他都可以和对方聊上几句。

林总经理认为，这种缩短的距离，不但会使他与员工之间的感情更融洽，同时也使得大家对公司的向心力无形中增强了许多。向心力的增强，对

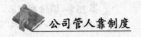

提升员工的效率、士气等自然也是大有帮助。

电话不但是一种沟通的工具，更是联络感情的好工具。当然，如果我们也能像那位林总经理一样事前有所准备的话，相信不仅是电话，通过电脑网上聊天（前提是员工也是个"网迷"）也可以，它的效果可能会更好的。

士为知己者死

某公司的一位部门经理说，有好几次，他实在是受不了工作上的压力，都已经把辞呈准备好了，可是一想到老板，他就会情不自禁地红了眼眶，而把辞呈给撕了。

老板到底和他有什么关系，为什么对他的影响力这么大呢？

其实，老板和这位部门经理非亲非故，只不过老板除了把他当属下看待之外，还把他视为一个无所不谈的好朋友，经常邀他出去喝上两杯，把一些与他无关的公私事，利用这个时间和他一起讨论，并征询他的意见和看法。此外，老板家中如果有什么活动，他也常是被邀的座上客，而他的家中如果有什么事，老板也都会参与。举个例子来讲，像他孩子的生日，老板只要是人在，都会带一份小礼物，去他家里和他们共同庆祝。

我们中国有一句话叫"士为知己者死"，既然老板把自己当成知己、好朋友，那么朋友有难，这位部门经理当然是不好意思袖手旁观了。

作为一个管理者，如果能让自己的属下们也产生类似于这位部门经理那种被上司视为知己的感觉，相信这种感觉所产生的力量将是其他的激励方式所无法比拟的。

生日聚会的激励

有一位公司老板讲述过一个很富有人情味的激励例子。有一天，他的一位部门主管向他报告，他们准备办一次很特殊的生日派对，来激励某一位部属，因为提到的这个人的确是一位非常优秀的员工，公司上上下下对这位员工的印象都非常好，所以他非常赞同并鼓励这位主管的行动，他愿意全力地配合。

当天，这位主管找了理由，特意安排这位员工到外面出公差，并务必在下班前赶回办公室向他汇报工作。到了下午5：30左右，这位员工回到了办公室，当他一进门，整个状况让他傻了眼，整个办公室静悄悄的，不但看不到一个人影，而且灯还是关着的。他怀疑是不是自己回来得太晚了，于是看了看手表，没错啊，是下午5：30。照理说，以往这个时候，办公室里应该是非常忙碌才对，难道有什么不对吗？

就在他愣在那儿的时候，突然，总经理室及经理室的门被打开了，所有的同事都一边唱着祝你生日快乐的歌，一边陆陆续续地从里面走了出来，他们有些人手上拿着吹好的气球，有些人拿着彩带。他还看到，总经理亲自推着一辆放着一个已点燃蜡烛的三层生日蛋糕的车子出来，而紧随总经理之后的，竟然是这位员工的双亲和他的太太。

这位公司老板说，他当时看到这位员工被感动得落下泪来。

出奇制胜，这是兵法里面常用到的一招，它会让对方来个措手不及而慌了手脚。其实，在激励员工的士气上，它也会有异曲同工之效，当然，在这里不是要让被激励的人来个措手不及，而是要让他因这种突如其来的举动而留有一个很深的印象。

不过，同样一种出奇制胜的激励招数不能常用，否则就不会让当事人惊喜了。

间接人员的激励

在企业管理上，似乎大家都会比较注意到生产及业务这两个部门，为什么呢？因为它们就像一个球队的前锋一样，一举一动都会直接影响到进球，所以很容易吸引众人的目光。其实，现在的企业打的都是整体战。企业想要成功，这两个部门固然很重要，但是如果没有其他部门人员来配合的话，还是不容易成功的。只不过其他的部门或人员所扮演的是属于助攻的角色，不能像前锋那样引人注意罢了。

上海有一家公司，每年举办一次"优秀二线人员选拔赛"，由各部门主管提名，并将他们的年度优良事迹或工作表现递交总经理室，再由总经理室

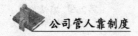

的人员进行实地观察后，加注意见，呈报总经理作裁决。原则上，每年选出一名，但情况特殊时则另当别论。当选年度最佳二线人员者，除了可以获得数额不菲的奖金外，还可以休三天的特别慰劳假。

据该公司有关人员表示，虽然这个奖的名额有限，大家的机会并不是很多，可是它可以让这些二线人员产生一种被重视的感受。这是最重要的，也是公司设计这项活动的目的，以使他们感觉到公司的确非常地重视他们。

事实上，大多数人都非常了解二线人员的心态，虽然他们的贡献及努力大家都知道，可是当要论功行赏的时候，往往是别人"吃肉"，而他们只能"喝到一点汤"。总而言之，他们在很多人的心目中，是属于一种可有可无的，也就是要裁员先被开刀的那种角色。

其实，现在的企业打的是群体战，任何一个角色都很重要，只不过有些角色是属于显性的，有些则是隐性的。显性的角色，因为大家看得到，所以比较容易受到大家的重视，这也是无可厚非的。不过身为企业的管理者，应该要了解这种现象，对那种角色上比较不容易突出的群体，也要多给予关心与鼓励，对企业内部的平衡发展是有积极作用的。

给员工以方便

有一位台商这样讲述他的公司情形。因为他的公司规模很小，所以平常在工作的分配上，没办法像大公司一样，分得那么清楚，因此，他的员工们是正事要办，杂事也要管。这些员工可能已经习惯了这里的工作环境，再则这些员工都是一些很不错的员工，所以，从来没有人跟他抱怨工作上的问题。

既然员工们这么认真负责，所以做老板的也不时地为他们设想，公司小，在某些方面也是一种优势，在运作上往往可以放得开，只要能给员工方便之处，即使是公司吃点亏他也不会在意。

在他所用的对待员工的方法中，值得一提的就是该公司的春节假，每年的春节假，他们总是要比规定的假期多放四天，就是首尾各加两天。

为什么公司要这样运作呢？这位经营者表示，因为该公司有不少员工是从外地来的，而过年对所有的中国人来说，是最重要的全家团圆的日子。他发现在除夕的前几天，大家的心都已经在过年了，有些人忙着办年货，有些人则担心返乡的交通问题。而休完假后，因为大部分的人都要赶在同一天上班，所以交通方面存在问题。因为他的公司规模不大，无法替这些返乡团聚的员工们安排返乡的专车，只好退而求其次把乘车的高峰期错开，如此员工就能快快乐乐又安安心心地过个团圆年了。

他更认为，一般过年前后，员工受到节日的影响，工作效率本来就不会很高，所以他这样安排，其实对公司的影响并不会太大，但员工心中的感受就完全不一样了。

现在的企业结构中，中小型企业占了绝大多数，中小型企业因为条件运作起来会有很多的地方与管理的理论与原则相悖。

不过这种缺点，如果换个角度来看的话，它又变成了优点，也就是中小企业的运作有非常大的弹性空间可调度。

这家公司老板就是充分运用他所掌握的优势，造成企业与员工双赢的一个局面。

的确，如果一位经营者能多花一点儿心思为员工们着想，而员工们也能多体谅公司处境的话，大家相处起来一定会很愉快的。

叫出员工的名字

不知你是否曾在报纸上看过这种情况，一些演员说他们很怕上街，因为怕被别人认出来而无法自由自在地逛街。不过他们虽然话是这么说，其实在内心里应该是刚好相反，因为演员是活在掌声中的一群人。一位演员走在街上被叫出名字，不但表示自己是成功的，同时更表示自己受到其他人的重视与欢迎，这种感觉会让一般人当然更包括演员感到非常开心。反之，如果没有人知道他是谁的话，等于没有了掌声，那么表示这位演员的知名度实在太差了。

有一家大型公司的老总，他的记忆力奇佳，几乎可以说是已经到了过目不忘的地步了。他把他的这项专长，不但用在企业的经营运作上，也将它用

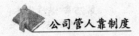

在对员工们的激励上。他是怎样发挥他的这项专长呢？当他在上万人的大企业内巡视时，看到了员工不但会主动和他们打招呼，而且还能够叫出他们的名字来，甚至于还会把这位员工过去的一些表现说出来。

他的这种举动让许多员工有受宠若惊的感觉："一位日理万机的老总，居然还能够记得我的名字，还记得我过去的一些事情，可见他是多么的重视与关心我。"员工们有了这种受到尊重的感觉，对公司的向心力当然会有积极的作用。

这里所介绍的这位经营者用活了他的长处，让员工们觉得开心，这在管理上是一个非常值得参考的方向。相信许多老板也有其他的一些长处，不妨好好地用活它们，或许也可以为你带来有效的激励妙方。

出手相助就是激励

3000米障碍赛之所以会在一般的运动会上被视为一项难度非常高的竞赛项目，就是因为在比赛的过程中会出现许多的障碍物，来考验参赛者的速度与技术。谁能将干扰降至最低，那么谁胜算的机会自然就会大很多。

其实企业的运作也和跑3000米障碍赛一样，员工在执行一项任务时，多多少少也会碰上一些困扰与阻碍。如果这些困扰与阻碍样样都需要靠自己来摆平，那么势必会影响到任务的进行。

如果有人可以从旁给予适当的帮助把这些困扰摆平的话，相信执行起任务来不但会非常地顺心，而且会更有成就感的。

而谁又能在员工的工作中，伸出援手帮助他们排除障碍呢？其他的同仁或许可以帮上一点忙，但最佳的人选应该是他们的直接上司了。因为这些主管非常清楚他们部属的任务是什么，而且权力也比部属大。所以，由他们出面来帮助解决问题的话，许多的问题应该是比较好克服的；再加上他们的这种行为，更能够让部属们感受到主管的关心与爱心，这对主管的领导也是会有帮助的。

我们都知道部属的成功就是主管的成功，如何能让部属们成功呢？其实也不难，只要在他们努力的过程中适时地给予支持、帮忙、鼓动，相信成功的几率是会很高的。

"立言"的激励

在目前教育系统里，能够完成一些学术论文或是著作的话，对一些想要晋升职称的大学教师而言应该会有很大的帮助。现在很多不是搞研究的各种公司，也把这种制度纳入公司的规章内，做为员工升迁及考绩的参考。

为什么要这样做呢？据公司管理部人员表示，他们当然不是要员工们写学术论文，就算想写，大概也没有人有那个能力。因为有少数人有留一手的习惯，所以有很多的经验与资料会因此而产生断层，他们是希望通过这样的激励，能让他们把自己的工作经验或是处理问题的过程，用文字或是图片的方式整理记录出来，交由公司保存并公布给大家作参考。

当然，不是所有的员工都有能力写这种东西，如果自己有困难的话，没关系，可以找管理部的人员帮忙，他们能指导协助这些员工。如果是他们不会的东西，他们则会在公司内找懂行的人来帮忙。如果有些经验或资料，实在是不容易用写的方法来表达，管理部门的人可以用其他形式把这些经验及资料记录下来。

古人说立德、立言、立功为人生的三不朽，把自己的经验及研究心得写出来，虽然算不上是立言，但是能为公司其他人提供参考，还会让写的人充满成就感。所以在这种双重的激励诱因之下，该公司的这种方法大获成功。

在企业的经营管理上，有一些资料或许可以建档保留，可是还有许多的经验与资料，往往会随着人员的离去而不见，其实这些都是企业的宝贵资产，如果让它们就这样的消失，实在是太可惜了。

吃的激励

中关村有一家20人的公司，原来该公司每天免费提供一份10元的盒饭，因为该公司位于商业区，这种地区盒饭的品质水准，我想吃过的人大概都知道是怎么样的情形，不仅盒饭常常是冷的，而且菜色几乎也是万年不变。其实这也不能全怪这些盒饭供应商，因为每天的需求量太大了，所以他们必须提前就做好来应付，再加上菜色实在也是不怎么好变，变来变去就是那几样。

因此，该公司的老板认为，每天吃这样子的盒饭，不但不卫生，还会影响到大家的食欲，所以他交代总务人员去和公司附近的一家餐厅商谈，每天中午包下两桌，每桌菜钱为200元（即除原有的快餐盒饭钱之外，公司每桌再补贴100元），而该公司所提出的条件是：第一，每天菜色要有变化；第二，饭菜一定要是热的。

据该公司的经理表示，虽然公司做这样的改变每个月得多支出4000元，可是这种投资绝对是值得的。因为员工的健康就是公司的财富，这样的吃法，绝对要比原来的方法更能吃出营养、吃出安全、吃出健康。此外，这样做每天都像在聚餐，这对提升员工的士气，也绝对是有帮助的。况且，公司的沟通会就是在饭桌上开的。虽然公司每个月多花了一些伙食费，却换来了卫生、健康与士气，这是一个非常聪明的投资。

立即回复下属也是一种激励

有一位老板，他要求所有的主管人员，包括他自己在内，对部属所提出的任何问题或是报告，能立即答复的就要马上答复，不能当时答复的，在两天内一定要给他们答复。如果是两天到了仍然没有答复的话，也要把状况告诉属下，让他们了解整个进度，绝对不能置之不理。

为什么这位经营者要这样规定呢？他认为企业是一个众人的集合体，由于工作及管理上的需要，企业在结构上会有层级的出现，但是干部所负责的任务，绝对不是靠主管一个人去完成，而是需要靠他和他的属下来分工，来合作，大家共同努力才能圆满完成。所以一个部门能否发挥团队合作的精神，实在是太重要了，而团队之间能否合作无间，彼此之间能否相互尊重，往往起到不可估量的作用。

因为每一个人，都会把自己的问题或是工作结果看得很重要，当然也就希望他们的问题或是工作结果，能得到别人的重视，能得到立即的答复或评价。

作为主管，如果在这方面能够即时地回应，哪怕只表示一点意见，绝对会让部属在心中产生一种受到尊重的感受。您尊敬我，我当然也会回敬您，主管表现出来的诚意与重视，会激励他们对日后任务的执行更有信心。

等待是一种非常痛苦的行为，尤其是我们不知道什么时候才会有回音的时候，那种心情更是痛苦。当然这种痛苦如果是经常碰到的话，它很可能会不由自主地转换成一种不满的情绪，而这种情绪一定会反映到工作上。

所以，如果能减少部属这种无谓的等待，相信对士气的提升绝对是有帮助的。

利用人类不服输的天性来激励员工

美国一家钢铁公司的总裁，有一次到厂内巡视时，他问现场的员工，今天生产了多少吨钢铁，现场的人员回答说6吨。这位总裁没说什么，随即就拿了一支粉笔，在地面上写了一个大大的"6"。

在交班时，夜班的人员看到了这个"6"字，但不知道是什么意思，就向交班的人请教这个"6"是什么意思。日班的人员告诉他们说："快要下班时总裁来过现场，他问我们今天生产了多少吨钢铁，我告诉他6吨后，他就用粉笔在地上写了这个6。"

第二天，这位总裁又到了现场，他发现昨天他写的"6"，已经被夜班的人改为"7"了。而日班的人员看到了这个"7"后，知道他们的生产量输给了夜班，当然是不服输了，所以在大家的努力之下，"7"一下子就被改成了"10"。

从这个故事中我们可以得到一个启示，人都是好面子的，谁都不愿意表示自己不如人。因此在企业的经营管理上，我们只要多用点心，设计出一些能够利用人们这种不服输的天性来进行激励的话，相信是很容易创造出佳绩的。

只靠一支粉笔，就把整个工厂的生产效率给拉上来，这种无心插柳的管理手法，非常值得企业的主管人员好好学习与借鉴。

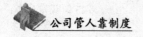

满足员工心愿的激励

某公司总经理曾先生曾讲述过这样一个例子：该公司有一位会计小姐，她身兼数职，而且凡是交给她的任务从来不需要再去操心，面对这么好的一位员工，曾总经理一直想找个机会，好好地奖励她一下。

有一天，他和这位会计小姐聊天，问她最近有没有什么计划或是心愿，她说，她很想带她的爸爸出国去旅游。

曾总经理认为这是激励她的好机会，于是要她按照她自己的计划去行动，公司除了负担这位会计和她爸爸两人的费用之外还给她放公假。

曾总经理这招真的很高明，真正做到了一石三鸟：

(1)他帮助了部属实现了她的心愿。相信大多数的人，对自己的心愿都是挺看重的，如果能够如愿完成的话，那种成就感所带来的快乐真是难以形容，如今由老板主动出面帮自己完成心愿，相信员工除了喜悦之情外，更会激起她的感激之心。

(2)找到最适当的机会点来报答部属。钱要花在刀刃上效果才会好，曾总经理这点抓得非常准。

(3)最佳广告。因为这位会计在公司内的工作表现是大家有目共睹的，所以曾总经理这样做等于是给其他的员工一个好的示范，那就是老板不会亏待表现良好的员工。

"听"也是一种激励

激励不一定非要用"给"，用"听"的方法也是挺不错的。某公司李总经理每当发现某位员工情绪好像不太稳定，或是最近问题出得比较多时，他会主动邀他到公司附近的咖啡屋坐一坐，请他把心中的苦闷吐一吐。

大多数的人当心中有苦闷时，都很希望能有个发泄的对象或渠道，让自己的情绪能宣泄一下，因为经过宣泄之后，心情会比较舒坦，再说一个人身心愉快，对工作的效率与品质也是会有所帮助的。

李总经理举个例子说，有一次他发现一位一直都是以愉快的心情来面对工作的A君，最近好像没有过去那么开朗，于是他邀请A君到咖啡屋去聊聊天。

原来，A君的上司过去经常会找A君谈谈工作的情况，让A君觉得非常受重视，可是最近这一个星期，不但他的上司不再找他谈工作，就连A君送上去的计划或是报告等也都被压在上司那儿，这种种异常让A君觉得，是不是自己在哪些地方出了错或是得罪了上司，他的上司才会如此对他。

其实，这完全是A君自己多虑了，因为A君上司的孩子，最近得了重病，住进了医院，已经大半个月了还未能痊愈。现在，他的上司每天晚上都要到医院去陪孩子，所以他的精神及情绪都受到了影响。

经过李总经理这么一解释，A君知道是他误会了上司，既然苦闷被解开了，他的心情马上就豁然开朗了。

大家不要小看"听"，有的时候用"听"来解决问题，它的效果可能要比其他的方法还来得快，来得有效，因为有些问题只要让当事人发泄出来就没事了。

小动作大激励

企业要想激励员工，其实并不需要什么大学问，也不一定要花大笔的钞票，只要肯用心，就不难发现企业内有很多现成的资源与机会可以用做激励因素，只要我们能够好好地把握住它们的话，往往能够发挥很好的激励效果。

假日的前夕，一位主管的双亲从东北到北京来探望他，这位主管的老板得到了这个消息后，就把他的自己车加满了油，交给这位主管，要他在这几天的假期里，开着这辆车子好好地带着他父母出去玩。

相信这位老板的这个举动，一定会让他的下属在父母面前显得非常有面子，而在另一方面，那位主管的双亲也一定会觉得，这位老板是一位非常有人情味儿的人，从而会督促他们的孩子好好工作，不辜负这么一位好老板。

这种能让孩子在自己的父母面前觉得很有面子，同时又能借用父母的力量来影响到孩子表现的做法，的确是一种激励的好方法。

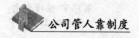

正如前面所强调的，企业想激励员工并非要花大笔的钞票，只要肯用心，哪怕是小小的一点心意，员工们也会感受到的。

责备也是一种激励

奖赏是一种激励，而责备则是另一种激励，因为它可以督促做错事的人产生警惕之心，从而加快他们的成长。不过要让责备发挥激励的效果，以下几个原则是我们必须要留意的：

1.奖赏要公开，责备要私下

除非我们的目的在于杀鸡儆猴，否则责备最好还是在私下进行，因为不管对谁而言，脸面还是非常重要的，如果我们在公开的场合对某人加以责备的话，很可能会令他难堪而导致心存不满，万一发生了这种情形，其结果可能会越弄越僵，最终导致反面效果。

2.要让被责备的人知道为什么被责备

我们常听到一句话是"当局者迷，旁观者清"，这是挺有道理的。因为有些当事人即使是做错了事，却不了解是什么地方出了错，如果我们不能让他们确切地了解问题所在，而是一味地加以责备的话，那么这时的责备只会增加他们心中的不满，对防止再犯错是毫无益处的。

3.要带有教育的目的

一个人做错了事理当受到责备，可是责备并不是目的而只是一种手段，是希望当事人得了这个教训之后不要再次犯错。所以我们在责备的同时，最好能对其今后的行动加以指导。因为这个时候，当事人往往比较能够接受别人的意见，所以我们应好好地把握住这个机会。

创新的激励

2000年第二届文化艺术基金会文艺奖的颁奖典礼，舍弃了传统请领导来颁奖的方式，改请得奖人最亲密的家人、恩师、朋友上台来当引言人或是颁奖人，这种改变，不但代表着主办单位有一种求新求变的愿望，更代表着他们懂得如何使用激励，使这项活动变得更生动，让得奖人感到更温馨。

传统颁奖活动都是请些领导来颁奖，能够从那些领导们手中领导到某个奖，当然是非常光荣的一件事，不过，这只是一种荣耀。

如果是由自己的亲朋好友颁奖的话，那可就大不一样了，因为，这样会使受奖人感觉很温馨，从而更能满足他们的成就感从而激发起他们的热情，而更愿把他们的努力持续下去。这种意愿的再创造，正是我们实施激励措施之所愿。

所以，我们在规划激励措施时，如果能让被激励的人感到更开心、更有自豪感，这种激励措施绝对是能收到事半功倍之效的。

不论政府或是企业，甚至于家庭，管理都是没有标准答案的，所以管理的方法也不能一成不变，一定要不时地有一些新的创意投入，才会引起大家的注意与兴趣，管理的目的才能收效。

给新进员工留下一个好印象

一般来说，企业在谈到激励时，大都是偏向在职的员工，适时地对这些员工给予一些必要的激励当然是非常重要的，不过除了老员工之外，对新进人员的激励，也是值得我们注意的。

有一家公司当决定录用某一个人时，人事部门会很慎重地将正式录用通知书用挂号信函寄给这位新人，这封信函里除了有这份正式录用通知书外，还附上了三份其他的东西：

(1) 公司简介

(2) 老板亲笔签名的欢迎函

(3) 所属部门主管及同事共同签署的欢迎函

为什么会附上这三份东西呢？该公司人事部门胡小姐表示，根据她们的经验，一般新人有先入为主的观念，如果一开始就对公司有一个好的印象，那么对于新人的稳定性是会大有帮助的，新人的稳定性高，对企业的经营管理自然更是好处多多。而这三份东西正是他们用来增强新人对公司好印象的工具。

公司简介，目的是让新人在正式进入公司之前，就对公司的概况有个初

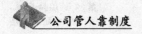

步的了解。

老板亲笔签名的欢迎函，目的是让新人觉得他是受到欢迎与重视的。

所属部门主管及同事共同签署的欢迎函，更是让新人觉得大家是欢迎他的，这对缩短一个新人对新环境的适应期是会有很大帮助的。

激励看得到

有不少企业是采取记功嘉奖的方式来奖励表现良好的员工，这当然是一种不错的方法，它不但包括了物质激励（因为大多数的企业会随着记功嘉奖而发放一些奖金，或是作为考绩及升迁的参考），同时它也具有精神激励的效果（这些员工作的大名往往会出现在企业的公告栏或是刊物上，让他们成为其他同事注目的焦点），不过这种效果往往很短暂，一般只有在名字刚出现在公告栏或是刊物上的头几天才会引起大家的注意，时间一长或是下了公告栏，大家可能就会忘了他们。

有一家企业，为了让这种记功的激励效果能被拉长，被记功嘉奖的员工除了享有前面我们所提到的那些奖励之外，还会依功劳的大小颁发不同级的勋章，员工们可以像军人一样，把它们别在胸前。

据该公司管理部经理杨小姐表示，他们之所以这样做，是希望让记功嘉奖的结果能够让每一个人都得到。

第26章

能人大用：走精兵强将之路

三国时，刘备兵微将寡，难成大事，为此他求教于水镜先生。水镜先生对刘备说，若求才，就求卧龙、凤雏这样的人才，只要得到两人中的一个，就可以安定天下了。这之后，刘备三顾茅庐，请到了卧龙诸葛亮，事业果然蒸蒸日上，成就了三分天下的霸业。

在任何一家企业中，都有一小部分人从事着极为重要的工作。他们或是掌握着企业的核心技术，或是承担着开拓市场的重任，或是企业经营项目的决策者。离开了他们，企业寸步难行。他们就是决定企业前景的关键性人才。微软总裁比尔·盖茨曾开玩笑地说，谁要是挖走了微软最重要的几十名人才，微软可能就完了。这里，比尔·盖茨告诉了我们一个重要的市场规则：企业能否留住并重用关键人才，让人才发挥作用，是一个企业能否持续成长的决定性因素。

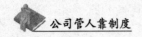

10/60：不可不察的能人定律

在竞争日益激烈的商品社会里，很难想象一个没有自己品牌的企业会有很强的竞争能力。品牌之于企业，如同鲜血之于生命一样重要。从某种意义上说，没有自己品牌的企其生命力是极其脆弱的，极易在风雨飘摇的商海浪潮中夭折。

然而，品牌是由谁创造的？答案是：能人。能人员工就是企业培养出的一批训练有素、技术精湛的精兵强将，是企业的"顶梁柱"。能人员工是企业人力资源的"生命线"，一个公司如果没有留住并使用好能人员工，那它的人力资源管理就是失败的。

国际上有一条公认的企业管理定律，叫"二八定律"。它同样适用于企业人力资源结构。我们常常可以看到，一个企业，无论规模大小，往往是20%的人完成了80%的工作任务。这20%的人就是企业的骨干力量。而我们这里所说的能人是骨干中的骨干，相对来说他们的能力更出众，对企业的贡献也更大。事实上，占员工总数10%的能人为企业创造了60%的业绩。也就是说，这些企业骨干中的骨干，占员工总数只有10%，却创造了远高于其他骨干员工的业绩。这不能不被企业领导者所注目、所重视。

那么，在现实的企业和组织中，这些能人具体都是些什么样的人？我们又是怎样来给他们下定义的呢？

通常情况下，我们把能够为企业创造不凡业绩，促进并推动一个企业走向繁荣和发展壮大的人称为"能人"。在企业发展的某个阶段中，这些人起了至关重要的作用。如果可以在实验室进行企业发展实验的话，就意味着如果换成另外一个人，则这个企业的发展可能要缓慢得多，甚至没有发展。正如倪光南之于联想，如果没有倪光南开发出的"汉卡"作为拳头产品来带动联想计算机的销售，或许就不会有联想品牌的树立及联想集团的崛起、发展和壮大，或者至少这个过程要向后推延，要缓慢得多。

能人虽少，威力巨大

我们这里所说的企业"能人"，就是能够为企业广有建树的人，或者说是企业的"顶梁柱"、中坚力量。许多人也许能力比这些能人更大，但没有成功，因为成功是受诸多因素制约的。也许是社会压根儿就没有给你提供发挥能力、施展才华的机会，因为一个企业在一个时期只需要一部分能人。可能由于一个很偶然的原因，企业选择了他们，而他们的能力也许并不是最出色的。但是他们带领企业发展壮大了，并且由于有了锻炼的机会，他们现在的能力更强了；即使他们现在的能力仍不是最出色的，但由于他们获得了成功，便得到了企业和社会的认同。

或许有人会有疑问：为什么能够为企业创造60%业绩的能人只是少数？这就要涉及能人之所以成为能人的原因。

尼克松在《领袖们》一书中说道：能人是一个人的个人能力与时代、企业有机结合的产物。

中国有一句老话，叫"时势造英雄"。在一个大变革的时代，总会涌现出许多令人津津乐道的优秀人物。我们所说的能人，也往往是诞生在这样的时代。在大变革的时代里，不确定的因素更多，也就更能显现出一个人的能力和潜力。古今中外，这样的例子不胜枚举。可以说，这些人都是能人，他们的成就已为社会和企业所承认，甚至已成为一种经典、一种标杆、一种标榜。

需要强调的是，这里所讲的10%，既是个常数，又是个变数：作为常数，你必须时刻关注这10%的骨干力量，并不断地加以培养和激励；作为变数，你必须使这10%的骨干力量具备造血机能，不断地补充新鲜血液，使这10%的机能不断地得以提升。并且，通过重点培养和激励这10%的骨干力量，来带动企业另外90%员工的积极性和创造性，从而使整个企业的人员素质、工作效率和业绩不断向上攀升。据悉，国内外一些著名的IT企业如IBM、HP、华为等已经成功采用了"10/60定律"来构建自己的精英团队，形成了比较稳定的人力资源结构，为加强企业的核心竞争力和可持续发展奠定了良好的基础。这不失为现代企业和组织决战市场的成功关键。

作为现代企业的领导和管理者，应当充分认识10/60法则，认识能人之于企业的巨大作用，不但善于发现能人，更善于使用他们，使之成为企业人力资源的宝贵财富，促进企业不断发展壮大。

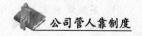

能人的"英雄本色"

随着企业竞争逐步向人才竞争的转化，能力超凡、才干出众的能人成为职场新宠，为各个企业所青睐。那么，什么样的人才是能人？能人又具有哪些基本特征呢？

在现代企业的新型人才观念中，能够被称为能人的人，都具有高超的个人能力，能够创造优秀的业绩。能人不能以学历和职称来界定，真正的能人能够经得起市场的检验，能够给企业创造最佳的投入产出比。

一般来讲，能人大都具有以下基本特征：

1.能人大多才干不俗，超越于职场众人之上

他们或身怀绝技，或多谋善断，或长于管理，或富有创意……"知识就是生产力"，能人本身所具有的超强能量和巨大潜能一旦发挥出来，给企业带来的业绩和所起的作用将是巨大的。

2.能人大多火眼金睛，明察秋毫

因其眼光敏锐，思维超前，他们或能见微知著，"运筹于帷幄之中，决胜于千里之外"，适时把握市场先机，创造不凡效益；或在自己的专业领域眼光独到，举一反三，建树多多；或在企业生存的错综复杂的关系网中，眼观六路、耳听八方，为企业上下调和，开辟新路……

3.能人因本身才能出众，大多能很好地克服工作上的困难

在日常工作中，他们似乎更崇尚行动，因而更能适应工作节奏日益加快的现代职场，配合企业的进程加快自己的脚步。

4.能人的字典始终闪耀着两个重要的词汇：目标和成功

强烈的成功欲促使他们为自己树立起远大的目标，并为之不懈奋斗。在实现自己个人目标的同时，他们也为企业创造了可观的业绩，可以说是企业天生的绝佳伴侣。

5.能人大多热爱本职工作，是"工作狂"

他们天生的杰出能力和"铁腕作风"令他们永远是"工作第一，生活第二"。这种生存态度无疑是他们决战职场的不二法宝。

不能因为有风险而不使用能人

能人能够为企业创造出良好的效益，能够在企业中发挥巨大的作用，已是众所周知。依照此理，能人当是职场悍将，备受各企业青睐才是。但有时事实并非如此。究其缘由，盖因使用能人有风险。

有诗云："天生一个仙人洞，无限风光在险峰。"最美的风景往往存在于最艰险而难以到达的"险峰"；玫瑰美丽芬芳，但却有扎人的尖刺；罂粟花艳冠群芳，但却是致命的。能人因才干高人一等，因而使用他们，必然也存在许多风险。

作为企业管理者，在使用能人时，应该更新自己的观念，做到量才使用，人尽其才，才尽其用。

具体说来，应做到以下几点：

1.不能因为能人容易"跳槽"而不用他们

能人因能力出众，实为职场精锐，因此最易"琵琶别抱"。为保险起见，一些企业领导者宁肯用那些能力一般但更为稳定的员工，而对于易另择高枝的能人反而心生顾虑。

2003年3月，北大方正高层变动，周险峰率一干技术骨干"集体请辞"事件，人们或许还记忆犹新。周险峰这位能人刚从方正出去，即为海信所揖门请入，便是很好的佐证。

谈及离职的原困，周"能人"说："我感谢和尊重方正。但作为一个职业经理人，需要对自己的发展有一个独立的判断，我个人更愿意做一些具体的运营工作。这就是我离开方正的原因，完全是个人的选择。"

周险峰这篇言辞铿锵的"独立宣言"可能令业界一干能人心生共鸣，但也可能令他们的东家——各大企业心生恐惧：一不小心，自己的手下干将就可能展翅飞走，另择高枝去也！

2.不能因为能人也会失败而不用他们

能人并非百变金刚，用他们做事，有成功，但也可能失败。

1999年5月，几乎创造了中国惠普神话的李汉生，从惠普中国公司副总

433

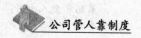

裁的位置空降方正，从典型外企来到典型国企，走马上任方正集团副总裁、方正电子公司总裁，被业内誉为"中国IT第一空降兵"。

然而，这次李汉生并没有像人们所期待的那样，替方正打造好方正数码这样的上市公司，让方正在自己手里过"管理关"。相反，方正在李汉生的职业经历中形似走麦城，企业神话这次没有在李汉生手中重塑。2002年8月，李汉生从方正电子公司总裁的位置上离开。短短三年时间，"第一空降兵"的结果虽然不能说是折戟沉沙，但也无法算是再创辉煌。

李汉生的偶一失手也许能让各企业高层明白一个道理：能人即使如李汉生般长于管理，能征善战，也有失败的时候。

3.不能因为能人容易"喧宾夺主"而不用他们

能人因才干不凡、建树颇多，可能会令其东家有"功高盖主"之感。

举一个大家耳熟能详的例子：

大宋开国皇帝赵匡胤在大宋建立、群臣朝拜的时候，于情于理都应该奖励功臣，封官拜爵才是。但这位本领高强但生性多疑的皇帝却没有这样做，面对开国功臣、功勋卓著的战将，来了温柔一刀：杯酒释兵权。削去臣下的权力，目的何在？唯怕这些手下能人功高盖主，威胁他的江山社稷而已！

将之放诸现代企业，如果作为能人的领导的企业管理者也属赵匡胤之流，见不得手下能人建树多多，唯恐他们超过自己，危及自己的地位，因而不愿冒这种风险，就可能要"枪打出头鸟"。

4.不能因为能人破坏力大而不用他们

周险峰在离职的同时还带走了一大批方正数码的技术骨干。这对方正这样的企业大鳄来说可能影响不大，但此事如果发生在规模、实力稍小的企业中，则无异于釜底抽薪，其打击可能是致命的。

能人一般在企业中占据重要位置，他们离开的同时还可能带走企业的部分商业秘密，一旦泄露，对企业的打击会很大；而且，能人一旦为企业的竞争对手所用，无疑会使对手实力大增，影响本企业的发展。

面对使用能人的诸多风险，许多企业管理者也许会顾虑重重、止步不前，甚至对他们敬而远之。但是，任何事物都是辩证的，面对能人，企业管理者应该更新观念，用全面的、发展的眼光来看待他们，敢于任用他们，在全面发挥其所长的同时，采取有效措施抑制他们的短处，将任用风险降至最低。

正如我们不能因噎废食一样，企业管理者也绝不能因为使用能人有风险而将之一概拒之门外。

放开手脚用能人

正如古人云："贤主劳于求贤，而逸于治事。"企业家要把70%的精力放在考虑企业的未来发展上，而企业未来战略的规划，主要靠相应的人力资源作支撑。所以，贤明的企业家应该倾注更多的时间与精力在贤能之才的寻找与合作上。

刘邦与项羽争天下，刘邦胜，并非刘邦文才武功盖世，关键在于他能统御具有不同才干的人才。正如他自己所说的："运筹帷幄之中，决胜千里之外，吾不如子房；镇国家，抚百姓，给馈饷，不绝粮道，吾不如萧何；连百万之众，战必胜，攻必克，吾不如韩信。三人者皆人杰，吾能用之，此吾所以取天下者也。项羽有一范增而不能用，此所以为我擒也。"

刘备同样如此，有了诸葛亮、关羽、张飞、赵子龙等一帮贤才辅佐，方能三分天下。

美国钢铁大王卡内基也是一位会用能人的专家。他的墓碑上刻着："一个知道选用比自己更强的人来为他工作的人安息于此。"

经常能看到这样的场景：老板经常下车间，甚至在深夜里还跟技术人员一起解决问题。不是说老板不应该这样做，而是老板不应该让这种行为成为一种习惯。如果这些事情都需要老板亲自过问，那么聘请的其他高层是做什么的？聘请的行业专家又是做什么的呢？

从这里我们可以看到，随着企业的发展，企业家要从行业里钻出来，要站在更高的角度管理企业。企业家要抓的是战略，是人力资源，是品牌、资金、信息，而具体的事务就可以分给那些在各个方面都比企业家更出色的人才去做，这样企业才有可能做强做大。

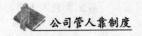

企业的发展离不开人才

在市场经济的大潮中，企业的发展往往与一些高素质的人才，有时甚至是一位高素质的人才密切相关。正因为人才具有十分重要的意义，所以才会出现大企业为争夺人才、培养人才不惜花费大量时间和金钱的现象。

福特公司曾发生过一个有趣的故事。当时，福特公司的一台电机发生故障，整个公司这方面的行家都被难住了，没有人知道毛病出在哪里。这些行家们又对这台电机进行过多次研究，仍然是一无所获。最后他们不得不请来了德国著名的科学家——斯坦门茨。

斯坦门茨在那台电机旁不断地观察，不断地计算。最后，他在马达上画了一条线，然后对福特公司的人说："请打开电机，沿线将里面的线圈减少16匝。"

人们照做了，电机果然重新开始运转了。

结果，斯坦门茨要价1万美元，经理不禁愕然，让他填材料费用单。只见斯坦门茨挥笔写道："画一条线，1美元；知道在什么地方画线，9999美元。"

一条线的画法，表面上看似乎简单、容易，但却体现着人才的重要性。

可惜，在某些领导人眼里，人才说起来重要，用起来次要。因为，一般而言，"人才"的思想性强，才能突出，有一定水平，领导们就怕不好"领导"，往往敬而远之。

其实，这些做法都是不可取的。首先，人才是你的公司取胜的重要保障，如果没有人才何来你的事业?何况，对领导来说，你有职责、有义务使用人才，提拔人才，这样你的下属才会感到在你的领导下有前途，他们也愿意为你而加倍努力。

两种人才缺一不可

一个企业是由两部分组成的，一部分是它的领导层，另一部分是它的实业层。前者需要的是管理人才，后者需要的是专家型技术人才。前者是企业的外壳，后者是企业的核心。两者缺一不可。作为领导干部，对这两种类型的人才都要注意培养。

其一，专家型人才不可少。

这类人才最大的资本就是精通业务，有高深的专业知识和技能，具有很强的排他性，他不但不容易为其他人所代替，而且，对于领导来说，他还是不可或缺的。

其二，用好管理人才。

领导需要管理型人才，不仅仅在于他们能够使梦想变成可以把握的东西，还在于这些人是整个组织的关节点，控制了他们，就可以以点带面，牵一发而动全局，掌握整个组织的行动。决策确定了以后，关键就是选择干部。为什么选择干部就这么重要？原因很简单，他们是组织的骨干，是管理者，是领导与群众的联接点，是动员群众力量的发动机。抓住他们，就等于抓住了问题的关键，矛盾的主要方面，从而使领导能够有更多的时间和精力去思考新的问题，而事实上，从管理学的角度看，领导也不可能实现对所有下属的直接控制，他必须通过划分管理层次和管理幅度来进行分级管理，通过直接控制少数人去间接控制大多数人，这部分少数人，就是我们所说的管理型人才。

一个单位，是不仅仅需要管理人的，还需要管理财、物。这是组织保持正常运行的基本物质保障，正是所谓"兵马未动，粮草先行"。管理财、物是一个细致的工作，只有那些心细如发，有条有理的人才能做。所以，即使是在领导主管财政的情况下，他也需要管家型的下属为其处理更为具体的事务。经济基础决定上层建筑，没有财权就很难开展工作，所以，一般单位的一把手总是很喜欢抓财政工作，而对于由谁来具体管理则更是备加重视，非信得过的人莫属。

人才是制胜之本

美国经济能长期领跑世界，除了它优越的自然条件外，主要是因它的科学技术在世界居于领先地位，而这又有赖于拥有大批一流人才。美国除了自己培养人才外，还善于容纳、引进和罗致天下能人为己用。其吸引能人之法有二：一是给予高薪，二是为之提供良好的研究条件。

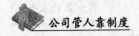

美国是最舍得在科研上花钱的国家。据统计，它的科研经费要多于主要西方发达国家之总和，并在逐年增加。

为了引进国外能人，美国还两次修改了移民法，对于有成就的科学家，不考虑国籍、资历和年龄，一律允许优先移民美国。因此，各国能人多乐于奔集美国。

瑞士有一位研究生研制成功一种电子笔和一套辅助设备，其性能可以用来修正遥感卫星拍摄的红外照片，这一项重大发明引起全世界的瞩目。

美国一个大企业闻讯后马上派人找到那位研究生，以优厚的待遇为条件，动员他到美国去工作。

瑞士一些公司也千方百计地要留住他，于是希望得到人才的各方展开了人才争夺战，你给他加薪，我也再加薪，弄得不可开交。

最后，精明大胆的美国人说，现在我们不加了，等你们加定了，我们乘以5。就这样，这位研究生连人带笔一起被弄到了美国。

目前，在美国教育系统和科技系统，尤其是高科技领域，外国科学家和工程师占的比例相当大。

美国国家科学基金会1985年的调查结果表明，美国50%以上的高技术部门的公司大量聘用外籍科技人才，占这些公司科技人员总数的90%。

在美国著名的"硅谷"工作的科技人员有33%以上是外国人。在美国从事科研工作的工程学博士研究生中，外国人占66%。美国33%的名牌大学的系主任是华裔学者。在美国星球大战计划中扮演重要角色的也是外国科技人员。

据统计，自1952—1975年，由于美国大量引进能人，为美国节省培养人才经费至少150亿~200亿美元。更重要的是，他们对美国经济发展起了重要的作用。在20世纪30年代，仅欧洲各国到美国定居的科学家作出的贡献，相当于为美国增产300亿美元。

正因为美国能集中天下人才为之从事科学研究，美国的科技才能走在世界的最前列。第二次世界大战以后，美国引进科技人才最多，因而取得的科技成果也最多，占世界科技成果总数的60%~80%，获得颁发的诺贝尔奖总数的一半。

科技高度发展促进了经济的繁荣，使美国成为世界上最富裕的国家。

不惜血本挖能人

台湾企业家蔡长汀在用人的时候,也具有同样的特点。只要是看中的人才,不管他暂时能不能给企业带来效益,也不管远近亲疏,他总是不惜重金盛情邀请,有这么一件事:

台大化学系高才生牛正基先生毕业后赴美国布鲁克林理工学院深造,获得了高分子博士学位,在康乃尔大学研究两年后,到某公司任开发部业务经理,牛正基先生是一个有着深厚业务功底的专门技术人才,蔡长汀当时正想办一家高科技企业,求贤若渴。认识牛正基后,他简直是踏破铁鞋,几次三番地邀请牛正基到自己的环隆企业集团里来,并反复地陈述着自己的企业发展构想。

由于牛正基先生在美国有优越的工作、研究场所和生活环境,对于是否来台,一时举棋不定,蔡长汀了解了这个情况后,不但为牛正基先生创业提供了优越的条件,而且在经济上给予了丰厚的待遇。蔡长汀说:"我给他20%的利润,等于帮他创业,这对他来说,比在美国大公司当雇员有意义多了。"牛正基终于被感动,告别了妻儿,只身由美国赴台湾与蔡长汀共创大业。

又如:美国电子计算机公司之中的后起之秀苹果公司正视自己的弱点,不惜重金聘请领导,使公司得到了迅速的发展。

该公司的创始人28岁的斯蒂芬·乔布斯和前总经理麦克·马库拉虽然都擅长计算机技术,但缺乏销售能力,所以刚开始公司发展不快。针对这一问题,公司不惜以年薪加奖金的办法,以总额200万美元的重金聘请美国百事可乐公司的原总经理、精通销售学的约翰·施库利担任苹果公司的总经理,他到任后不负重托,在决定接受这一聘请之前,除了同苹果公司进行商谈外,还花费了整整三个月的时间,分别同该公司的每一个领导仔细交谈,全面掌握了情况。于是他一上任,马上提出了公司的发展战略计划,并立志将苹果公司变成可与IBM公司相媲美的大企业。

家有能人不嫌多

美国福特汽车公司在亨利二世接管时已奄奄一息,为了迅速地扭转局

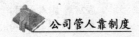

面，他提出了一个条件，即不被束缚手脚，能够完全放手进行他需要的任何改革，他的改革从选择人才开始，他不惜用重金聘请管理人才，而且让他们在工作中拥有实职实权，充分发挥他们的才干。

在第二次世界大战期间，美国空军有一个数据管理小组，即以桑顿为首的10名卓有才华的年轻军官组成的"桑顿小组"。战争期间，这10名军官非凡的运筹能力和财会管理能力得到了锻炼，他们决定联系起来，在和平时期作为一个管理小组受聘。这些青年军官给福特公司发了一份电报。电报称，有10个在战争期间在空军干过有关规章制度管理工作的人在找工作。亨利二世在回电中表示："来谈谈吧。"于是桑顿来和亨利二世会面，亨利二世说，福特公司确实需要这一群人所具有的那种经验，因此决定录用他们，当时这些青年军官所要求的工资标准是比较高的，但亨利二世认为，这种高级管理人才，正是公司事业发展所急需的，付给他们高薪也完全值得。

于是，亨利二世聘用了他们全部，并委以重任，在从20世纪40年代到60年代的时间里，在这10人中先后出现了4个公司高级领导，他们为福特汽车公司的发展作出了很大的贡献。

更为称奇的是，福特公司为了聘请到不愿离开一家小厂的德国工程师斯坦因曼斯，竟斥巨资把那家小厂收购。斯坦因曼斯不离开那家小厂的理由是割舍不开与那厂的感情，福特公司买下那家小厂的理由是斯坦因曼斯是一个人才。

实施真正的英才管理

大凡世界上成功的知名公司，它的指挥系统必然不乏善于管理的领导人才。随着高科技时代的到来，随着世界经济一体化趋势的加快，国与国、公司与公司之间的竞争，归根到底是人才的竞争，即公司由什么样的人、什么水平的人来指挥和统治。

如果仔细观察一下成功公司创始人的特征，他们有许多相同点：即都不遵守旧的管理制度和现状；公司员工年轻化，几乎都不超过30岁；在短短的几年内就成了百万富翁；他们千方百计会聚有天赋的顶尖人才。网络设备制造商思科公司副总裁巴·贝克："我们寻找的不是填满工作岗位的人，而是能够促进公司前进的人。"

杰克·韦尔奇对人才的要求是："必须每天证明自己。"他追求的也是一贯实行的人才管理原则，就是必须保证公司"真正的英才统治"。

所谓"每天证明自己"，就是不让人才一劳永逸，一次定终身。在中国的某些公司和单位，你今天有能力坐上某把交椅，只要你不犯错误，就可以长久地坐下去，不必"每天证明自己"，甚至十年、几十年直至退休也是有可能的。这就是为什么一些领导班子老化的主要原因。韦尔奇说："年轻人在我们公司有很大的机会，你不必等着论资排辈，我们有30多岁的首席执行官。"一个人如果真是一个英才坯子，在这样的公司里，尽管竞争十分激烈和残酷，但你如果能够有"每天证明自己"的能力，显示自己的才干，就绝不会陷入论资排辈的泥淖而欲进不能。在这样的管理体制下，结果必然是英才统治。

寻求既懂技术又善经营的精明之士

现代企业管理的趋势越来越倾向于专业化和规模化，技术和经营这两种素质已变得越来越重要了。不少企业面对这一挑战，已开始陆续招收高素质的技术人才和经营人才。例如在公司组织和管理方面，微软始终遵循着这样一项策略，即坚持挑选那些既懂专业技术又懂经营之道的精明人士担任领导职位。我们可以把这项策略归结为四个原则：

其一，聘请一位对技术和经营管理都有极深造诣的总裁。

其二，围绕产品市场，超越经营职能，灵活地组织和管理。

其三，尽可能任用最具头脑的经理人员——既懂技术又善经营。

其四，聘用对专业技术和经营管理都有较深了解的一流职员。

从理论上来说，这些原则并非微软独家所创，但从实践上看，它们对整个计算机行业有着深远的影响。很少有公司能够拥有像比尔·盖茨这样既精通专业技术又知道如何把它们转化为数十亿美元资产的总裁。事实上，许多公司在采用与微软类似的管理方法，即围绕产品市场，超越经营职能进行组织和管理。但是，它们往往不能同时维持一个强大的产品市场和一系列领先的核心技术。作为一个处于迅速发展的主导行业中的公司，微软在加强组织管理以适应不断变化的市场方面做得颇为出色，有时甚至可以领导市场潮流。它逐步建立起来的技术力量已经能够满足巨大且日益增加的产品系列的需要。

公司管人靠制度
GONGSIGUANRENKAOZHIDU